国家“985”创新基地项目“社会转型与中国大众传媒改革”研究成果

中国媒体发展研究报告

2014年·媒体卷

本集刊为CSSCI收录刊源

武 汉 大 学媒 体 发 展 研 究 中 心
武 汉 大 学 新 闻 与 传 播 学 院 主办
武汉大学“社会转型与中国大众传媒改革”创新基地

WUHAN UNIVERSITY PRESS
武汉大学出版社

目 录

上篇 中国媒体发展盘点与研究述评

中篇 重大项目专题研究报告

教育部人文社会科学重点研究基地重大项目："转型期我国网络舆论生态系统的风险评估与调适机制研究"中期成果报告

下篇 中国媒体发展专题研究报告

上篇　中国媒体发展盘点与研究述评

整合·竞争·开拓
——2013年中国媒体发展盘点①

强月新 袁 满

2013年的中国媒体发展可以归纳概括为整合、竞争、开拓。

整合，是指2013年上自国家机构，下至各传媒集团之间一系列的规划和调整动作，其核心脱离不开“整合”一词。伴随国家新闻出版广播电影电视总局的成立，各省级广电部门与新闻出版部门的整合也开始大规模铺开，在这之后，各级传媒集团也加入到整合队伍中，在资本运作的过程中不断做大做强。

竞争，是指2013年各媒介组织之间的生存状态。一方面，无论是微信、微博等新媒体的大行其道，还是各传媒集团的整合兼并，竞争双方的此消彼长，层出不穷的媒介产品，无不昭显传媒行业竞争的激烈。另一方面，政府也通过行政部门改革、发布通知、颁布规划、改进管理办法等方式，进一步监督和规范媒介环境，保障市场竞争的健康、有序。

开拓，是指在激烈的市场竞争环境下，各媒介组织根据自身特色和优势，不断提高技术手段、创新盈利模式。2013年，无论从行业间的强强联合、本土电影的进军海外、新媒体业务的创新，还是大数据的处理和使用上，都看到了中国媒体人不断开拓的勇气和智慧。

一、2013年媒介经营盘点

（一）报业

2013年，面临读者流失、发行量和广告收入持续下滑等困境，中国报业相较上一年担负了更多的压力。但同时，在市场“倒逼”之下，各地报业组织继续寻求转型、突围和发展之路，在集团化建设、数字化转型、转变经营模式等方面努力探索。

1. 报纸零售发行整体下滑，部分报纸逆势上升

根据世纪华文全国报刊发行监测数据显示，2013年上半年，全国报纸总零售量环比下降8.87%，达到历年下降最高值；2013年全年，报业发行市场环比下降2.16%，同比下降10.83%。从报纸类别上看，都市报在零售市场仍然处于强势地位，IT类和财经类报纸零售量持续走低②。

值得注意的是，在整体发行量下滑的大环境中，党报、社区报和时政类报纸却呈现上升势头。党报销量的走高，既得益于自身读者群的稳定和零售点的普及，还得益于党报办报理念的调整。中央和地方各级党报时刻坚守群众路线，帮助群众解决实际问题，并将“走基

---

① 本文系国家社科基金重点项目“增强主流媒体的传播力公信力影响力研究”（项目编号：14AXW001）阶段性成果。

② 田珂．发行整体下滑　党报成“好声音”——2013年中国报业发行市场盘点[EB/OL]．http：//www.chinesebk.com/Article/huawen/shuju/201402/17630.html.

层、转作风、改文风”的理念落实到报道方式和言语方式上，以群众喜闻乐见的形式组织报道。

2. 继续推进报业数字化转型，云报纸崭露头角

从2012年开始，“云报纸”就成为报业数字化探索的新趋势。2013年5月17日，全国60余家媒体在北京启动成立了全国云报纸技术应用平台，其中29家全国主流报纸签约该平台，“在云端，看报纸”的口号就此打响。

云报纸实现了传统纸媒和互联网技术的融合，用图片替代了以往二维码生硬的符号形态，具有实时、互动和全天候三方面特点。云报纸更拓展了传统的经营模式，将精准营销带入到报纸经营中，读者在阅读报纸时，可以对喜欢的广告进行更深入的了解，在拍照进入云端的同时，也将读者信息提供给广告商，以便其更精准地进行广告投放，以及与读者互动。目前，云报纸正在新一轮的市场竞争中崭露头角，虽然面临着使用习惯未养成、软件繁杂、技术不成熟、安全性有待提高等问题，但它作为我国传统媒体升级转型的探索和尝试，在报业发展与转型过程中有巨大的发展潜力。

3. 机构合并创造良机，报业发展大有可为

2013年10月28日，经中共上海市委批准，由解放日报报业集团和文汇新民联合报业集团整合重组的上海报业集团正式成立，其总资产规模达到208.71亿元，净资产为76.26亿元。集团共拥有16家纸质媒体、1家出版社和10余个新媒体产品，期发行总量超过250万份，形成了早报、日报、晚报、周报、周刊、月刊、出版物等结构合理、品种较为齐全的纸质媒体群①。这使得上海真正实现了“一城一报”的格局。这样的合并并不意味着“抱团取暖”，而是为了更好地整合和分配优势资源，充分进行资本运作，避免本地报纸恶性竞争，从而真正成为跨行业、跨区域、多元化经营的大传媒集团。

4. 跨行业、跨区域并购，走多元化发展之路

多元化发展是近年来报业摆脱因收入来源单一而面临的运营风险的重要渠道之一。在多元化发展的过程中，报业集团大多遵循两种发展模式，一种是以资本为基础的纵向发展，如甘肃日报报业集团在经营报刊的同时，充分利用渠道优势，积极开展物流配送服务，并同时向家政服务、电子票务等方向拓展。另一种是依托品牌优势，围绕自身品牌和产业，向跨行业、跨区域方向发展。如2013年1月，浙报集团斥资32亿元收购了盛大网络旗下的边锋网络和浩方对战平台，浙报集团由此获得“一个拥有2000万活跃用户、2亿注册用户、80万移动用户的成熟网络平台”②。

多元化经营在一定时间和阶段内对缓解报业经营压力、促进报业发展具有重要意义，但也应清晰地认识到，如何认识并解决多元化经营所带来的人才短缺、管理能力不足、协调能力较弱等问题，才能从真正意义上降低报业多元化经营所带来的风险，保持报业的健康发展。

(二)广播电视产业

1. 电视剧收视惨淡，真人秀节目独树一帜

2013年，我国电视剧产量出现13年以来的首次回落，总产量减少2000集③。而已经播

① 文新. 文汇新民联合报业集团简介[EB/OL]. http://www.wxjt.com.cn/JiTuanInfo.htm.

② 吴锋，刘骥艺. 2013年中国报业发展回顾与近期展望[J]. 编辑之友，2014(2).

③ 中研普华. 2013年我国电视剧总产量减少2000集[EB/OL]. http://www.chinairn.com/news/20140221/09323121.html.

出的电视剧收视率也一片低迷，2012 年仅卫视播出的电视剧中，收视率超过 1%的只有 5.8%，而 70%电视剧的平均收视率低于 0.5%①。

与电视剧形成鲜明对比的是，真人秀节目独树一帜，形成收视竞技局面。其中，湖南卫视的户外亲子真人秀节目——《爸爸去哪儿》开启了中国电视娱乐节目户外全景拍摄的新时代，并凭借“户外真人秀”和“亲子”两大卖点成为 2013 年度最热综艺节目。由该节目衍生出的手机游戏及同名改编电影等，开启了中国电视综艺节目新的商业模式。此外，歌唱竞技类真人秀成为 2013 年度与户外真人秀分庭抗礼的一支力量。其中，浙江卫视的《中国好声音》与湖南卫视的《我是歌手》一度火爆。

2. 广播电视产业发展态势良好，广告收入成核心竞争力

随着数字技术的迅猛发展，我国广播电视产业不断向着数字化、网络化和融合化方向迈进。到 2013 年年底，我国有线广播电视用户 2.29 亿，入户率达到 54.14%，数字电视用户 1.72 亿户，占有线广播电视用户的 74.95%。②

2013 年，全国广播电视广告收入达到 1387.01 亿元，增速比上年下降 3.93%，广播和电视广告增速分别降到 2.74%和 6.97%。③ 央视和部分省级广电机构在广告收入上依然延续了上一年的良好势头，这反映出它们在黄金时段特别是优势节目上的核心竞争力。其中，央视 2013 年黄金资源广告招标累计揽金 158.8134 亿元，创造了 19 年以来的最高值。此外，部分省级广电的广告收入也相当可观，浙江卫视以《中国好声音》《中国蓝剧场》《中国梦想秀》等节目为主的黄金资源广告拿到了 16.7 亿元的收入，江苏卫视的《非诚勿扰》节目吸收了约 20 亿元的广告收入。

3. 继续推进“三网融合”，打造网络视听新媒体

按照国务院的方案，2013 年是三网融合第二阶段的起始年。在国家政策的大力扶持以及移动互联网技术迅猛发展的支撑下，越来越多的电台、电视台尝试与互联网、电信企业合作，逐渐向跨屏、多屏、多终端的融合形态转变，目前我国很多地区已经形成较为成熟的 IPTV 模式以及 OTT 模式。数字电视产业也向着智能化、高清化不断迈进，互联网电视、4K 超高清电视、OLED 电视，以及小米、乐视等智能电视提供给受众更多的选择。

在大力推进“三网融合”的形势下，各地广电机构和网络媒体加大合作力度，在品牌、采编、技术、业务，以及传播方式上相互借鉴和学习。2013 年初，由湖南卫视和上海宏蝠网络合作推出的呼啦应用正式上线，搭建起电视观众在电视大屏和手机小屏之间的互动通道。同年 7 月，由河南卫视和爱奇艺网站合作的节目《汉字英雄》正式播出，成为国内首档网台联动的文化综艺季播节目。“网台合办”逐渐成为传统电视媒体与新媒体合作的主要形式。

4. 资本运作频繁，强强联合成趋势

进入 2013 年，广播电视媒体在资本运作方面日渐频繁，通过入股、收购、合作等方式，不断集中优势资源，推动自身和整个广电产业的不断发展。

---

① 人民网. 盘点 2013 年电视圈乱象：“贰作”盛行 原创动力匮乏[EB/OL]. http://culture.people.com.cn/BIG5/n/2014/0224/c172318-24445933.html.

② 中国经济网. “广电蓝皮书 2014”：视听新媒体格局即将形成[EB/OL]. http://www.ce.cn/culture/gd/201407/09/t20140709_3128972.shtml.

③ 中国经济网. “广电蓝皮书 2014”：视听新媒体格局即将形成[EB/OL]. http://www.ce.cn/culture/gd/201407/09/t20140709_3128972.shtml.

2013 年 7 月末，华策影视公司以现金和发行股份相结合的方式，购买了克顿传媒 100% 股权，以期利用克顿传媒领先的数据挖掘和处理能力，提高剧集质量，降低经营成本。同年 8 月，SMG(上海文广)旗下百视通新媒体以 3.07 亿元人民币认购风行网增资，加快实现了电视内容的网络化和广告售卖的一体化。频繁的资产运作，是我国广电机构在发展过程中的典型表现，是市场环境下社会资源集中，不同传媒企业之间优势互补、强强联合的重要标志。

5. 加强版“限娱令”再下，卫视发展喜忧参半

2013 年 10 月 12 日，新闻出版广电总局下达了《关于做好 2014 年电视上星综合频道节目编排和备案工作的通知》，规定每家卫视每年新引进版权模式节目不得超 1 个，卫视歌唱类节目黄金档最多保留 4 档；此外，要求进一步扩大电视上星综合频道新闻、经济、文化、科教等类型节目的播出比例。面对电视观众娱乐的天性，以及来自互联网和其他广电机构的竞争，此次加强版“限娱令”出台后各大卫视面临的压力显而易见。

当然，限娱令的背后也意味着机遇，其对卫视未来发展的刺激作用主要表现在：首先，有利于打破省级卫视以“综艺+电视剧+新闻”三驾马车为主的节目结构，有助于保持电视节目的多样性；其次，对歌唱类节目的控制将在更大程度上刺激原创类电视节目的生产，进一步均衡制作公司的工作重心；最后，加强版“限娱令”的出台，将进一步加大各卫视对“次黄金档”的重视，进一步优化节目内容和编排方式。

(三)电影产业

1. 产业结构优化：并购重组提高综合竞争力

2013 年，我国电影市场资本运作风生水起，大交易频出，堪称“并购年”。据统计，全年并购案总金额累计达到 22 亿元人民币，已超过内地电影总票房。① 其中，万达以 26 亿元并购美国 AMC 影院，乐视网 15.98 亿元同时收购花儿影视和乐视新媒体，光线传媒 8.3 亿元入股新丽传媒，华谊兄弟 6.7 亿元并购广州银汉科技公司，华策影视 16.52 亿元收购克顿传媒并以 1.8 亿元资金入股最世文化等均是传媒公司延伸产业链的重要举措。

电影行业并购潮的出现，拓宽了同质或不同质企业之间理念、平台和内容的融合渠道，促进影视与文学、游戏等不同文化形态进行优势互补和交叉渗透。未来，为了获得规模优势及实现企业间优势互补的传统的横向并购，为降低交易成本、布局产业链的纵向并购，以及分散风险、多元化布局的混合并购将不断出现。②

2. 营销模式创新：新媒体助阵中小成本电影

2013 年，一批质量上乘的中小成本电影涌现，并取得了叫好又叫座的可喜成绩，如《北京遇上西雅图》《中国合伙人》《致青春》等。这当中，新媒体营销可谓居功至伟。参演明星利用新媒体对电影的宣传，营销团队对具有共鸣话题的制造及传播……这一系列方式使得电影通过新媒体平台得到最大程度的推广，相对有限的营销投入产生了巨大的社会影响力。此外，大数据同样也在电影业中四两拨千斤，通过精准的量化数字计算可能的投资回报率，以提供对电影市场的理性预估，并提出影视制作及投资决策的建议。《小时代》便是以大数据为支撑取得票房胜利的小成本电影典范。

---

① 东方网 . 2013 中国影市关键词低成本电影井喷大数据来袭[EB/OL]. http://enjoy.eastday.com/c8/2014/0115/2219701657.html.

② 孟佳 . 盘点 2013 年影视行业十大并购案[EB/OL]. http://news.entgroup.cn/movie/1018853.shtml.

3. 电影市场保卫战：影院市场地广人稀，电商争夺移动终端

2013年，投资者依然保持了对电影产业的极高热情。据艺恩EBOT日票房智库数据显示，2013年全国新开业影院数达903家，影院数量相比去年同比增长39.6%。但与此同时，影院投资市场的收益情况并不乐观，观影人次同比增长32.4%，观影人次增速低于影院数量增速；放映场次增加了约40%，票房收入却增加不到30%。① 可见，单银幕成本升高而产出却在降低，电影市场呈现"地广人稀"的尴尬局面。

随着观影人群年轻化以及新媒体时代的冲击，电影票电商争夺战的主战场渐渐转移到以App为代表的移动端，其中代表电商有时光网、猫眼电影等。2013年6月，安卓平台排名前十的电影票App单月新增下载量达266万②；12月初，微信银行卡中也添加了购买电影票功能。

4. 国产电影"翻身仗"：民营、国外血液注入，国产电影水平提升

在2013年217亿元的电影票房年收入中，国产电影占127亿元，同比增长54.32%，并以58.6%的比例翻身压住进口片。其中，33部国产片票房过亿元。③

值得关注的是，国产电影火爆的背后，是我国电影市场格局所发生的巨大变化。2013年我国电影票房位居世界第二，一方面，中国电影市场在世界电影产业的权重显著提升，吸引了欧美电影巨头以技术、合拍、合作等各种方式进入中国市场，客观上促进了国产电影水平的提升。另一方面，民营影视公司表现活跃，新入市场的光线传媒、乐视影业等新媒体发展迅速，从而进一步提升了国产电影的制作水准。④

(四)互联网

综观2013年，我国网络应用服务蓬勃发展，产业整体实力进一步加强，并形成横向延伸、纵向深入、跨界融合发展的态势。

1. 跨界融合渐成趋势，新型产业格局形成

2013年，互联网产业跨界融合发展趋势愈发凸显，开放合作、垂直融合的产业新格局正在形成。

横向方面，互联网与零售、金融等传统产业融合加速。一方面，教育、医疗、旅游等传统行业与互联网进行融合与重构，实现了资金流、信息流、物流"三流融合"。另一方面，互联网加速向金融等传统领域进军，"互联网金融"取得可喜收益。2013年6月，阿里巴巴集团支付宝推出余额宝；8月，腾讯旗下的微信平台、财付通联手华夏基金推出"活期通"；10月，百度推出在线理财产品"百发"……互联网金融凭借着开放、透明、便利、低准入等一系列优于传统金融模式的特性，丰富了人们投、融资的渠道与方式，促进了民间资本流通，给传统金融模式带来了颠覆性的冲击。

纵向方面，互联网产业链正进行更广泛的垂直整合。电信运营商、内容和应用服务商、设备制造商、终端厂商、软件商等企业加速将自身业务向产业上下游延伸，通过企业并购、业务合作等形式，有针对性地打造硬件、软件、应用服务一体化的特色服务。截至2013年

---

① 2013年全国电影总票房217亿元同比增长27.51%[N]. 中国新闻出版报，2014-01-07.

② 2013年电影行业关键词盘点[EB/OL]. http://www.huxiu.com/article/25695/1.html.

③ 中国新闻出版广电总局. 2013年全国电影总票房217亿元同比增长27.51%[R]. 2014-01-07.

④ 人民网. 2013中国十大传媒事件(下)[EB/OL]. http://media.people.com.cn/n/2013/1226/c372892-23952208.html.

10月底，我国智能手机出货量达到3.48亿部，同比增长178%①。2013年，互联网高清机顶盒也迎来快速发展期，市场占比由2012年的4.7%上升到15.1%②。

2. 移动智能终端快速普及，“终端+应用”完善产业链

2013年，中国移动互联网市场规模突破300亿元，移动互联网网民规模达6.52亿③。3G用户增速持续加快，截至2013年11月底，中国3G用户总数达3.87亿户，在移动电话用户中的渗透率达31.6%④。移动互联网应用的蓬勃发展，正在创造着全新的商业消费模式。2013年前3季度，我国移动搜索市场规模约为27.9亿元，移动游戏市场规模约为91.1亿元，移动支付市场交易规模达4675.3亿元；微信和国际品牌WeChat的合并月活跃账户数达到2.719亿，比去年同期增长124.3%；2013年，苹果中国区的手机应用数量超过100万。⑤ 移动互联网纵向一体化产业发展平台和生态体系正在建立，并向生产、生活领域深度渗透。

3. 网络信息安全治理加强，网民权益保护任重道远

据《中国网民权益保护调查》显示，2013年我国网民的损失保守估计达1491.5亿元，其中时间损失估价316亿元，金钱损失1789亿元。⑥ 面对如此严峻的局面，政府和各部门加强了对网络安全问题的治理力度。2013年6月到12月，公安部统一部署了集中打击整治网络违法犯罪专项行动，包括网络谣言、网络卖淫、网络传销和网络敲诈勒索等。同年11月，中共十八届三中全会审议通过的《中共中央关于全面深化改革若干重大问题的决定》明确提出，加大依法管理网络力度，加快完善互联网管理领导体制，确保国家网络和信息安全，进而将网络和信息安全重要性提升到国家战略高度，进一步推动中国安全网络环境构建进程。⑦ 这一系列举措的实施，使网络垃圾及不良信息得到了一定控制。但网络安全任重而道远，网民权益的保护力度还需进一步加强。

(五)出版业

2013年，从大部制、出版大数据，到呼吁全民阅读立法、出版高端人才培养、数字出版基地建设，无论是宏观层面还是微观层面，中国出版产业都呈现出发展、变化、融合、上升的趋势。

1. 行政管理机构重组，探索跨界资源整合

2013年3月22日，国家新闻出版广电总局正式挂牌；5月10日，湖北省新闻出版广电局正式成立。此后，各省级广电部门与新闻出版部门的合并也开始大规模铺开。各种“跨界”资源的整合，加速了出版业跨越式发展。2013年6月22日，人民教育出版社有限公司、人教教材中心有限责任公司、陕西人民出版社有限责任公司、陕西出版集团发展有限公司4家股东，按比例出资共同组建陕西西北人教玉成文化传媒有限公司，此举是人教社和地方出版企业探索跨地域经营的战略性尝试。同年5月，时代出版传媒股份有限公司旗下全资子公

① 工业和信息化部．2013年中国工业通信业运行报告[R]．2013-12-30.

② 格兰研究．2013年中国机顶盒白皮书[R]．2013-10-30.

③ 易观智库．2013年中国移动互联网统计报告[R]．2013-12-30.

④ 工业和信息化部．2013年中国工业通信业运行报告[R]．2013-12-30.

⑤ 2013中国互联网发展10大动向[N]．人民日报，2013-12-26.

⑥ 中国互联网协会反垃圾信息中心．中国网民权益保护调查[R]．2013-12-30.

⑦ 中国新闻网．官方：加大依法管理网络力度确保国家网络安全[EB/OL]．http：//www.chinanews.com/gn/2014/04-11/6053007.shtml.

司北京时代华文书局有限公司，获得国家新闻出版广电总局批准颁发的“中华人民共和国图书出版许可证”，这是中国出版业跨地区发展首家获批出版资质的出版机构。

2. 出版业与银行业强强联合

2013年，出版业与银行业联合渐成趋势，通过银企间的双向战略合作，积极实现互惠互利、共建共赢，以推动企业持续长远发展。2013年2月26日，湖南省新闻出版局与交通银行湖南省分行签署支持新闻出版业发展战略合作协议。根据协议，交通银行湖南省分行将在未来一年内，为湖南省新闻出版产业发展提供50亿元的意向性融资，并提供包括本外币融资、本外币结算等在内的全方位金融服务。国家新闻出版广电总局也在2013年3月4日宣布，安徽出版集团专门与中国进出口银行总行及安徽省分行在图书版权贸易、文化印刷服务、高科技文化产品进出口等方面达成多个合作意向。同年11月28日，中国出版集团公司及旗下中国出版传媒股份有限公司与中国工商银行、交通银行、中国农业银行、中信银行、北京银行在京正式签署战略合作协议。

3. 搭建数字出版平台，探索出版转型路径

瞄准数字阅读和移动阅读市场的数字出版平台建设成为2013年出版业的焦点。从1月正式上线的“新华悦读”数字阅读平台，专攻数字阅读和移动阅读市场，到2月启动的“面向终身教育的数字资源聚合与投放云服务关键技术研发与运营示范”，4月推出的“中国出版发行在线交易中心”和“大佳移动出版平台”，再到8月启动的中国图书进出口(集团)总公司国际数字资源交易与服务平台——“易阅通”，这些举措说明传统出版商更多地聚焦交易平台、移动阅读服务等业务的拓展。

同时，也需要看到，我国图书出版业还存在两个方面的问题：一是传统阅读呈边缘化趋势；二是产业“造血”功能不足，宏观管理层面的风吹草动仍然是产业发展的主动力，出版业自身转型变革的力度还远远不够。

4. 出版与技术加速深度融合，产业协作已成大势所趋

在技术应用快速发展、内容生产快速膨胀、用户需求快速变化的数字出版产业成长期，技术、内容和运营的产业协作与融合已成必然趋势。2013年，柔性显示技术、3D打印技术和增强现实(AR)技术受到广泛关注，江苏凤凰出版集团等出版商与相关技术服务商开始联合攻关。柔性显示技术使数字终端进化成外观各异、屏幕可以附着到不平整的表面上，甚至是被拉伸的形式；增强现实(AR)技术在人工智能、遥感、游戏娱乐、信息互动等许多领域投入应用。这些技术与内容的整合在未来的时间里将会推动数字出版取得更大的发展。

同时，内容提供商开始大规模构建数字内容加工与管理平台，以整合优质数字内容，提高数字资源的管理水平。2013年以来，电子工业出版社、作家出版社等出版单位，以及中文在线等技术服务商都开始积极探索数字版权资产的管理与运营模式，产业界的共识是产业链协作及数据整合成为必然。

5. 盗版整治力度加大，版权意识得到加强

网络盗版行为是影响出版业健康发展的最为重要的问题。从2013年3月开始，全国扫黄打非办公室部署和实施了以打击非法出版物、清理网络淫秽色情和打击侵权盗版为重点的“清源”“净网”“秋风”三个专项行动。2013年6月，国家版权局责令亚马逊中国公司对亚马逊中国网站第三方平台销售盗版书事件进行整改；11月，新浪、百度、天涯社区等网站因登载网络淫秽色情信息，被责令全面整改。与此同时，出版行业版权意识得到了较大提高。2013年4月，以传播和鼓励“版权保护”为宗旨和目标的公益性基金——北京智慧版权保护基金会正式成立。同年 11 月，中国青年出版社中青文文化传媒有限公司就百度文库在线提供中青文文化传媒旗下 3 本书的电子版本一事向百度索赔损失 1818.65 万元。

二、政府规制建设

2013 年，是传统媒体深化改革的一年，也是新媒体迅速发展的一年。为确保整个传媒业健康发展，政府通过行政部门改革、发布通知、颁布规划、改进管理办法等方式，进一步监督和规范从业单位及从业者行为，构建传媒和谐生态。

（一）宏观层面的政策规制

1. 政府谋划部署促进新闻传媒业发展

2013 年我国出台了多项政策促进新闻传媒业的发展。2 月，新闻出版总署公布了新闻出版改革发展的 12 项工作要点，对政府行政管理体制、非时政类报刊出版单位体制、报刊编辑部体制、党报发行体制、现代出版物市场体系的改革做出了重要批示，并在新闻出版产业转型升级、出版传媒企业集团化发展、出版传媒企业融资、产业基地建设和新闻出版国际传播力建设等方面提出明确方向①。

3 月 10 日，国家将原来的“国家新闻出版总署”和“国家广播电影电视总局”合并为国务院直属的“国家新闻出版广播电影电视总局”。这使得新闻出版和广播影视领域公共资源得以有效整合，国有文化资产与产业化力量进一步接轨，有利于新闻出版广播影视业做大做强，增强文化整体实力和竞争力。

2. 国家高度重视视听新媒体建设

2013 年 8 月，国务院下发《关于促进信息消费扩大内需的若干意见》，明确要求“加快广电和电信业务双向进入，加强互联网新兴媒体建设，实施网络文化信息内容工程，推动优秀文化产品网络传播”②，以扶持网络等视听新媒体的建设与发展。国家新闻出版广电总局还明确提出，在确保节目审核主导权的前提下，加大对社会资本的运用；鼓励网络视听节目服务机构打破技术界限、条块分割和所有制界限，跨地区、跨行业、跨所有制兼并重组。③ 在政策利好、社会资本充足和技术不断优化的大环境下，我国视听新媒体结构整合深入发展，市场规模和用户规模进一步扩大，产业链各环节逐步形成良性共赢的生态。

3. 加强记者队伍网络活动管理与规范

2013 年 4 月 16 日，国家新闻出版广电总局下发《关于加强新闻采编人员网络活动管理的通知》，要求新闻采编人员坚持团结稳定鼓劲、正面宣传为主的方针，自觉抵制有害信息的渗透和传播，不引用、不报道未通过权威渠道核实的网络信息，不传播、不转载网上流言、传言或猜测性信息④，对网络新闻的规范化采编起到了举足轻重的作用。在新闻网站管理方面，要求新闻单位必须加强新闻网站内容审核把关及新闻采编人员网络活动管理，按照

---

① 新闻出版总署办公厅 . 2013 年新闻出版改革发展 12 项工作要点确定［EB/OL］. http://www.gapp.gov.cn/news/1656/141090.shtml.

② 国务院 . 关于促进信息消费扩大内需的若干意见［EB/OL］. http://www.js.xinhuanet.com/2013-08/15/c_116951133.htm.

③ 朱新梅，熊艳红 . 2013 年中国视听新媒体发展动态［J］. 中国广播电视学刊，2014(2).

④ 晋雅芬 . 采编人员设立职务微博须经单位批准［N］. 中国新闻出版报，2013-04-16.

传统媒体刊发新闻报道的标准和流程，严格审核所属新闻网站发布的信息。在加强博客和微博管理方面，要求新闻单位设立官方微博必须向其主管单位备案，并指定专人发布权威信息，及时删除有害信息。此外，还要求新闻单位不断加强和改进舆论监督，并强化对本地媒体、所辖媒体和中央媒体在地方记者站、分支机构、新闻网站地方频道新闻采编人员及新闻业务的监管。

(二)传媒各行业的政策规制

1. 报刊业

2013年1月31日，《2013年新闻出版改革发展工作要点》对实施报刊编辑部体制改革、深化党报发行体制改革提出了明确要求。该要点提出，原则上不再保留报刊编辑部体制：对现有报刊编辑部，区别不同情况实施不同改革办法；鼓励和支持党报党刊出版单位和大型新闻出版传媒集团公司对报刊编辑部进行整合，鼓励和支持以党报党刊的子报子刊、实力雄厚的行业性报刊出版企业为龙头对报刊编辑部进行整合，形成大型综合性或专业性报刊出版传媒集团公司。① 2013年，党报发行经过改革，解放和发展了报刊生产力，报刊业“小、散、滥”的结构性弊端得到规避，报刊出版传播能力得到增强，报刊业转型和升级速度不断加快。

2. 广播电视行业

(1)新旧版“限娱令”对比。2013年10月12日，国家新闻出版广电总局下发《关于做好2014年电视上星综合频道节目编排和备案工作的通知》。该文件被媒体称为“加强版限娱令”，与2011年广电总局发布的“限娱令”相比，主要有以下三点不同：

第一，扩大新闻等播出比例：周时长占总比30%。2011年版“限娱令”明确提出，从2012年1月1日起，每个电视上星综合频道每日6:00至24:00新闻类节目不得少于2小时；18:00至23:30必须有两档以上自办新闻类节目，每档新闻节目时间不得少于30分钟。而“加强版限娱令”要求进一步扩大电视上星综合频道新闻、经济、文化、科教、生活服务、动画和少儿、纪录片等类型节目的播出比例，总播出时长按周计算不少于30%，并对具体类型节目的播出时段、时长进行了明确规定。

第二，黄金档：每周每家两档到择优播出只留一档。老“限娱令”对娱乐节目的总量进行了控制，要求上星综合频道晚7点30分至10点黄金档，每周娱乐节目量不得超过两档，全国卫视台一年内的选秀节目不得超过10档。加强版“限娱令”则明确提出抵制过度娱乐，防止雷同浪费。对歌唱类选拔节目，通知明文规定：每季度总局通过评议会择优选择一档歌唱类选拔节目安排在黄金时段播出，其余不得安排在19:30至22:30之间播出。

第三，新增要求：引进境外版权每年禁超一个。针对近年来电视台大量引进境外节目模式、原创作品数量走低的局面，加强版“限娱令”还明确要求坚持自主创新，加强引进管理，“各电视上星综合频道每年播出的新引进境外版权模式节目不得超过1个，当年不得安排在19:30至22:00之间播出”。这对于当前我国电视节目跟风化与同质化的现象起到了一定的遏制作用。

(2)“三网融合”进入快速发展期。2013年7月11日，国务院办公厅发布了《国家新闻出版广电总局主要职责内设机构和人员编制规定》，提出“定机构、定编制、定职能”的“三定”方案，加强推进新闻出版广播影视领域的公共服务。② 2013年8月8日，国务院印发了

---

① 新闻出版总署办公厅．关于印发《2013年新闻出版改革发展工作要点》的通知[EB/OL]．http：//www. gapp. gov. cn/news/1663/140875. shtml.

② 新华网．解码国务院新组建机构的“三定”方案[EB/OL]．http：//news. xinhuanet. com/ziliao/2013-07/18/c_124886052. htm.

《关于促进信息消费扩大内需的若干意见》①，明确指出加快广电业务和电信业务双向进入，鼓励发展交互式网络电视和 IPTV 等融合业务，并发布“宽带中国”战略及实施方案，宽带中国正式上升为国家战略。在此政策背景下，“三网融合”进入快速发展期，各地开始筹划“三网融合”合作战略，并推进试点工作。9 月 29 日，吉视传媒与中国移动吉林公司签署战略合作协议，在吉林省内共同推进“三网融合”，针对高、标清视频直播、点播、语音通信、互联网、数据传输、信息服务等现代信息化建设进行全面战略合作。11 月 19 日，中国网络电视台控股的“爱上电视”与中国电信签订合作协议，联手打造全新的 IPTV 业务。据统计，截至 2013 年年底，在广电和电信合作的基础上，我国 IPTV 用户已达到 3000 万。②

3. 出版业

（1）广电总局出版总署合并，大传媒时代阔步到来。2013 年 1 月 31 日，新闻出版改革发展工作领导小组审议并通过了《2013 年新闻出版改革发展工作要点》，对加强出版行业行政管理体制改革，实施报刊编辑部体制改革，推动建立现代企业制度，打造骨干企业和战略投资者，支持出版传媒企业走向资本市场等 12 个方面提出了明确要求。

2013 年 3 月 10 日，国务院提出将新闻出版总署、广电总局的职责整合，组建国家新闻出版广播电影电视总局。广电总局和出版总署的合并，有利于减少职责交叉，加快现代传播体系的构建和新闻出版、广播影视领域公共服务资源的整合，促进管理效率、文化传播能力、公共文化服务质量的提高。

（2）《新闻出版行业标准化管理办法》推动新闻出版技术进步。2013 年 12 月 4 日，国家新闻出版广电总局颁布了《新闻出版行业标准化管理办法》，规定禁止生产、销售和进口不符合强制性标准的产品。该办法的颁布，促进了新闻出版行业标准化工作落到实处，其运用标准化手段促进新闻出版行业的技术进步，提升新闻出版行业产品质量和服务质量，对推动新闻出版技术进步，促进新闻出版业健康、有序发展有重要的指导与规范作用。

4. 新媒体

（1）媒介融合大势所趋。2013 年 1 月 4 日，国家广电总局下发《关于促进主流媒体发展网络广播电视台的意见》，鼓励电台电视台与宽带互联网、移动通信网等新媒体结合，加强和改进网络视听节目内容建设，推动广播电视媒体与互联网等新型传播载体融合发展，打造具有广电特色的网络视听新媒体，提升网络广播电视台的辐射力和影响力。③

此外，宽带网络也成为国家推行信息化战略发展的关注重点。2013 年 8 月 17 日，国务院发布《关于印发“宽带中国”战略及实施方案的通知》④，对宽带网络接入速度、覆盖范围、应用普及等关键问题都做了部署。该通知明确了分期发展目标，提出重点加强光纤网络和 3G 网络建设，提高宽带接入速率，改善用户上网体验。我国“宽带中国”计划的实施，标志着宽带网络部署正式进入到国家战略层面，对于我国宽带基础设施快速健康发展有至关重要的作用。

（2）加强网络活动规范化管理。2013 年 4 月 16 日，国家新闻出版广电总局下发《关于加

① 百度百科．国务院关于促进信息消费扩大内需的若干意见［EB/OL］．http：//baike. baidu. com/link？url = AnyGc6p8Rv9VgJqrEc _ H7EU17PM5xF1fM51haDBqA2-y4 _ EFSRqI7gpmjHTdDU2S2Fw3 xmpE5YuhCjmuy2jGVa.

② 慧聪广电网．2013 年我国广电行业发展研究报告［EB/OL］．http：//info. broadcast. hc360. com/2014/04/030849595560. shtml.

③ 国家广播电影电视总局．关于促进主流媒体发展网络广播电视台的意见［S］．2013-01-04.

④ 新华网．国务院关于印发“宽带中国”战略及实施方案的通知［EB/OL］．http：//news. xinhuanet. com/fortune/2013-08/17/c_125189709. htm.

强新闻采编人员网络活动管理的通知》，要求进一步规范新闻采编行为，进一步加强媒体新闻网站管理，进一步加强博客和微博管理。① 6月28日，工信部公布《电信和互联网用户个人信息保护规定》，进一步明确电信业务经营者、互联网信息服务提供者，收集和使用用户个人信息的规则以及信息安全保障措施，进一步完善电信和互联网行业个人信息保护制度。②

2013年9月9日，最高人民法院、最高人民检察院发布《关于办理利用信息网络实施诽谤等刑事案件适用法律若干问题的解释》，对网络谣言起到了极大的遏制作用。11月，党的十八届三中全会通过了《中共中央关于全面深化改革若干重大问题的决定》。该决定提出：坚持“积极利用、科学发展、依法管理、确保安全”的方针，加大依法管理网络力度，加快完善互联网管理领导体制，确保国家网络和信息安全。③ 至此，网络信息安全保护问题已上升到国家战略层面。

5. 广告行业：加强广告管理规范工作　净化广告市场

2013年3月7日，中宣部、国务院新闻办公室、卫生部等部门联合下发了《关于印发〈2013年虚假违法广告专项整治工作实施意见〉的通知》，进一步推进虚假违法广告专项整治工作，以期加大广告发布环节和源头治理力度。2013年整顿广告行业的大幕由此拉开。2013年4月10日，国家新闻出版广电总局要求各台对各类药品、医疗器械、医疗和健康资讯服务广告进行全面自查，并下发《关于停止播出“北京脑病诊疗中心”等32条资讯服务和电视购物短片广告的通知》。6月19日，总局下发《关于要求进一步加强报刊刊载医药广告管理的通知》，要求清查整改变相发布医药广告行为。7月5日，总局重申要对所播出的健康资讯服务节目和各类商业广告严格审查把关，并针对近期违规广告下发《关于停止播出“考试棒”等21条违规广告的通知》。10月29日，总局发出《关于进一步加强卫视频道播出电视购物短片广告管理工作的通知》，对电视购物短片广告的播出时间、宣传形式都做了明确规定。这一系列广告管理规范工作的落实，在很大程度上净化了广告市场。

三、新媒体发展回望

(一)手机媒体

1. 智能手机普及已成大势所趋，国产智能手机开始崭露头角

据市场研究公司捷孚凯发布的研究报告显示，2013年我国智能手机零售量达3.5亿部，同比增长84%，占整体手机市场份额87%，占全球份额的35%左右④。工信部公布的通信业主要指标数据也显示，2013年我国新增3G移动电话用户1.69亿户，总规模突破4亿户，在移动用户中的渗透率达到32.7%，同比提高11.8个百分点⑤。值得注意的是，国产智能手机开始在全球手机市场上崭露头角，国产品牌华为在2013年第三季度抢占了5%的市场份

① 新华网．新闻出版广电总局将加强采编人员网络活动管理[EB/OL]．http：//news. xinhuanet. com/legal/2013-04/16/c_124588101. htm.

② 人民网．《电信和互联网用户个人信息保护规定》解读[EB/OL]．http：//politics. people. com. cn/n/2013/0719/c1001-22258288. html.

③ 人民网．《决定》：加大依法管理网络力度确保国家信息安全[EB/OL]．http：//cpc. people. com. cn/n/2013/1115/c164113-23559637. html.

④ 匡文波．2013手机媒体发展回顾[J]．传媒，2014(1).

⑤ 工信部运行监测协调局．2013年通信运营业统计公报[R]．2013-12-30.

额，成为继三星、苹果之后的全球第三大智能手机供应商。

2. 手机技术日益人性化，手机购物融入百姓生活

与手机市场规模扩张相伴的是行业竞争进一步加剧，手机产业竞争由原先的单纯产品竞争演变为硬件、软件与服务的全方位竞争。2013 年，智能手机继续在"超大屏幕""超清分辨率"方面苦下功夫，而 iPhone5S 及 HTC One max 的指纹识别技术、三星的虹膜扫描专利都成为智能手机技术创新道路上的里程碑事件。此外，手机服务也成为 2013 年手机运营商的另一大着力点。其中，二维码、条形码、比价搜索等移动 App 的发展和手机支付的完善，大大缩短了移动购物的时间和进程，手机购物越来越融入百姓生活。

3. 4G 时代来势迅猛，国产手机核心竞争力亟待加强

2013 年 12 月 4 日，我国工业和信息化部正式向中国移动、中国电信、中国联通发放 4G 牌照。4G 牌照的发放使得 4G 成为未来几年手机市场新的经济增长点，并将带动下一轮智能手机技术竞赛。

反观近年来国产手机行业，4G 时代的降临，给国产手机提出了更为严峻的课题，如何扩大国产手机市场份额，实现品牌效应，矛头直指产业核心竞争力。目前我国手机生产已进入了核心技术研发层面，但由于国内手机企业技术积累不足，生产总体技术与外资企业相比仍有明显差距，芯片和射频元器件等关键核心技术几乎全部掌握在外资手机厂商中，直接制约了我国手机产业的健康发展。从全球智能手机的毛利率看，苹果超过 50%，三星、HTC 维持在 30%上下，而国产品牌的毛利率则不到 20%①。

(二)微博

1. 微博用户总量饱和，移动化成为应用主流

根据《2012—2013 年微博发展研究报告》，2013 年上半年新浪微博注册用户达到 5.36 亿，2012 年第三季度腾讯微博注册用户达到 5.07 亿。② 而当前国内网民约为 5.91 亿，手机网民规模已达到 4.64 亿③，由此可见微博用户总量接近饱和，用户数量上升空间不大。此外，随着智能手机等移动终端的普及，以及微博自身信息形式与移动终端的完美结合，移动化成为微博应用的主流。该报告指出，2013 年第一季度，通过移动终端登录新浪微博的活跃用户为 3810 万，相比 2012 年底净增 338 万，占总活跃用户比例为 76.2%。④

2. 媒体微博、政务微博联动共振，舆论监督效果明显

2013 年，媒体微博和政务微博发展迅猛，联动趋势进一步加强，两者互为依托，在政府与公众之间架起了一道新的桥梁，开辟了舆论引导与舆论监督的新视角。

据统计，2013 年，媒体机构微博认证数量同比增加 40%，媒体人认证数量同比增加 33%⑤。媒体从业者进入微博为微博舆论环境的职业化与规范化奠定了一定基础。同时，政务微博也呈覆盖式增长，截至 2013 年 10 月底，新浪平台上的政务微博达到 100151 个，相比去年同期增长 4 万余个，增长率超过 60%；截至 12 月底，共有 77 家中央部门或其直属机

---

① 工信部运行监测协调局. 2013 年手机行业发展情况回顾与展望[R]. 2013-12-30.

② CNNIC，新浪，腾讯，互联网实验室. 2012—2013 年微博发展研究报告[R]. 2013-12-30.

③ CNNIC. 2013 年微博用户发展报告[R]. 2013-12-30.

④ CNNIC，新浪，腾讯，互联网实验室. 2012—2013 年微博发展研究报告[R]. 2013-12-30.

⑤ 人民网舆情监测室. 2013 年新浪媒体微博报告[R]. 2013-11-30.

构在新浪开通政务微博。① 政务微博逐渐实现从发布型到互动型、问政型、服务型的转变，并与媒体微博合力以完善信息披露，增强了政府工作的透明度，掀开了司法公正的新篇章。

3. 避免网络“大 V”变“网络大谣”，微博乱象治理初显成效

2013 年 8 月 19 日，习近平总书记在全国宣传思想工作会议上指出，互联网已经成为舆论斗争的主战场，要把网上舆论工作作为宣传思想工作的重中之重来抓。② 在这样的背景下，政府加大了互联网监管力度，集中打击网络有组织制造、传播谣言等违法犯罪活动。8 月 19 日，警方正式逮捕在互联网蓄意制造传播谣言、恶意侵害他人名誉的“大 V”“秦火火”等人，掀开了网络专项整治活动的序幕。9 月 9 日，最高人民法院、最高人民检察院发布《关于办理利用信息网络实施诽谤等刑事案件适用法律若干问题的司法解释》。这一系列的制度落实及行动整治，使得网络环境在很大程度上得到净化。

(三)即时通信应用

整体而言，即时通信应用作为互联网第一大应用，已经形成“用户数量井喷、竞争态势紧张、功能日趋多样、商业运营试水”的总体局面，其未来的发展潜力巨大。

1. 即时通信应用发展现状：用户数量平稳增长，手机用户构成主体

《第 33 次中国互联网络发展状况调查统计报告》显示，截至 2013 年 12 月，我国即时通信网民数量达 5.32 亿，比 2012 年同期增长了 6440 万，年增长率为 13.8%。即时通信使用率为 86.2%，较 2012 年同期增长了 3.3%，使用率位居第一。③ 在手机端方面，截至 2013 年 12 月，我国手机即时通信网民数达 4.31 亿，较 2012 年底增长了 7864 万，年增长率达 22.3%。手机即时通信使用率为 86.1%，较 2012 年底提升了 2.2 个百分点。④ 由此可见，即时通信应用依然是手机的主流应用，手机也已经成为推动即时通信应用发展的重要因素。

2. 即时通信应用行业现状：微信独大引竞争热潮，新厂商竞争难度大

作为即时通信应用最为典型的微信客户端，在 2013 年里依然维持着自己一家独大的地位。根据工信部提供的数据，2013 上半年微信用户已经超过 4 亿⑤。在以 QQ 作为强大后盾的基础上，微信通过线上线下服务和应用的结合极大地提升这种用户黏性，再通过丰富其平台上的各种业务使用户性质更加稳固，这是其“强关系链”的优势所在。意识到在“熟人社交”上无法与微信得天独厚的优势相抗衡，其他即时通信产品不断另辟蹊径，如陌陌的存活则基于陌生人交友的弱关系链，填补了微信陌生人交友的空缺。

3. 即时通信应用商业化：功能渐趋多样化，增值服务带来商业价值

当前的即时通信应用，不再满足于仅为受众提供交流沟通的渠道，它们通过开发多元化功能如订阅新闻、收听音乐、图片分享等，以促进自身商业化进程。2013 年，微信更是将其功能拓展到了游戏和电子支付领域，真正实现了应用功能的多元化。在这些拓展功能中，

---

① 人民网舆情监测室．2013 新浪政务微博报告[R]．2013-12-30.

② 徐京跃，华春雨．习近平在全国宣传思想工作会议上强调胸怀大局把握大势着眼大事努力把宣传思想工作做得更好[N]．中国文化报，2013-08-21.

③ 中国互联网信息中心．第 33 次互联网络发展状况统计报告[R]．2014-01-30.

④ 中国互联网信息中心．第 33 次互联网络发展状况统计报告[R]．2014-01-30.

⑤ 新华网．年终盘点：2013，你微信了么？[EB/OL]．http：//news. xinhuanet. com/tech/2013-12/05/c_125812914. shtml#p=2.

微信支付无疑最具有代表性，其打造的完整的交易闭环进一步助推了微信的商业化进程。①此外，微信还推出了表情商店和游戏中心等包含增值服务收费的一系列项目，与微信支付联手实现了增值服务创造商业价值的目标。

(四)电子商务

2013年中国的电子商务市场交易规模达10.2万亿元，同比增长29.9%②。电子商务的持续迅速发展主要得益于B2B市场渗透率的提升、网络零售业的迅猛发展及移动电子商务的崭露头角。

1. B2B行业领跑电商领域，发展速度势如破竹

2013年，中国B2B行业呈现出领跑电商领域、发展速度迅猛的两大特点。截至12月，中国B2B市场交易规模达到8.2万亿元，占总体电子商务市场交易规模的80.4%③。除在电商领域内处于绝对主导地位外，2013年我国的B2B行业从交易规模份额、B2B企业数量、市场收入规模等方面也呈现势如破竹的增长速度：2013年B2B交易金额达8.2万亿元，比2012年同比增长31.2%；B2B电子商务服务企业达到12000家，同比增长5.7%④；B2B市场收入规模达169.8亿元人民币，环比增长25.1%。⑤

B2B行业领跑中国电商领域的原因可以从宏观和微观两个维度来分析。从宏观上看，政府鼓励建设网商产业园并加大对电子商务的资金扶持，为B2B行业的良性发展提供了较大的发展空间，从客观环境上保障了B2B行业的迅猛增长。从微观上看，B2B企业自身影响力、市场渗透率和受众对其需求依赖度的三向提升，则从主观上促发了B2B行业的纵深发展。

2. B2C推动网络零售业发展，高投诉率促立法进程

在网络零售市场中分布最广泛的便是B2C、C2C企业。截至2013年12月底，国内B2C、C2C企业数已达29303家，同期增长17.8%。其中，天猫仍以50.1%的市场份额占比位列第一，京东和苏宁易购分别以22.4%、4.9%的市场份额排名第二第三，之后还有腾讯电商、亚马逊中国等⑥，B2C网络零售市场形成了“天猫独大，百花齐发”的局面。反观C2C零售市场，截至2013年12月底，淘宝市场交易份额占C2C平台网络购物交易市场份额的96.5%，拍拍网位列第二，占比3.4%，易趣网占0.1%，⑦ C2C网络零售市场呈现“淘宝垄断，机会难觅”的局面。

但是，由于我国电子商务行业的规范化管理未能跟上网络零售市场的高速发展，2013年上半年全国各地用户的电子商务投诉近41000万起，网络购物投诉占比5.1%⑧。在这种形势下，2013年10月25日，第十二届全国人大常委会第五次会议通过了新的《消费者权益保护法》，将网络购物相关的个人信息保护、追溯责任等内容纳入其中；11月21日，商务部发布了《促进电子商务应用的实施意见》，推出十大措施促进电商发展。

---

① 易观智库．微信5.0研究分析报告[R]．2013-08-30.

② 中国电子商务研究中心．2013年度中国电子商务市场数据监测报告[R]．2014-03-30.

③ 2013年中国电商市场交易规模首破10万亿元[N]．中华工商时报，2014-03-24.

④ 2013年中国电商市场交易规模首破10万亿元[N]．中华工商时报，2014-03-24.

⑤ 易观智库产业数据库．2013年中国电子商务B2B市场数据监测报告[R]．2014-12-30.

⑥ 中国电子商务研究中心．2013年度中国电子商务市场数据监测报告[R]．2014-03-30.

⑦ 中国电子商务研究中心．2013年度中国电子商务市场数据监测报告[R]．2014-03-30.

⑧ 中国电子商务研究中心．2013年度中国电子商务市场数据监测报告[R]．2014-03-30.

3. 移动电子商务崭露头角，新兴势力引领未来潮流

据中国电子商务研究中心 2013 年监测数据显示，截至 2013 年 12 月，中国移动电子商务交易规模达到 2325 亿元，相比 2012 年同比增长 141%①，移动电子商务作为一股新兴势力迅速崛起。在对部分网络购物用户 2013 年下半年的购物行为调研后发现，59%的网民曾使用手机购物，20%的网民曾使用平板电脑购物。② 除了移动购物外，移动金融在 2013 年也迅速成长，其标志性事件是余额宝的推出。根据中国电子商务研究中心监测数据显示，2013 年有 40%的电子商务用户曾通过移动终端购买金融产品，41%的用户主要是通过移动端来查看收益。③

2013 年，移动电子商务迅速崛起并占领市场，它所具备的巨大潜力使得它成为电子商务领域未来的发展趋势，移动电商应用成熟化、接口便捷化和服务全面化是时代对其提出的要求，也是其在未来成长道路中必须完成的任务。

(五)网络视频

2013 年我国网络视频行业发展的整体态势相对良好，网络视频成为继即时通信、搜索、音乐、新闻之后的第五大应用。截至 2013 年 12 月，我国网络视频用户数达 4.28 亿，较上年底增加 5637 万人，增长率为 15.2%。④

1. 网络视频盈利模式：广告收入为主打，独家版权担重头，自制视频成“招牌”

目前，我国网络视频企业已形成一套比较完备的盈利模式。首先，网络视频盈利以广告收入为主。网络电视尤其是影片前导广告由 2012 年开始在我国成为广告商的新宠，并开始进行规模投资。2013 年，我国网络视频广告市场规模为 122 亿元，较 2012 年增长 38.7%。⑤

其次，控制独家版权成为网络视频企业盈利的重头。网络视频企业通过买断视频网络版权，吸引用户及广告商关注，并通过随后的网络分销二次获利。⑥ 2013 年各大视频网站对优质电视节目版权的争抢愈演愈烈：爱奇艺买下《爸爸去哪儿》第二季及其他 5 项王牌综艺节目的网络独播权；腾讯视频买下《中国好声音》第三季独家网络版权；乐视则买断《我是歌手》第二季网络独播权。

但网络视频企业也意识到了网站用户的低忠诚度和高迁移性。为了留住用户，视频网站开始通过内容自制赢得差异化竞争，着力做好网络“自制剧”这道招牌菜，获取品牌效益。一些颇具代表性的作品脱颖而出，产生了不错的市场影响力，如《屌丝男士》《万万没想到》《唐朝好男人》等。

2. 网络视频吸睛手段：互联网电视硬件齐全，“大屏”、4G 力挺移动终端

当前，网络视频企业已将目光聚焦在互联网电视这一视频显示出口。2013 年，不少网络视频企业已经推出各种围绕互联网电视产生的配件产品。2013 年 5 月，PPTV 正式推出机顶盒产品

---

① 中国电子商务研究中心.2013 年度中国电子商务市场数据监测报告[R]. 2014-03-30.

② 中国电子商务研究中心.2014 年中国移动电子商务发展报告[R]. 2014-03-30.

③ 中国电子商务研究中心.2014 年中国移动电子商务发展报告[R]. 2014-03-30.

④ 中国新闻网.中国网络视频企业竞争激烈移动端快速增长[EB/OL]. http://finance.chinanews.com/it/2014/01-16/5745149.shtml.

⑤ 易观智库.2013 年第 4 季度中国网络视频市场季度监测[R]. 2014-02-30.

⑥ 张媛. 迅雷限制美剧、电影非法下载将促进网络视频盈利模式转变[EB/OL]. http://www.jifang360.com/news/201469/n261159229.html.

PPBox；7月，阿里巴巴集团发布“阿里·华数盒子”，力推“打开电视即可购物、支付”等功能合一的客厅应用场景；9月，爱奇艺实现量产自己品牌的电视盒子并发布上市。①

除了“客厅争夺战”外，网络视频企业的移动终端争夺战也早已拉开帷幕。2013年，伴随着智能移动终端的进一步普及以及4G时代的到来，即时观看、随想随看已渐成现实，对移动终端的争夺，将成为网站谋求自身发展的一场硬仗。

3. 网络视频合并与规范：并购整合提升整体竞争力，打击盗版促建新产业链

2013年，中国网络视频行业格局发生了显著变化：视频网站并购和整合的力度进一步加大，各大网站出现线上线下、跨行业等各个方面的整合。其中，百度旗下爱奇艺以3.7亿美元收购PPS视频业务，合并后采用双品牌并存模式运营，爱奇艺主打综合视频，PPS则专注年轻化、娱乐化市场。此外，苏宁联合弘毅资本以4.2亿美元战略投资PPTV，SMG百视通控股风行网，乐视网以15.98亿收购乐视新媒体和花儿影视。

一方面竞争洗牌仍然是网络视频界的主旋律，另一方面各大视频网站也纷纷发出清理商业环境、规范商业模式的呼声，以获取产业地位对等的收益。2013年11月，国内数十家正版视频网站和版权方发起“中国网络视频反盗版联合行动”，对百度影音和快播的盗版行为采取了技术反制和法律诉讼。2013年11月29日，海淀法院作出一审判决，百度对优酷土豆的侵权事实成立，应立即停止侵权行为，并对其处以49万元的罚款。12月27日，国家版权局认定，百度和快播公司构成盗版事实，分别对二者予以25万元人民币的罚款，并责令其停止侵权行为。② 这是国内首例反盗版行动宣判的案件。

(六)大数据

2013年被专家与媒体称为“大数据元年”。据统计，2013年中国产生的数据总量超过0.8ZB(相当于8亿TB)，是2012年的两倍。③ 目前，大数据技术、大数据科学等迅速成为信息科学领域的热点问题。

1. 数据资源化进程加速推进

2013年，政府各部门加大了对数据资源化的推进力度，陆续实施了一系列大数据扶持项目：5月，国家发改委与中科院正式启动“基础研究大数据服务平台应用示范项目”；9月30日，中央政治局在中关村进行第九次集体学习，百度CEO李彦宏现场讲解大数据，科技部、发改委在科技和产业化专项中也明确提出了支持项目；11月，国家统计局与百度、阿里巴巴等11家公司签订战略合作框架协议，共同建设“国家统计局大数据合作平台”。

2013年以来，各个地区也陆续出台了关于大数据的具体推进策略：7月，上海发布大数据三年行动计划，在医疗卫生、食品安全、智慧交通等6大领域探索交互共享、一体化的服务模式；8月，重庆市政府印发了《重庆市大数据行动计划》，在全国首次提出全产业链的主要目标；10月，天津滨海新区大数据行动计划发布，重点推进大数据在港口、海洋、交通物流等领域的应用。

2. 数据应用化全面发展

2013年，大数据发展已全面进入到实际操作阶段，大数据应用逐渐落地。2013年，国内几家数据平台相继进行了大数据投资：阿里巴巴投资了高德地图、美团网、快的打车等应

---

① 比特网．视频网站扎堆推出“电视盒子”[EB/OL]．http：//net.chinabyte.com/386/12702886.shtml.

② 净网冲击：新浪被罚快播叫停互联网如何自救？[N]．21世纪经济报道，2014-04-28.

③ ZDNET．数据中心2013：硬件重构与软件定义[R]，2014-01-23.

用；京东、阿里巴巴通过追踪消费者的浏览和购买行为，推出"猜你喜欢"等功能，并与新浪微博实现"联动搜索"。而网络广告领域的数据管理平台（DMP）、搜索引擎的推荐引擎等应用前景也被业界持续看好。① 值得注意的是，国内互联网企业还致力于加速数据驱动的业务创新，衍生出互联网金融等诸多跨界融合应用，如余额宝的诞生、微信 5.0 支付功能的推出及百度百发理财的上线等。

此外，传统金融业也在积极拥抱大数据，例如：工商银行正在建设基于线下 POS 机的网络信息数据平台等；平安集团联手百度，共同研究消费者网上的行为习惯，进行产品创新。

3. 数据智能化落地实现

随着大数据的进一步应用拓展，"工业互联网"的理念应运而生。其中，智能穿戴式设备已经从概念化走向商用化，为大众生活带来了许多便利。从盛大智能手表 Bambook Smart Watch、康康移动智能血压仪到百度"咕咚"手环，再到中小创业公司陆续推出各式各样的可穿戴设备，产品涵盖了生活健康、信息咨询和体感控制等方面，软件和硬件的结合成为可穿戴设备发展的重点。此外，医疗智能设备、网络兴趣追踪、智能机器人、智慧城市、智能物流等公共领域都在大数据的引领下发生着巨大变革，这也成为 2013 年我国大数据应用化实现阶段式发展的重要原因。

4. 数据安全问题构成挑战

大数据时代的来临必然会导致更多的个人信息被搜集和捕捉，由此催生出的犯罪手段将会更难追踪和防范。2013 年 3 月 15 日，中央电视台就曝光了网易邮箱涉嫌默认多家第三方公司在网站挂代码，从而获得用户所有的浏览记录。面对如此严峻形势，工信部于 9 月出台《电信和互联网用户个人信息保护规定》，为大数据时代的个人信息保护设立了法律法规屏障，划定了大数据世界与个人信息之间的边界。"棱镜门"事件的曝光也给全球敲响了网络信息安全的警钟。在大数据的具体信息操作和处理中，仍然需要从政策、法律和技术等多层次多维度应对大数据可能对个人隐私保护和国家安全带来的挑战。

【作者简介】

强月新，武汉大学媒体发展研究中心研究员，教授、博士生导师，全国新闻学会副会长。

袁满，武汉大学新闻与传播学院 2013 级博士研究生。

（参与本文及《2013 年中国媒体发展大事记》的资料收集和初稿写作的还有赵霞、庄家梁、刘俊伶、邵洋洋、陈一夫、刘雅琛、奉青玲、张丽君、黄妙妙、郑佳丽）

附录

2013 年中国媒体发展大事记

1 月

1 月 1 日，央视开播 19 年的老牌新闻节目《焦点访谈》首次大改版。

---

① 人民网. 中国新媒体报告：目前中国网民数据价值达 16 亿元[EB/OL]. http://media.people.com.cn/n/2014/0625/c14677-25198800.html，2014-06-25.

1 月 3 日，时代出版企业技术中心获批成为第十九批国家认定企业技术中心之一，这是文化企业首家获批入选国家认定的企业技术中心，是出版传媒企业创新发展的新突破。

1 月 4 日，教育部新闻办公室分别在新浪网、腾讯网开通官方微博，标志着政府机构宣传互动平台已经向网络进军。

1 月 4 日，第三届“中国网事 · 感动人物”年度网络人物评选大幕拉开。

1 月 4 日，2013 年全国新闻出版工作会议在京召开，重点讨论新闻敲诈、有偿新闻等问题。

1 月 4 日，人民日报首次推出新闻评论版，开篇聚焦改革。

1 月 6 日，中华书局上海分公司正式成立并投入运营。此举也意味着商务印书馆、中华书局、三联书店三家在上海发源的著名出版机构再次全部进驻上海。

1 月 7 日，第一部全面反映康巴藏区自然人文景观的大型纪录片《天赐康巴》在中央电视台和康巴卫视同步播出。

1 月 8 日，2013 中国学术出版年会举行，本届年会的主题是“数字环境下的学术出版与营销”。

1 月 11 日，新华网数字阅读平台“新华悦读”正式上线，旨在向互联网和移动终端用户、广大读者特别是党政干部提供数字出版物并推荐新书好书。这也是新华网首次推出专业化数字阅读平台。

1 月 13 日，重庆卫视全面恢复广告招商，这是重庆卫视去年 3 月恢复晚间电视剧和回收地方频道栏目后又一次大规模的节目调整。

1 月 15 日，中国互联网络信息中心发布《第 31 次中国互联网络发展状况统计报告》。

1 月 16 日，国务院第 231 次常务会议通过《国务院关于修改〈信息网络传播权保护条例〉的决定》，决定将第十八条、第十九条中的“并可处以 10 万元以下的罚款”修改为“非法经营额 5 万元以上的，可处非法经营额 1 倍以上 5 倍以下的罚款；没有非法经营额或者非法经营额 5 万元以下的，根据情节轻重，可处 25 万元以下的罚款”。该决定自 2013 年 3 月 1 日起施行。

1 月 16 日，主题为“酝酿 2013：在变革中演绎精彩”的 2012 年中国互联网产业年会在京召开，针对移动互联网、网络营销、网络安全、O2O 等热点领域展开探讨，探寻 2013 年发展方向。

1 月 17 日，广电总局电影局公布《关于加强海峡两岸电影合作管理的现行办法》。

1 月 19 日，聚集各省市主流媒体的合作联盟——“全国媒体之家”在海南三亚揭牌。

1 月 22 日，中国首个国家级纪录片新媒体综合性产业运营平台“中国纪录片网”正式开播上线。

1 月 23 日，《新闻联播》中评论员杨禹正式亮相，这也是该节目开播 35 年来第一次引入评论员。

1 月 24 日，首届中国新闻法治建设学术峰会在北京举行。

1 月 26 日，国内首家新媒体创作中心——河北省新媒体创作中心在石家庄成立。

1 月 27 日，北京国双科技有限公司成立国双数据中心，并首次发布《中国互联网发展数据报告 2012》和《中国政府网站发展数据报告 2012》。

1 月 31 日，新闻出版改革发展工作领导小组 2013 年第一次全体会议审议通过《2013 年新闻出版改革发展工作要点》。

2 月

2 月 1 日，“新华社法人微博发布厅”正式上线，并与腾讯公司签署战略合作协议。

2 月 1 日，中国第一个动漫周播剧场正式在金鹰卡通卫视播出。

2月2日，德国电视大奖第48届“金相机”奖在柏林揭晓，中国钢琴家郎朗荣获“最佳国际音乐奖”。

2月6日，由全国5000多个社区的居民自编自演的第二届全国社区网络春晚开播。

2月20日，《环球时报》正式推出美国版，成为首家在美国同时推出中英文版日报的中国媒体。

2月20日，新浪网发布了其微博用户的最新数据。数据显示，截至2012年12月底，新浪微博注册用户数已超过5亿，同比增长74%。日活跃用户数达到4620万，微博用户数与活跃用户数保持稳定增长。

2月21日，360搜索宣布将与人民日报社旗下即刻搜索展开战略合作，合作内容包括全面接入国家食品药品监督管理局的药品查询数据，联合运营网络曝光台以及食品安全栏目。

2月22日，军队后勤数字图书馆正式开通，它由国家图书馆与总后勤部共建，为全军后勤官兵提供个性化、知识化、信息化的数字图书馆服务。

2月25日，由国务院新闻办公室主办的中俄媒体记者圆桌会议在京举行，包括人民日报社、新华社参考消息报社、中央电视台俄语频道、中国国际广播电台、俄罗斯新闻社、《俄罗斯报》、国际文传电讯社等在内的双方近20家全国性媒体和地方媒体的代表就中俄媒体合作与交流进行了对话。

2月25日，国家食品药品监督管理局与百度公司“安全用药，搜索护航”战略合作签约仪式在京举行。

2月25日，腾讯内部发全员邮件称：企业发展事业群广州研发线下成立微信美国办公室，负责美国微信用户的发展及研究、公司客户关系的建立及拓展合作等，这意味着微信正式开始拓展美国市场。

2月26日，香港《大公报》北京分社揭牌成立暨《美丽北京》开版仪式在京举行。

2月26日，湖南省新闻出版局与交通银行湖南省分行签署支持新闻出版业发展战略合作协议。

2月26日，工信部召开宽带中国2013专项行动动员部署电视电话会议。工信部部长苗圩表示，今年将继续优化宽带发展环境，加快网络升级演进，强化产业协同并进，改善用户上网体验，力争新增固定宽带接入互联网用户超过2500万户，新增3G用户1亿户。

2月28日，中国纪录片年会暨第19届中国电视纪录片颁奖活动在广西南宁举行。

2月28日，中华人民共和国国务院公报官方微博在新华网新华微博开通。国务院的重要政策法规文件等内容将通过微博客这一新媒体形式集中、准确、及时地向社会公众公开。

3月

3月1日，《信息网络传播权保护条例》2013年修订版开始施行。

3月1日，中国网络视听节目服务协会发出《关于开展“讲文明树新风”网络视听公益广告传播的倡议书》，呼吁各音视频网站大力开展公益广告制作传播。

3月5日，淘宝网通过其价格监测系统发布2012年全网B2C网购价格指数。

3月6日，全国“扫黄打非”办公室发出通知，部署从3月上旬至5月底在全国范围内开展网络淫秽色情信息专项治理“净网”行动，以整治网络文学、网络游戏、视听节目网站等为重点，网上与网下治理相结合。

3月15日，国家工商总局表示，将在2013年上半年建立全国一体的“网络商品交易监管信息化系统”，可以囊括网购电商的信用信息，动态监管大型购物网站、网店，来规范网络交易行为。

3月19日，人民网有限公司（香港）成立仪式在港岛海逸君绰酒店举行。

3月20日，麦肯锡全球研究所（MGI）发布报告《中国网络零售革命：线上购物助推经济增长》显示，2012 年中国网络零售超过 1.2 万亿元人民币，仅次于美国，是目前世界第二大网购市场。

3 月 21 日，在中国音像市场下滑的大背景下，京东商城音像频道 2012 年销售额依然突破 1 亿元，占整个零售市场整体的 20%，成为中国音像第一大零售商。京东商城跃居音像市场第一，不仅象征着京东在音像零售中主导地位的确立，也意味着音像业线上零售大势的不可逆转。

3 月 22 日，国家新闻出版广电总局正式挂牌成立，标志着新闻出版广播影视业迈向了新的历史进程。

3 月 23 日，广电总局电视剧司日前下发《关于进一步规范卫视综合频道电视剧编播管理的通知》。通知规定，除国家法定节假日外，电视剧每天播出时间总量不得超过每天播出电视时间总量的 45%；除国家法定节假日和双休日外，同一部电视剧每天播出总集数不得超过 6 集；同一部电视剧在 19：00 至 24：00 之间，播出总集数不得超过 3 集。

3 月 24 日，闽台两岸最大的出版集团——海峡出版发行集团和城邦媒体控股集团在福州、台北举行两地现场连线，共同宣布双方投资设立的“海峡书局股份有限公司”正式开业。

3 月 26 日，上海市工商局发布的广告市场白皮书《上海广告市场状况报告》显示，2012 年度，上海互联网媒体广告迅速崛起，营业收入达到 18.3 亿元，首次超越报纸媒体广告。

3 月 27 日，中国互联网首例反垄断官司——北京奇虎科技有限公司诉腾讯科技(深圳)有限公司、深圳市腾讯计算机系统有限公司滥用市场支配地位纠纷一案在广东省高级人民法院宣判。

4 月

4 月 1 日，“央视新闻”官方微信正式上线。

4 月 2 日，新华社中经社控股有限公司与百视通新媒体股份有限公司战略合作框架协议在上海签约。

4 月 9 日，第六届中美互联网论坛在北京开幕。

4 月 11 日，《中国新闻出版报》联合《人民日报》《光明日报》《经济日报》《工人日报》等全国 78 家新闻媒体发起的全国全民阅读媒体联盟在武汉成立。

4 月 15 日，凤凰出版传媒集团旗下香都出版公司在伦敦国际书展开幕日揭牌。该公司当日与英国著名的 Scala 出版社进行了首个业务签约，宣布将联合出版 50 卷大型系列丛书《从博物馆看中国文化》，这标志着凤凰出版传媒集团正式进军英国出版业。

4 月 15 日，“全国电视公益广告大赛”启动。

4 月 16 日，搜狐视频与中国联通宣布达成合作，向联通用户推出搜狐视频影视内容流量包月活动，每月 15 元流量费，联通用户通过手机浏览器或搜狐视频移动端观看搜狐视频内容将不再额外收费。

4 月 18 日，甘肃省广播电视网络股份有限公司正式挂牌成立，成为一个集公共传播、信息服务、文化娱乐、交流互动于一体的信息高速公路和多媒体传播综合平台。

4 月 24 日，中央人民广播电台台长王求向中国音乐著作权协会副主席兼总干事屈景明交付了 2012 年音乐作品使用报告。

4 月 26 日，全国首家影视版权研究基地揭牌暨微电影《美好夏天》开播仪式在西安举行。

4 月 26—5 月 1 日，由国家新闻出版广电总局和浙江省政府主办的第九届中国国际动漫节在杭州举行。

4 月 27 日，腾讯视频宣布与 BBC Worldwide、ITV Studios、Fremantle Media、All3Media International、Endemol 等六大制作公司达成中国最大的英剧资源引进合作。

5月

5月1日，中央电视台在《新闻联播》中宣布，《央视新闻》入驻搜狐新闻客户端。

5月2日，国家新闻出版广电总局下发通知，要求新闻单位严格执行“三审”制度，并对“深圳女孩当街给残疾乞丐喂饭”“天然气将大幅涨价”“流浪汉因拆迁变富翁”3起近期社会广泛关注的媒体虚假时事报道的调查及处理情况进行通报。

5月7日，湖南卫视与青海卫视合作终止。

5月7日，为期两天的第五届全球移动互联网大会(GMIC)在国家会议中心开幕。

5月9日，国家新闻出版广电总局与云南广电在昆明举行战略合作协议签订暨国家下一代广播电视网(NGB)综合技术实验室业务应用实验基地揭牌仪式。

5月11日，2013互联网创业者大会在北京国际会议中心召开。

5月13日，“东南亚主流媒体贵州行”活动在贵州省贵阳市启动。

5月18日，由中央新影集团、中国网络电视台、中央新影微电影文化发展基金联合打造的专业微电影互联网平台——中央电视台微电影频道正式上线开播。

5月18日，首只互联网媒体发布的A股指数“腾安价值100指数”在京举行启动仪式。

5月21日，56网宣布与网易微博达成战略合作，为网易微博打通视频上传通道。

5月22日，第三届中国电视发展年会在云南昆明举行。

5月27日，广电总局发出《关于开展广播电视公益广告集中制作展播活动的通知》，决定自6月1日至8月31日，在全国范围内开展“广播电视公益广告集中制作展播活动”。力传媒传播机构出品的交通安全公益广告《动物篇》入选总局推荐公益广告播放目录。

5月28日，中国新华新闻电视网(简称CNC)节目在中国电信宁夏分公司IPTV正式上线，覆盖近5万名宽带用户。

5月30日，由新浪主办的“专业与责任——中国媒体灾难报道研讨会”在京举行。

5月30日，由中宣部、中央文明办、中央外宣办、工业和信息化部、国家工商总局、国家新闻出版广电总局六部委联合授权成立的全国平面媒体公益广告制作中心在人民日报社揭牌。

6月

6月3日，腾讯视频宣布英剧频道上线。腾讯视频已与BBC Worldwide、ITV Studios等六大制作公司达成合作，独家引进近500集英剧。

6月5日，中国网络电视台、中国电信海南分公司和海南广播电视总台三方签订了《海南省三网融合IPTV业务合作协议》。

6月6日，由中国出版集团、央视网等70余家国内知名机构发起的首都版权联盟正式在京成立。

6月7日，优酷土豆集团与新浪微博达成战略合作，其中，新浪微博将通过PC(个人电脑)和移动平台面向5亿微博用户推广优酷土豆的版权内容。

6月15日，作为海峡论坛子论坛的第五届海峡新闻出版业发展论坛在厦门举办。

6月15日，第16届上海国际电影节在上海拉开帷幕。

6月17日，《大公报》创刊111周年暨“大公之友”成立10周年庆典在香港会议展览中心举行。

6月19日，国务院总理李克强主持召开国务院常务会议，会议通过了国家新闻出版广电总局“三定”规定，取消和下放了多项行政审批职权。

6月21日，上合组织国家广播电视合作研讨会在北京召开。

6月25日，阿里巴巴集团与腾讯、百度、新浪、盛大、网易、亚马逊中国等21家国内互联网企业正式成立“互联网反欺诈委员会”，在公安部指导下打造电子商务生态圈联防联打的战略合作框架。

6月30日，国内首家视频内容营销联盟正式成立。该联盟由56网发起成立，联盟致力于打通影视制作方、强势媒体、第三方数据机构、广告公司等营销资源，为广告客户提供一站式微电影整合营销解决方案，长期探索创新、高效、多元化的视频营销模式。

7月

7月1日，经国家新闻出版广电总局批准，由三联书店出资设立生活书店出版有限公司。这标志着81年前由邹韬奋先生创办的生活书店这一出版“老字号”正式恢复设立，重新开业。

7月1日，西藏人民广播电台、西藏电视台新闻联播节目和七地(市)广播电视台新闻节目中播出了《中国梦·美丽西藏》大型系列报道。

7月2日，央视网推出“央视网商城”(mall. cntv. cn)精品购物B2B2C平台，希望通过“媒体+电商”的定位吸引企业入驻。

7月3日，《2013全球出版业50强收入排名报告》发布，中国出版集团、凤凰出版传媒集团、中国教育出版传媒集团3家出版企业入选。这是中国出版业首次入选全球出版业50强。

7月4日，《中国广播电影电视发展报告(2013)》(广电蓝皮书)在北京发布。报告指出，2013年，全国广播影视总收入有望突破4000亿元大关。

7月4日，微信5.0正式发布，新版微信支持“微信支付”功能，且实现公众账号的分类展现。

7月6日，百度旗下百付宝、新浪旗下新浪支付获得进入支付行业的许可证。

7月8日，第五届中国数字出版博览会在京开幕。

7月8日，西部首个3D打印产业创新联盟在成都成立。

7月10日，中国国际广播电台英语环球广播资讯台NEWS Plus正式上线，成为中国唯一的全英文广播新闻频率。

7月10日，由国家新闻出版广电总局印刷发行司和上海市新闻出版局共同主办的2013年上海国际印刷周开幕。

7月10日，江苏凤凰新华印务有限公司与北大方正电子有限公司在上海签署了战略合作协议，双方将进一步加快“凤凰印”云平台系统建设。

7月11日，天津广播电视网络有限公司开展微营业厅试点工作。

7月14日，我国制定的AVS视频编码标准已由美国电气和电子工程师协会颁布出版，这意味着我国具有自主知识产权的数字音视频压缩、解压缩行业标准成为国际通用标准。

7月15日，百度宣布拟19亿美元全资收购移动互联网公司91无线，打破2005年雅虎10亿美元入股阿里巴巴的互联网纪录。

7月15日，中国开发性金融促进会与中国新闻文化促进会在京签署《合作备忘录》，标志着我国金融业与新闻文化产业融合发展进入新阶段。

7月15日，第九届中国国际动漫游戏博览会闭幕。本届展会参观总人次近50万，展会现场交易总金额突破18亿元。

7月15日，继《环球财经》停刊之后，《好运MONEY+》《他生活hislife》等多家纸媒宣布停刊，纸媒迎来一场停刊潮。

7月15日，非洲广播网在博茨瓦纳首都哈博罗内举行启动仪式，这是非洲地区首家由华人创办、以多语种面向全非洲介绍中国和中国文化的网络广播电台。

7月16日，爱奇艺PC客户端“爱奇艺视频”全面改版，在视频行业率先依靠大数据分析实现了“千人千面”的首页全个性化的内容推荐。

7月16日，中国政府网公布经国务院批准的《国家新闻出版广电总局主要职责内设机构和人员编制规定》。

7月17日，中国纪录片制作联盟成立，联合了100多家纪录片制作机构共同参与，覆盖了纪录片生产的整个链条，标志着中国纪录片行业从此进入联盟时代。

7月17日，中国互联网信息中心(CNNIC)发布报告显示，截至2013年6月底，网络新闻的网民规模达到4.61亿，较2012年6月增长了6860万人，年增长率为17.5%。

7月17日，第五届深圳动漫节在深圳会展中心启幕。

7月20日，全国直播卫星户户通实际开通用户达到1000.68万户，近4000余万农村群众受益，全国基本实现广播电视户户通。

7月22日，中国全媒体卫视收视率排行榜(2013年1—6月)引发媒体关注，该排行榜首次结合了电视、网络、新媒体等数据样本，是一份全新形态的动态电视排行榜，分析对照后可以看出当前中国卫视频道呈现的五大趋势。

7月23日，中国网络电视台在京举行发布会，推出“央视新闻”手机客户端。

7月24日，湖北省广播电视信息网络股份有限公司宣布重组后的新一次资产注入方案。收购完成后，湖北广电将基本实现“全省一网”。

7月25日，《2012年度中国法制新闻视角》出版，梳理年度法制新闻图谱。

7月26日，莫言拿下诺贝尔文学奖之后的首部大银幕改编作品近日已锁定《藏宝图》。《藏宝图》由福建电影制片厂联合多家公司共同投资出品，已经正式获国家新闻出版广电总局批文，拿到拍摄许可证。

7月26日，国家新闻出版广电总局与9家卫视召开了内部会议，会议公布了歌唱类节目的最终调控结果。同时，以“特急”规格下发了《关于进一步规范歌唱类选拔节目的通知》，其中指出导师要避免夸张作秀、互相恶搞，而应注重专业性。

7月26日，全国首批9个国家级广告产业园之一的青岛国家广告产业园顺利开园。

7月31日，国家互联网信息办公室会同相关部门依法关闭了“新闻一线”“正点网”“中国舆情联盟网”等107家与虚假新闻诈骗相关的非法网站。

7月31日，中国广告协会报刊分会、央视市场研究媒介智讯发布《中国报纸广告市场分析报告》。该报告分析认为，报纸广告呈现全方位衰退态势。

7月31日，IMAX公司与万达院线宣布，在中国和美国再建至少120座IMAX影院，自此万达院线已成为IMAX全球最大院线合作伙伴。加上之前和韩国CJ CGV公司签订的协议，IMAX在中国已开业和即将开业的IMAX影院将达到381座。

8月

8月1日，在全国范围内开展为期3个月的广告资讯信息排查清理活动，严厉打击利用广告资讯信息为非法集资活动宣传造势，净化市场环境。

8月1日，北京地区网站联合辟谣平台(py.qianlong.com)上线。

8月2日，中南出版传媒集团股份有限公司发布公告称，公司与湖南教育电视台签署合作协议，双方拟合资创立湖南教育电视传媒有限公司，出版企业跨界“联姻”广电媒体。

8月5日，由中央文明办、国家互联网信息办公室、全国总工会、共青团中央主办，全国百家网站参与，“圆我中国梦　传播正能量——讲文明树新风公益广告网上传递活动”在京启动。

8月5日，微信5.0正式上线，增加微信支付、表情商店、游戏中心、街景扫描等功能。

8月7日，中国报业协会宣布，到2013年6月，国产新闻纸全国平均价格从去年年底的5100元/吨已下滑到4550元/吨左右，地区不同、价格不同，采购数量不同、价格也不同，价格下降幅度很大也很频繁。

8月8日，国内研究机构易观智库发布数据显示，2013年第二季度，国内移动阅读市场收入规模为14.7亿元，环比增长24.7%，相较于去年同期增长90.7%。活跃用户规模达4.34亿人，环比增长11.3%。

8月8日，北京地区网站联合辟谣平台新增图片辟谣和恶意骚扰电话甄别功能，并增加谣言公示栏目。

8月8日，中国出版传媒股份有限公司、江西新华发行集团有限公司、中国科技出版传媒股份有限公司、江苏凤凰出版传媒股份有限公司在京签署合作协议，以资本合作为纽带、以业务合作为基础，共同出资重组中国出版传媒股份有限公司旗下新华联合发行有限公司。

8月10日，网络名人社会责任论坛在央视新址举行。国家互联网信息办公室主任鲁炜与十多位网络名人座谈交流。

8月13日，市场研究机构Global Web Index公布报告称，在排名前十的智能手机流行应用中，腾讯的微信应用跻身其中，排在第五位，这也是中国唯一上榜的App应用。

8月13日，由中国互联网协会主办的2013中国互联网大会在京开幕，移动互联网成为本届大会最受关注的焦点。

8月13日，中宣部等5部门联合下发《关于制止豪华铺张、提倡节俭办晚会的通知》，要求把制止豪华铺张、提倡节俭办晚会和节庆演出，作为落实中央八项规定、整治“四风”的重要抓手，严格控制党政机关举办文艺晚会，努力营造节俭办晚会的良好氛围，并切实加强文艺晚会的监督检查。

8月14日，中关村国家自主创新示范区国家新媒体产业基地授牌仪式在京举行。新媒体产业基地企业咨询服务中心启动仪式、《北京市文化创意产业投资基金合作框架协议》签署仪式同期举行。

8月14日，百度签署最终协议，以18.5亿美元收购91无线，这也成为中国互联网最大的并购案。

8月15日，在北京闭幕的中国互联网大会发出倡议，全国互联网从业人员、网络名人和广大网民，都应坚守“七条底线”，营造健康向上的网络环境，自觉抵制违背“七条底线”的行为，积极传播正能量，为实现中华民族伟大复兴的中国梦作出贡献。

8月15日，中国互联网协会正式发布了《中国互联网发展报告(2013)》。

8月15日，由中国经营报社倡议、中国产业报协会牵头发起的中国产业报道联盟在北京成立。

8月16日，国务院印发的《关于促进信息消费扩大内需的若干意见》指出，大力发展数字出版等新兴文化产业。

8月19日，由社会科学文献出版社和上海交通大学舆情研究实验室联合主办的2013年《舆情蓝皮书》发布会在沪举行。

8月19—20日，全国宣传思想工作会议在北京召开，习近平总书记发表讲话，提出：互联网已经成为舆论斗争的主战场。很多人特别是年轻人基本不看主流媒体，大部分信息都从网上获取。要把网上舆论工作作为宣传思想工作的重中之重来抓。

8月20日，北京图书大厦、王府井书店、中关村图书大厦、亚运村图书大厦携手百家出版社推出的“百社万种图书优惠大联展”主题展销活动在北京启幕。

8月21日，人民出版社推出《〈通用规范汉字表〉使用手册》。

8月26日，由中共中央对外联络部研究室组织编写、外文出版社出版的《中共十八大：中国梦与世界》(中文版)出版座谈会在北京举行。该书是国内首部公开发行的中共十八大报告主要内容对外解读本。

8月28日，国内首家新闻传播与新闻法制协同创新中心日前在北京成立。

8月28日，中国财经出版传媒集团挂牌仪式在北京举行，标志着财经出版传媒事业发展步入新阶段。

8月29日，《中国梦：谁的梦?》在第20届北京国际图书博览会上首发。

8月29日，第五届中国图书馆馆长与国际出版社高层对话论坛在北京举行。

9月

9月1日，国家新闻出版广电总局发出通知，要求各地新闻出版局严格控制新闻出版展会总量，注重展会实效，节俭办展，制止豪华铺张。

9月1日，第三届中国—亚欧博览会新闻部长论坛在乌鲁木齐市举行。各国与会代表围绕“加强新闻领域交流合作，推动亚欧经贸关系发展，维护地区和平与安全”这一主题进行了广泛和深入的讨论。

9月7日，据公安部通报，江苏警方侦破一起自建网站冒充记者敲诈勒索系列案件，120余起网络敲诈勒索案件涉及7个省27个城市，不法分子私自建立的“今日焦点网”等11个网站被依法查处。

9月9日，在英国伦敦举办的第五届中英互联网圆桌会议上，中国国家互联网信息办公室主任鲁炜发表题为“网络空间的自由与秩序”的主题演讲。

9月9日，中国最高人民法院和最高人民检察院发布的司法解释规定，利用网络诽谤他人引发群体性事件的属“严重危害社会秩序和国家利益”，应由公安机关立案侦查，人民检察院提起公诉。

9月16日，腾讯向搜狗注资4.48亿美元，并将旗下的腾讯搜搜、QQ输入法业务和其他相关资产并入搜狗。

9月23日，中国互联网安全大会在北京开幕，移动设备安全问题备受关注。

9月23日，国家互联网信息办公室召开视频会议，部署开展绿色网络行动。

9月29日，最高法院发布《关于审理编造、故意传播虚假恐怖信息刑事案件适用法律若干问题的解释》，明确了虚假恐怖信息的六种情形，并提出明确的处罚标准。

9月30日，国家互联网信息办公室日前发出通报，查处“抽屉新热榜”“鲜果联播”“ZAKER新闻阅读”“3G门户新闻”等一批违规移动新闻客户端。

10月

10月10日，苏宁云商集团旗下的“易付宝”获得证监会颁发的基金销售支付结算牌照，从此易付宝可以为基金网上直销提供支付结算服务。

10月11日，中国政府网官方微博和官方微信在新华微博、腾讯微博和微信开通，国务院重要政务信息将第一时间通过微博、微信等新媒体形式向社会公众公开。

10月11日，第11届中国国际网络文化网络博览会在北京开幕。

10月11日，《爸爸去哪儿》在湖南卫视首播，开启了中国电视娱乐节目户外全景拍摄的新时代与中国电视综艺节目新的商业模式。

10月21日，中国国内领先水平的大规模云计算数据中心、云计算研发应用示范基地——中国电信云计算贵州信息园在贵阳正式开工建设。

10月21日，奇虎360公司针对海外市场推出的手机安全产品360 Mobile Security获国际著名安全软件评测机构AV-Test测试全球排名第一。

10月24日，中国首个国家级物联网产业联盟在北京成立。

10月28日，由解放日报报业集团和文汇新民联合报业集团合并组建的上海报业集团正式挂牌成立。

11月

11月1日，工信部发布的《关于加强移动智能终端进网管理的通知》开始施行，手机厂商预装软件必须要通过工信部的审核关卡。

11月1日，百度金融中心理财平台支持的第二款产品“百赚”上线，继续保持热销势头，成为日销售最高的货币基金产品之一。

11月1日，谷歌关闭重量级产品 iGoogle 个性化主页服务，将重点转向旗下的社交网站 Google+。

11月5日，即刻搜索下线新闻搜索等多项服务，仅剩新闻、页面、图片、地图4项，页面搜索结果由新华社旗下的盘古搜索提供。

11月5日，泰国华文报纸《星暹日报》与中国南方报业传媒集团战略合作签约仪式在曼谷举行。这是泰国华文报纸首次与中国报业进行深度合作。

11月12日，国家版权局宣布，国家推进使用正版软件工作部际联席会议组织6个督查组，已完成对12省份软件正版化工作的督查。

11月12日，中共十八届三中全会审议通过《中共中央关于全面深化改革若干重大问题的决定》，提出了传媒改革的新任务以及新的传媒改革目标和方案。该决定指出，加大依法管理网络力度，加快完善互联网管理领导体制，确保国家网络和信息安全。

11月13日，中国云体系产业创新战略联盟成立大会在北京人民大会堂举行。

11月13日，在中国移动—SKTelecom4G 高清语音互通仪式上，全球首个跨国、跨 TD-LTE 与 LTEFDD 商用网的 4GVoLTE 高清音视频电话从四川成都成功拨出，标志着我国 4G 将迈入高清音视频通信新时代。

11月15日，以“指尖世界、成就梦想”为主题的2013年中国(长沙)手机文化产业博览会在湖南国际会展中心开幕。

11月20日，360安全中心发布《网络投资理财诈骗现状及防范措施报告》。

11月20日，爱奇艺携手 MTK 率先实现业内首次软硬件结合的 H.265 解码，用户在移动端也将能够获得 1080P 超高清观影体验。

11月24日，原 Skype 中国运营合作方 Tom 网发布公告，宣布即日起微软正式接手 Skype 中国的运营工作，并宣称引入 Skype 9 年来 Tom-Skype 积累用户已经突破 1 亿大关。

11月28日，国家互联网信息办公室副主任任贤良在中国记协举办的第42期新闻茶座上透露，中国网民数量达到6.04亿，手机网民达到4.64亿，手机超越台式电脑成为第一大上网终端，中国互联网已进入移动互联网时代。

11月30日，中国铁路客户服务中心12306网站支付宝账户支付服务功能上线试运行，旅客网购火车票新增一种支付方式。

12月

12月3日，中央人民广播电台国家应急广播中心揭牌，国家应急广播社区网站(cneb.cnr.cn)同时上线。

12月4日，工业和信息化部正式向中国移动、中国电信、中国联通颁发放4G牌照，我国正式步入“4G时代”。

12月7日，2013年全球移动互联网博览会暨创新嘉年华在广州开幕。

12月11日，商务部、公安部、国家食品药品监管总局等七部门联合发布《关于开展电视购物专项整治工作的通知》。该通知指出，电视媒体发布电视购物广告前，应核实广告内容，不得发布未提供产品质量检验合格证明产品的电视购物广告。

12月12日，百度官方正式宣布旗下百度手机助手用户数量突破2亿。

12月12日，2013年中国(广州)国际纪录片节落下帷幕。据统计，本届纪录片节共促成纪录片交易合约价值总额 1.5 亿元人民币，创造历年最高纪录。

12 月 15 日，第 15 届中国国际新闻论坛年会在海南三亚开幕。

12 月 15 日，贵州省政府办公厅微信公众平台“贵州省人民政府网”正式上线运行。市民可加其为微信好友，通过微信反映问题，提出意见、建议，与省政府办公厅实时交流互动。

12 月 18 日，中华人民共和国中央人民政府门户网站（简称中国政府网）入驻人民微博、新浪微博，国务院重要政务信息将第一时间通过官方微博向社会公众公开。

12 月 20 日，中宣部、教育部在上海召开现场会，总结推广上海市委宣传部与复旦大学共建新闻学院做法经验，指导 10 个省市党委宣传部门与高等学校签署共建协议，创新新闻人才培养模式，促进业界与学界互动、教学与科研贯通、理论与实践结合，为党的新闻事业发展培养造就高素质后备人才。

12 月 22 日，由小米科技、爱奇艺、优酷土豆、乐视网、新浪视频、CCTV 央视网等互联网电视企业联合成立中关村核心区互联网电视产业联盟。成员企业覆盖了全国超过 5 亿的用户，成为国内互联网电视最大的产业联盟。

12 月 23 日，上海报业集团旗下的《新闻晚报》宣布将于明年 1 月 1 日正式休刊，成为上海报业集团成立后首张停刊的报纸。

12 月 26 日，中国首个反信息诈骗联盟在深圳成立。联盟将通过标记诈骗电话和短信、数据共享、案件侦破受理及安全防范教育等深度合作，向信息诈骗产业链发起全面反击。

12 月 26 日，中国工业和信息化部颁发首批移动“虚拟运营商牌照”，巴士在线获得中国首批移动虚拟运营商资格。

12 月 26 日，国家新闻出版广电总局科技司在北京组织召开“NGB 智能电视操作系统（TVOS）关键技术及原型系统研发”项目验收会，并同时发布 TVOS1.0 软件，标志着由我国自主开发的 NGB 智能电视操作系统取得了阶段性成就，TVOS1.0 正式进入应用阶段。

12 月 30 日，习近平在中共中央政治局第十二次集体学习时强调建设社会主义文化强国，着力提高国家文化软实力。他指出，提高国家文化软实力，要努力传播当代中国价值观念，注重塑造我国的国家形象，提高国际话语权。

困境下寻出路，转型中求突破①

——2013 年中国报业发展述评

罗以澄　王丹艺

2013 年，是中国报业转型发展十分关键的一年。随着科技的日新月异，新媒体所带来的传媒改革在人们的生活中不断上演。根据 CNNIC《第 33 次中国互联网络发展状况统计报告》的数据显示，截至 2013 年 12 月，中国网民规模达 6.18 亿，互联网普及率为 45.8%。其中，手机网民规模达 5 亿，继续保持稳定增长。手机网民规模的持续增长促进了手机端各类应用的发展，成为 2013 年中国互联网发展的一大亮点。② 因此，传统的报业集团所面临的挑战也在不断升级。2013 年，整个中国报业在发行量和广告收入都不甚理想的情况下艰难地寻求着突破口：报业转型、融合发展以及依托新媒体的跨界整合都成为这一年中国报业的主题。“十二五”规划对于新闻出版业的要求也进一步指向了顺应数字化、网络化、信息化的趋势，加快产业融合与产业对接。此外，国家新闻出版广电总局的组建为中国报业在管理层面的改革指出了方向，也为报业将来的发展趋势明确了目标。在诸多管理者的不断努力下，2013 年的中国报业在外部环境整体堪忧的情况下，还是出现了不少具有亮点的新突破，以及值得深入思考与研究的新问题，这些突破和问题同样也为中国报业在今后的发展过程中提供了借鉴和参考。

一、报纸出版发行与广告市场整体堪忧，新的发行途径和盈利模式逐渐产生

2013 年，报纸出版和发行的形势十分严峻，多项指标明显下滑。出版方面，2013 年全国共出版报纸 482.4 亿份；总印张为 2097.8 亿印张，与 2012 年相比减少 113.2 亿印张，降低 5.1%；报纸出版实现营业收入 776.7 亿元，减少 75.7 亿元，降低 8.9%；利润总额 87.7 亿元，减少 11.6 亿元，降低 11.7%；总体经济规模综合评价由第四位降至第五位。同时，不同类型报纸出现分化：全国性报纸总印数增长 5.3%，总印张增长 5.6%，省级与地市级报纸总印数与总印张数减少，一些有全国影响的地方报纸总印数出现不同程度滑坡。③

在报纸发行方面，2013 年上半年，全国报纸总零售量环比下降 8.87%，达到历年下降最高值；下半年截至 11 月底，环比下降 2.16%，同比下降 10.83%。从区域分布来看，在全国五大区域中，实销率只有华中地区略有增长，其他四大地区均为下降，其中华东地区的降幅达到 9.31%；从报纸类别来看，IT 类报纸和财经类报纸近几年的销量持续走低，2013 年

---

① 本文系“国家高层次人才特殊支持计划”（中组发[2012]12 号）互联网+时代新闻传播人才培养模式转型研究阶段性成果。

② CNNIC. 第 33 次中国互联网络发展状况统计报告[EB/OL]. http://www.cnnic.net.cn/hlwfzyj/hlwxzbg/hlwtjbg/201403/t20140305_46240.htm.

③ 2013 年新闻出版产业分析报告[EB/OL]. http://www.chuban.cc/toutiao/201407/t20140710_157016.html.

下降的幅度仍然较大；都市类报纸进入2013年之后，尽管销量仍继续保持绝对领先地位，但销量出现普遍下降，只有个别城市的都市报处于上升态势。①

2013年，在国家新闻出版广电总局号召并推动在全国建立阅报栏、阅报屏的同时，多个省市的报刊亭却因为“影响市容、临时占道、影响交通”等理由而被强制拆除。作为一个时代在各个城市随处可见的、曾是我国报业集团及其运营系统标志性事物的“报亭”正以快速的不可逆转的方式消失。2013年4月2日，河南省的省会郑州拆除了位于花园路和红旗路交叉口的最后一座报亭，《中国青年报》2013年4月的一则新闻(原标题《郑州拆了最后一座报亭》)专门对此事进行了报道，大批读者和网友对于曾经代表着一个时代的文化符号的报亭已经远去的事实表示遗憾和痛惜。

传统的发行方式正在迅速地死去，新的发行模式正在以极快的速度进行重建。人们获得报纸最方便快捷的方式正在改变，因此报业集团的经营方式也必须随之改变。可以说，人们对新闻的需求并没有消失，报业集团正在为适应新的社会运行模式而进行经营模式转型的调整。2013年，多个城市开展报刊销售退路进店的方式，在拆除街头报亭的同时，新建一些沿街门店的报刊销售点，以方便市民购买。

与报纸出版、发行的下滑趋势相交映的是，2013年的报业广告市场同样处于困顿的局面。报业广告总体下降8.1%，降幅超过2012年。在报纸广告的前20个行业中，只有房地产、活动类和家用电器三个行业保持增长，其中房地产广告增长17.6%，活动类增长13.1%，家用电器增长1.7%。② 影响报业广告市场衰退的因素是多方面的，2013年最主要的影响是宏观经济下行和传媒环境变化两大因素。

面对颓势，报业积极探索发行新模式。2013年4月2日，北京青年报社、河南日报报业集团、杭州日报报业集团旗下发行企业——北京小红帽发行股份有限公司在北京签订《发起人协议》。这是国内首家由报刊发行单位发起设立的跨地区精准投递/直复营销平台公司，标志着北京、河南、浙江报刊发行开始“破界结网、转型升级”，也意味着中国报业发行网络平台转型进入了实际操作阶段。③

此外，中国报业在近年来开始着手实行“走出去”战略，突破地域限制，努力在国际报业发行市场上占据一席之地。2012年年底，《中国日报》非洲版开始在肯尼亚创刊发行，这是非洲发行的首份中国英文报纸。2013年2月20日，《环球时报》正式推出美国版并在美国发行。同年7月13日，《今晚报》新增7个海外版，并在与其合作的7家海外媒体所在地发行。④ 可见，我国报纸发行的国际化水平在不断提高。

鉴于传统的报业发行方式已经不能满足数字化、新媒体时代人们的需求，进入2013年以后，越来越多的报业需要找到一种合适的支付方式，使得盈利建立在稳妥、方便、快捷的支付平台上，尤其是建立在通用支付服务的基础上，这样可以大大地提升受众的广泛性。报业集团必须快速适应新型的支付方式，并与之搭建沟通的平台，创建报业付费盈利的新模式。

例如，南方报业传媒集团旗下的南都全媒体为了更好地适应读者新的阅读方式，推出了自己的PAD阅读器，读者只需订阅两年南都全媒体的数字信息服务，即每月支付38元，就能获赠一部南都PAI，并支持信用卡支付方式等最新潮的分期付款方式，这使得年轻受众因

① 田珂. 发行整体下滑 党报成“好声音”——2013年中国报业发行市场盘点[J]. 中国报业，2014(1).
② 编辑部. 2013年中国报业十大新闻[J]. 中国报业，2014(1).
③ 张晋升，张维. 2013年报业发展盘点：寒冬中的突围[J]. 传媒，2014(1).
④ 张晋升，张维. 2013年报业发展盘点：寒冬中的突围[J]. 传媒，2014(1).

为对电子产品的喜爱从而绑定消费特定品牌的新闻产品。①

这种支付方式的出现，使得传统的买新闻的方式发生了翻天覆地的变革。通过购买用户需要的阅读器，随之绑定销售新闻产品，也成为新的报业集团可盈利的发布新闻打包式支付方式。

就报纸的广告发行部分来说，在线数字广告也许是所有报业集团广告未来的一种出路，从传统的报业广告向综合平台发展，与其他平台运营商、网络运营商联合打造新的广告环境，进行广告投放。它是通过某些运营商本身已经有的平台基础、搜索与推送广告的能力，来提高报业广告的流量的广告合作模式。可以说，未来中国报业的广告环境应该不再是单一的、存在于自身内部的广告投入环境，而是向外延伸、合作、共享的新模式。

二、国家新闻出版广电总局组建，多家报业集团重组

我国传媒业一直采取的是“条块分割”的管理体制。这种管理体制导致传媒业的区域分割和行业分割，使得传媒业市场尤其是报业市场高度碎片化。因此，2013 年，根据十二届全国人大一次会议审议通过的《国务院机构改革和职能转变方案》，为进一步推进文化体制改革，统筹新闻出版广播影视资源，决定将新闻出版总署、国家广电总局的职责整合，组建国家新闻出版广电总局。新成立的新闻出版广电总局的主要职责是：统筹规划新闻出版广播电影电视事业产业发展，监督管理新闻出版广播影视机构和业务以及出版物、广播影视节目的内容和质量，负责著作权管理等。②

在新闻出版总署和国家广电总局合并之后，2013 年 9 月 25 日，国家新闻出版广电总局印发《关于开展新闻采编人员岗位培训的通知》，要求从 2013 年 10 月至 2014 年 2 月对全国 25 万余名新闻采编人员开展岗位培训和考核，只有考试通过者才能换发记者证。这被媒体形象地称为新闻记者的“国考”。目前，换证之前组织开展记者培训已成为总局提升管理水平、提高新闻队伍素质的一项基础性工作。因此，可以预计，未来新闻记者的准入门槛将会抬高。

除了国家管理部门的调整以外，2013 年，还有多个城市的多家报业集团进行了较大规模的整合、重组。整合是报业发展大势所趋，其不仅能够避免恶性竞争，大幅度降低成本，延缓传统媒体的衰落，还能够获取更多政府资源，有利于报业转型和新媒体发展。媒体竞争的根本是信息源的竞争，无论是传统媒体还是新媒体，掌控信息源对于未来竞争中抢占战略高地具有战略性作用，而进行区域化整合无疑可以最大限度地掌控信息源，更有利于当地媒体的发展。

早在 2012 年 3 月，半岛都市报社和青岛日报报业集团签订战略合作协议，共同成立了青岛新报传媒公司并运作《青岛早报》和《青岛晚报》。截至 2013 年 7 月，《青岛早报》广告刊登额同比增长 16%，《青岛晚报》同比增长 35%，双双实现盈利。2013 年 4—8 月，两报实现利润 1600 余万元，同比增长 3900 多万元。③ 更为重要的是，青岛报业摆脱了之前无序的恶性竞争状况，进入良性循环。

2013 年 10 月 28 日，经中共上海市委批准，由解放日报报业集团和文汇新民联合报业集团整合重组的上海报业集团正式成立。这是中共上海市委推进主流媒体创新转型发展的重要举措，目的是在多样化信息传播格局下，凸显主要报纸的内容和特色优势，加快传统媒体

---

① 唐玥蘅. 中国报业集团转型中经营环境演进分析[M]. 中国媒体发展研究报告　2013 年媒体卷. 武汉：武汉大学出版社，2014：126.

② 编辑部. 2013 年中国报业十大新闻[J]. 中国报业，2014(1).

③ 秋实. 盘点报业发展新趋势[J]. 中国报业，2014(1).

和新媒体融合发展，优化报业结构，拓展发展空间。

据估算，上海报业集团成立后，资产达到208.71亿元，净资产为76.26亿元，总体经济规模居全国报业集团前列。新集团组建后，所属的解放日报社、文汇报社、新民晚报社恢复报社独立建制，实行党委领导下的总编辑负责制，以做好媒体内容业务和把握舆论导向为主要责任，发展新媒体，扩大影响力。改革方案明确取消了对报社的经济指标考核，实施正确导向把关等政治考核，确保报社将精力集中于确保权威性和提高内容质量。①

2013年12月24日，上海报业集团所属的《新闻晚报》在第一版上刊出了《休刊公告》，宣布该报将于2014年1月1日停止出版。这是上海报业集团组建后的第一个大动作，而《新闻晚报》也因此成为报业整合中的第一个牺牲者。消息传出后，整个中国报业为之震动。如果说《新闻晚报》的休刊是上海报业整合的必然结果，那么它同时也是中国报业大变局来临的一个先兆，预示着都市报黄金时代的终结。

2013年10月24日，位于北京的《中国经营报》吹响了改革的冲锋号，迎来一次大范围的组织机构调整。这次调整是自上而下、涉及中国经营报社全体的变革。其改革的方向主要是由像互联网公司一样形形色色的项目团队，替代报社中的各层管理部门。《中国经营报》的这一改革举动，预示着以客户需要为中心、以互联网思维为依托的报业大变局的到来。

据了解，《中国经营报》的业务改革和组织机构调整，包括以下几方面的内容：其一，取消广告部，只剩下服务4A等广告代理公司及协调印刷排版流程的小组；其二，精简编辑部门，只剩下负责策划编辑要闻与评论、副刊的新闻中心；其三，扩大事业部，金融、TMT、汽车等成立事业部，相关广告人员被融入事业部，事业部既要完成内容的生产，也要完成相应的广告销售任务；其四，强化互联网内容及品牌影响力的塑造，报社网站改版，除报社官方微博及官方微信外，各事业部都将开设各自的垂直细分账号对行业市场进行全媒体服务。②

在报业竞争并不激烈的广西，报业也开始寻求规模化发展。2013年6月28日，广西首家报刊集团——广西师范大学报刊传媒集团有限公司在桂林挂牌成立。该公司将以资源、资本、品牌、数字化平台等为纽带，推进综合性报刊集团建设，推动报刊规模化发展。

三、开发新技术、多媒体平台的应用，打造数字化传媒

从互联网的出现到当前微信、云存储大行其道，每一次面对新媒体的包围，传统媒体都在不断寻求突围之道。从纸质报纸到网页电子版，再到移动终端版，报纸的介质也变得越来越多样化。面对来势凶猛的新媒体，2013年，报业也尝试将新媒体理念渗透进传统业务中，实现多介质增值。

2013年5月17日，全国60余家报社在北京启动成立了全国云报纸技术应用平台，其中29家全国主流报纸签约该平台，联手开启了云读天下的传统媒体新时代。

“云报纸”是由《京华时报》于2012年开创的一种全新的媒体形态。它利用图像识别技术，让读者可以通过智能移动终端对报纸上感兴趣的图片进行扫描，从而打开整个云端对应的更多的多媒体互动信息。云报纸首先在容量上突破了版面的限制，可以通过报纸的入口实现与网络海量信息的连接；其次，也突破了原来传统报纸在表现形式上的局限，可以以更丰富的形式呈现新闻内容，并且与读者互动交流；再次，突破了传统报纸在时间上的限制，可以24小时报道之前来不及见报的内容。另外，云报纸与广告和电子商务的合作，也可以在

---

① 唐绪军，卓宏勇. 2013年中国报业关键词[J]. 中国报业，2014(1).

② 唐绪军，卓宏勇. 2013年中国报业关键词[J]. 中国报业，2014(1).

很大程度上带动报纸的经营。①

2013年7月1日，《人民日报》在头版刊登《致读者》，称将分步推进传播形态创新，利用二维码、图像识别等技术，将部分稿件由单一的文字形态转化为文字、视频、音频等多媒体形态。这其实也是对云报纸理念的践行。

2013年8月8日，南方报业传媒集团正式与IBM、软通动力合作，在江苏昆山建立了一个基于媒体的云计算中心。南方报业投入多年积累的咨询产品资源，利用大数据和云计算等技术，尝试寻找新的商业模式，但合作所产生的产品的最终呈现形态尚未公布。②

云报纸是传统报纸在新媒体时代向全媒体业态发展的重要举措，对于延伸报刊传播链、扩大受众覆盖面、丰富产品结构等具有重要意义。但是云计算毕竟是近几年发展起来的新技术，媒体记者如何适应云媒体及媒体云的需要，成为未来的云编辑；多媒体的生产方式，会出现怎样的挑战，都是传统媒体面临的新问题。

随着2010年1月28日苹果iPad平板电脑的推出和智能手机的迅速普及，报业的生命线延伸到了平板电脑、手机等移动终端。报纸开发手机报、移动客户端都已经不是新鲜事。2013年，报业移动客户端开发更加多样化，也更加注重读者的阅读体验。

2013年3月25日，陕西日报传媒集团采用国际前沿的AR技术，成为全国首家"会动的"视频化省级党报。读者只要用手机扫描《陕西日报》版面上的二维码，就可以链接到陕西传媒网后台，直接在手机上看到、听到视频化的《陕西日报》的新闻。同年4月16日，《温州日报》推出拥有自主知识产权的"欧网拍客"手机客户端，市民安装客户端后，用此软件拍照、配发文字说明后可以直接上传到《温州日报》的官方网站欧网的"欧网拍客"栏目。同年8月，《环球时报》的客户端发布新版本，新增夜间模式功能和社评栏目，更加体现了以读者为中心的新闻客户端理念。③

另外，有着巨大受众使用数量的微信公众平台也在成为新的战场。据腾讯内部透露，2013年10月，微信用户总数已超过6亿，成为移动互联网时代重要的用户入口。微信公众平台于2012年8月推出，成为继微博之后报纸进行内容营销和品牌推广的又一"战场"。目前几乎全国所有报纸都已开通微信公众账号。2013年4月23日，《青岛晚报》"掌上青岛微信事业部"成立，成为中国传媒界第一个微信事业部。《人民日报》的官方微信设置了"每日精粹""@人民日报""特色栏目"3个栏目，读者可以主动选择需要推送的信息；羊城晚报等微信公众账号通过抽奖方式与"粉丝"互动，以扩大影响力。

四、跨地域、跨媒体、跨领域的整合发展成为2013年的报界新亮点

2013年报业经营管理的亮点在于资源整合的视野更加开阔，从区域内资源整合模式开始走向跨区域甚至跨国整合的道路。④

2013年1月20日，江西日报传媒集团、湖南日报报业集团和湖北日报报业集团在武汉共同签署《中部传媒战略合作协议》。协议内容包括联合采访、媒体从业人员交流合作培训，以及广告、房地产开发等。中部三大省级党报集团建立区域媒体合作联盟，通过这一超越新闻业、传媒圈的战略合作，有望将长江中游合作圈打造成为传媒集团领军的、可比肩长三角、珠三角和环渤海的经济圈。⑤

① 唐绪军，卓宏勇. 2013年中国报业关键词[J]. 中国报业，2014(1).
② 张晋升，张维. 2013年报业发展盘点：寒冬中的突围[J]. 传媒，2014(1).
③ 张晋升，张维. 2013年报业发展盘点：寒冬中的突围[J]. 传媒，2014(1).
④《中国报业》特别策划组. 2013转型回眸——报业跨界发展亮点[J]. 中国报业，2013(12).
⑤ 张晋升，张维. 2013年报业发展盘点：寒冬中的突围[J]. 传媒，2014(1).

2013年12月15日，东方网、河南人民广播电台、郑州晚报社签署三方战略合作协议，联手打造新媒体公共服务智能终端项目。根据协议，该项目将在豫沪两省市同步开发，同步推进。这是国内首次跨地域、跨媒体、多媒体的合作探索，旨在提高智慧城市物理基础，建设智能便民服务终端，优化网络化布局，并通过信息屏实现公共信息发布，提高先进文化传播、舆论引导的到达率和有效性。

浙报传媒于2013年1月末宣布定增收购边锋网络和浩方的申请获证监会审核通过。边锋网络和浩方此前都属于盛大网络旗下，主营业务包括在线棋牌、电子竞技平台、桌面游戏及社区平台增值业务，同时拥有边锋游戏、浩方电竞、三国杀等众多知名游戏娱乐品牌。浙报传媒表示，公司意在通过收购，快速切入新媒体领域，整合其在传统媒体业务上的内容优势和收购标的在新媒体业务上的平台优势，由此，正式开启打造新闻、影视、互动娱乐和文化产业投资三加一平台的"全媒体、全国化"之路。

2013年6月25日，华闻传媒以24.5亿元收购华商传媒及其8家附属公司的少数股东权益。交易完成后，华闻传媒与华商传媒将合并持有华商数码、华商广告、华商网络、重庆华博传媒、吉林华商传媒、辽宁盈丰传媒100%股权以及陕西黄马甲90%股份；华闻传媒与华商广告合并持有华商卓越文化100%股权。7月10日，博瑞传播宣布与漫游谷及售股股东签订了《购股协议补充协议》，拟以非公开发行方式，以10.36亿元购买后者70%的股权。

2013年10月27日，粤传媒发布公告称，以4.5亿元收购户外LED媒体运营商上海香榭丽广告传媒股份有限公司。根据收购报告，粤传媒及其全资子公司将以现金8749.55万元收购香榭丽传媒19.44%的股份，同时以10.92元/股的价格发行3319.63万股，收购剩余80.56%的股份，交易完成后，粤传媒将持有香榭丽传媒100%的股份。

可以看出，传统媒体上市公司收购的大多是网游公司，其根本原因在于网游具有高成长性和高利润率。具体来说，与传统媒体的低速增长甚至负增长相比，网游依然保持高速增长。另外，收购网游公司，有利于解决传统媒体的利润承诺和成长性等突出矛盾。

此外，借助报纸主业进行多元化拓展也几乎成为2013年的报业共识。例如南方报业传媒集团旗下的《南方都市报》就在近期积极拓展外部市场，2013年5月8日，清远市委与南方报业传媒集团签订战略合作协议，共同推进清远市委机关报《清远日报》改革，通过南方都市报社与清远日报社的资产合作和运营机制改革，实现优势互补，合作共赢。这也是国内第一家省级都市报与地市级党报的合作。南方全媒体集群还与《郑州晚报》进行战略合作，双方将在全媒体集群的报纸、网络、微博、品牌运营、全媒体内容制作等各个方面展开深度合作。①

2013年6月22日，福建日报报业集团启动"海峡传媒港"传媒总部经济创意园区项目，至此福建日报报业集团已形成11报12刊及多家网站等新兴媒体的立体化媒体格局，初步培育了60多个经济实体组成的文化产业链。② 贵州日报报业集团则发挥自身渠道优势，整合人才和资本，市场化运作社会资金近6亿元发展影视文化产业，策划拍摄10多部影视作品，获得广泛好评。影视产品的巨大票房收入和后续版权销售、衍生品开发等种种收益，为报业集团带来了巨大回报。

报业跨区域经营也尝试走出国门。2013年11月5日，南方报业传媒集团与泰国历史最悠久的华文报纸《星暹日报》签订合作协议。南方报业传媒集团入股《星暹日报》，并展开全方位深度合作，实现跨国办报，在中国和泰国报业传媒史上都属首创。③ 这恰好符合南方报业传媒集团"深耕主业、多元开拓、加快转型、融合发展"十六字发展战略中的"融合发展"。

---

① 秋实. 盘点报业发展新趋势[J]. 中国报业，2014(1).

② 张晋升，张维. 2013年报业发展盘点：寒冬中的突围[J]. 传媒，2014(1).

③ 吴自力. 问题与对策：南方报业转型发展分析[J]. 新闻大学，2014(2).

五、结语

综上所述，全媒体时代到来的今天，报纸无论是发行市场还是广告市场都受到冲击，整体平均销量呈下滑趋势，但不同类别的报纸表现不一，各地区和各城市的报业竞争格局也未出现明显变化。未来我国报业在各个方面的发展将会呈现多样化的形式，如电子发行、移动终端互动传播等，报纸的发行变得立体化、丰富化；另外，报业集团的融合以及跨区域的发展也将成为在新媒体严重冲击传统报业的情况下亟待付诸报业实践的手段。无论报业如何与新媒体平台相联系，用内容吸引读者、继承纸质媒体的阅读深度，以及发展稳定的忠实读者群，对于让报纸发行延伸出新的成长空间是十分必要的。

报业发展新媒体在这几年走过很多弯路，人们也已经渐渐意识到报业办新媒体不成功的原因，并正在逐步扭转这一被动局面。我们要清醒地认识到，报业发展新媒体的出发点和最终目的是为了应对挑战，打破困局，成功实现转型。这个转型指的是事业和产业都必须要转型。在这个过程中，经济力、影响力、引导力三者缺一不可。从长远来看，报业集团的投资以及融合发展，都要有明确的目标和路线指导，无论是跨区域还是跨领域的发展，都要立足于自身报业的实践，从而真正找出在报业困局下的突围之路。

【作者简介】

罗以澄，武汉大学新闻与传播学院教授、博士生导师，武汉大学媒体发展研究中心学术委员会主任委员，中国新闻传播教育学会资深常务理事。

王丹艺，武汉大学新闻与传播学院2013级博士研究生。

2013 年网络行业热点与重大举措深度分析

石义彬　闫　岩　刘　骏

2013 年的中国互联网行业，在技术、市场、政治、话语等方方面面都发生了一系列变化。云计算和大数据技术的发展、移动网络的崛起、社会化应用的勃兴等，改写了互联网行业的技术版图；凭借强大的技术优势，电商崛起，挑战了传统的交易、物流、存储、营销等一系列规则，并突入电子金融领域，勾画出资本聚集和流动的全新路径；技术和经济的发展催动相关政策变革，"宽带中国"战略实施、三网融合重启、4G 牌照发放、"两高"对网络诽谤等案件的司法解释等纷纷出台，支持和规约着网络行业发展。据统计数据显示，2013 年我国网民数量突破 5.91 亿，手机网民 4.64 亿，微信用户 4.38 亿，微博用户 3.31 亿，社交网站用户 2.88 亿，互联网普及率 44.1%，域名总数 1470 万个，互联网站总数 294 万个，互联网信息服务消费 4500 亿元，电子商务交易额达 8 万亿元。这一组数据涉及互联网、移动互联网、电子金融、电子商务、自媒体、即时通讯、社交媒体等多个层面，反映出 2013 年网络媒体行业发展全面铺开、重点深入的格局。

一、技术：云计算、大数据与移动互联网

数字技术的进步是 2013 年网络产业发展的首要动力。2013 年网络技术发展的三个关键词是云计算、大数据和移动互联网。

1. 云计算：与世界同步启动

云计算（Cloud Computing）由分布式计算（Distributed Computing）、并行处理（Parallel Computing）、网格计算（Grid Computing）发展而来，是一种新兴的商业计算模型。中国网格计算、云计算专家刘鹏将云计算定义为："将计算任务分布在大量计算机构成的资源池上，使各种应用系统能够根据需要获取计算力、存储空间和各种软件服务。"①云计算的"云"可以通俗地理解为互联网服务器集群上的资源，包括硬件资源（服务器、存储器、CPU 等）和软件资源（如应用软件、集成开发环境等），本地计算机只需要通过互联网发送一个需求，云端服务器就会完成计算并将结果返回到本地计算机，由此，原本由个体 PC 机独立完成的工作便全部由云计算提供商所提供的计算机群来完成。2006 年，谷歌推出了"Google 101 计划"，并正式提出"云"的概念和理论。亚马逊、微软、惠普、雅虎、英特尔、IBM 等网络巨头迅速跟进。到 2013 年，云计算在全球范围内启动产业化进程。

我国网络产业的云计算市场与世界同步启动。2013 年 6 月召开的"第五届中国云计算大会"发布了 15 家云平台，64 家云主机和云存储企业和 175 家云应用服务商榜单②，显示出一片繁荣景象。截至 2013 年年底，我国云计算市场收入规模达 1174.12 亿元人民币，预计 3

① 冯龙飞. 云计算给内部控制带来的挑战[J]. 中国管理信息化，2014(19)：14-17.

② 郭雪梅 .2013 中国云计算榜单之一：十五云平台，谁主沉浮[EB/OL]. http：//www.csdn.net/article/2013-05-17/2815330-2013-Build-China-CloudComputing-Ecosystem.

年间年复合增长率将达 91. 5%①。目前，我国云计算市场三类企业鼎力格局基本形成，一是以阿里云、腾讯开放平台、百度云等为代表的互联网巨头；二是如中国移动通信研究院研发的移动“大云”项目；三是大量的专门性云计算服务商，如青云(Qing Clound)，UClound 等。云计算生态圈初步形成。

2. 大数据元年

云计算的发展为大数据提供了技术基础。2013 年，大数据在市场和国家层面都得到了广泛应用，迎来了中国的“大数据元年”。2013 年中国产生的数据总量超过 0. 8ZB(相当于 8 亿 TB)，两倍于 2012 年，相当于 2009 年的全球数据总量②。我国大数据市场上的先行者是以 BAT(百度、阿里巴巴、淘宝)为代表的互联网公司。截至 2013 年年底，三大公司拥有的数据总量接近 1500PB，涵盖 3000 亿个网页数据，5 亿电子商务用户和累积 12 亿即时通讯软件用户③。

在商业大数据市场蓬勃发展的同时，政府、民生和科研领域开始启动对大数据的全面应用。如电信系统对银联卡交易数据的汇总和分析、交通系统对电子摄像头的监控数据的收集与使用、医疗系统对大规模临床信息实时共享系统以及健康档案动态更新的建设，公安、工商、质检、社保等系统对对口数据库的建设和完善等，一方面表现出国家和政府层面对大数据作为战略资产的重视，另一方面也体现出大数据对国计民生的全面渗透和广泛应用。

大数据在新闻行业也得到一定程度的应用。在新闻业务方面，大数据技术的应用使得趋势预测性新闻和数据驱动型深度报道分量有所增加，数据的可视化呈现、规模化分析与预测性解读的能力提高，追求精确的“数据新闻”成为可能。在媒介运作层面，大数据给媒介经营管理方式带来了冲击，为舆情监测提供了新方法，也为受众行为分析提供了更多的数据源。④

3. 移动互联网：两驾马车共同驱动

2013 年是移动互联网爆发式增长的一年，基础网络建设再上台阶，市场份额拓展逆市而上，用户规模增速持续加快，覆盖领域日益向多元化扩展。据 2013 年《中国互联网络发展状况统计报告》显示，截至 2013 年 12 月，我国手机网民规模达 5 亿，占新增网民来源的 73. 3%⑤。用户规模的持续增长刺激市场规模的迅速扩大。2013 年，中国移动互联网市场规模达 1059. 8 亿元，同比增长 91. 2%；3G 用户总数达 3. 87 亿户，在移动电话用户中的渗透率达 31. 6%⑥。

移动互联网市场依旧受市场和政策两驾马车的拉动。一方面，以 BAT 为代表的互联网企业以移动 App 为平台争夺移动互联网用户。腾讯先以 QQ 和微信占据即时通信市场，后入股搜狗、滴滴打车、大众点评等；百度以百度地图占领即时定位市场，后收购 91 助手，PPS 等；阿里巴巴以淘宝和支付宝占据移动支付端，后投资新浪微博和高德地图。移动互联网市场的蓬勃发展推动社会生活方方面面的全面移动化。包括移动通信、移动支付、移动定

① 高新民，卢卫，赵耀 . 2013 年中国互联网产业发展综述[J]. 互联网天地，2014(1)：1-4.

② ZDNET.《数据中心 2013：硬件重构与软件定义》年度技术报告[EB/OL]. http：//download. csdn. net/download/u013546063/6877689.

③ LinkinPark. 大数据史记 2013：盘点中国 2013 行业数据量[EB/OL]. http：//developer. 51cto. com/art/201402/430185. htm.

④ 陈力丹，廖金英 . 2013 年中国新闻传播学研究的十个新鲜话题[J]. 当代传播，2014(1)：4-8.

⑤ 中国互联网络信息中心 . 第 33 次中国互联网络发展状况统计报告[EB/OL]. http：//www. cnnic. net. cn/hlwfzyj/hlwxzbg/hlwtjbg/201403/t20140305_46240. htm.

⑥ 付玉辉 . 2013—2014：中国信息传播产业的战略转型和格局变迁[J]. 移动通信，2014(1)：8-16.

位、移动服务、移动收视、移动阅读等在内的一大批新的移动业务纷纷涌现，并迅速成为通信产业链和移动互联网产业链上的新增值点。

另一方面，中国政府积极推动移动互联网建设。以 2013 年年底工信部向三大电信运营商正式发放“LTE/第四代数字蜂窝移动通信业务(TD-LTE)”经营许可为标志，中国内地正式进入 4G 移动宽带时代。4G 技术超过百兆的带宽保障了更高质量、更高速度的网络使用，为云计算、大数据、虚拟成像和图像识别、语音识别和图像搜索等技术的发展、应用和普及提供了强有力的保障。

云计算与大数据技术奠定了 2013 年网络行业变革的技术基础，移动互联网则改变了技术与用户的交互界面；国家基础设施的投入和相关政策的支持又确保了技术在中国社会空前广泛而深入的渗透，这是 2013 年网络行业的技术变局。

二、政治：网络空间的规范化与清明化

2013 年，一系列制度和政策纷纷出台，规范信息产业格局，整肃网络空间秩序。这一系列政策和制度大致可划为三类：支持性政策、规约性政策和管制性政策。

支持性政策主要包括支持云计算发展、批准移动通信业务转售、实施“宽带中国”战略、促进信息消费、鼓励物联网发展等，主要由国务院和工信部下发，明确了官方对信息产业的战略布局和发展思路。

规约性政策主要体现为对网络和信息安全的指导性意见。2012 年年底，全国人大常委会通过《关于加强网络信息保护的决定》，并于 2013 年全面实施。2013 年 7 月，工业和信息化部正式发布《电信和互联网用户个人信息保护规定》，明确了电信和互联网服务提供商在用户个人信息采集和使用方面的规则和权限，将网络空间中的个人隐私明确置于政策保护之下。2013 年年底，党的十八届三中全会通过的《中共中央关于全面深化改革若干重大问题的决定》中特别指出，要坚持“积极利用、科学发展、依法管理、确保安全”的方针，加大依法管理网络行业的力度，加快完善互联网管理领导体制，确保网络和信息安全。该决定指出了网络和信息安全在国家安全和社会稳定中的重要作用，体现出政府以立法的形式管理网络行为、规约信息产业发展的总体思路。

国家管制性政策主要表现为对网络诽谤的打击和对网络谣言的治理。2013 年 8 月，全国宣传思想工作会议在北京召开，习近平总书记指出，互联网已成为舆论斗争的主战场，要把网上舆论斗争作为宣传思想工作的重中之重来抓。2013 年 9 月 9 日，最高人民法院和最高人民检察院出台《关于办理利用信息网络实施诽谤等刑事案件适用法律若干问题的解释》，明确了利用信息网络捏造事实诽谤他人等行为的适用法律条款，厘清了网络言论的法律边界，标志着打击网络谣言有法可依。随后，全国网络主管部门、公安机关等迅速开展了打击网络谣言的专项行动，依法逮捕了一批以“恶意造谣”为职业的网络“大 V”。“秦火火”最终于 2014 年 4 月以涉嫌诽谤罪、寻衅滋事罪一案被提起公诉，并被一审判处有期徒刑 3 年，成为“两高”《关于办理利用信息网络实施诽谤等刑事案件适用法律若干问题解释》出台以来第一起依法公开审理的典型网络大谣案件。

2013 年各类政策和法规的出台充分体现了我国依法管理信息产业和网络空间的指导思想，意味着中国政府将网络空间管理全面纳入公共管理范畴，对于保障信息产业发展，肃清网络空间秩序，保障公民表达权、名誉权、隐私权等具有重要意义。

三、话语：从内容生产到传播结构的全面变局

2013 年的自媒体表达和用户内容生产呈爆发状态。一方面，平台类网站中的专业性内

容生产勃然兴焉。优酷网等视频网站原为普通用户自我表达的舞台，但在2013年逐渐加入了专业内容生产者，如小型影视制作工作室、独立制作团队等，微电影、网络短剧、动画漫画产品纷纷涌现，成为平台网站中的聚众传播景观。另一方面，独立内容生产自立门户，自有媒体、微博“大V”和“中V”群体、微信公众号等异军突起，成为网络世界中的直接信息源头，或二级传播中举足轻重的意见领袖。罗振宇于2012年12月开设微信公众号“罗辑思维”，8个月内吸引了50万听众；2013年8月，万合天宜与优酷共同出品的迷你剧《万万没想到》创造了单集点击率2000万~3000万次，累计点击率超过2.5亿次的惊人播放纪录。这一系列变化意味着均质化的、以平等个体为单位的网络世界重新建构起阶层化、梯次化的传播景观。

2013年，传统媒体与自媒体内容生产的融合渐成趋势。尽管2013年微博用户规模和使用率均有所下降，但微博内容生产向传统媒体的扩散却有增无减。余姚水灾、吕梁山隧道爆炸事故、兰考火灾事故、厦门公交车纵火案、首都机场航站楼爆炸案等一大批源自微博的事件发酵为公共事件，甚至出现了“舞美师”“八掌柜”等专业爆料人，标志着微新闻生产“从以前封闭的专业化组织生产演变成人人都可参与的社会化大生产”①。

随着移动互联网的发展，信息接收端也日益移动化。传统媒体乃至门户网站的访问量持续衰落，用户对信息便捷化、个性化、片段化的要求日益提升。新闻App、第三方新闻客户端和社交媒体内置新闻推送成为用户信息接收的新端口。截至2013年年底，我国网民通过手机客户端接收新闻的比例高达73.3%，同比增长5.7%。我国的新闻客户端市场由门户网站App、传统媒体App和第三方新闻App三类构成，其中，门户新闻网站App一家独大。排名前三的客户端及下载量份额分别为搜狐新闻(31.8%)、网易新闻(18.0%)、腾讯新闻(10.2%)；以凤凰卫视/凤凰网为依托的凤凰新闻(5.6%)和以人民日报/人民网为依托的即刻新闻(3.5%)为份额最大的传统媒体App；今日头条(2.95)、蜜蜂新闻(1.6%)、蘑菇新闻(1.4%)等第三方新闻客户端份额较低，居于末席。2013年4月底，排名第一的搜狐客户端下载量破亿，成为国内首个用户数突破1亿的新闻客户端②。

概言之，2013年话语表达空间体现出从均质化到层级化的转变。商业巨头和普通用户之间孵化出新的商业话语生产模式，聚众传播景观在商业领域和公共领域全面发酵。移动互联网技术的发展架起了传统新闻业、聚众内容生产商和碎片化信息接收者的桥梁，新的内容生产、流通、传播格局初现端倪。

四、经济：电子商务、互联网金融与行业结构变局

1. 电子商务：电商崛起视域下的商业模式延伸与颠覆

2013年，电子商务迎来了新一轮的大发展，体现为电子商务对社会生活的全面渗透、电子商务企业的上市热潮，以及新兴商业模式O2O的全面拓展三个方面。

2013年中国电商开始全面渗透用户的衣食住行。一方面，电商企业发展理念从“价格驱动”转向“服务驱动”，网络购物消费体验得到极大提升；另一方面，技术进步促进电商应用环境的优化，网络安全保障提高，移动支付更为便捷，比价搜索等应用迅速发展，极大提升了整个网络购物的便利条件。此外，网络购物法规亦逐步完善，当年出台的新《消费者权益保护法》将网络购物相关的个人信息保护、追溯责任等内容纳入其中。受此推动性因素刺

---

① 喻国明. 论媒体微博的运营及其发展趋势[J]. 新闻传播，2013(4)：2-5.

② 易观网. 搜狐新闻客户端领跑中国新闻客户端市场[EB/OL]. http：//data. eguan. cn/qitashuju_160933. html.

激，2013 年，中国网络购物用户规模达 3.02 亿，使用率达到 48.9%，相比 2012 年增长 6.0 个百分点；使用网上支付的用户规模达到 2.60 亿，使用率提升至 42.1%，增长率达 17.9%①。以 2013 年 11 月 11 日网络购物狂欢为例，淘宝交易额 55 秒突破 1 亿元，6 分 7 秒达到 10 亿元②。“双 11”当日手机淘宝用户达 1.27 亿次，同比增长 457.3%。在移动互联网的大潮之下，电子商务全面进入移动电子商务时代③。

依托电子商务迅速扩张的互联网企业亦获得了来自市场及投资者的充分认可，新一轮互联网企业上市热潮就此诞生。2013 年，中国全年网络零售交易额达 1.8 万亿元，电子商务交易额达 9.9 万亿元，同比增长 21.3%。58 同城、去哪儿、3G 门户、汽车之家等企业的上市引发中国互联网企业新一波上市浪潮。2013 年第三季度，腾讯市值已突破 1000 亿美元；市值同比增长最快的唯品会，同比增长率达到 674.0%；奇虎 360、携程网与搜房网的同比增长率也都在 200%以上④。

市场培育的成熟、技术手段的提高和资本保障的就位催生了“O2O”模式的新发展。所谓“O2O”是将线上网店(Online)与线下消费(Offline)相结合。商家在线展示商品信息，消费者在线筛选并支付，获得线下消费验证和消费体验。2013 年，传统线下零售企业积极推动线下与线上的融合，强调传统销售模式的转型，依托“O2O”模式获得了巨大的成功。以传统零售企业苏宁为例，2013 年 11 月，苏宁举办中国首届“O2O”购物节，活动期间，苏宁全国 1600 多家线下实体店平均每小时涌入 100 万人，苏宁易购同时在线人数突破 1200 万人⑤。此外，国家政策也逐渐向“O2O”模式倾斜。2013 年 11 月 21 日，商务部发布的《关于促进电子商务应用的实施意见》肯定了“双十一”这类促销方式，鼓励传统零售企业“开网店”，实现线上线下资源互补和应用协同⑥。

2. 电子金融：互联网金融争战硝烟四起

2013 年，互联网企业依托自身品牌优势打造不同的金融产品，掀起了互联网业界金融领域的激战。2013 年 6 月 13 日，阿里巴巴在支付宝基础上推出在线存款业务产品余额宝。余额宝推出不足半年，其后端的天弘增利宝货币基金会规模已突破 1000 亿元⑦。余额宝的火爆表明，过去只有金融机构才能经营的业务，如存贷款、融资、增值业务等，开始向互联网企业开放。P2P 小额借贷平台、众筹股权投资平台、小微信贷平台等纷纷出现⑧。紧随阿里巴巴之后，其他传统互联网企业亦迅速进场，如百度推出了百发在线理财产品，新浪推出了微博钱包，腾讯推出了基金超市、微支付，京东推出了京宝贝，等等。截至 2013 年第三季度，中国银联互联网支付平台整体支付、转接交易规模达 4687 亿元，中国电商小贷累积贷款规模达到 2300 亿元⑨。

虽然互联网金融在 2013 年硝烟弥漫，但正如专家沈鸣所言，互联网金融的实质是大型(移动)互联网企业正在转型和突破性发展，通过原有用户、渠道、平台、数据等优势转入

① 中国互联网络信息中心．第 33 次中国互联网络发展状况统计报[EB/OL]. http://www.cnnic.net.cn/hlwfzyj/hlwxzbg/hlwtjbg/201403/t20140305_46240.htm，2015-04-09.

② 编者．2013 中国互联网发展 10 大动向[J]. 财经界，2014(1)：57-59.

③ 谢湖伟，吴世文，迟讯．2013 年：网络旧秩序的消解与重构[J]. 传媒，2014(1)：28-31.

④ 高新民，卢卫，赵耀．2013 年中国互联网产业发展综述[J]. 互联网天地，2014(1)：1-4.

⑤ 史诗，郝迎聪．2013 影响中国互联网发展的十大事件[J]. 中国科技财富，2014(2)：42-43.

⑥ 史诗，郝迎聪．2013 影响中国互联网发展的十大事件[J]. 中国科技财富，2014(2)：42-43.

⑦ 编者．2013 中国互联网发展 10 大动向[J]. 财经界，2014(1)：57-59.

⑧ 编者．2013 中国互联网发展 10 大动向[J]. 财经界，2014(1)：57-59.

⑨ 高新民，卢卫，赵耀．2013 年中国互联网产业发展综述[J]. 互联网天地，2014(1)：1-4.

金融领域①："平等、开放、透明、协作、便利、草根性、低准入，以低廉成本聚集资金，共同分享更高回报，互联网金融这些特性，对于封闭程度和准入门槛都较高的传统金融模式来说，无异于具有颠覆性的冲击。"②

3. 行业动态：巨头垄断、横向兼并与小众网站之勃兴

2013年，互联网行业正朝着巨头垄断、横向兼并的方向发展。BAT三大互联网巨头通过收购兼并提高产业聚集度的案例明显增加，投资并购的金额也在不断增大，其目的在于通过整合优势资源，弥补自身业务布局缺陷，打造互联网巨头的平台优势，掌控用户入口和支付渠道，最终在移动互联网领域巩固其龙头地位③。

就百度而言，2013年5月，百度花费3.7亿美金收购PPS，将自己旗下的爱奇艺与PPS进行合并，这是继优酷、土豆合并之后，视频行业又一大收购案。由于互联网视频的市场集中度已经很高，百度这次收购可以让两者的用户时长和移动用户量均达到行业第一，从而为百度争夺视频行业最终的龙头地位奠定基础④。2013年8月，百度再以18.5亿美元收购网龙旗下的91无线，这是百度加大对移动互联网入口控制争夺的一个鲜明例证。随后，百度以1.6亿美元对糯米网实行控股，成为团购市场上的最大收购案。就阿里巴巴而言，2013年4月，阿里巴巴集团5.86亿美元购入新浪微博，打通了社交平台；5月，以2.94亿美元的价格成为高德地图第一大股东，弥补了其静态电子商务的不足，以移动互联网位置服务为切入点，通过整合电子商务和地图引擎、位置数据等资源，最终构建适合移动互联网环境的电子商务平台⑤。就腾讯而言，2013年腾讯投入4.48亿美元入股搜狗，为本已热闹非凡的移动互联网投融资大战再添新闻⑥。

与巨头并购并存的是小众网站的分众化，依靠差异化战略在"长尾"中斩获市场份额。一批分众化网站在2013年纷纷获得市场与投资者的认可，中型互联网企业，如云游控股、58同城、去哪儿网、久邦数码、汽车之家等相继上市。此外，在三大联盟挤压之下，互联网创业企业纷纷在垂直领域寻找机会。许多创业团队的产品也得到了资本的青睐，如主打幽默表情的魔漫相机等均获得千万级投资⑦。

2013年，中国互联网产业跨界融合发展趋势进一步显现，开放合作、融合产业新格局正在形成⑧。中国互联网传统三大巨头BAT正逐步由原来的"个体竞争"发展为现在的"群体竞争"，"三国"格局向"三盟"格局迈进。

五、革新：网络视听新媒体与可穿戴设备的发展

1. 大视频技术：一体化的新媒体形态

大视频，即伴随着多屏端视频呈现方式的普及，为生活者带来的新视频媒体环境。在多屏端呈现视频的条件下，视频媒体受众在客厅电视仍保有主要吸引力的同时，突破了原有的

① 张鹏.2013年移动互联网市场转战"金融业"传统互联网大鳄依旧领跑[J].通信世界，2013(32)：29-30.

② 编者.2013中国互联网发展10大动向[J].财经界，2014(1)：57-59.

③ 杨崑.2013年移动互联网回顾与展望[J].电信技术，2014(1)：7-9.

④ 杨崑.2013年移动互联网回顾与展望[J].电信技术，2014(1)：7-9.

⑤ 杨崑.2013年移动互联网回顾与展望[J].电信技术，2014(1)：7-9.

⑥ 谢湖伟，吴世文，迟讯.2013年：网络旧秩序的消解与重构[J].传媒，2014(1)：28-31.

⑦ 谢湖伟，吴世文，迟讯.2013年：网络旧秩序的消解与重构[J].传媒，2014(1)：28-31.

⑧ 高新民，卢卫，赵耀.2013年中国互联网产业发展综述[J].互联网天地，2014(1)：1-4.

收看方式与收看习惯，大大强化了视频在其生活中的覆盖度与影响力度①。2013年，我国智能电视、IPTV、OTT TV等大视频业务均得到不同程度的发展。

首先，2013年，智能电视市场规模首超传统电视。2013年中国市场智能电视渗透率已超过50%，全年销量约2600万台②，电视产业全面进入智能化时代。其次，IPTV产业继续以其扎实的市场基础、健康的商业模式向前推进。截至2013年年底，我国有超过280个地市开通了IPTV业务，中国(内地)IPTV用户数已达2842.5万户，较2012年增加540万户，继续保持全球IPTV用户规模第一的地位③。此外，2013年，我国的OTT TV产业爆发式的增长，一系列战略合作协议签订，技术革新展开。以华数传媒为例，2013年1月，华数传媒与PPTV签署战略合作协议，在互联网电视一体机和机顶盒市场等方面展开合作；7月，与阿里巴巴集团联手推出第一代电视机顶盒，第一期接入了聚划算、支付宝及水电煤缴费服务。阿里推出的“阿里云OS”内置支付宝功能，实现了娱乐、消费、支付的一体化④。

2. 可穿戴设备：技术革新的第三大市场

可穿戴(智能)设备是指经过智能化开发的穿戴物品，如具有拍照、摄像、录音、监测或移动终端等功能的眼镜、手表、鞋帽、纽扣、戒指等。随着移动互联网的发展、移动通信技术的进步，以及高性能低功耗芯片成本的降低，可穿戴设备的商用程度越来越高。可穿戴设备具有贴身特性，既可收集人体各类信息，又可拓展人体感官功能，一旦与互联网联结，将引领人们走入更加贴心、便利、时尚的科技生活时代。这将为中国互联网终端市场在PC端主导的传统市场，智能手机、平板电脑主导的移动端市场之外，开辟出第三大市场⑤。

2013年是中国可穿戴设备试水的一年。国际互联网产业巨头纷纷加快了进军可穿戴设备市场的步伐，中国也掀起了可穿戴设备的创新潮流。从盛大智能手表Bambook Smart Watch、康康血压仪到百度“咕咚”手环，再到中小创业公司陆续推出各式各样的可穿戴设备。产品涵盖了生活健康、信息咨询和体感控制等方面，软件和硬件的结合成为可穿戴设备发展的重点。研究数据显示，2013年我国可穿戴设备出货量达到765万台，市场规模相比2012年增长301.64%⑥。

然而，中国消费者对可穿戴设备的认知度并不高。艾媒咨询一项调查表明，只有约32.1%的受访消费者听说过或者了解过可穿戴设备，67.9%的消费者则从未听说过可穿戴设备。中国消费者对可穿戴设备感兴趣的功能首先在于运动健身和休闲娱乐，其次分别为智能开关、医疗健康、远程控制、个性推荐等⑦。这显示出技术创新尚未在中国市场上得到全面扩散。

---

① 黄升民.大视频时代广告策略与效果测量研究[M].北京：中国传媒大学出版社，2014：10.

② 中怡康.3D、智能电视进入“快车道”，预计销售量均可增近百万台[EB/OL].http：//www.monitor.com.cn/authorityinfo.aspx ?newsid=2851，2015-04-09.

③ 王建磊.2013年中国IPTV产业发展报告[A]//唐绪军.新媒体蓝皮书：中国新媒体发展报告No.5(2014)[C].北京：社会科学文献出版社，2014：375-382.

④ 中国网络视听领域的发展进程、阶段、大事记[EB/OL].http：//www.yicai.com/news/2013/11/11/3141027.html，2015-04-09；张玲.OTT TV带来的视频发展趋势及市场格局对传统电视业的影响[D].重庆大学硕士学位论文，2014；魏江.OTT TV 2013：不平静的一年[J].广播电视信息，2014(1)：60-62.

⑤ 本刊编辑部.2013中国互联网发展10大动向[J].财经界，2014(1)：57-59.

⑥ 高新民，卢卫，赵耀.2013年中国互联网产业发展综述[J].互联网天地，2014(1)：1-4.

⑦ 艾媒咨询.2012—2013中国可穿戴设备市场研究报告[EB/OL].[2015-04-09].http：//it.21cn.com/itnews/a/2013/0925/11/24222681.shtml.

六、结语

2013 年，中国网络行业利好频出。技术革新为行业发展提供了无限前景，政策和法规则从宏观层面上提供了基础设施支持和法律规约。长期培育的受众在话语和经济两个方面日臻成熟。他们是生产信息的自媒体人，是消费信息的受众，是电子商务的用户，是互联网金融的投资人。他们是话语表达的生产者和使用者，亦是技术革新的推动者和消费者。广阔的受众市场为电子商务产业的上市、投资、技术研发、格局调整提供了稳定后盾，使得整个 2013 年的网络行业风生水起。然而，无论对于技术研发者、政策制定者还是产业开拓者而言，重任在肩，前途漫漫。我国受众对技术革新的采纳热情并不高，对技术前景的预估也不甚明了。由于市场全球化的压力长期存在，技术革新、技术扩散和技术转化将成为我国未来网络行业发展的关键所在。

【参考文献】

[1]艾媒咨询 . 2012—2013 中国可穿戴设备市场研究报告[EB/OL]. http://it. 21cn. com/itnews/a/2013/0925/11/24222681. shtml.

[2]编者 . 2013 中国互联网发展 10 大动向[J]. 财经界, 2014(1): 57-59.

[3]陈力丹, 廖金英 . 2013 年中国新闻传播学研究的十个新鲜话题[J]. 当代传播, 2014(1): 4-8.

[4]付玉辉 . 2013—2014: 中国信息传播产业的战略转型和格局变迁[J]. 移动通信, 2014(1): 8-16.

[5]黄升民 . 大视频时代广告策略与效果测量研究[M]. 北京: 中国传媒大学出版社, 2014.

[6]高新民, 卢卫, 赵耀 . 2013 年中国互联网产业发展综述[J]. 互联网天地, 2014, (1): 1-4.

[7]郭雪梅 . 2013 中国云计算榜单之一: 十五云平台, 谁主沉浮 [EB/OL]. http://www. csdn. net/article/2013-05-17/2815330-2013-Build-China-CloudComputing-Ecosystem.

[8]LinkinPark. 大数据史记 2013: 盘点中国 2013 行业数据量[EB/OL]. http://developer. 51cto. com/art/201402/430185. htm.

[9]史诗, 郝迎聪 . 2013 影响中国互联网发展的十大事件[J]. 中国科技财富, 2014(2): 42-43.

[10]唐绪军 . 新媒体蓝皮书: 中国新媒体发展报告 No. 5(2014) [C]. 北京: 社会科学文献出版社, 2014.

[11]魏江 . OTT TV 2013: 不平静的一年 [J]. 广播电视信息, 2014(1): 60-62.

[12]息慧娇 . 第十次全国国民阅读调查成果发布[EB/OL]. http://www. chuban. cc/yw/201304/t20130419_140027. html.

[13]谢湖伟, 吴世文, 迟讯 . 2013 年: 网络旧秩序的消解与重构[J]. 传媒, 2014(1): 28-31.

[14]杨崑 . 2013 年移动互联网回顾与展望[J]. 电信技术, 2014(1): 7-9.

[15]易观网 . 搜狐新闻客户端领跑中国新闻客户端市场[EB/OL]. 易观 http://data. eguan. cn/qitashuju_160933. html

[16]喻国明, 论媒体微博的运营及其发展趋势[J]. 新闻传播, 2013 (4): 2-5.

[17]ZDNET.《数据中心 2013: 硬件重构与软件定义》年度技术报告 [EB/OL]. http://download. csdn. net/download/u013546063/6877689.

[18]张玲 . OTT TV 带来的视频发展趋势及市场格局对传统电视业的影响[D]. 重庆大

学，2014.
[19]张鹏．2013年移动互联网市场转战“金融业”传统互联网大鳄依旧领跑[J]．通信世界，2013(32)：29-30.
[20]中国互联网络信息中心．第33次中国互联网络发展状况统计报告[EB/OL]．http：//www. cnnic. net. cn/hlwfzyj/hlwxzbg/hlwtjbg/201403/t20140305_46240. htm.
[21]中怡康．3D、智能电视进入“快车道”，预计销售量均可增近百万台[EB/OL]．http：//www. monitor. com. cn/authorityinfo. aspx? newsid＝2851.

【作者简介】

石义彬，武汉大学新闻与传播学院院长、教授、博士生导师，国务院学位办新闻与传播学科评议组成员，中国传播学会副会长。

闫岩，武汉大学新闻与传播学院讲师。

刘骏，武汉大学新闻与传播学院2013级硕士研究生。

2013—2014 跨文化传播事件评析①

跨文化传播研究小组

作为当今世界的主要历史趋势，全球化的影响无远弗届，业已渗透入小至个人生活、大至国家利益的各个层面。不同的国家和族群，在世界舞台上共同参与文化交往，上演着一幕幕精彩纷呈的跨文化对话。与此同时，历史原因所导致的文化间隔阂与偏见，也以文化冲突的形式在全球化时代呈现出来。

本文共选取 2013—2014 年的 15 起新闻事件作为评析对象，从历史记忆到现实冲突，从暴力事件到话语论争，从中国到美国，涵盖了文化认同、种族歧视、性别多元等主要跨文化命题。这些新闻事件共同昭示出跨文化传播的现实困境，我们希望从这些现实困境中激发新的理论想象，思考文化冲突的根源及其解决之道。

面对层出不穷的跨文化冲突和根深蒂固的不平等权力结构，用开放、真诚的对话来增进不同文化的彼此认知，消解横亘其间的隔阂与偏见，已是刻不容缓的时代议题。跨文化传播之路道阻且长，我们愿与读者诸君共同努力，期待多元文化和谐共处的理想情境早日到来。

一、《逃离德黑兰》遭伊朗批评：历史叙述的跨文化交锋

2013 年 1 月至 2 月，电影《逃离德黑兰》(*Argo*) 获颁包括最佳影片在内的多项金球奖和奥斯卡奖，使这部电影引发的争议再掀高潮。电影改编自 1979—1981 年伊朗人质危机中的真实事件。作为一部追求戏剧性的剧情片，《逃离德黑兰》的剧情与真实历史存在不少出入。比如为了凸显主人公的形象，影片弱化了加拿大方面在营救行动中的作用；为了突出六名外交官的险境，在片中中情局官员称英国和新西兰使馆拒绝提供帮助，然而事实上，两国外交官在事件中均发挥了重要作用。最引人注目的是，伊朗文化部长称该片是“反伊朗”的，从艺术角度上讲也毫无价值，历史遭到了扭曲②。伊朗官员组成的一个委员会发表声明，称《逃离德黑兰》违反国际文化准则，“给这部反伊朗影片颁奖，是对我们国家和整个人类的宣传式攻击”。一名伊朗裔加拿大广播主持人直言，电影“对伊朗人民的刻画很有问题”，片中出现了一群又一群“歇斯底里、尖叫、不可信、无理性、留胡子以及有致命危险的敌人”，这些人是否参与剧情发展并不重要，他们都是具有相同刻板印象的伊朗人③。

与伊朗官方的愤怒形成对比，伊朗民间不少人对这部电影颇感兴趣。不少没有经历过 1979 年革命的伊朗年轻人对这样一部电影愤怒不起来，他们只是希望通过这部电影了解来

---

① 本文由单波教授指导，跨文化传播研究小组共同撰写。小组成员包括张洋、汪振兴、张腾方、刘锐、刘新可、王晓晔、许文苗、张怡婷、宁叶子、解晨枫、周夏宇、詹佩、舒丽萍、程小燕、郭玥彤，由单波、张洋统稿。

② Iran on “Argo” Oscar：State TV Dismisses Film as “an Advertisement for the CIA”[EB/OL].[2015-02-09]. http：//www. huffingtonpost. com/2013/02/25/iran-argo-oscar_n_2758258. html.

③ Jian Ghomeshi：*Argo* is Crowd-pleasing，Entertaining and Unfair to Iranians [EB/OL].[2015-02-09]. http：//www. theglobeandmail. com/arts/film/jian-ghomeshi-argo-is-crowd-pleasing-entertaining-and-unfair-to-iranians/article4855769/.

自事件另一方的说法。伊朗一份温和派主流报纸发表评论称，电影虽然以伊朗文化作为攻击对象，但对伊朗人来说仍然值得一看，因为它提供了认识伊朗与美国关系破裂的另一视角。

这部电影没有掩饰美国曾对伊朗犯下的罪行，开篇就指明了美国在伊朗几十年的黑暗历史中具有不可推卸的责任。但在美国历史学者胡安·科尔看来，这段一两分钟的交代与随后的正片没有形成任何勾连；我们在片中能看到无辜受困的美国签证官，勇敢无畏的中情局营救专家，伊朗人却是千人一面，除了愤怒之外，看不到他们更加复杂的人性感情。这样一种"新东方主义"(neo-Orientalism)式的表现手法①，正体现了西方对伊斯兰文化的简化与刻板成见。

对同一段历史的不同理解，正是跨文化历史叙述的难点。历史叙述总避免不了对历史事件和人物的定性，对某些情节的强调和放大，对另外一些情节的矮化和忽略，这一切的依据只能是各自的文化背景、思维方式、利益考量及政治立场。因此，历史在这个意义上不等于事实，而是形态各异的文化当中的一部分。各国各民族互相理解彼此历史，始终是跨文化交流层面的一大挑战。

二、波士顿马拉松爆炸案：从异乡人到行凶者

美国当地时间2013年4月15日下午，波士顿国际马拉松赛现场发生了连环炸弹袭击事件，嫌犯沙尼耶夫兄弟一人被击毙，另一人被捕。两兄弟为车臣难民，2002年来到美国申请政治避难并作为美国公民居住在波士顿附近。很多美国媒体在分析作案动机时，都对其"生活在美国，却对美国作出伤害"的举动表现出了困惑。另外，沙尼耶夫兄弟一家的移民身份和伊斯兰宗教身份，成了美国人对这起"本土恐怖分子"事件进行归因的焦点。

在美国主流媒体的报道中，沙尼耶夫兄弟的车臣身份被强调，其家族的移民经历也被充分挖掘并详细描述，包括塔梅尔兰在2009年涉嫌家庭暴力指控，以及他的母亲鼓励他阅读古兰经，希望通过宗教力量摆脱困境等一系列生活细节。比起单纯强调宗教信仰上的差别，美国人更愿意将其理解为"外来者对于主文化的不适应和无法融合"。美国媒体的调查显示，兄弟二人对美国情感复杂②。在2010年出版的杂志中，塔梅尔兰·沙尼耶夫说："我喜欢美国，美国有许多工作机会，这是俄罗斯所没有的。在这里，人们如果想工作就有机会赚钱。"不过，塔梅尔兰也说："我一个美国朋友也没有，我不理解他们。"他抱怨社会"不再有价值标准，人们无法控制自我"。

焦哈尔·沙尼耶夫似乎也认为社会不公。他在俄罗斯社交网站的个人主页上转载多则黑色幽默故事，抱怨一些北高加索人受到不公正待遇。焦哈尔和塔梅尔兰的父亲安佐尔·察尔纳耶夫接受采访时认为他的孩子是"无辜"的。安佐尔称，美国执法人员追捕他的两个孩子，原因在于他们的宗教信仰。两兄弟在美国的叔叔萨尔尼则说，焦哈尔和塔梅尔兰让家人"蒙羞"。他说，两兄弟是"失败者"，无法融入美国社会。据《纽约时报》报道，哥哥塔梅尔兰作为一名拳击手参加全国金手套拳击锦标赛，不断追求进步，却因为并非正式美国公民而没有参加奥运会的资格。相信只要经过努力不懈的奋斗便能获得更好生活的美国梦破灭，加上极端宗教思想的影响，最终导致了爆炸案的发生③。

"移民"作为跨文化生活的践行者，游离在主客文化之间，其融入与抽离都不是简单的

---

① "Argo" as Orientalism and Why it Upsets Iranians [EB/OL]. [2015-02-09]. http://www.juancole.com/2013/02/orientalism-upsets-iranians.html.

② 耿学鹏，蒋骢骁．嫌疑人兄弟对美国感情复杂[N]．新民晚报，2013-04-20.

③ Deborah Sontag, David M. Herszenhorn, Serge F. Kovaleski. A Battered Dream, Then a Violent Path [EB/OL]. http://www.nytimes.com/2013/04/28/us/shot-at-boxing-title-denied-tamerlan-tsarnaev-reeled.html?hp&_r=1&pagewanted=all&.

过程。沙尼耶夫兄弟的特殊在于，一方面他们作为外来移民，对于本地人来说始终是他者，而另一方面，尽力融入美国文化的经历又使得他们不同于其他的穆斯林和伊斯兰宗教信仰者，他们更熟悉美国的文化和社会环境，也更贴近美国的思维与生活方式。《纽约时报》的一篇文章得出结论：土生土长的美国人一般并不会将暴力转化为恐怖主义，而移民却并不如此①。有学者指出：制造恐怖主义事件的穆斯林只是极少数，美国媒体并非不知道这一点，但仍然笼统地将伊斯兰世界整体建构为恐怖的他者②。这种话语暴力，进一步激化了现实的族群隔阂。

三、“乳沟护航”事件：性别身份的政治化

2013 年 6 月，澳大利亚专栏作家科利尔(Grace Collier)在一个电台节目中发表评论称，“我认为总理在议会中露出自己的乳沟是不合适的”，“是对自己和澳大利亚国民以及议会的不尊重”③。这一言论招致了不少澳大利亚女性的强烈不满。为了表示抗议，有人在 Facebook 上号召女性以“乳沟护航”(Convoy of Cleavage)为标签，上传自己的乳沟照片，并且集结成册，以此来告诉科利尔“她是个白痴”④。

朱莉亚·吉拉德(Julia Gillard)是澳大利亚历史上的第一位女性总理，自从 2010 年上任以来，针对她的性别论争就层出不穷。2013 年 6 月，吉拉德在对“女性支持吉拉德”这一组织的讲话中将反对党称为“穿蓝领带的男人”，说他们会将女性逐出政界，但这一说法被媒体认为是政治宣传噱头⑤。而吉拉德自己也受到了基于性别身份的政治攻击，时任澳大利亚总理托尼·阿博特(Tony Abbott)就曾质疑吉拉德，认为一个不生孩子的女人没有能力制定出合格的儿童政策，并且希望吉拉德“做一个对自己诚实的女人”。在“乳沟事件”后不久，吉拉德的劳工党领袖地位被陆克文取代，在之后的大选中，劳工党失利，澳大利亚自由党成为执政党。

男女平等和女权主义尽管已经成为主流话语中的一种“政治正确”，但各种针对女性身份的歧视话语却仍然随处可见。正如米利特所说的，“无论性支配在目前显得多么沉寂，它也许仍然是我们文化中最普遍的思想意识、最根本的权力概念。”⑥在吉拉德这样受关注的女性身上，这一倾向尤为明显。同时，女性争取自身权利的努力，又被政治话语所利用，沦为了政治权力争夺中的工具和政治筹码。从包括“乳沟事件”在内的一系列于 2013 年澳大利亚竞选期间所爆发的性别争议来看，性别身份成为划分“我们”和“他们”的界限之一。不同性别在政治话语中被强行赋予政治意义，“我们”作为女性，被与以吉拉德为领袖的劳工党联系在一起；“他们”作为男性，则与以“戴蓝领带的男人”为代表的自由党联系在一起。这种划分将本应处于和谐相处状况中的两性隔绝起来，使得在女性权益沦为政治工具的同时，两性关系也被人为地推向更加对立的境地。

---

① Scott Shane. Suspects with Foot in 2 Worlds, Perhaps Echoing Plots of Past [EB/OL]. http://www.nytimes.com/2013/04/21/us/boston-suspects-confused-identities-and-conflicting-loyalties.html?pagewanted=all.

② 万婧.《纽约时报》有关“本土恐怖分子”报道分析[J]. 中国记者. 2014(4).

③ Vittorio Hernandez. PM Julia Gillard Sparks Australia's Cleavage War[N]. International Business Times. 2013-06-21.

④ Richard Shears. Outraged Australian Women Bombard Facebook with Photos of Their Breasts after Julia Gillard is Criticised for "Exposing too much Cleavage"[N]. Guardian. 2013-06-18.

⑤ Monica Attard. Julia Gillard: Admired Abroad, Vilified at Home [EB/OL]. http://edition.cnn.com/2013/06/26/world/asia/gillard-admired-vilified.

⑥ [美]米利特. 性政治[M]. 南京：江苏人民出版社，2000：33.

针对性别身份的歧视和攻击自然是刻板成见的后果，而为了政治利益刻意制造出的隔阂和对立，无疑又会加重群体间的偏见。两性关系是社会中最基本的关系之一，男性和女性不存在相互摆脱或隔绝的可能性，唯一的选择只能是建立理性的交流关系，达成和谐的相处状况。无论是性别歧视和攻击，还是用政治话语制造两性对立，都将遮蔽真正有价值的性别对话，使得相互之间的交流成为不可能。

四、斯诺登披露“棱镜计划”：交流的恐惧在全球蔓延

2013年6月6日，美国国家安全局(简称NSA)雇佣工斯诺登(Edward J. Snowden)在英国《卫报》和美国《华盛顿邮报》上公开了美国的“棱镜计划”(PRISM)。报道中披露，“棱镜”计划监控了数百万用户的通话记录，并通过互联网公司的服务器监控美国公民的电子邮件和通话记录等私人信息。2013年6月7日，美国总统奥巴马首次承认“棱镜”监听项目的存在，并称“没有100%的隐私，也没有100%的安全”，“有关互联网和电子邮件的计划并不适用于美国公民，也不适用于生活在美国境内的人”①。“棱镜门”事件由此爆发。后续调查发现，NSA不仅对美国公民，还对其他国家的公民和领导人进行了监听。据德国《明镜周刊》报道，NSA曾长期监控联合国总部，窃听视频电话会议。《卫报》称NSA至少监控了包括德国、中国、俄罗斯、巴西、墨西哥在内的全球35位政要的电话；此外，NSA还获取了包括中国、法国、西班牙在内的多国公民的通信记录。

《纽约时报》在一篇社评中认为政府会滥用手上的一切权利，称“政府在这个问题上已经丧失所有的信誉”，质疑政府所谓监控恐怖分子的理由，因为政府完全不需要获取每个人的通讯记录就可以做到这一点②。美国公民自由联盟(American Civil Liberties Union)发表声明称，“不受检查的政府监视行为对民主自由构成了严重威胁。这些报道提醒我们：国会已经向行政机构提供了太多的权利使其能够侵犯个人隐私，现存的公民自由保障严重不足，以及不受任何公众问责、完全秘密执行的权力必将被滥用”③。美国政府和民间充满怀疑的关系由此被赤裸裸地摆上了台面。

包括“棱镜计划”在内的大规模网络监控项目为跨国交流设置了一个悖论：一方面，这个信息时代离不开自由的交流，即使情报机构也只能在不断涌动的信息流中寻找他们想要的蛛丝马迹；另一方面，人们惧怕交流，看似自由的信息流动下方隐藏着黑暗，交流者眼中的黑暗是监控项目的隐形触手，监控者关注的则是所谓的安全威胁。“棱镜项目”的深度曝光，将国家与国家、政府与人民的不信任迅速放大。斯诺登的“义举”在敲响警钟的同时，也为各国政府提供了一个审查信息的“榜样”：天下乌鸦一般黑，在国际交流中真的有必要采取一些防范措施。

五、俄罗斯通过反同性恋法案：同性恋群体的边缘化

2013年6月，俄罗斯杜马以436票赞成、0票反对的结果，通过了一项禁止在未成年人中宣传同性恋的法案，于2013年7月1日起正式生效④。该法案规定，在未成年人中宣传

① Obama on NSA Surveillance：Can't have 100% Security and 100% Privacy[EB/OL]. http：//rt.com/usa/obama-surveillance-nsa-monitoring-385/.

② President Obama's Dragnet [EB/OL]. http：//www.nytimes.com/2013/06/07/opinion/president-obamas-dragnet.html?pagewanted=all.

③ NSA Can Access Much of Americans' Digital Lives[EB/OL]. https：//www.aclu.org/national-security/nsa-can-access-much-americans-digital-lives.

④ 柳玉鹏. 普京签署禁止向未成年人宣传同性恋法案[N]. 环球时报，2013-07-01.

同性恋的个人、责任人和法人都应处以罚款，法人还可能被停止营业 90 天。而通过媒体或互联网向未成年人宣传同性恋内容的个人、责任人和法人也会被罚款或停业，违反这一法律的外国人则会被驱逐出境、罚款或拘留 15 天。

俄罗斯民间的“反同”情绪同样高涨。根据全俄民意研究中心（All-Russian Public Opinion Center）做的一项调查，高达 88%的俄罗斯人支持禁止宣传同性恋的法律。勒瓦达中心（Levada Center）进行的一项调查发现，35%的俄罗斯人认为同性恋是一种疾病①。早在 2013 年 3 月，俄罗斯圣彼得堡市就已经通过限制同性恋的法案。而 2013 年上半年，俄罗斯有 13 人因同性恋而遭受暴力侵害。俄罗斯国家电视台的副台长甚至公开表示：“我认为只是颁布《禁止宣传同性恋法》是不够的，还应该禁止同性恋捐献血液和精子。他们的心脏在他们死后应该被埋葬或者火化，因为他们不应该有生命的延续。”②

俄罗斯的这一举措引起了世界各地人士的抗议。在俄罗斯驻纽约总领事馆前，数十名同性恋支持者一边倾倒俄罗斯传统的伏特加酒，一边高声抗议；挪威首都奥斯陆的同性恋支持者将俄驻该地区使馆门前的斑马线涂成彩虹颜色，以抗议俄政府禁止宣传同性恋；新加坡举行了主题为“致俄罗斯的爱”活动，人们点燃蜡烛，签名抗议俄罗斯政府的“反同”政策；加拿大温哥华抗议者在俄罗斯领事馆门前组织了“接吻行动”，通过接吻表达抗议；美国影星米勒（Wentworth Miller）也在同性恋者反诋毁联盟网站上发表公开信，拒绝俄罗斯圣彼得堡国际电影节官方邀请，同时承认了自己的同性恋身份，正式“出柜”③。

俄罗斯立法委员米苏琳娜在谈到反同法案时表示，由于俄罗斯人口问题严重，“如今如果想解决人口危机，我们就必须在某些道德价值观和信息开放上把好关，如此生育和抚养孩子才能得到充分的重视”。《纽约客》认为，米苏琳娜的意见代表了俄罗斯大部分民众的声音④。这种坚固保守的俄罗斯传统价值观将同性恋视为一种对立的道德价值观，并试图强行剥夺其正当权利。

俄罗斯同性恋群体的边缘化也是权力互动的结果。在经济放缓之际，普京领导下的俄罗斯需要为自己树立对手并以此来定义自己的国家，作为边缘群体的同性恋是一个稳妥的选择：可以展示其保护俄罗斯传统的决心，抗衡受西方影响的自由派反对势力，借此巩固政权⑤。作为弱势群体的同性恋者，便成为权力博弈中的牺牲品。

六、纽约广场舞事件：流散群体的边缘处境

2013 年 6 月，一群华裔中老年人在美国纽约布鲁克林区的日落公园跳“广场舞”，因为声音过大，遭到周围的居民投诉，警方根据居民的举报将广场舞队伍的负责人——一位姓王的 60 岁华裔妇女逮捕，她因噪音过大而被判违法。同年 7 月，这位王姓华裔再一次因为噪音过大而被抓。据纽约布鲁克林南区警署华人社区联络官介绍，华人晨练或在公园内跳舞时因播放大分贝音乐或使用扩音器而遭到投诉或报警的事件，并不仅仅发生在日落公园，多个

---

① David M. Herszenhorn. Gays in Russia Find No Haven, Despite Support From the West [EB/OL]. http://www.nytimes.com/2013/08/12/world/europe/gays-in-russia-find-no-haven-despite-support-from-the-west.html? pagewanted=all&_r=0.

② 马昕，Lee. 索契“反同性恋”引爆美俄二次冷战[EB/OL]. http://sports.163.com/14/0210/22/9KONTKLG000509J9_all.html.

③ 岳菲菲．俄罗斯“逆势反同”站上风口浪尖[N]. 北京青年报，2013-08-26.

④ Masha Lipman the Battle over Russia's Anti-Gay Law[EB/OL]. http://www.newyorker.com/news/news-desk/the-battle-over-russias-anti-gay-law.

⑤ Miriam Elder. Why Russia Turned against the Gays [EB/OL]. http://www.buzzfeed.com/miriamelder/why-russia-turned-against-the-gays#.hk3KZWlwmy.

华人聚居区内都发生过此类事件①。

有研究者认为，广场舞体现了从集体空间往公共空间过渡的问题。广场舞跳舞者多数为中老年人，他们经历过集体主义时代，观念里残存很浓的集体主义思维。在他们看来，作为广场舞发生场地的小区广场、公园等公共空间更像“公家空间”，并没有将这些地点视为公共所有的空间②。而在个人主义发达的美国，公共空间的界定十分明确，经过周围的居民投诉，必然会采取措施。由此可以看出，这是两种思维方式的碰撞。虽然在中国广场舞也时常遭到居民反对，但大多是通过协调处理，并没有上升到法律层面。而在美国，由于公共空间与私人领域的严格界定以及法律的明确规定，在中国人看来无伤大雅的娱乐活动其实触犯了美国的法律规范。

在案件发生地纽约布鲁克林区，有纽约最大的华人聚集区，在某种程度上，这是一个流散族群(Diaspora)。Diaspora 本意是指犹太人背井离乡居住在以色列以外的地方，其后逐渐泛指离开世代居住的地方迁往其他地区的人。广场舞在中国是一种文化现象，流离在外的侨民通过广场舞这一文化现象强化自己的文化认同，但这种表达方式并未被美国社会所理解。

在媒体的新闻报道中，被捕的王姓华裔妇女强调她被捕是种族歧视的结果。华人广场舞团队英语能力不佳，而警方自始至终都是以英语交流，没有派遣懂中文的或是华裔警员到场，导致双方的交流出现障碍③。这其中确实体现了美国近年来滋生的种族问题，可以与2014 年发生在美国密苏里州弗格森的警察枪击黑人事件所引发的种族歧视的讨论相互参照。美国黑人的平权运动自 20 世纪 60 年代开展以来，历经 50 余年，虽然取得丰硕成果，但并没有根除种族歧视问题。单就此次纽约广场舞事件，并不能概括美国华人遭受歧视的全貌，但将其纳入到更大的版图，或许能揭示其中隐含的跨文化权力关系。

七、“吉米秀”辱华：挥之不去的种族歧视

2013 年 10 月 16 日，美国广播公司(ABC)的电视节目《吉米秀》(*Jim Kimmel Live Show*)播放了一档儿童讨论节目，主持人吉米·坎摩尔(Jimmy Kimmel)请来 4 名肤色不同的儿童组成“儿童圆桌会议”。在讨论美国如何偿还所欠中国的高额债务时，一名 6 岁男孩语出惊人，“绕到地球另一边去，杀光中国人(Kill Everyone in China)”。吉米调侃道：“杀光所有中国人？这是一个很有趣的想法。”作为一档录播节目，在后期编辑时完全有时间删除这一段，然而节目组并没有这么做。节目播出后，全美华人被“惹怒”，由此引发了美国立国 200 多年来响应范围最广的一次华人抗议行动。

白宫官方对此作出了回应，回应中称涉事者已经道歉，表示“联邦政府不能强迫 ABC 取消该节目(指《吉米秀》)。《宪法第一修正案》保护言论自由，尽管个人可能会感到冒犯或厌恶。当他人观点与个人意见相左时，可能会令人不快，但是保护言论自由的准则是我们作为一个民族的重要组成部分”④。而大多数华人则认为带有种族歧视色彩的言论不应受到《宪法第一修正案》的保护。

随着要求道歉的呼声越来越高，美国广播公司于 2013 年 11 月 8 日通过网站发表道歉声

---

① 继华人大妈跳广场舞被控扰民后沿街晒内衣裤纽约华人被诉[EB/OL]. [2013-08-10]. http://news.xinhuanet.com/fortune/2013-08/10/c_125146449.htm.

② 张天潘. 广场舞：从集体空间到公共空间[J]. 南风窗，2014(15).

③ Caroline Berg. Dancing in Brooklyn Leads to Noise Complaints[N]. China Daily, 2013-08-14.

④ 华人抗议 ABC 辱华节目“吉米秀”终获白宫请愿网站回应[EB/OL]. http://www.guancha.cn/america/2014_01_11_199000.shtml.

明，题为“代表美国广播公司娱乐频道和吉米·坎摩尔直播秀的声明”①。道歉声明承认犯了错误，并承诺将永久性删除这些内容，取消“儿童圆桌会议”节目环节，许诺今后将通过严格审查杜绝此类事件。ABC高层和吉米·坎摩尔本人也尝试用给华人团体领袖回信、在节目中解释和面对游行队伍沟通等方式“道歉”。吉米·坎摩尔解释道，自己旨在取悦大众，无意冒犯任何人，对于引起的不满，他表示道歉。但他提到，这只是个玩笑，认为这是文化差异。

然而，作为外群体的华人在这种幽默面前并不能泰然处之，“这只是为了好玩”的说辞被大部分华人认为“毫无诚意”。2013年11月9日，华盛顿、纽约、洛杉矶、休斯敦、旧金山、芝加哥等约20个城市再度爆发声势浩大的示威活动，抗议美国广播公司播出的辱华节目，要求美国广播公司正式道歉，解雇或惩罚节目主持人吉米·坎摩尔。②

抗议活动组织者之一、北京爱国同乡会会长王湉认为：“美国华侨华人应当利用这次抗议ABC辱华言论的契机，推动美国主流社会重视华人等少数族裔的权益和呼声。如果最终能推动某些国会议员站出来表态支持华人立场，乃至在国会推出类似‘不得歧视华人’的法案，那才说明这次抗争真正达到了效果。”③

这场美式幽默背后的跨文化冲突所展现的是美国人渗透到了血液之中的习惯性歧视。这种“集体无意识”成了文化交流难以跨越的障碍。而对于《排华法案》等一系列辱华历史的集体记忆④，使得华人在面对“杀光中国人”这样一种美式调侃时变得格外敏感。

八、云南昆明火车站恐怖暴力袭击事件：现代化进程中的种族共处

2014年3月1日晚9时20分，8名统一着装的暴徒蒙面持刀在云南昆明火车站广场、售票厅等处砍杀无辜群众，残害无辜，手段极其残忍，造成29人遇难，143人受伤。公安干警当场击毙4名暴徒，抓获1人。经调查，这是一起由新疆分裂势力一手策划组织的严重暴力恐怖事件。

继昆明“3·1”暴力恐怖袭击事件之后，2014年7月28日发生在新疆莎车县的严重暴力恐怖案件，造成无辜群众37人死亡(其中汉族群众35人、维吾尔族群众2人)、13人受伤的暴力恐怖事件。这些暴力恐怖袭击事件与社会转型紧密相连，过于急剧的社会变迁不可避免地会使社会在某些方面出现“脱节”，乃至出现某种程度的失衡状态。在新疆等地区的现代化进程中，不可避免地伴随着贫富差距增大、大量农民涌入城市沦为贫民、大批青年失业等一系列社会不公平问题。近些年来伊斯兰教原教旨主义在新疆地区渗透，少数贫困的维吾尔族极端分子把自己的窘迫现状归因于汉族人对自己工作就业机会的剥夺，一味地仇恨汉族人民，不惜采取暴力恐怖行为来排斥甚至报复汉族族群。

一系列恐怖袭击事件的发生后，如何修补内地和新疆地区人民的友谊，促进汉族和伊斯兰穆斯林同胞友好相处，成为急需解决的问题。在民族多元文化环境中，交往冲突的起因不

---

① Statement on behalf of ABC Entertainment and Jimmy Kimmel Live![EB/OL]. http://www.abcmedianet.com/web/dnr/dispDNR.aspx? id=pr62214.

② 金灿荣：美国歧视逻辑伤的不是中国是自己[EB/OL]. http://news.ifeng.com/exclusive/scholar/detail_2013_10/24/30632090_0.shtml.

③ 美国广播公司就辱华内容道歉 华人称不深刻[EB/OL]. http://www.chinanews.com/gj/2013/11-12/5489391.shtml.

④ 集体记忆是由法国社会学家莫里斯·哈布瓦赫在《记忆的社会性结构》一文中首次提出的，并将其定义为：“一个特定社会群体之成员共享往事的过程和结果。保证集体记忆传承的条件是社会交往及群体意识需要提取该记忆的延续性。”参见[法]莫里斯·哈布瓦赫．论集体记忆[M]．毕然，郭金华，译．上海：上海人民出版社，2002.

在于文化的多元性，而在于文化间的隔阂。社会转型所积累的矛盾，经过文化隔阂的持续发酵，便酿成了暴力冲突的恶果。要走出这一困境，便只有以积极、开放的对话促成民族间文化交往，用平等、真诚的沟通来消解因隔阂而产生的恐惧与仇恨。针对新疆地区少数民族在发展历程中遭受的困难，我们也应当更多地抱以“推己及人”的心态。思考“如何站在穆斯林的角度找出路，不但要找经济的出路，也要找心灵的出路”①。

《我从新疆来》一书提供了很好的跨文化认知样本。作者库尔班江·赛买提采访拍摄了100位散布在全国各地的新疆人，将真实存在的新疆和真实生活着的新疆人的面貌展现给世人，帮助我们了解普通新疆人的平凡生活。同时，这些鲜活的生活细节也为我们打开了一扇新的窗户，帮助我们反观自身，觉察到在经济发展的浪潮之中被遮蔽的社会文化问题。据书中所写，“维”指维系，“吾”指我，“尔”指你，因此“维吾尔”便是“维系你和我之间的关系”之意②。面向未来，要维系汉族与少数民族的情感认同，我们需要更多这样的作品。

九、“反服贸”与茶叶蛋：台湾与大陆的跨文化传播与隔阂

2014年3月17日，台湾地区“立法院”内政委员会等8个委员会联席初审《海峡两岸服务贸易协议》，在混乱中宣布协议通过，随即引发不满。3月18日，反黑箱服贸民主阵线等民间团体和学生代表冲破“立法院”大门强行进入议场。由于“行政院”谈判失败，反服贸运动继续发展酝酿，数十万市民来到街头静坐，严重冲击了台北市社会秩序。4月7日马英九发表声明指出将对服贸协议进行审查，三天后学生退出议场，“立法院”恢复秩序。

该协议由海基会与海协会领导人于2013年6月签署，旨在降低两岸市场准入门槛，加大市场开放力度。台湾近年来经济发展迟缓，民众担心台湾市场无法抵御大陆商品的冲击，协议生效后将提高台湾失业率并加强中国大陆对台湾市场的控制。中国政府试图通过经济交流促成凝聚的文化认同，但强力的经济输出反而引起台湾本土情绪的反弹，激化了弥散在台湾民众间的对大陆的恐惧和敌视。再加上台湾媒体近年来已经形成了泾渭分明的党派立场，蓝营的《中国时报》视反服贸运动为孤岛心态的体现③，绿营的《自由时报》则将反服贸视作对台湾主权的捍卫④。双方相互对立，各说各话，进一步撕裂了台湾民众的国族认同感。

与反服贸运动相呼应的是，2011年一档台湾电视节目中台湾教授调侃大陆人民吃不起茶叶蛋的视频在2014年3月重新被大陆网友发掘出来。此次事件迅速扩散，一时风靡网络，茶叶蛋这一意象也被大陆网友拿来恶搞，成为“炫富”的道具与身份的象征。反服贸运动在台湾的开展，与茶叶蛋事件在大陆的广泛走红，大致处于同一时间，两起事件暗含一定的因果关系：正是两地间的文化偏见与隔阂，导致了经济交流的失效。

近代以来，台湾的命运几遭波折，多重殖民经验共同塑造了台湾人的情感结构⑤，本省人与外省人身份的区隔与混杂，对“神州故国”的凝思与对社会主义的敌视，日本的殖民遗产与美国的现代化改造，都深深烙印在台湾民众的心态之中。20世纪70年代以来两岸政治经济地位此消彼长，进一步导致了台湾民众失落的心态，为了转移岛内消极的情绪，台湾媒体和公众人士往往刻意凸显大陆所谓落后、野蛮的一面，进行敌对的他者化处理。

---

① 黄章晋．十字路口的新疆[J]．凤凰周刊，2013(12)．

② 库尔班江·赛买提．我从新疆来[M]．北京：中信出版社，2014：27．

③ 中国时报．反服贸的孤岛心态[EB/OL]．[2014-04-15]．http：//www.chinatimes.com/newspapers/20140415000440-260109．

④ 联合早报网．自由时报：台湾人为何反服贸不反麦当劳[EB/OL]．[2014-03-18]．http：//www.zaobao.com/wencui/politic/story20140328-326040．

⑤ 陈光兴．为什么大和解不/可能？——《多桑》与《香蕉天堂》殖民/冷战效应下省籍问题的情绪结构[J]．台湾社会研究季刊，2001．

面对台湾方面的敌视与误解，大陆民众也缺乏真诚地展现自己的愿望与举措，而是径直将茶叶蛋事件演变为一场集体狂欢，甚或呈现出居高临下的家长姿态，谴责台湾人的数典忘祖。《人民日报》等中国官方媒体在对反服贸运动的系列报道中，将运动的诱因简化为少数人士的挑拨、误导以及台湾的政治经济困局，这就遮蔽了反服贸运动背后的台湾身份认同困境，无法帮助大陆民众体认台湾民众的复杂情感①。海峡两岸虽然同根同源，但长期的分离已经形成不同的生活习惯和身份认同。在两岸之间的跨文化交流之中，两岸媒体应当重拾"交流"这一传播媒介的天职，用全面、客观的报道来增进相互的认知，用开放、真实的信息流动来消解偏见与误解，如此超越政治隔阂的国族认同方能具备坚实的基础。

十、广电总局"限外令"与字幕组关闭：境外剧跨文化传播遭遇瓶颈

2014年4月27日，《生活大爆炸》《傲骨贤妻》《海军罪案调查处》以及《律师本色》四部美剧在众多视频网站纷纷下架。5月18日，广电总局正式声明，被下架的美剧"有的无版权，有的含有不符合《互联网视听节目服务管理规定》第十六条的内容"。而查询相关规定，可以看到，以上美剧可能触及的禁播内容包括：损害国家荣誉和利益、诱导未成年人违法犯罪和渲染暴力、色情、赌博、恐怖活动、扰乱社会秩序，破坏社会稳定等②。9月2日，广电总局出台《国家新闻出版广电总局关于进一步落实网上境外影视剧管理有关规定的通知》，重申网上境外影视剧管理的有关规定，要求用于互联网网上播放的境外影视剧，必须依法取得放映许可，并规定了境外剧的引进数量、内容以及时间限制。

2014年11月22日，外国影视节目字幕组网站人人影视宣布暂时关站，并发布公告称正在清理内容。同日，以提供电影中文字幕为主的射手网创始人沈晟发布公告称："射手网陪着我度过15年了。我所希望射手网所具有的价值，就是能令更多人跨越国家的藩篱，了解世界上不同的文化。如果这个网站有帮到人，我就已经很满足了。但是，需要射手网的时代已经走开了。因此，今天，射手网正式关闭。"

近年来，境外剧在国内的影响逐渐增大。以美剧为例，据不完全统计，自2010年至今，正版美剧在国内视频网站上的播出量已超过300部，视频网站在美剧版权上的投入也超过了2亿美元③。早在国内网站还没有购买版权意识的时候，字幕组就致力于海外文化产品中文字幕的分享，促进了文化之间的沟通。境外剧的粉丝形成了特定的亚文化群体，对特定文化的认同增加了群体成员的归属感。

无论是视频网站通过正规渠道购买境外剧，还是粉丝基于兴趣和共享精神制作海外作品字幕，都源于网络时代消费者对主流媒体消费方式的不屑和对异文化作品的强烈需求。《纽约时报》在对于字幕组的报道中这样描述："中国的电视节目十分无趣。国有的中央电视台尽管有16个频道，却几乎全都播放着无止境的历史剧、无聊的肥皂剧和盲目抄袭的游戏节目。"④正如有学者指出，文化间存在势位差，发达国家的"高势位"文化，一般相较于欠发达国家的"低势位"文化更具有影响力⑤。以美剧为代表的"高势位"文化符合了当代大学生和都市年轻白领们对于现代化的想象，并形成了他们对"外文化圈"的认同。然而一旦"外文

---

① 他们为什么反服贸[EB/OL].[2014-03-23]. http://hb.people.com.cn/n/2014/0324/c192237-20839926.html.

② 田香凝，施文荻. 媒介研究团队刺猬公社[EB/OL]. http://weibo.com/p/1001603789473149256129.

③ 张绪旺，卢扬，沈艳宇. 限外令升级视频盗版压力骤增[N]. 北京商报，2014-11-03.

④ New York Times. Chinese Tech Buffs Slake Thirst for U.S. TV Shows [EB/OL]. http://www.nytimes.com/2006/08/09/world/asia/09china.html.

⑤ 张萌. 美剧在中国的跨文化传播研究[D]. 天津师范大学，2012.

化圈”传播的文化涉及传统道德、意识形态和民族感情时，则很容易唤起“低势位”文化的抵抗。此次限外令与字幕组关闭事件，正是这一现象的充分体现。

十一、玉林荔枝狗肉节：多元文化的冲突与理性交往的困境

荔枝狗肉节是广西玉林市民间自发形成的节日，在每年夏至都要聚会吃狗肉。近年来，众多国内外动物保护组织和个人纷纷声讨玉林市每年狗肉节时的大规模屠狗行为，这一酝酿多年的冲突，终于在2014年6月爆发。救狗志愿者赶到玉林劝阻摊贩杀狗，或将狗买下放生，当地民众则指责救狗志愿者干扰当地正常生活，双方的情绪均较为激动，以至于发生肢体冲突。除了现场的争执，微博、豆瓣、知乎、果壳等几乎一切可以利用的网络平台都被充分调动起来，成为此次话语论争的阵地，双方从道德伦理、历史传统、文明标准、群己权界以及生理需求等方面展开了大量的讨论。

事实上，关于吃狗肉以及狗的生存状况，早已引发多次的文明冲突与对话。韩国在1988年汉城奥运会和2002年足球世界杯前夕，均因吃狗肉的行为而遭受西方媒体和动物保护组织强烈谴责，韩国政府被迫对狗肉销售行为进行管制①。2006年北京市开展养犬管理专项整治活动，美国媒体在报道时便将焦点投注于政府对猎犬的“屠杀”(Slaughter)和民众的抗议上，并由此引申至人权议题②。此次玉林狗肉节也吸引了诸多国外媒体的目光。《纽约时报》刊文称中国的狗肉节在动物保护人士的抗议声中举行③。但此类批评性报道也引发了中韩等国家的回击：如果西方国家可以肆意宰杀牛、猪等被部分文化群体视为禁忌的动物，那么东方国家为何不能吃狗肉呢？

消费主义所衍生出的“舌尖上的政治”，业已成为当代中国的重要文化景观。“吃”这一行为摆脱了最低层次的生活需要，吃什么、如何吃都已是确立身份认同的重要渠道。若说豆腐脑和粽子的甜咸之争只是广大网友联合炮制出的一场全民狂欢，那么围绕玉林狗肉节的话语争夺和现实行动，则成为一次难得的契机，用以观察当代中国发展表象下的多元文化冲突。

吃狗肉的反对者与支持者广泛调动古今中西的各类话语资源来为自身立场与行为赋予正当性。前者自然化、本质化了狗作为“人类最亲密的朋友”这一属性，以此为前提，任何对狗的杀戮都必然是与人类现代文明相扞格的残忍举措，是亟待扬弃的文化糟粕。而后者则反对将狗与其他家畜区别开来，认为吃狗肉是祖先传承下来的生活方式，狗肉节是植根于地方文化的节庆狂欢，对此的控诉则是披着伪善的外衣。

面对众声喧哗的多元文化冲突，需要回归“主体间性”理念，在文化的多重视野中确立每一位参与者的主体性地位，交往的各方都需要摈弃对他者的先验的价值评判，通过文化意义的分享来相互理解④。惟其如此，才能将多元文化的差异整合为文化超越的力量，而非加剧身份认同的分裂，理性交往与共识的确立才成为可能。

十二、香港“占中”：后殖民语境中的身份认同

2014年4月，女童便溺事件引发了香港内地的文明冲突，一对内地夫妻因公共厕所排

① 韩国：当世界杯遭遇狗肉[EB/OL]. http://www.people.com.cn/GB/guoji/25/95/20020116/649482.html.

② 单波，万黎君．跨文化新闻传播的话语倾斜与话语缺失[J]．全球传媒评论（Ⅲ），2009.

③ New York Times. Yulin Dog Meat Festival Proceeds Despite Protesters[EB/OL]. http://sinosphere.blogs.nytimes.com/2014/06/23/dog-meat-festival-proceeds-despite-protesters/?_r=0.

④ 单波，王金礼．跨文化传播的文化伦理[J]．新闻与传播研究，2005，12(1)：36-42.

队，在香港街头让小孩在路边小便，并用类似纸尿片似的东西接着。这引来一名香港男士不满，举机拍摄并阻止三人离去，随后引发双方推撞冲突。时隔数月，一场占领中环的热潮又将香港与内地的矛盾推到了最高峰：因对全国人大常委会关于香港 2017 年行政长官普选的决定不满，香港反对派发起“占领中环”的非法集会，鼓吹集会者围攻政府总部，制造暴力冲突；阻塞交通，影响正常的商贸往来与居民生活。

无论香港人还是内地人，都是中国人，却在百余年的分离中被硬生生分割成相互对立的“我们”和“他者”。在港英统治的最后时期，香港流传着“Hong Kong belonger”①(香港本土人)的说法，即香港人既不承认自己是中国人，也拒绝与英国的联系。在与内地两两相望之时，既辨不清自己，又难以理解对方，互相把对方看作“他者”。悲哀的是，香港与大陆的这种隔膜的状态至今未改，甚至更加深重。在少数香港人看来，大陆人就是“蝗虫”且“素质低下”；一提到香港，我们也会首先想到“资本主义”“代购”等标签。在定型化和标签化的结果下，双方渐渐失去跨文化交流的意识和能力。而一些不负责任的媒体在形象建构上往往进行标签化、定型化处理，并将群体间的差异刻意夸大，增大群体间的彼此不信任和排斥，使得人们渐渐丧失了主动认知自身、认知他者的意识，容易被非理性的力量所牵引，进而诉诸言语甚至肢体的暴力。

换个角度看，不妨将港人这种“排外”视作一种过度的自我保护。他们强硬的做法也许正体现着他们心中的不安，我们应当做的不是强行对抗，而是在交往理性的观照下，进行互惠性理解。香港的根始终在中国，他们对中国传统文化的重视犹胜内地。也许因为分离得太久，文化习惯与习俗使二者彼此隔膜，但共同的文化根基又让二者茎蔓纠缠。在多元文化的互动之中，冲突是难免的，妥协也是必要的。在试图改造对方的同时，更应改造自己。要尊重彼此的主体性，增进对多元文化的认同。建构交往的群体在具体情境中的平等地位，在冲突性事件发生时，要尽可能还原事件真相，倾听双方的声音，并避免“以小见大”，将个体的不当行为过度引申，进而强加于对一个群体的刻板印象和群体偏见。要减少群体间交往中潜在的紧张感，以及合作过程中多样性、差异性带来的消极后果，从而在对话与交往之中，达到更理想的交流状态。

十三、迈克尔·布朗案：反种族主义情绪的爆发

2014 年 8 月 9 日，在美国密苏里州的弗格森镇，18 岁的黑人青年迈克尔·布朗被白人警察达伦·威尔逊枪杀。身中六枪死亡的布朗未携带任何武器且没有犯罪记录，当地警察怀疑布朗涉嫌一起抢劫雪茄案，但威尔逊并不知情，他在当地警局工作 4 年，记录良好且受过表彰。案发后，警察暴力执法引发民众的抗议示威。2014 年 11 月 24 日，由于证词之间存在矛盾，密苏里州大陪审团判定对威尔逊免予起诉，这一决定再次引起大范围抗议与骚乱。据 CNN 统计，抗议“司法不公”的示威在全美 37 个州的 170 座城市出现②。裁决结果出来后，奥巴马发表电视讲话称，在美国很多地方，有色族裔社区的民众与执法队伍之间有着深刻的不信任，部分原因是这个国家的种族歧视遗产所带来的结果。

当地时间 11 月 29 日，威尔逊宣布辞职，这并没有安抚到大众的心情。美国黑人民权组织“全国有色人种协进会”(NAACP)号召 150 多名抗议者加入名为“正义之旅”的长距离游行，从弗格森步行 7 日至密苏里州首府杰斐逊市，总里程近 200 公里。

---

① Mast, Irham/EPA. The Guardian View on Hong Kong: Beijing's Crisis isn't Over[N]. The Guardian, 2014-10-12.

② 弗格森增兵控制局面 警方宣布抗议示威是非法集会[EB/OL]. [2014-11-27]. http://military.people.com.cn/n/2014/1127/c1011-26104572.html.

这一系列的抗议示威行动无疑表明此次事件触碰了美国民众敏感的神经，也反映了美国社会长久存在的一个典型问题：在执法过程中，种族主义是否仍在悄然起作用？20世纪五六十年代的民权运动，黑人得到了渴望已久的接受平等的公共教育、平等就业、使用公共场所和公共设施、少数族裔选举权等权利，多元文化政策的实施一方面对少数族裔的地位有所提升，另一方面也引来了许多争议，种族之间的隔阂并未就此消失。据2013年8月皮尤研究中心的一项民意测验表明，49%的美国人认为还要“做出更多努力”才能实现种族平等。黑人中持有这种观点的比例为79%，35%的黑人称他们在过去一年中因为种族或族群身份受到了歧视或不公平待遇①。

在美国，长期处于支配地位的白人社会对黑人等少数族裔有着相对的控制权，少数族裔人员虽然已占到某些地区的大多数人口，但其教育资源与经济条件仍旧处于凋敝的状态。黑人众多的密苏里州弗格森镇正是这一现状的代表，不幸的是，这种状况正在向更多城镇蔓延。

在弗格森案中，政府部门对于执法过程的不透明公开首先造成了少数族裔的不信任感，长久被压迫的少数族裔积累的强烈不满在此种情况下爆发是在所难免的。在多元文化主义思潮刺激的今天，处理种族间的关系需要一个更加平等、公正的媒体平台来促进对话和交流。

十四、从库克到李银河：非异性恋者身份认同的困境与抗争

2014年10月30日，苹果CEO库克(Tim Cook)在《彭博商业周刊》撰文，公布了自己的同性恋身份，腾讯科技将该事件评为“2014年十大万万没想到”的事件。同时，英国《每日邮报》称，库克的“出柜”宣言使他成为商业领域最受关注的同性恋者②。美国著名的娱乐杂志《OUT》曾将库克评为“最有权力同志”③，而著名网站Gawker也将库克评为“硅谷最有权力男同志”。

尽管宣布个人性取向是与隐私保护相矛盾的，但库克认为自己的举动是牺牲个人隐私，以鼓励同性恋群体“出柜”。正如文中所说，因为“现在还有太多人包括儿童因为性取向问题而活在恐惧中”④。随着西方世界对LGBTQ(女同性恋者，男同性恋者，双性恋者，跨性别者与酷儿群体的合称)的广泛承认，LGBTQ文化呈现出一种必须“站出来”的潮流，“以一种反国家、反社会、反体制、无政府主义与反政治的随时备战的态度，来发掘真实的自我”。

一个多月之后，中国社会学家李银河在2014年12月18日通过博客发表文章《对所谓拉拉身份曝光的回应》，并反击“同性恋传闻”。这种针对社会舆论对自我性取向猜想的回应，则显得有些被动。文中李银河承认自己与跨性别者相伴17年，但否认自己是同性恋，同时又表示，承认自己是异性恋者⑤。

曾经作为边缘人群的同性恋群体，如今正在借由媒体发声，逐渐走入大众视野中。而李银河的跨性别同居伴侣的特殊身份，也引发了公众对于人类的生理性别、社会性别与性取向之间错综复杂的关系的广泛关注，同时在知乎、果壳等网站引发了科学层面与社会层面的广泛讨论。向来保守的中国社会，在全球化浪潮之下，也不得不开始正视“性的全球化”(Globalization of Sexualities)问题。无论是库克的“出柜”，还是李银河对于同性伴侣和跨性别

---

① 石毅. 种族问题，美国社会难以治愈的“癌症”[N]. 新京报，2014-12-06.

② Out. Com Editors. Power List 2014：TIM COOK [EB/OL]. http://www.out.com/out-exclusives/power-50/2014/04/15/power-list-2014-tim-cook.

③ Ryan Tate. Meet Apple's New Boss, The Most Powerful Gay Man in Silicon Valley [EB/OL]. http://gawker.com/5736917/meet-apples-new-boss-the-most-powerful-gay-man-in-silicon-valley.

④ Tim Cook. Tim Cook Speaks Up [EB/OL]. http://www.businessweek.com/articles/2014-10-30/tim-cook-im-proud-to-be-gay.

⑤ 李银河. 对所谓拉拉身份曝光的回应 [EB/OL]. http://weibo.com/p/230418473d53360102vcjd.

者的思考与申诉，都折射出想象的共同体之下，LGBTQ 群体内部间性别、种族、阶级等的多元差异。而打破二元对立之后的多元语境下，尝试理解与自我叙述的过程，依旧离不开对立描述的模式。对他者的构建和对自我的重建在同性恋与社会不断冲撞的过程中不断取得阶段性的跨越式理解，但依旧无法完全填补差异的鸿沟，存在于裂缝之上的群体，即便拥有权利的支撑，也难以使得先天或后天的分歧完全弥合。

十五、纪念柏林墙倒塌 25 周年：隔阂的消除与自由的承诺

2014 年 11 月 9 日是德国柏林墙倒塌 25 周年纪念日，德国于 11 月 8 日展开为期 3 天的柏林墙倒塌 25 周年庆祝活动。柏林墙旧址上设立的数千个白气球被放飞，以纪念这个历史事件①。德国《明镜》周刊网站撰文称，东德的失业率曾经很高，对未来失望的情绪蔓延。但今天在默克尔和高克这两个东德人的领导下，德国的经济在欧洲处于领先水平。柏林这个曾经被分割的城市如今成为欧洲年轻人追逐理想的热土②。11 月 10 日，德国《法兰克福汇报》认为默克尔与美国总统一样，相信自己的国家正处在最佳时期，但事实是今日的德国比以往任何时候都更加复杂。25 年前的 11 月 9 日，柏林墙倒塌。经过 25 年磨合，原东德地区的人们生活水平大幅提高，但整体上依然落后于西部。德国东部的生产效率仅为西部的 2/3，工资水平是西部的 80%。根据德国总理默克尔 2014 年 8 月宣布的政策，德国东部退休人员的养老金要到 2020 年才会与西部地区一致。根据最近公布的德国官方调查，63%和默克尔一样来自德国东部地区的民众称“不满东部发展落后于西部”。德国《时代周报》的调查也显示，在人均可支配收入、汽车数量、度假目的地偏好、全日制托管、流感疫苗接种、平均年龄、生育率等绝大多数评价指标上，西部仍旧处于领先地位。

跟物质差距相比，影响更严重的是心理隔膜。目前，德国相当一部分的东部民众认为自己被当作“二等公民”，并表现出对东德时代的怀念。据德国之声网站消息，柏林墙倒塌 25 年后，施普雷瓦尔德酸黄瓜、“特拉比”小轿车和巧克力球——这些前东德的“特产”又唤起了人们对东德时期的记忆。德国柏林自由大学的东德问题专家克劳斯·施罗德在分析“东德怀旧风”这一现象时表示：“前东德时期那代人中，许多人仍有无家可归的感觉，对统一后的德国有陌生感。”施罗德在研究中发现，随着德国统一，从计划经济转向市场经济，萨克森州和图林根州的许多人感觉他们在生活中作出的贡献被忽视。1990 年，许多企业和他们的产品在一夜间“消失”。因此，今天刮起了“睹物思东德”的怀旧风。施罗德介绍说：“有东德背景的家庭中 40%的子女表示，在与父母谈及东德历史时没有用独裁一词，50%的人认为，西德也没有纯粹的民主。”对此，施罗德认为，持这些想法的人正试图争取被西部的德国人同等对待。但这必须引起德国社会的注意，因为对旧时代的沉迷会对历史产生扭曲的认识。危险的不是东德怀旧风的兴起，而是对当下政治的冷漠③。

【作者简介】

单波，武汉大学新闻与传播学院副院长、教授、博士生导师，中国新闻史学会副会长。

张洋，武汉大学新闻与传播学院 2014 级硕士研究生。

---

① Lichtgrenze in Berlin：Staatsschutz ermittelt gegen Ballondiebe [EB/OL]. http：//www. spiegel. de/thema/berliner_mauer/.

② Annett Meiritz Christoph Sydow. Mauerfall-Jubiläum：Berlinerinnert，Berlinjubelt [EB/OL]. [2014-11-09]. http：//www. spiegel. de/politik/deutschland/mauerfall-jahrestag-berlin-gedenkfeier-am-brandenburger-tor-a-1001910. html.

③ 程兰燕 . 柏林墙倒塌 25 周年　德国刮起“东德怀旧风”[EB/OL]. http：//www. chinanews. com/gj/2014/11-10/6764576. shtml.

2014年中国电视综艺

王瀚东　诸冰羽

在2014年里，综艺节目呈现出井喷态势，内地综艺飞速发展，电视综艺的表现可圈可点。无论从综艺节目的收视、节目模式的选择、节目内容的考量，还是从综艺的商业思维、互联网思维来看，中国的电视综艺正在形塑着自身的特色，并且一步一步走向成熟。

一、综艺收视凯歌高奏，强势频道主打差异化

2014年电视内容市场纷繁依旧，电视收视竞争日趋白热化，可以说综艺节目成为决定收视率胜败的关键。

2014年全年综艺总收视量占到了所有节目收视量的11.5%。①（见图1）同上一年相比，中央级频道占据的综艺收视份额有所回落，而省级上星频道和省级非上星频道综艺节目的收视份额较2013年有所提升(数据截至2014年9月)。②（见图2）从各级频道不同节目类型的收播分布上看，中央台频道和省卫视频道在综艺节目的收视分布相对集中。其中，中央台频道的综艺节目贡献了12.6%的收视比重，排在电视剧和电视新闻以后；省卫视频道的综艺节目则贡献了14.7%的收视比重，仅次于电视剧。③（见图3）

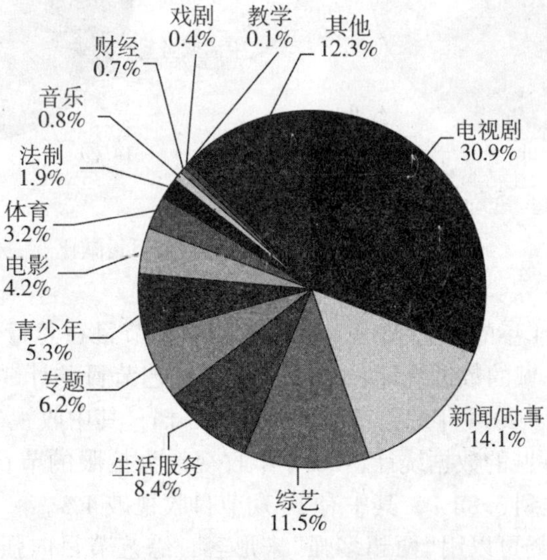

图1　2014年各类节目收视比重(所有调查城市)

① 数据来源：CSM媒介研究. CSM大数据解密年度电视收视市场[EB/OL]. http://www.wtoutiao.com/a/1514683.html.(图表根据数据来源绘制)

② 数据来源：CSM媒介研究. CSM大数据解密年度电视收视市场[EB/OL]. http://www.wtoutiao.com/a/1514683.html.(图表根据数据来源绘制)

③ 数据来源：CSM媒介研究. CSM大数据解密年度电视收视市场[EB/OL]. http://www.wtoutiao.com/a/1514683.html.(图表根据数据来源绘制)

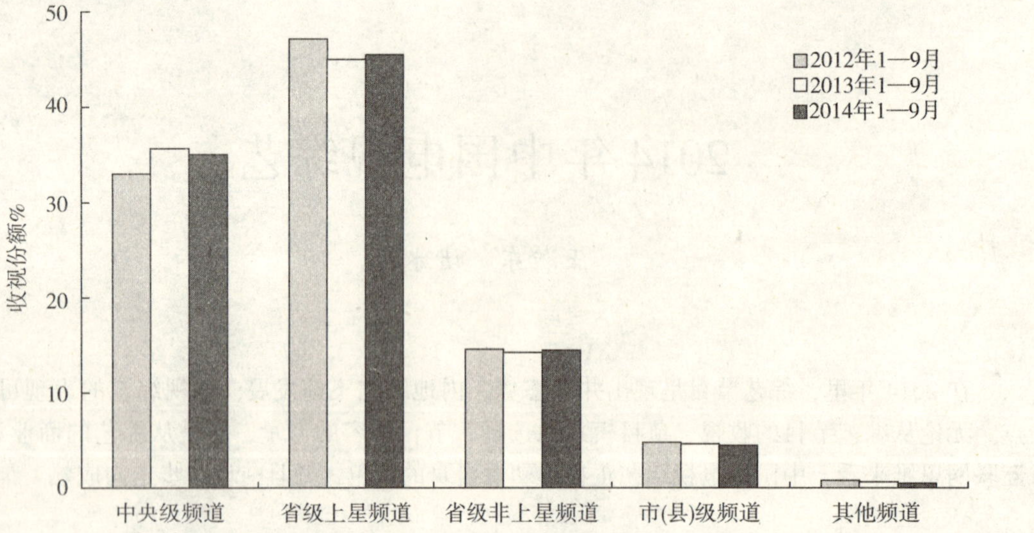

图 2　2012—2014 年各级频道综艺节目收视份额(历年所有调查城市)

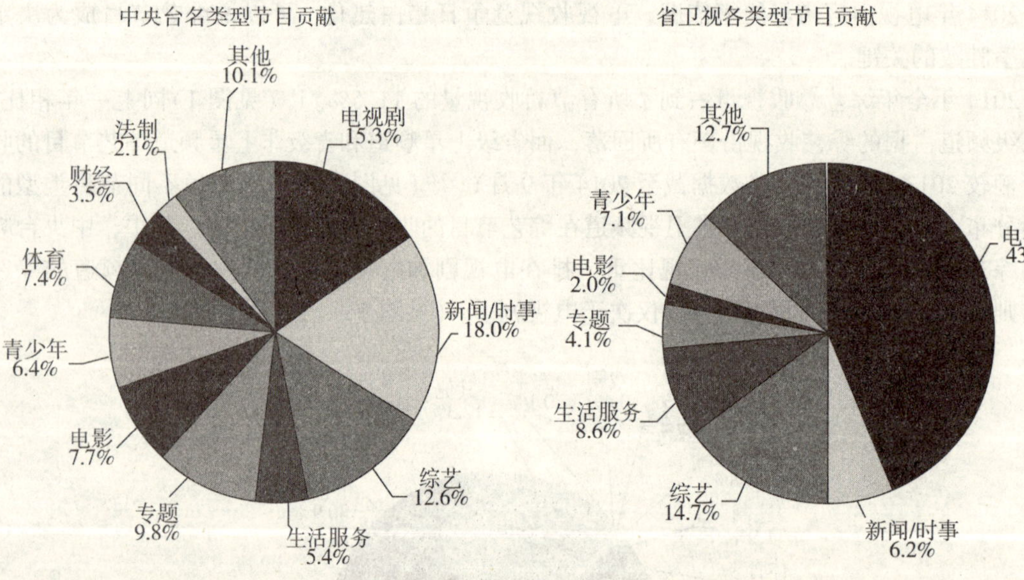

图 3　中央台与省卫视各类型节目贡献比

对比 2013 年和 2014 年的综艺表现，近两年的综艺节目在总量上基本持平，2014 年的收视略升。根据 CSM35 城的数据统计，2013 年全国综艺节目共计 316 档，其中收视破 1 的节目 31 档，占到 9.8%；2014 年综艺节目有共计 303 档，其中收视破 1 的节目有 36 档，占到 11.9%。根据 CSM50 城的数据统计，2014 年收视最为抢眼的节目当属浙江卫视的《中国好声音 3》，平均收视达到 3.88%，其中有 10 期节目收视破 4%。

过去一年的综艺格局可以用“两超多强”来形容，综艺节目向强势频道集中。湖南卫视与浙江卫视占据了综艺排行榜前列，天津卫视、东方卫视、北京卫视、深圳卫视、江苏卫视等多家地方台携手崛起，上演了引人注目的综艺混战。在 CSM 50 城的收视数据统计中，2014 年综艺节目 Top20 中，湖南卫视与浙江卫视各占据 6 席，上海东方卫视在 10~20 名中则有 5 个节目入选。①（见表 1）

① 数据来源：CSM 媒介研究（50 城）. 2014 年内地综艺回顾[EB/OL]. http://news.mtime.com/2014/12/29/1535781-4.html#content.（图表根据数据来源绘制）

表1 **2014年综艺节目Top20列表**

排名	节目	频道	星期	收视率（%）	市场份额（%）	播出周期
1	中国好声音	浙江卫视	周五	4.191	13.01	季播
2	爸爸去哪儿第二季	湖南卫视	周五	3.310	14.44	季播
3	奔跑吧兄弟	浙江卫视	周五	2.353	7.62	季播
4	非诚勿扰	江苏卫视	周六、日	2.330	7.42	周播
5	我是歌手	湖南卫视	周五	2.313	6.14	季播
6	快乐大本营	湖南卫视	周六	2.067	5.64	周播
7	花儿与少年	湖南卫视	周五	1.809	8.30	季播
8	最强大脑	江苏卫视	周五	1.705	7.19	季播
9	中国喜剧星	浙江卫视	周五	1.528	4.38	季播
10	笑傲江湖	上海东方卫视	周日	1.403	4.42	季播
11	天天向上	湖南卫视	周五	1.379	4.26	周播
12	中国梦想秀二季度	浙江卫视	周五	1.353	4.21	季播
13	女神的新衣	上海东方卫视	周六	1.313	4.10	季播
14	中国达人秀	上海东方卫视	周日	1.306	4.12	季播
15	妈妈咪呀 做女人就这样	上海东方卫视	周六	1.262	3.77	季播
16	中国好舞蹈	浙江卫视	周六	1.225	3.82	季播
17	中国梦之声	上海东方卫视	周日	1.190	3.86	季播
18	12道锋味	浙江卫视	周六	1.163	3.41	季播
19	一年级	湖南卫视	周五	1.906	5.12	季播
20	我是演说家	北京卫视	周六	1.702	3.32	季播

回首2014年的综艺节目，类型丰富，有声有色。这一年里，各大卫视纷纷酝酿并陆续推出了多档全新的综艺节目，其中户外真人秀成为综艺新聚焦，根据美兰德网络传播监测数据显示，2014年在播的户外真人秀栏目中，以《爸爸去哪儿》为代表的8档栏目网媒关注度达到万条，7档栏目微博提及量突破百万条，12档节目视频点击量达到亿次。①（见图4）而喜剧类综艺制作成本相对其他综艺类型较低，“物美价廉”，堪称收视黑马。音乐类综艺依旧大规模占领银屏，另外舞蹈类、益智类、脱口秀类等不同类型的综艺节目也有上佳表现。可以看出，各级电视媒体的综艺节目题材越来越多样化，内容愈发优质。多数节目不断突破既往寻求差异化细分，为聚焦观众做出努力。2014年综艺的广受欢迎还促使综艺编排形式的创新。可以说，强势频道开始采取“一周七天，天天无歇”的综艺节目编播形式，全面加强对观众消费时长的抢夺。例如湖南卫视取消了“第一周播剧场”，启用主题日编排，每天以一个主题日命名。如周一真人秀日，播出《变形记》《花样爷爷》《成长记》《萌宠成长记》《为爱而战》《因爱而生》等节目；周二比拼日；周三约会日；周四创意日；周五活动日，播出重点产品《我是歌手2》《爸爸去哪儿》《实习生》《年度选秀》，以及《天天向上》；周六是青春日；周日则是喜剧日。

---

① 数据来源：美兰德中国电视网络传播监测与研究（监测时间：2013年12月30日—2014年12月28日）[EB/OL]. http://hn.people.com.cn/n/2015/0202/c356343-23764689.html.（图表根据数据来源绘制）

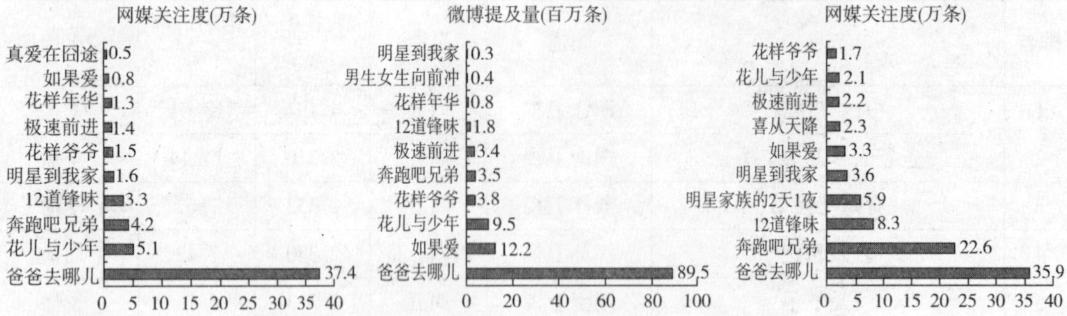

图4　2014年户外真人秀节目关注度比较

2014年以前，某一档综艺的热播可能引发同类型节目制播的井喷，例如相亲类综艺《非诚勿扰》、亲子类综艺《爸爸去哪儿》、歌唱类选秀《中国好声音》等。在2014年，某一内容类型独大的局面已经很难见到。这一方面由于如今的综艺节目覆盖得愈加广泛，类型愈加完备；另一方面则是因为电视综艺节目更加注重创新，避免盲从，在时机选择、类型推进、主体限定和制作模式上均有新的突破，开始朝着理性而自主的方向发展。不过，热门节目类型仍然是受追捧的对象。2014年户外类节目共有32档，音乐类综艺32档，喜剧类和益智类综艺各有11档，亲子类节目9档。

同样在这一年，各家电视台开始主推部分综艺节目，力求风格化、差异化。扎堆跟风、同质化现象严重是一个我国电视综艺节目发展过程中的突出问题。2013年7月，国家新闻出版广电总局专门对此出台了总量控制、分散播出的调控措施，使同质化现象得到了有效的改观。2014年各大电视台继续在差异化路线上发力，力图打造“现象级”精品综艺，形成特有标签，最大程度地攫取注意力。虽然近来“现象级”的概念被频频提出，但是要形成制作精良、可看性强的精品综艺需要具备相应的标准。湖南广播电视台台长吕焕斌认为“现象级节目”有两个衡量尺度：一是收视率、影响力——在各个频道的收视率、点击量，在社交媒体中的数字反馈，以及对大规模人群的影响，包括它们的关注度、相关理论文章等；二是对行业创新起引领作用，有行业标杆意义。如今，业内公认的“现象级”节目有如下几档：2005年的《超级女声》、2007年的《中国达人秀》、2010年的《非诚勿扰》、2012年的《中国好声音》和2013年的《爸爸去哪儿》。2014年，除了常规综艺节目和季播节目的影响力继续深入人心外，新节目的势头也十分强劲。浙江卫视重金打造明星真人秀节目《奔跑吧兄弟》，该节目首播收视率为1.12%，之后关注度不断上升，第三期收视率破2%，最终平均收视率为2.15%，成为年度综艺收视第5；央视推出的《出彩中国人》最终以2.06%的平均收视率名列收视排行第6位；江苏卫视推出科学达人秀《最强大脑》，根据CSM48城数据统计，首播收视率达到1.42%，最终以2.74%收官，平均收视率1.93%，名列年度第8；湖南卫视播出了一档明星旅行真人秀《花儿与少年》，最终获得了1.81%的平均收视率，成为2014年综艺收视第9名。①（见表2）

表2　**2014年综艺节目平均收视率排行**

排名	综艺节目	播出平台	平均收视率(%)
1	《中国好声音3》	浙江卫视	3.88

① 数据来源：CSM媒介研究(50城)．腾讯大数据解析中国电视业[EB/OL]．http：//www.360doc.com/content/15/0114/23/2209670_440823433.shtml．(图表根据数据来源绘制)

续表

排名	综艺节目	播出平台	平均收视率(%)
2	《爸爸去哪儿2》	湖南卫视	3.31
3	《非诚勿扰》	江苏卫视	2.61
4	《我是歌手2》	湖南卫视	2.30
5	《奔跑吧兄弟》	浙江卫视	2.15
6	《出彩中国人》	CCTV-1	2.06
7	《快乐大本营》	湖南卫视	2.04
8	《最强大脑》	江苏卫视	1.93
9	《花儿与少年》	湖南卫视	1.81
10	《天天向上》	湖南卫视	1.38

二、强化自主选择意识，引进原创输出模式各领风骚

在2014年里我们注意到，强势综艺节目几乎无一例外地与引进模式挂钩。全年季播综艺节目共98个，其中引进版权25个，进口节目占26%。中国广电行业的综艺节目制作已经全面开启了引进模式。除了一线卫视之外，央视以及二三线卫视也在引进模式思维下对综艺领域进行谋篇布局。比如，央视三套的《黄金100秒》版权来自英国；厦门卫视推出的《鸡蛋碰石头》模式版权引进自荷兰Endemol公司的*The Kids Are All Right*；天津卫视的《天下无双》是一类明星互动模仿秀节目，引进的是英国*Copycat Singers*模式；北京卫视的《最美和声》是引进美国电视歌唱竞技类季播节目*Duets*模式；湖北卫视的励志真人秀《我的中国星》则是以*Superstar K*为原型；江西卫视新节目《健康我做主》引进自美国《奥兹医生秀》等。2014年综艺节目模式的引进重点则由欧美转向韩国，《爸爸我们要去哪儿》和《两天一夜》已分别亮相湖南卫视和四川卫视，另一档节目*Running Man*版权最终确认由浙江卫视获得。加上此前已进入国内的《妈妈咪呀》《不朽的名曲》等，韩国三大电视台的综艺节目已经全部进入我国国内市场。值得注意的是，在全年25个引进的季播综艺节目中，节目来源是韩国的有12部，几乎占到总数的一半。更加开放的模式设定、资金方面的考量、明星路线、市场需求，甚至是文化粘合度都是国内综艺偏好购买韩国模式的因素。显然，引进模式有其巨大的价值，也是我国电视综艺节目发展的必经阶段。但是，对待一档引进综艺节目，“适当的题材，本土化改造以及有效的市场运营缺一不可”①。

与引进模式相对应，纵观2014年各频道原创节目的比重，也呈现出明显上升趋势。2014年初，业界称之为“加强版限娱令”的文件正式生效，规定每家卫视每年新引进的国外版权模式节目不得超过1档，全国卫视选秀类节目不超过4档。可以看出，随着电视行业的宏观调控进一步加强，相关政策延续着对于综艺市场的掌控，因而综艺节目播出比重相对保持平稳。与此同时，政策的刺激促使着频道对于综艺节目进行内容升级，不断提高资源的利用效率，催生优秀的、原创的综艺节目的生产。根据数据显示，2014年各级频道电视节目创新集中于综艺、生活服务和专题三大领域，其中综艺节目在常态和非常态新节目中的数量

---

① 美兰德：户外真人秀如何“一枝独秀”[EB/OL]. http://hn.people.com.cn/n/2015/0202/c356343-23764689.html.

占比分别达到三成和四成左右，是电视节目创新的最热点类型。①（见图5）随着省级卫视的强势崛起，央视地位不断受到挑战。面对急速变化的环境，央视选择“开放办台”的理念，相继推出一系列制播分离的原创节目，积极谋求变革。例如，央视先后与灿星制作、光线传媒、天娱传媒、唯众传媒等民营制作公司合作，推出《中国好歌曲》《嗨！2014》《梦想星搭档》《中国正在听》等综艺节目。上述措施使得央视综艺的内容版面更加丰富有趣，也使央视在开放中保持内容和份额的优势，而这也会影响中国电视总体的综艺格局。另外，各大卫视也纷纷设置了专门部门鼓励原创。例如：上海广播电视台成立了创新创优小组，建立了从总台到卫视频道的三级节目研发体系，设置了上亿元的原创节目研发推广资金；湖南卫视、江苏卫视也已经形成每年两次向全台征集节目研发方案的常态机制。

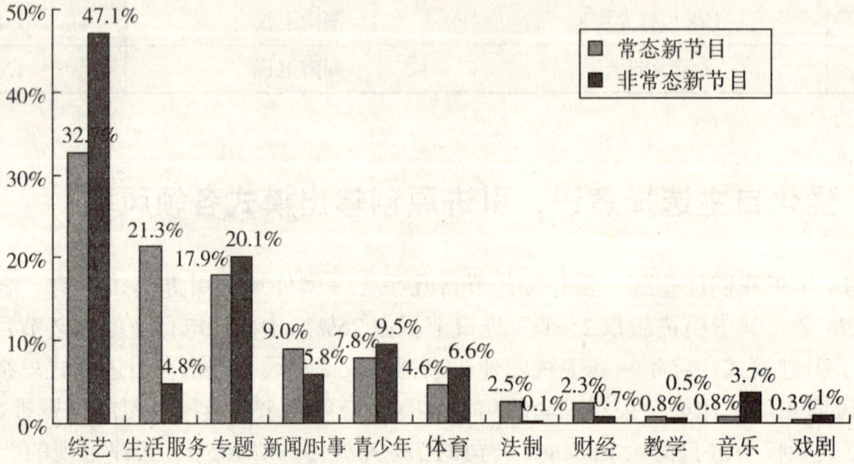

图5　2014年新节目主要类型分布比例(%)(71城市)

政策调控在短期内看似带来了一定的不确定性，但从总体上讲，对各电视台的发展也带来了繁荣发展的空间和可能性。先“引进”学习别人的优秀模式，继而回归到研发自己的“原创”模式是综艺领域的理想发展轨迹。因为从长远看，一味引进国外版权模式又容易造成节目的雷同，导致我国的电视综艺节目创新乏力，很难打造属于自己的节目特色。中国广播电视电影报刊协会研究中心副主任杜泽壮则有另一番担忧：“加强版‘限娱令’可能会倒逼一些有实力的制作公司或电视台积极探索新的原创模式，但在目前的情况下，也有可能导致很多原创匮乏的电视台只能将山寨进行到底。”②杜泽壮的观点反映了当下我国综艺节目生产的困境，单纯引进并不恰当，欲打造原创则是“心有余而力不足”。可喜的是，2014年各家电视台在单纯引进和原创之间更加积极地寻求着平衡，试图找到另外一条更合适当前综艺发展的路径。

过去的一年，大量节目在版权合作方式上有了新变化，并非单纯购买版权，而是与国外版权方联合研发或联合制作。上述联合是基于国外已成型的节目模式，并非让国内团队从零开始。乐正传媒研发与咨询总监彭侃认为，所谓“联合制作”，并非指双方从零开始研发一个节目，而是以成熟的原版节目为基础，在支付版权费用的前提之下，原版制作团队派出制片人、编导团队、技术团队中的核心成员，加入中方团队的节目开发和制作之中，提供指导意见，跟踪或参与拍摄过程，共同讨论如何本土化的问题。从解释可以看出，双方的共同合

① 数据来源：CSM媒介研究（71城）. CSM大数据解密年度电视收视市场[EB/OL]. http://www.wtoutiao.com/a/1514683.html.（图表根据数据来源绘制）

② 段菁菁. 中国综艺节目即将打响“原创模式”持久战[EB/OL]. [2013-12-12]. http://news.xinhuanet.com/2013-12/22/c_118657240.htm.

作既有对政策的考量，也有基于双方利益的考量。彭侃还给出一组数据：2014 年，国内各大电视台及视频网站已播出和将要播出的节目之中，与国外版权合作的节目共计 63 档，在全国的综艺节目中占比达 90%，其中 32 档为 2014 年新引进的节目，31 档为延续播出的模式节目。①

"联合制作"涉及中国电视综艺的转型，综艺格局也随之发生变化。对于国内电视台而言，"联合制作"模式出发点在于应对广电总局"限模令"政策，规避自身在原创方面的弱势，同时也可以实现"变相引进更多综艺节目"的愿望。自此，单纯引进、原创和联合制作三种形式均有了实践和尝试，有利于电视综艺的理性、良性发展。"联合制作"的优势较为明显。首先，国内电视综艺并没有形成一个成熟、稳定的体系，部分综艺类型尤其是对户外真人秀缺乏经验，节目风险性大。对于制作力量较弱的电视台来说，找到比较好的团队来承制，是节目质量的保证。其次，对于中国电视制作团队而言，"联合制作"是偷师学艺的好机会。原版制作团队的参与、指导有利于国内制作方更快地吃透"洋模式"，为我所用。另外，相比于出售版权只能获得短期利益，联合制作可以让合作双方共享巨额收益。因而，很多国外业内人士看好国内市场，十分乐意将观众认可的、制作精良的综艺节目带入中国市场，使人们对国内的综艺节目品质有所期待。

深圳卫视 2014 年推出的《极速前进》是联合制作很好的范例，它一档明星环球竞速节目，原型是美国经典真人秀节目 *The Amazing Race*，最终由深圳卫视和英菲尼迪双方联合制作。同时，合作双方考虑到节目的可看性也顾及中国本土的收视心理，将原版中平民参赛者替换成了全明星阵容，收视可喜。而贵州卫视一档户外相亲真人秀节目《完美邂逅》，海外团队介入得更加深入。该节目由贵州卫视与韩国 CJ 娱乐公司联合制作，引进 *Romantic Idol* 的节目模式，创意和执行主要由韩国团队完成，中国团队负责演员选择，参与编剧创意、现场把控，完成本土化改造。

另外，值得一提的是，2014 年年初，英国国际传媒集团 ITV 旗下发行部门宣布，将从中国的灿星制作订购模式节目《中国好歌曲》，并负责其国际发行权和英国播出权。ITV 称此为"里程碑式的交易"，《中国好歌曲》成为中国首档输出海外的原创才艺模式节目。2014 年 8 月，江苏卫视与国际知名节目模式公司以色列阿莫扎公司签署海外模式发行合约，《全能星战》成为中国首个模式输出的音乐节目。2014 年 9 月举行的戛纳电视节上，阿莫扎公司将向全球推介这档节目。有业内人士概括道：我国的综艺节目"从'山寨'，到引进版权，走入了输出模式的 3.0 时代"。不论是引进、原创、联合制作还是主动地输出，我们可以发现，国内综艺努力迎合着观众的需求，有了自主选择的意识和被选择的能力，综艺前景更加乐观明朗。

三、遵循注意力经济法则，开拓商业运作新思维

2014 年的综艺在资本游戏中扮演愈加积极的角色。对于电视媒体而言，一直遵循着注意力经济的法则，综艺领域更是如此。如何让电视节目所吸纳的注意力持续不断地转化为经济效益成为 2014 年全年各大电视台的聚焦点所在。

2014 年的综艺节目市场出现了多起值得关注的资本事件。首先，从综艺节目的冠名来看，冠名费用整体有明显的增长，并成为电视广告领域重要营销模式之一。现象级的综艺栏目更是可以拉动综艺节目整体的广告收入。这是因为一方面，电视广告市场竞争日趋激烈；另一方面互联网的普及使得电视观众持续流失，广告收视率降低，而大型综艺节目则能超出

① 我们为何热衷引入外国电视模式[EB/OL]. http://epaper.jwb.com.cn/jwb/html/2014-12/21/content_1195302.htm.

栏目意义本身，达到塑造品牌、提高品牌影响力的效果。正因如此，2014 年综艺节目冠名竞争十分激烈，全国冠名费前十名的综艺节目冠名收入总计超过 16 亿元。相比 2013 年，2014 年的总冠名费破 2 亿的节目增加一档达到了四档，而其中常规节目只占一席。年度排行前五的分别是《爸爸去哪儿 2》3. 12 亿元，《中国好声音 3》2. 5 亿元，《非诚勿扰》2. 4 亿元，《我是歌手 2》2. 35 亿元和《快乐大本营》1. 93 亿元。①（见表 3）可以发现，越来越多的品牌倾向选择整合预算，集中投放。资金的集中也使得“现象级”综艺节目的冠名权成为稀缺资源，继而使得冠名费用屡创新高，例如《爸爸去哪儿》第二季的冠名费较第一季增长了 11 倍。

表 3　**2014 年综艺节目冠名费排行**

综艺节目	播出平台	冠名费
《爸爸去哪儿 2》	湖南卫视	3. 12 亿元
《中国好声音 3》	浙江卫视	2. 5 亿元
《非诚勿扰》	江苏卫视	2. 4 亿元
《我是歌手 2》	湖南卫视	2. 35 亿元
《快乐大本营》	湖南卫视	1. 93 亿元
《天天向上》	湖南卫视	1. 58 亿元
《梦想星搭档》	CCTV-1	1. 35 亿元
《我要上春晚》	CCTV-3	1. 31 亿元
《中国梦之声 2》	东方卫视	1. 12 亿元

其次，综艺节目还在摸索其他全新的商业运作模式，例如举办巡回演唱会、拍摄与节目相关的“大电影”。开发手机游戏也成为综艺在节目外寻找盈利空间的手段之一。湖南卫视借着《爸爸去哪儿》的热播，于 2014 年年初推出同名手机游戏；深圳卫视推出的季播栏目《极速前进》也推出同名手机游戏；东方卫视在《花样爷爷》播出后，联手阿里推出同名手游；江苏卫视也以节目《最强大脑》试水制作同名手游。这些由电视母体孕育的手游媒体，与其他手游不同，它具备了规模化的用户覆盖能力、精细化的用户导入能力以及强大的品牌影响力。广电进军手游市场，意欲将原来电视台做节目的优势转移到移动互联网上做产品，将互联网人群与电视受众进行有效捆绑，探索多元盈利模式。上述综艺节目之外的商业运作尚处于起步阶段，综艺下游产业链的拓展需要考量运作能力、与节目内容契合度等诸多因素。

电视台新的合作模式和一系列成功案例，使综艺节目的投资成为热门领域。与电视剧相比，综艺节目的投资回报更有想象空间。在广告分成的模式下，综艺节目的收入并非固定，而是可以随着收视率的增长而水涨船高。与电视剧、电影相比，综艺节目的投资取得回报时间较短，通常从筹备一档综艺节目到完成播出只有半年甚至更短时间。这些优势使得更多的投资目光投向电视综艺，更多资本参与到综艺节目的制作中。资本的介入正在改变综艺节目制作领域的市场格局。第一，在资本的支撑下，制作公司更有底气与电视台展开“对赌式”的合作。第二，资本也能帮助制作公司扩大业务规模，不再局限于节目制作，也能进入到其他相关领域，如广告运作、娱乐营销、节目衍生产业的开发，形成全产业链的运作格局。②

① 数据来源：CSM 媒介研究（50 城）. 2014 年内地综艺回顾［EB/OL］. http：//news. mtime. com/2014/12/29/1535781-4. html#content.（图表根据数据来源绘制）

② 彭侃. 综艺节目制作公司迎来黄金机遇期［J］. 视听界，2014(12).

四、制播分离催生多元合作，互联网思维备受瞩目

如果说2012年“制播合一”受挑战，2013年“制播分离”为综艺节目发展带来新生机，2014年则是民营综艺节目制作公司与各大卫视及视频网站展开合作的一年。内容制作公司、传统媒体平台、网络视频及新媒体平台三者互动，催生了一种“三位一体”的合作模式。“三位一体”合作形式直接受益于制播分离，制作公司除了可以获得与卫视频道合作的收益外，也可以授权视频网站播出从而获得收益。

首先，综艺节目制作公司与电视台的合作越来越多元。这种多元化不仅体现在内容创新上，也体现在制播模式和联合推广上。目前，我国的制播模式主要包括三种：电视台自制模式、全国发行模式和制播合作模式。国内各大电视台的综艺节目传统多采用电视台自制模式，如老牌的《快乐大本营》《天天向上》。全国发行模式和制播合作模式目前在国内仍较少采用，但发展迅速。前者最典型的案例是灿星制作的《中国好声音》在浙江卫视和搜狐视频、腾讯视频等卫视和网络平台播出并联合推广；而红森林参与《爸爸去哪儿》《百变大咖秀》的后期制作和外拍环节则是制播平台合作模式。

其次，综艺节目制作公司与视频网站的合作也愈发频繁和深入，制作公司播放授权收入逐渐增加。以《中国好声音》为例，根据公开信息，第一季播出的时候制作公司与视频网站的合作只是初步且浅尝辄止的，第二季时则尝试独家授权搜狐播出，并获得了1亿元的授权费。第三季则与腾讯合作，独家授权费最高达到2.5亿元，同时充分利用腾讯旗下的网络资源拉长了宣传周期，实现了深入合作。除了《中国好声音》与腾讯，爱奇艺也以2亿元的高价获得了《爸爸去哪儿》《康熙来了》《快乐大本营》等五档综艺节目2014年的独家播放权，PPTV则以超过2亿元的价格获得了《非诚勿扰》等江苏卫视旗下所有综艺节目的独播权，各大视频网站开始不遗余力地争夺综艺节目资源。作为视频网站，向制作公司(或电视台)购买综艺节目可以借鉴电视平台的相关经验，利用获得的综艺节目网络独播权增加网站收入。以《爸爸去哪儿》第二季为例，网络独播方爱奇艺通过出售网络节目播放冠名权获得了6600万元的收益，还与舒肤佳、蒙牛、欧莱雅等20多家厂商达成了多种形式的广告投放协议，为爱奇艺带来了丰厚的回报。另外，视频网站也逐渐参与到节目的上游制作。综艺内容和平台合作逐渐深化，比如视频网站从节目的宣传阶段便开始影响其定位和走向。

可以预见的是，随着节目形态越来越趋于成熟，内容制作公司与播出平台之间的合作将会愈来愈深入，二者的合作也将更加密切和多样。未来，内容制作公司、传统媒体平台、网络视频及新媒体平台三者“三位一体”的合作也许将更加前置化。①

此外，《爸爸去哪儿2》《女神的新衣》等多档综艺节目已经开始尝试突破“注意力经济”，从吸引收视率、销售广告获利为主，慢慢转向与电商合作的“T2O”(TV to Online)路径：在电商平台开通官方店，同步出售节目中相关或专属定制产品，探索电视节目电商化路径。可以说，T2O模式是互联网思维与传统电视媒介互动的产物，而综艺领域恰好成为了一块良好的试验田。例如东方卫视的综艺节目《女神的新衣》，它是一档明星跨界时装制作节目，联手知名国际品牌进行现场竞拍签约，而每期节目现场被买家竞拍买走的“新衣”当时便会在天猫上线销售，真正实现“看到即买到”。这延伸了节目产生价值的链条。实际上，T2O模式是从电商的O2O(Online to Offline)概念细分出来的，这一模式将传统媒体、电商平台、产业实体三者串联成一个闭合的系统。以前的电视综艺只是一种观赏方式，现在可以跟消费行为发生关联。在节目内容上用互联网思维彻底改造节目，深度挖掘节目中的内容价值，注重

① 艺恩咨询. 综艺节目制播的“三位一体”合作模式初现雏形[EB/OL]. [2014-05-30]. http://www.entgroup.cn/Views/20625.shtml.

视觉表现，直击消费的购买心理。目前，中央电视台、东方卫视、旅游卫视已在高调实践T2O模式，湖南卫视、天津卫视、贵州卫视等其他省级卫视以及部分强势地面频道也在尝试进行T2O模式的开发。电商平台如淘宝、贝备网等也积极介入和布局。通过这种模式，可以实现电视台和电商的双赢，但目前由于该模式还处于初期探索阶段，最终的比例分成并不理想，例如东方卫视就“暂不参与后端分成”。因此，T2O模式虽已开启，但仍需进一步探索节目内容与商业价值的平衡。

五、综艺现状引发的思考及展望

我们注意到，上一年明星们纷纷选择加入综艺阵营，扮演了多数综艺节目的核心角色。毋庸置疑的是，一方面，明星们能够由此获得可观的综艺酬劳，开启事业的新纪元；另一方面，伴随曝光度的增加，明星们也更频繁地成为被议论的对象。他们得到的评价可能褒贬不一，其自身的媒介形象不断被刷新，同时也产生了不同的明星效应。另外，明星酬劳的攀升也增加了综艺节目的制作成本。如何合理地让明星参与分成？如何在保证节目收视的同时，提升节目质量与品位？以上问题也亟待更好的解答。

在某种程度上，电视综艺进入了模式制胜的时代。2014年是中国电视综艺“引进模式”的高峰年，各大电视台视将引进的模式当作收视竞争的重要“砝码”，带动中国综艺节目迅速与国际接轨。2014年也是中国电视综艺格外注重原创的一年，“新推出的电视综艺节目加大了在类型、模式以及价值引领和传播策略等方面的创新创优力度，呈现出可喜的新气象”①。在国家“加强版限娱令”政策调控的大背景下，这一年的电视综艺发展不断在各方利益之间周旋、博弈，试图巧妙地规避政策压制、打造出风格化的综艺名片，而这种尝试也收效明显。

回顾2014年一整年，首先，“现象级”的优质综艺节目的关注度可谓空前绝后，观众获得独特的收视体验；其次，综艺节目已经成为目前中国广电内容市场上创新性最强也最集中的内容类型，各式各样的综艺节目层出不穷，行业参与者们对此充满信心与期待；最后，综艺节目能够带来极高的投资回报率，节目本身与冠名费、广告费、节目衍生产品间的资本游戏也愈发精彩。值得关注的是，制作精良、高投入的综艺产品的走俏，似乎为一般综艺节目的未来发展带来了曙光。尤其热门的真人秀类节目带动了电视收视率的攀升，让传统电视行业看到了新的机遇。总体上说，2014年的电视综艺令人印象深刻。

【作者简介】

王瀚东，武汉大学新闻与传播学院教授、博士生导师，武汉大学媒体发展研究中心副主任，中国新闻教育学会广播电视研究会副会长。

诸冰羽，武汉大学新闻与传播学院2014级硕士研究生。

---

① 文卫华. 2014电视综艺节目主打原创[N]. 光明日报，2014-05-26.

重塑媒介生态　构建媒体平台①

——2013年中国媒介经济事件述评

吕尚彬　权　玺

2013年，对于中国传媒行业而言，是其发展过程中的一个重要拐点：传媒产业总产值规模达8902.4亿元，同比增长16.2%。② 整体网络广告市场规模为1100亿元，同比增长46.1%，达到新的量级。③

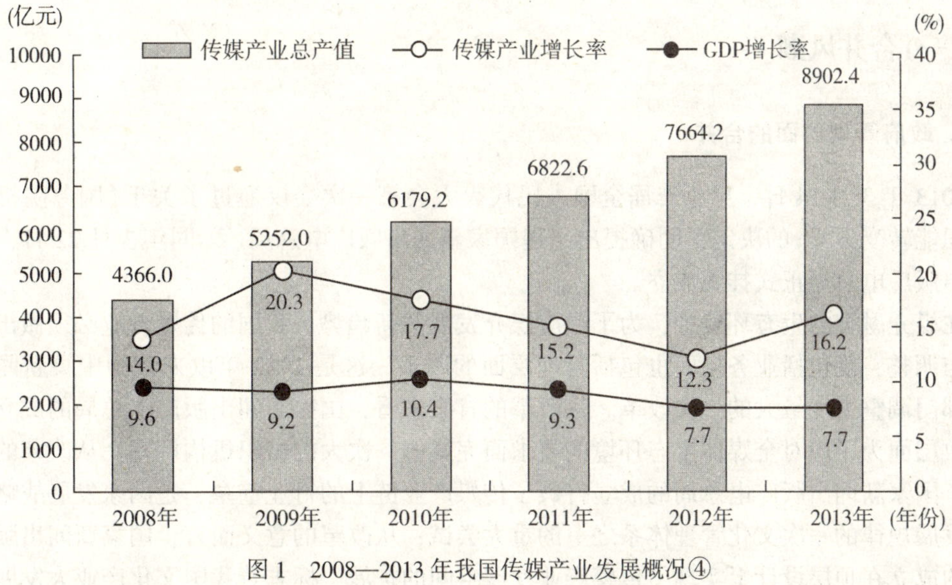

图1　2008—2013年我国传媒产业发展概况④

这一年里，占据技术优势的新媒体在规模和实力极力扩张的同时，不断创造着传媒产业新热点。而传统媒体经过前期的积蓄酝酿，在政策利导、市场推动和自身需求等因素的共同作用下，也迈出了大转折和大调整的步伐。

面对新的媒介环境，脱胎于此的新媒体无疑要更得天独厚一些。无论是以BAT为首的互联网巨头，还是小米、360等第二梯队的跟进者，抑或是各个垂直领域的创新者，均取得了令人瞩目的市场业绩。反观传统媒体，在经历了排斥抵制、观望逃避、转型突围等一系列困境之后，开始主动试水新媒体经营，以融合的姿态拥抱全新的媒介生存法则。

因此，2013年媒介经济领域最突出的特征就是平台生态圈的打造。"平台"是指在平等的基础上，由多主体共建的、资源共享、能够实现共赢的、开放的一种商业生态系统。平台

① 本文属于国家社科基金课题"'三网融合'背景下中国报业组织结构转型研究"（项目编号：10BXW013）中期成果之一。

② 清华大学新闻与传播学院. 中国传媒产业发展报告(2014)[R]. 2014.

③ 艾瑞咨询集团. 2014年中国网络广告行业年度监测报告[R]. 2014.

④ 清华大学新闻与传播学院. 中国传媒产业发展报告[R]. 2014.

模式的精髓，在于打造一个多主体共赢互利的生态圈。① 在多样化的传播格局之下，新媒体企业在既有的平台上动态调整价值痛点，以衍生服务的方式拓展平台，实现了平台生态圈的战略性迭代升级。传统媒体则摈弃了层级式的管理方式，积极吸纳共建、共享、共赢、开放、平等的平台思维，努力消除新旧媒体之间的体制壁垒和机制隔阂，完成了从业务平台到平台生态圈的跨越式发展。

一、2013 年中国媒介经济大事记

《赫芬顿邮报》在对 2013 年全球媒体行业进行回顾时说，2013 年对于媒体而言是"疯狂且重要"的一年，这一年国际传媒业历经易主、拆分、解散等众多变故，其发展进路跌宕起伏、波折不断。对照国内的传媒业，2013 年同样是一个大转折的时期：传媒行业合并、收购、上市动作不断；技术驱动所产生的新鲜事物和营销理念由概念化逐渐走向商业化；4G 牌照的正式发放也给移动互联网的发力带来了必要的技术支撑和政策保障。可以说，上自行政管理层、下至业务实践层，无一不为构建新的媒介平台生态圈而进行大变革。

(一) 合并风潮

1. 政府管理层面的合并

2013 年 3 月 14 日，第十二届全国人民代表大会第一次会议通过了关于《国务院机构改革和职能转变方案》的决定，明确提出组建国家新闻出版广电总局。② 同年 3 月 22 日，国家新闻出版广电总局正式挂牌成立。

在媒介融合的生态环境中，为了顺应媒介发展的新趋势，我国的传媒行业必须做出整体转型与调整，既包括业务层面也包括管理层面的改革。这是 1982 年以来我国中央新闻传媒管理部门调整力度最大的一次改革。从改革的背景来看，国家新闻出版广电总局的成立是政府行政层面为了应对全媒体生态环境的要求而完成的一次大的组织机构调整；从改革的性质来说，国家新闻出版广电总局的成立打破了传媒产业链上的行业壁垒，是国家发展战略顺应传媒发展规律的一次文化管理体系之上的重大尝试；从改革的意义而言，国家新闻出版广电总局的成立在顶层设计上实现了传媒产业发展空间的扩展，标志着我国文化产业大发展、大融合、大繁荣的时代即将到来。

2. 媒体集团层面的合并

传媒产业是典型的规模经济与范围经济产业，所以媒体集团做大的冲动非常明显，而合并重组是做大做强的一个经常运用的经营手段。③ 在市场驱动力和行政推动力的共同作用下，我国传媒业重组的类型既包括在规模经济指向下的新媒体或传统媒体自身的并购重组，也包括受范围经济影响的新媒体与传统媒体之间的并购重组。

尽管从媒介集团发展实践来看，不同介质的媒体集团在管理体制、运行机制、文化基因等重组方面困难重重，但 2013 年来自传统媒体和新媒体之间的合并开始占据主流。未来，在新的媒介生态下，跨媒体、全媒体、立体化的平台式重组将成为新的亮点。

---

① 赵大伟. 互联网思维独孤九剑[M]. 北京：机械工业出版社，2014：186-192.

② 新华网. 国务院机构改革和职能转变方案[EB/OL]. [2013-03-14]. http：//news. xinhuanet. com/2013lh/2013-03/14/c_115030825_2. htm.

③ 张向东. 中国传媒产业合并重组策略研究——兼谈上海报业集团成立的启示[J]. 新闻记者，2013 (12)：13-16.

(1)浙报传媒集团斥资近32亿元收购上海浩方和杭州边锋游戏平台，布局"新闻+娱乐+社区化"全媒体平台。2013年1月，浙报传媒集团斥资近32亿元人民币完成对杭州边锋和上海浩方100%股权收购。①

据《浙报传媒集团股份有限公司2013年年度报告》，浙报集团自2011年起全面部署"全媒体、全国化"战略，提出：努力构建互联网枢纽型媒体应用平台，与兄弟媒体集团共同探索基于媒体应用平台的跨地区合作、分享模式，完成传媒集团的全面互联网化转型；对外投资和内部建设并举，加快构建新闻传媒、互动娱乐、影视和文化产业投资"3+1平台"大传媒格局。

(2)粤传媒收购上海香榭丽，耗资4.5亿元构建"广州日报+系列报刊+新媒体集群"的立体化发展体系。10月27日，粤传媒发布公告称：粤传媒及其全资子公司广州日报新媒体有限公司拟以现金和发行股份相结合的方式，以合计4.5亿元的价格收购上海香榭丽广告传媒股份有限公司。

2013年，作为中国报业上市第一股的粤传媒确定了"三化一大"的发展策略，明确了产业化、平台化、移动化以及大数据这四个发展方向。通过跨界合作和资源整合，粤传媒所拟构建的"广州日报+系列报刊+新媒体集群"这一立体化发展体系已基本成形，并日益发挥其媒介平台生态圈的辐射优势。

(3)上海文新报业与解放报业合并，组建上海报业。10月28日，经中共上海市委批准，由解放日报报业集团和文汇新民联合报业集团整合重组的上海报业集团正式成立。

作为新一轮传媒集团化的启动之举，本次合并的特殊之处在于其背后的政媒关系占据了主导地位。在我国报业集团化18年探索历程行进至此之际，上海报业集团的合并重组，不仅是对上海报业市场格局的调整，更是我国报业集团化发展道路上又一次重要的尝试和大胆的创新，其背后的中国媒介集团化深层次改革的政策指向和示范意义不言而喻。

(4)华人文化产业投资基金入股财新传媒。12月19日，华人文化产业投资基金(CMC)与浙报传媒控股集团有限公司签署了股权转让协议，正式入股财新传媒，成为财新传媒第一大股东。

作为中国第一家专注媒体及泛文化产业的大型产业投资基金，CMC此次入股财新传媒，颠覆了传媒业对于规模和范围的单一追求，而将其未来发展的驱动力设定为传媒产业平台。

3. 部校共建

12月20日，中宣部、教育部联合发出《关于地方党委宣传部门与高等学校共建新闻学院的意见》，并在复旦大学新闻学院召开部校共建新闻学院现场会，由此拉开了地方党委宣传部与高等院校共建新闻学院的序幕。②

早在2001年，上海市委宣传部就与复旦大学签署了共建协议，成为这一新闻教育教学改革措施的先行者。从部校共建新闻学院的复旦经验来看，这一模式实际上是为我国的新闻事业搭建了一个优势互补、互利合作、开放共赢的人才培养平台。

(二)收购与上市

1. 收购

表1是2013年我国传媒市场交易金额较大、影响力较广的部分并购案例。可以看出：首先，上述收购活动是市场竞争主导下的自主行为，参与双方以互联网企业为主，且交易方式灵活多样。同时，尽管这些并购案多发生在同介质媒体之间，但作为发起方的是BAT等

---

① 浙报传媒集团股份有限公司2013年年度报告摘要[EB/OL].[2014-04-16].http://www.cninfo.com.cn/finalpage/2014-04-16/63847719.PDF.

② 下一盘新闻人才培养的好棋——部校共建新闻学院综述[N].人民日报，2014-9-16.

行业巨鳄，而被收购的一方则分布于行业各垂直领域，因此，究其本质，更应被视为传媒企业平台战略市场布局的前瞻性举措。

表 1　**2013 年我国传媒市场并购案例(部分)**

时间	并购事件概况
4 月 29 日	阿里巴巴集团以 5.86 亿美元购入新浪微博公司发行的优先股和普通股，占新浪微博公司全稀释摊薄后总股份的约 18%
5 月 7 日	百度宣布 3.7 亿美元收购 PPS 视频业务，并将其与百度已有视频业务爱奇艺进行合并
5 月 10 日	阿里巴巴以 2.94 亿美元购入高德 28%的股份，取得对高德的绝对控股权，成为其第一大股东
6 月 24 日	去哪儿网获得百度战略投资 3.06 亿美元，百度成为去哪儿网第一大机构股东，占股 60%
7 月 16 日	百度宣布将收购网龙旗下 91 无线网络有限公司全额股权，购买总价为 19 亿美元
9 月 16 日	腾讯向搜狗注资 4.48 亿美元，并且将搜搜除地图外的所有业务都并入搜狗
10 月 28 日	苏宁云商联合弘毅投资共同收购 PPTV 聚力，交易规模达 4.2 亿美元
12 月 18 日	蓝色光标全资子公司蓝标国际以债务融资方式收购全球化的社交媒体集团 WAVS0.75 万普通股及 1.62 万优先股

2. 上市

2013 年中国传媒经济市场仍延续了上一年度的上市热潮，来自广告业、出版业、文化产业、数字内容服务业等众多领域的媒介企业或积极开展 IPO，或发力谋求上市，无一不是希望通过金融资本运作开拓发展空间。

表 2　**2013 年国内文化传媒行业排队企业名单**

申报企业	所属行业	拟上市地	机构背景
中国科技出版传媒	出版业	上交所	—
新丽传媒	传播与文化产业	上交所	联新资本/光线传媒
中国电影	传播与文化产业	上交所	达晨创投
上海电影	传播与文化产业	上交所	—
知音传媒	传播与文化产业	上交所	—
江苏广电	传播与文化产业	上交所	—
易尚展示	传播与文化产业	深交所	晓扬科投
暴风科技	传播与文化产业	创业板	—
南方出版传媒	传播与文化业	上交所	—
唐德	电视电影制作与发行	创业板	—
万达电影	广播电影电视业	深交所	红杉中国
金逸影视	广播电影电视业	深交所	融海投资
幸福蓝海	广播电影电视业	创业板	江苏高投
引力传媒	广告业	深交所	—

续表

申报企业	所属行业	拟上市地	机构背景
华扬联众	广告业	深交所	东方富海/同创伟业
龙韵广告	广告业	深交所	领庆创投/台勇贸易
思美传媒	广告业	深交所	浙江中胜实业
中航文化	广告业、会议及展览服务行业	深交所	—
郁金香广告	商务服务业	上交所	—
凤凰都市传媒	商务服务业	上交所	明辉投资
基美文化传媒	商务服务业	深交所	—
千乘影视	数字内容服务	创业板	—
华强文化科技	数字内容服务	创业板	—
能量传播	数字内容服务	创业板	—
时代华语图书	图书出版发行	创业板	浙商创投
南航传媒	文化、体育和娱乐业	上交所	—
木偶剧院	文化艺术业	创业板	—
读者出版集团	新闻与出版业	上交所	通用投资/国投创新投资/光大资本
新华文轩	新闻与出版业	上交所	—
可一文化产业	新闻与出版业	深交所	—

证监会投中研究院整理　2014.01

资本市场对于传媒业的介入，就世界范围内传媒行业演进的规律而言，是其必然选择，但对于中国的传媒市场来说，更不啻为一条新的媒介转型之路——借助资本的力量构建新媒体及传统媒体全产业链经济平台。更有甚者，以资本为撬杆，打通新媒体与传统媒体之间的壁垒，为平台参与者双边乃至多边参与方在市场和经济资源整合基础上实现发展模式的创新提供帮助。

(三)新技术与新媒体

1. 4G 牌照发放

2013 年 12 月 4 日，工信部向中国移动通信集团公司、中国电信集团公司和中国联合网络通信集团有限公司颁发“LTE/第四代数字蜂窝移动通信业务(TD-LTE)”经营许可。

随着网络技术的迅猛发展，互联网企业开始向移动通信领域渗透，OTT、LBS、AR 等新技术重新定义了游戏规则。4G 牌照的发放将进一步改变传媒业发展走向，并极有可能重构现有的市场竞争格局。

同时，随着移动通信产业升级步伐的加快，4G 的产业化发展也被提上日程：基础设施、智能终端、网络应用、增值业务、用户体验等以业务应用平台为核心的产业环境逐步形成，并将推动商业模式的创新。

2. 视频智能终端发力

2013 年 5 月 7 日，乐视网宣布正式推出乐视 TV 超级电视 X60 以及普及型产品 S40。9 月 3 日，爱奇艺和 TCL 联合推出首款智能电视产品“TCL 爱奇艺电视——TV+”。9 月 5 日，小米公司推出智能电视产品小米电视。

虽然早在 2011 年，海信、康佳等国内彩电龙头企业就已打造智能电视产品，但直至 2013 年，互联网企业的涉入才真正开启了视频智能终端入口的争夺之战。尽管各大企业在互联网电视、云电视、智能电视等概念上尚未达成一致，但视频智能终端之争日趋白热化：通过智能电视搭载的开放式系统平台，在节目内容和应用程序两个方面进行持续扩容升级，并最终以此为核心构建用户家庭智能生态系统。

二、2013 年中国媒介经济特征分析——政策和技术的双轮驱动

尽管媒介经济的发展在客观上受到政治、经济、文化、社会、科技以及媒体自身状况和市场竞争态势等多重因素的影响，但回顾 2013 年中国媒介经济发展整体趋势，可以看出：政策和技术是影响并制约我国媒介经济发展的两个核心因素。

(一)政策环境

2013 年，我国宏观经济增速放缓，结构调整和发展方式转变加速，在这一大背景之下，国家相关部门出台了一系列与传媒业相关的政策法规(见表 3)，积极推进传媒产业的良性发展。与此同时，传媒产业链各个环节以及传媒市场各垂直领域以颠覆性的姿态改变着传播环境乃至整个社会环境，在其高速发展过程中出现了一些不规范的现象，需要及时出台相应的规制予以纠偏。

表 3　**2013 年我国传媒业政策及规制**

宏观视角：传媒业发展顶层设计		微观层面：传媒业发展具体规制	
3 月 14 日	第十二届全国人民代表大会第一次会议通过关于《国务院机构改革和职能转变方案》的决定	1 月 30 日	国务院公布新修改的《信息网络传播权保护条例》
4 月 17 日	工信部、发改委、住建部、国税总局等八部委联合发布《关于实施宽带中国 2013 专项行动的意见》	2 月 1 日	由工信部联合其他部门制定的《信息安全技术公共及商用服务信息系统个人信息保护指南》开始正式实施
8 月 8 日	国务院印发《关于促进信息消费　扩大内需的若干意见》	4 月 8 日	国家新闻出版广电总局下发《关于加强新闻采编人员网络活动管理的通知》
8 月 19 日	全国宣传思想工作会议在北京召开	5 月 28 日	财政部国家税务总局发布《关于在全国开展交通运输业和部分现代服务业营业税改征增值税试点税收政策的通知》
11 月 13 日	十八届三中全会提出《中共中央关于全面深化改革若干重大问题的决定》	6 月	由中华人民共和国公安部统一部署的“2013 年中华人民共和国集中打击整治网络违法犯罪专项行动”拉开序幕
12 月 23 日	中共中央办公厅印发《关于培育和践行社会主义核心价值观的意见》	8 月 13 日	中宣部、财政部、文化部、审计署、国家新闻出版广电总局联合发出《关于制止豪华铺张、提倡节俭办晚会的通知》
		8 月 26 日	国家新闻出版广电总局在官方网站公布《关于坚持厉行节约、严格控制和规范新闻出版展会的通知》

续表

		9月9日	最高人民法院召开新闻发布会，公布《最高人民法院、最高人民检察院关于办理利用信息网络实施诽谤等刑事案件适用法律若干问题的解释》
		10月20日	国家新闻出版广电总局下发《关于做好2014年电视上星综合频道节目编排和备案工作的通知》

上述政策法规既有从宏观视角出发对中国传媒业全局的指导和把控，也有针对微观层面对我国传媒各领域的管理和规制。这些政策法规的出台，一方面体现了政府对于传媒业在国家发展进程中驱动潜能的大力扶持，另一方面也展现了管理层对于传媒舆论引导作用的清醒认识。随着各项规制的有效推进，将极大地有益于良性传媒生态圈的构建。

(二)技术环境

纵观媒介发展史，不难发现，每一个新的媒介生态环境的形成，其背后必然存在着一种新的媒介技术。网络媒介生态环境亦然。然而，网络新媒体技术表现出了一些独一无二的特点：首先，技术的更新速度非常之快，新技术从研发到商用再到产业化的速度远远超过了以往任何一种媒介环境；其次，技术对人们生活方式的影响深入且全面，不仅改变了人们的媒介接触习惯，更有甚者，还改变了人类的存在方式和思维模式；再次，技术不断拓展着媒介的外延，以平台延伸的形式将原本不属于媒介的行业也纳入到媒介产业链中。

1. 新媒体与传统媒体的融合进一步加深，媒介新技术影响着传媒活动的方方面面，成为媒体发展的必然趋势

互联网的影响力弗远无界，在重塑社会新规则的同时，也改变甚至颠覆着我国的传媒业态。

2013年，由网络新媒体催生的整合重组和跨界并购层出不穷，新媒体与传统媒体的融合从内容到体制逐步深化，无论是采编方式的变化还是采编人员的流动，都日益彰显出全媒体的生态特征。

2. 大数据由“概念化”向“实务化”推进，数据挖掘和数据分析开始逐渐显露出其巨大的营销价值

2013年，随着网络环境的进一步演进，大数据开始由“概念化”和“技术化”探讨向“实务化”应用转变，真正实现了与市场的对接。

越来越多的企业开始设立CIO(首席信息官)和CDO(首席数据官)等新型管理职位，并将数据视为一种特殊的生产资料和品牌资产。数据的沉淀、挖掘、分析和利用，被认为不仅可以产生价值，还可以直接催生产品。

3. 社交媒体进一步发力，在技术迭代的支撑下构建全新的商业模式

社交媒体的商业价值在2013年得到了凸显，特别是发端于社交媒体的原生广告(Native Ads)概念的提出和应用，极大地缓解了网络广告点击率下滑的颓势。

社交媒体所蕴含的连接、分享、协作和大数据等内生特质，为新媒体环境下的消费者洞

察提供了营销契机，同时，将上述社交因素推广至除营销之外的其他部门，成为当下媒介生态圈中的标配。

4. 电子商务依旧强势，综合电商和垂直电商各显其能，电商平台效应显著

截至 2013 年年底，中国电子商务市场交易规模达 10.2 万亿元，同比增长 29.9%。① 电子商务生态已经进入到物流、信息流、数据流和金融流整合运行的平台战略发展期。

究其原因，主要有三个方面，首先，网络购物市场经过近十年的培育已日渐成熟，网民的网络购物渗透率持续增长；其次，政府对于电子商务的支持及引导，确保了行业健康良性发展；再次，各大电商企业纷纷布局平台战略，围绕微小商户资源构建开放平台，从而带动了整体电商市场发展。

5. AR、O2O 闭环、OTT、RTB 等新技术层出不穷，不断激活着媒介市场的创造力

科技创新在传播领域的应用，不仅带来新的媒介技术，还创造了新的营销理念，在开拓新领域的同时，不断激活着市场创造力。

AR 技术逐渐向营销领域拓展，通过虚拟和现实的融合，提升了用户的媒介使用体验，从而实现营销价值最大化。

O2O 闭环是 O2O 模式在实际应用领域的升华，通过 O2O 闭环，将原本分隔的线上和线下相连通，由用户在 O2O 闭环内的双向循环实现平台价值的深度挖掘。

OTT 应用已经覆盖语音通话、数据通信、视频服务等众多领域，同时也掀起了移动运营商和互联网企业之间的市场之争。

RTB 是在新技术基础上形成的广告投放及效果衡量机制，日益细分的受众个体和日趋精准的广告投放重构了广告市场的商业逻辑，实现了资源利用的最优化。

三、中国媒介经济未来发展趋势研判

2013 年的传媒业态将对未来的传媒经济形态产生持续的影响。特别是在政策和技术的双重驱动之下所构建的媒介平台和传媒生态圈，其平台效应和生态圈价值将在未来得到进一步凸显。

1. 媒介新技术将开辟未来媒介营销的重要阵地

社交媒体、移动互联网、云计算等一系列媒介新技术所构筑的新传媒环境将反作用于媒介经济产业，在不断迭代的媒介技术和迅速膨胀的用户基数的共同刺激下，未来媒介营销手段、理念和模式都将发生重大变化。特别是随着移动技术的进一步普及和性能的进一步提升，移动互联网将成为未来媒介市场扩张的新的利基点。

2. 相关管理部门的政策将更加细致和人本化

随着传媒产业在国民经济中重要作用的日益彰显，以及受到全球媒介环境变革大背景的影响，从制度层面对传媒业的管制将更加细致和人性化。通过吸纳现代管理理念，以及遵循传媒发展的规律，再结合我国媒介市场的实际状况，未来政策层面的规制和引导将取代管制成为主导。

① 中国电子商务研究中心. 2013 年度中国电子商务市场数据监测报告[R]. [2014-03-19]. http://www.100ec.cn/zt/2013ndbg/.

3. 社会化媒体蓬勃发展，“场景化”应用将成为主流

2013年微博的整体发展势头虽然开始降温，但逐步向细分市场、应用和功能方面深耕。微信在2013年迎来了黄金发展期，用户突破6亿、全球月活跃用户达2.7亿、微信公众账号超过200万，爆发出巨大的市场影响力和商业潜力。

同时，新媒体广告在社交媒体时代将品牌信息发布与用户生活场景交织在一起，在不打扰其信息接触体验的前提下，以“场景化”传播的方式最大限度地挖掘用户消费能力。原生广告、信息流广告等新的广告形态在其诞生伊始就表现出强大的商业价值，并将成为未来广告活动的主要方式。

4. 互联网思维等新技术理念开始成型，新的“媒介素养”问题将受到关注

“Internet+”成为席卷传媒业及其相关产业的焦点，无论是新媒体行业还是传统媒体行业，甚至是其他行业纷纷围绕着“Internet+”布局未来发展平台。在此背景下，互联网思维等概念开始商业化探索，并逐渐显示出商业潜能。

同时，社交媒体环境下基于媒介新技术的“媒介素养”与传媒业变革密切相关，未来公众媒介素养、传媒业者的媒介素养以及政府机构与官员的媒介素养将成为备受关注的新焦点，并将影响我国传媒业态的走向。

四、结语

综上所述，在制度、技术、资本、市场等诸多利好因素的共同推动之下，2013年中国传媒业表现出良性发展态势：产业规模继续扩大、行业结构不断优化、整体实力持续增长、市场活性进一步提升。

纵观2013年中国传媒经济大事件，可以看出：一方面，互联网和移动互联网开始领跑传媒市场，并表现出强大的发展潜力；另一方面，新媒体与传统媒体在激烈竞争的同时也呈现出融合发展的趋势。

尤为值得关注的是，2013年，媒体集团和网络巨鳄或纷纷积极布局媒体平台，或努力构建媒介生态圈，且其平台效应和生态圈价值已经开始凸显，并将成为未来一段时间内中国传媒业发展的“新常态”。

【参考文献】

[1][美]泰德·谢尔顿. 移动云：企业与员工、消费者、业务伙伴的关系由此发生重大改变[M]. 北京：中国青年出版社，2014.

[2]徐晋. 平台经济学(修订版)[M]. 上海：上海交通大学出版社，2013.

[3]2013年中国传媒业资本运作报告：传媒并购火热[R]. http：//news. xinhuanet. com/info/ttgg/2014-05/08/c_133317682. htm，2014-05-08.

[4]2013中国十大传媒事件[N]. http：//media. people. com. cn/GB/143237/372838/index. html，2013-12-25.

[5]朱春阳，谢晨静. 传媒业集团化17年：问题反思与发展方向——以上海报业集团组建为基点的讨论[J]. 新闻记者，2013(12).

[6]刘峰，郝红霞. 从全媒体发展视角解析国家新闻出版广电总局的组建. 编辑之友[J]. 2013(10).

[7]喻国明，杨雅. 2013年中国传媒业的发展状况与未来态势——基于智能化社会文本分析技术视野中的中国传媒业[J]. 社会科学战线，2014(3).

【作者简介】

吕尚彬，武汉大学新闻与传播学院教授、博士生导师，武汉大学媒体发展研究中心副主任，中国媒介经济与管理学会副会长。

权玺，武汉大学新闻与传播学院2014级博士研究生，兰州大学新闻与传播学院讲师。

2013—2014 中国期刊业发展趋势
——基于文献计量学与内容分析法的研究

周立春　冉　华

我国期刊业的发展经历三次较大的发展浪潮之后(冉华、刘艳娥，2010)，在技术逻辑和制度逻辑的双重推动及文化产业发展和传媒经济发展的双重探索下呈现出新的趋势。产品形态、传播平台、分销渠道、运营模式等层面的变革使行业受到冲击，也为行业发展提供了机遇。本文运用文献计量学的研究方法，结合内容分析法对 2013—2014 年我国期刊业发展中的热点议题进行梳理、分析和总结，通过以词带事、以点带面的方式呈现当前我国期刊业发展的概貌，并在此基础上发现问题，展望未来行业发展的方向与可能。

一、研究实施

1. 样本来源及样本处理

本文以国家新闻出版广电总局官网、中国期刊协会官网、《中国新闻出版报》、《中文社会科学引文索引(2014—2015 年)来源期刊目录》中的 15 本新闻与传播学来源期刊①及 1 本行业期刊《传媒》共 16 本期刊为样本来源，涉及政界、业界、学界三个维度，可以基本涵括中国期刊业发展过程中发生的事件及关注的主题。

为了保证查全率和查准率，本文以“期刊”“杂志”为检索词，以“期刊”逻辑或(OR)“杂志”为检索式，以 2013 年 1 月 1 日至 2014 年 12 月 31 日为检索时间区间在上述 4 个来源中进行主题或关键词检索。其中，在国家新闻出版广电总局官网中获得 23 条政务文告及 93 条新闻报道；在中国期刊协会官网中获得 74 条新闻报道；在中国知网(CNKI)中，将《中国新闻出版报》设置为“文献来源”，获得 95 条新闻报道；在中国知网(CNKI)中，将选定的 16 本期刊设置为“文献来源”，获得 2094 篇科研文献。

此次检索获得政务文告、新闻报道、科研论文共 2379 条(篇)。对以国外期刊为主题的相关报道和研究，以及职称评审、工作招聘、约稿通知等与中国期刊行业发展无关的政务文告、新闻报道、科研论文等文本进行清洗后，筛选出与本文研究主题相符的文本共 1996 条(篇)②，成为本文研究的样本。

---

① 包括《编辑学报》《编辑之友》《出版发行研究》《出版科学》《当代传播》《国际新闻界》《科技与出版》《现代出版》《现代传播(中国传媒大学学报)》《新闻大学》《新闻记者》《新闻与传播研究》《中国编辑》《中国出版》《中国科技期刊研究》。

② 在 4 个样本来源中，即国家新闻出版广电总局官网、中国期刊协会官网、《中国新闻出版报》《传媒》与《中文社会科学引文索引(2014—2015 年)来源期刊目录》中的 15 本新闻与传播学类期刊，与本文研究主题相符的文本数量分别为 66、62、72、1796。

2. 研究方法

文献计量分析法是以题名、著者、参考文献、出版年等文献本身及其所表现出来的各种特征为对象，采用数学与统计方法来描述、评价和预测科学技术的现状与发展趋势的研究方法(邱均平，2008)。本文主要采用文献计量分析中的词频分析法、共现分析法对样本进行主题词统计分析。其中，词频分析可以考察期刊业的核心事件或议题；词共现分析可以描述期刊业内部议题或事件之间的联系情况。在此基础上，结合内容分析法对样本指涉的主要事件及议题和观点进行提炼，并对文献计量分析的结果进行检验。

标题及篇名可以凝练地体现出文本的对象、事件或结论，其中的高频词能够反映出期刊行业的主要议题和研究热点。本文通过政府文告、新闻报道及科研论文题名(标题)中的高频词及其共现关系对期刊行业的热点议题进行聚类，操作步骤如下：

在文献计量方面，首先使用武汉大学信息中心开发的 Rostcm6 软件对样本的题名进行分析，获得初步结果。再对结果中的禁用词和半禁用词，以及其他与本文无关的词汇进行人工剔除，对同类词进行合并，生成主题词共现矩阵，最后通过 SATI、Ucinet、Netdraw 等软件的综合处理，绘制主题词共现网络图。

在内容分析方面，以浏览量、下载量、被引量为指标①，以 2015 年 4 月 18 日为采集日期，在四类来源中分别筛选出 10 篇(条)文本共 40 篇(条)文本组成内容分析的样本。通过 SPSS 进行统计，培训 2 名译码员独立编码(对样本的叙述意义进行提炼)，随机选取 20 个样本单位进行一致性测试，计算克里彭多夫 alpha 值为 86. 6%，达到内部信度要求。

二、研究发现

1. 基于词频分析及词共现分析的发现

本文分别对国家新闻出版广电总局、中国期刊协会、中国新闻出版报、16 本学术期刊 4 种来源中的样本的题名进行词频分析，剔除初步分析结果中的禁用词和半禁用词，以及其他与本文研究无关的词汇后，分别获得政界、业界、学界在期刊业发展过程中关注度较高的前 50 个高频词汇。对高频词进行聚类后，获得以下发现(见表 1)。

“专项治理”“违规”“规范”“秩序”等词汇显示出国家新闻出版广电总局对行业发展的市场秩序监管规范化、严厉化的趋势。“影响力”“百强报刊”“认定”“资质”“示范”等词汇则是总局引导行业打造品牌期刊方阵的具体表现。

中国期刊协会及《中国新闻出版报》对市场经营方面较为关注。“发行”“营销”“广告”“市场”“经营”“零售”“利润”“下滑”等词汇约占所有词汇的 1/4。

“数字化”“大数据”“转型”“经营”“营销”“模式”“融合发展”等词则反映出目前学术界的关注点主要集中在期刊的数字化转型、融合化发展及经营管理方面。

将 4 种样本来源获得的样本合并后，对题名进行词频分析，剔除结果中的禁用词和半禁用词，以及其他与本文研究无关的词汇，并将意义相同的词汇合并，获得目前期刊业发展过程中政界、业界及学界关注的前 50 个高频词(见表 2)。

① 国家新闻出版广电总局官网的文本以浏览量为指标，中国期刊协会官网的文本以浏览量为指标，《中国新闻出版报》的文本以中国知网的下载量为指标，新闻与传播学类的 16 本期刊文本以被引量为指标。

表1 **2013—2014年4种样本来源文本题名高频词**

	词汇	词频	词汇	词频	词汇	词频	词汇	词频	词汇	词频
国家新闻出版广电总局	专项治理	32	示范	9	吴尚之	4	第四届	3	评选	3
	学术期刊	31	孔学堂	8	违规	4	编辑部	3	非法	3
	影响力	17	博览会	7	体制	4	查处	3	质量	3
	出版	12	转型	7	书局	4	审核	3	经济	2
	创刊	12	邬书林	7	互联网	4	整顿	3	资助	2
	总局	12	数字化	6	规范	4	北戴河	3	何厚铧	2
	百强报刊	10	融合发展	6	读者	4	停业	3	股权	2
	认证	10	集团	5	秩序	4	移动化	3	走出去	2
	认定	9	资质	5	舆论	3	绿色印刷	3	订阅	2
	发行	9	重庆	5	网站	3	出售	3	取缔	2
中国期刊协会	出版	15	秩序	4	营销	2	整顿	2	质量	2
	影响力	10	市场	4	集团	2	吴尚之	2	刘奇葆	2
	数字化	8	读者	4	零售	2	扫黄打非	2	转制	2
	发行	7	审稿	3	第四届	2	学刊	2	大数据	2
	质量	7	经营	3	创刊	2	学术期刊	2	广告主	2
	体制	6	绿色印刷	3	出版商	2	停业	2	资质	2
	示范单位	6	移动化	3	博览会	2	上下游	2	集团	1
	广告	5	下滑	2	百强报刊	2	盈利	2	品牌期刊	1
	改革	5	深化	2	手机	2	销售	2	转型	1
	总局	4	融合发展	2	国家标准	2	非法	2	认定	1
中国新闻出版报	学术期刊	32	涉农	4	少儿	2	利润	2	违规	2
	下滑	10	改革	3	上海	2	销售	2	产业链	1
	影响力	9	出版	3	审稿	2	营销	2	国际化	1
	质量	6	电子商务	3	绿色印刷	2	核心	2	停业	1
	市场	5	移动化	3	零售	2	品牌	2	改制	1
	数字化	5	体制	3	跨界	2	第四届	2	纸质	1
	融合发展	5	手机	3	刊博会	2	标准化	2	资质	1
	示范名单	5	时政	3	盈利	2	编辑部	2	文摘类	1
	经营	4	评价指标	4	广告	2	出版商	2	编辑	1
	总局	4	社科	2	发行	2	股权	2	转型	1
16本学术期刊	科技期刊	637	大数据	82	营销	54	体制	41	博览会	33
	学术期刊	336	评价体系	81	学报	54	稿件	41	集团	33
	转型	221	印刷	79	品牌	51	广告	40	主编	32
	出版	192	平台	79	科学	50	时尚	40	盈利	32
	论文	178	秩序	69	审稿	49	编辑部	37	兼并	30
	医学	176	指标	64	跨界	47	社科	37	移动终端	29
	数字化	162	大数据	84	国际化	43	集群化	37	改革	28
	经营	129	体制改革	72	市场	43	学术不端	35	停刊	26
	融合发展	110	质量	63	农业	43	办刊	34	萎缩	26
	影响力	102	移动化	59	版权	42	著作权	34	广告主	22

表 2　**2013—2014 年中国期刊业发展高频词①**

词汇	词频	词汇	词频	词汇	词频	词汇	词频	词汇	词频
科技期刊 *	637	经营	136	体制	54	编辑部	42	主编	32
学术期刊 *	455	融合发展	123	品牌	53	稿件	41	专项治理	32
转型	230	质量	81	市场	52	集团	41	兼并	30
出版	222	平台	79	跨界	49	时尚	40	移动终端	29
数字化	181	印刷	79	办刊 *	48	集群化	37	萎缩	26
论文	178	秩序	77	农业	47	改革	36	广告主	24
医学	176	体制改革	72	广告	47	盈利	36	示范单位 *	20
大数据	168	移动化	68	刊博会 *	44	学术不端	35	发行	18
评价指标 *	149	营销	58	国际化	44	著作权	34	百强报刊	12
影响力	138	审稿	57	版权	42	停业	32	下滑	12

通过对表 2 的高频词进行聚类，有以下发现：

首先，“科技期刊”“学术期刊”等涉及期刊类型层面的词汇，能够较直观地反映出目前我国期刊以哲学社会科学类及自然科学技术类期刊为主要构成的特征②。

其次，“评价指标”“影响力”“质量”“秩序”“审稿”“学术不端”“示范”等高频词汇可以反映出目前行业监管理念和措施的变化。各级行政监管单位一方面加强对期刊市场秩序的规范力度，正本清源，另一方面又通过奖评机制引导期刊的发展，以榜样的影响力带动期刊质量的提升。

再次，“经营”“萎缩”“下滑”“广告”“发行”“广告主”等指涉市场经营层面的词汇呈现出目前期刊业在广告市场和发行市场中的经营困境。

最后，“转型”“数字化”“融合发展”“跨界”“体制改革”等词汇指涉期刊业的整体发展战略，呈现出行业数字化转型、跨界融合、创新发展的总体格局。

共词分析是共现分析的主要类型，通过分析文本中的词汇共同出现的形式、次数，呈现出主题词之间关系的紧密程度，揭示主题间的相互关系(王曰芬、宋爽、苗露，2006)。通过 Rostcm6 和 SAIM 对 1996 条(篇)样本进行共词分析后得到共词矩阵，以 NetDraw 软件对 50×50(本文仅选取前 50 名高频词汇)的主题词矩阵进行可视化处理后得到图 1。其中，每个节点代表一个主题词，节点间的距离或连接线的数量、粗细代表其主题词之间的紧密程度及共现频次。

通过图 1 可以发现以“中国”“期刊”为核心，围绕着 4 个共词聚类群，分别是由“数字化”“转型”“体制改革”“融合”“创新”等组成的期刊发展整体格局的聚类；由“经营”“萎缩”“停刊”等组成的期刊市场经营层面的聚类；由“指标”“评价”“秩序”等组成的期刊行业行政监管方面的聚类；由“科技”“学术”“学报”等组成的窄众型期刊品牌聚类。

2. 基于内容分析的发现

内容分析法通过对文本中特殊的信息与信息的特征加以认定、描述、解说与分析，可以

① 表中加 * 号的词汇为同义词中词频最高的一项，该词汇对应的词频为同义词词频累加后的结果。例：“刊博会 *”一词对应的词频为 44，为“刊博会”“博览会”2 个词汇词频累加的结果。

② 根据《2014 中国期刊年鉴》的数据显示，2013 年我国期刊共出版 9877 种，其中哲学、社会科学类期刊 2577 种，自然科学、技术类期刊 4944 种，两类期刊占全国期刊总数的 76%。

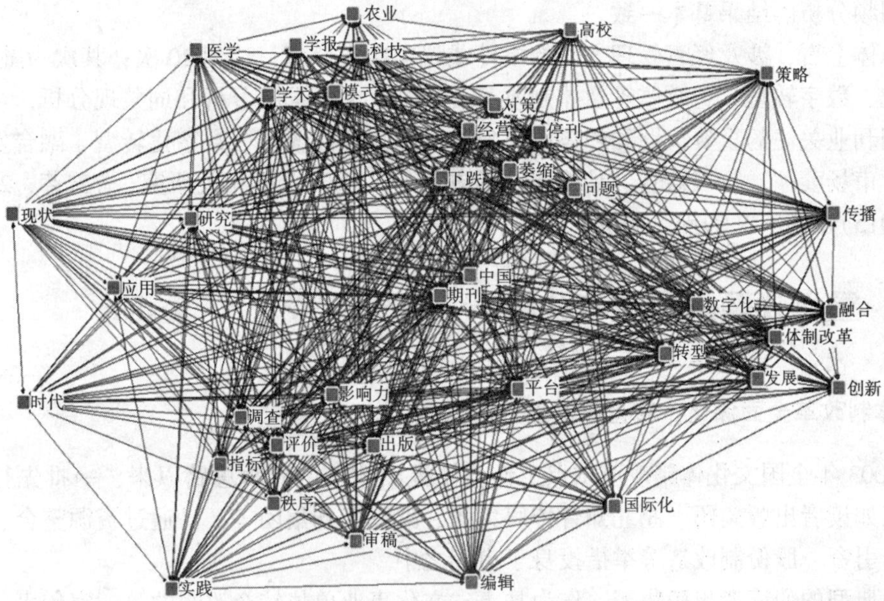

图 1　2013—2014 中国期刊业发展高频词共现网络图

系统地挖掘出文本的表层意见与内在隐含的内容(陈国明、彭文正，2011)。根据上文词频分析及词共现分析的发现，本文尝试以体制改革、数字转型、融合发展、经营管理、行政监管、品牌建设划分出 6 个类目，依据这一标准对 40 篇(条)样本进行分析，得到以下发现(见图 2)：

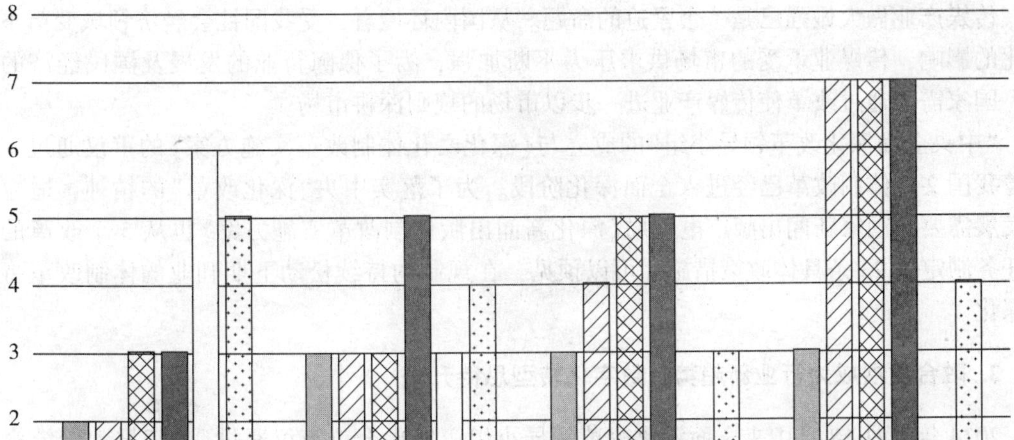

图 2　2013—2014 中国期刊发展政界、业界、学界主要议题分布柱状图

新闻出版广电总局主要涉及的事件或议题共 21 项，其中共 11 次涉及监管市场秩序及提升期刊品牌；中国期刊协会共 21 项，基本平均分布在 6 种类目中；《中国新闻出版报》共 21 项，对 6 种类目均有涉及，但对行政监管的关注较少；16 本新闻传播学类期刊共涉及事件

或议题 29 项，主要集中在数字转型、融合发展、经营管理方面，对行政监管的关注也较少。与上文词频分析的结果基本一致。

从总体上看，涉及经营管理方面的事件或议题次数最多，达到 20 次；其次为融合发展、品牌建设、数字转型、行政监管及体制改革。结合上文的词频分析和词共现分析，可以推论出当前期刊业关注的重要议题和趋势主要集中在深化体制改革、数字化转型、融合发展、跨界经营、市场萎缩、行政监管、品牌建设等方面。其他学者的相关研究(马雪芬，2014；段艳文，2015)也为本文的推论提供了佐证。

三、重点议题的透视与分析

1. 体制改革全面深化，转企改制进入深水区

自 2003 年全国文化体制改革试点工作会议提出改革的双轨思路以来，一批先行先试的行业翘楚如读者出版集团、湖北知音传媒集团、家庭期刊集团等，已通过资源整合、转企改制、融资引资、股份制改造等举措投身于市场之中。

较为典型的如读者出版集团，作为甘肃省文化事业单位转企改制的第一家传媒公司，读者出版集团自 2008 年启动股改上市以来，通过将一些产权不清、低效闲置资产以及非生产性后勤部门、离退休职工等剥离留在原读者出版集团有限公司，将集团内全部经营性资产及人员投入读者出版传媒股份有限公司等具体的改革措施，提高其股份公司的盈利能力和发展能力。此外，入股泰山传媒、甘肃银行股份有限公司，以及 2014 年首次公开募股等资本运作层面的措施不但是读者出版集团体制改革的进一步深化，也是期刊业步入改革深水区的具体写照。

体制改革不断深化有诸多原因。从国际环境看，国与国之间的竞争越发体现为文化的竞争，传媒产业做大做强已是一个紧迫的命题。从国内环境看，受我国社会经济领域变革不断深化的影响，传媒业承受的市场供求压力不断加强，为了保障行业的发展及国民经济的提升，国家需要通过改革使传媒产业进一步以市场的规则深耕市场。

“中央全面深化改革领导小组”的成立与《深化文化体制改革实施方案》的审议通过，标志着我国文化体制改革已经进入全面深化阶段。为了落实中央“深化改革”的精神，适应行业发展需要，国家新闻出版广电总局《深化新闻出版体制改革实施方案》也从 5 个改革的重点任务制定了 23 条具体政策措施。可以预见，在规制的持续松动下期刊业的体制改革将不断深化。

2. 融合发展成为行业新趋势，数字化转型悬待升级

2014 年 8 月 18 日中央全面深化改革领导小组第四次会议审议通过《关于推动传统媒体和新兴媒体融合发展的指导意见》。由于政策的推动，融合发展将成为期刊业甚至整个传媒产业未来发展的重要方向。传统媒体融合发展的技术基础是数字化转型。因此，数字转型升级将成为目前期刊业实现融合发展的重要路径和战略共识。这本身也是行业增强传播能力、提高发展活力的应有之义。

自《神州学人》1995 年试水期刊数字化、网络化以来(冉华、刘艳娥，2011)，我国期刊业数字转型已经积累大量经验。目前虽已有 95%的期刊通过各种途径开展了数字化、网络化的出版业务，30%的期刊建立了一级独立域名网站(吴尚之，2014)，却并不代表期刊业的数字转型取得了质的突破。

2013 年我国数字出版产业全年收入规模为 2540. 35 亿元，比 2012 年增长了 31. 25%，但互联网期刊收入仅为 12. 15 亿元。虽比 2012 年提高 1. 32 亿元，在整个数字出版产业中却

仅占极小的比例(见图3)，期刊业的数字化转型仍然任重道远，亟待升级。

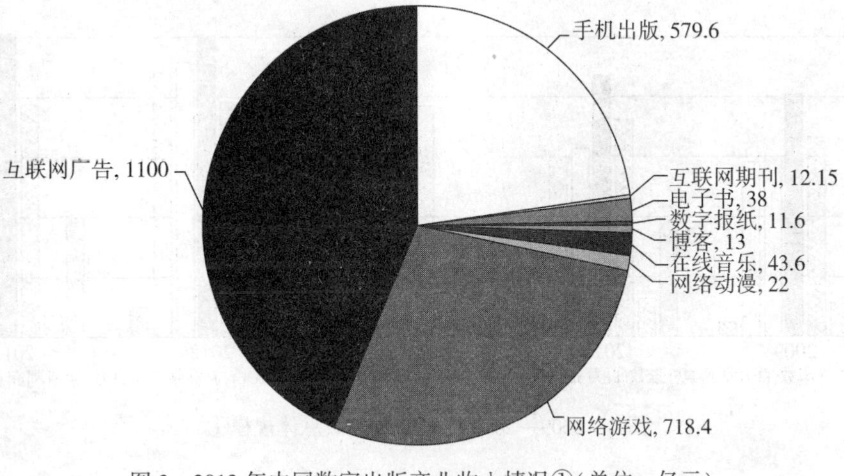

图3　2013年中国数字出版产业收入情况①(单位：亿元)

3. 期刊传统主营业务萎缩，跨界发展拓展市场增量

自2011年以来，期刊业营业收入、利润总额虽然连续3年实现平稳增长(见图4)，但2013年传统期刊的发行收入增长率和广告经营增长率却比2012年分别下降了2.5%和21%②。期刊业发行收入和广告收入的双线下滑，前景并不乐观，停刊离职等现象频发是其直观的证明。

在期刊业广告收入和发行收入均萎缩的情况下，期刊业的总体收入规模还能实现平稳增长，这可从多个层面解读。从主营业务看，一是期刊定价金额比2012年增长0.3%，二是在于数字期刊市场的兴起。此外，一些期刊集团越来越频繁的跨界经营也间接作出了贡献。

由于国家在规制上的简政放权，不断深化的体制改革使得一些老牌期刊集团频频跨界，多元经营。如时尚集团启动的传媒、教育、投资、产业四位一体战略；读者集团依托"沃·读者"平板电脑进入移动终端生产和销售市场；知音集团以《知音漫客》为核心形成以期刊、图书、动画、游戏、网络、电商平台为主的产业链；家庭期刊集团投资成立广东粤幼教育科技有限公司，进军早教行业等。这些现代传媒集团正以跨媒体、跨行业、跨国界、跨所有制等跨界措施多元经营，不断提升自身的市场竞争力。

4. 行政监督补位，管促并举规范市场秩序

2013年3月22日，国家新闻出版广电总局正式挂牌成立。这不但是国家机构改革和职能转变方案及文化体制改革的政策使然，也在于传媒市场中存在的违规违法等乱象。同时，随着传统媒体数字化转型及新旧媒体的融合发展，原有的监管主体不但存在"各管一摊"的监管失位，也存在"九龙治水"的监管越位。

为了规避这些现象，一方面，新组建的国家新闻出版广电总局通过开展专项治理行动，不断加大行政监管力度，规范期刊市场秩序。2013年，国家新闻出版广电总局注销停办的各类型期刊累计达到68种。2014年又对《新民周刊》《南风窗》等多种期刊和东方企业文化杂志社、光明日报考试杂志社、经济生活文摘杂志社等9家期刊单位作出警告、罚款、整顿

① 数据来源：中国新闻出版研究院. 2013—2014中国数字出版产业年度报告[R]. 2014-10-13.

② 数据来源：崔保国. 2014年中国传媒产业发展报告[R]. 2014-05-21.

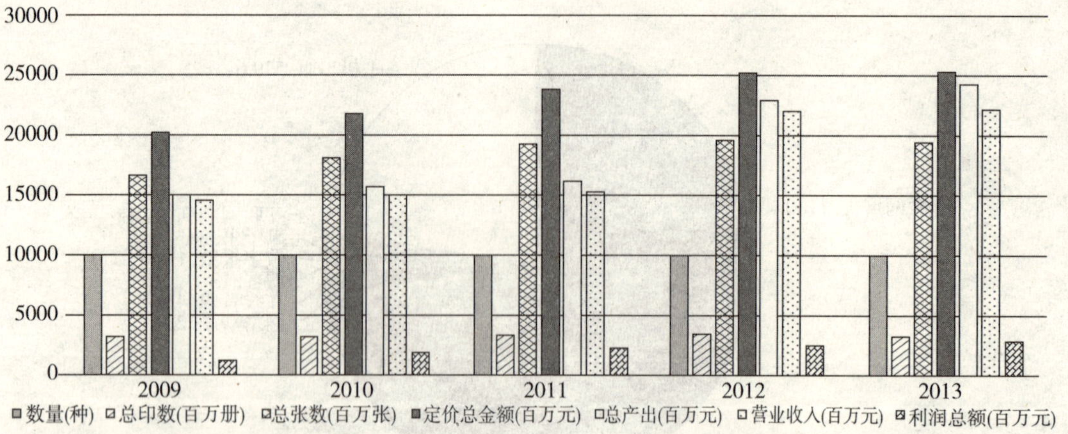

图 4　2009—2013 传统期刊出版总体规模①

等行政处罚②。处罚的力度之大，数量之多，涉及的范围之广，为改革开放来所罕见。

另一方面，又通过“百强报刊”“科技期刊国家影响力提升计划”“认定学术期刊”“最具影响力学术期刊”“中国最美期刊”等评价扶持活动培育和推广优秀品牌期刊。为行业培养并推出了一批具有较强舆论引导能力、市场竞争力和传播能力的优秀品牌期刊。

行政监管部门重拳出击、加强监管、规范秩序的力度和决心不断凸显，各种奖评机制不断建立完善，促使期刊业目前已经培育出包括时政、学术、行业专业、大众服务等门类的品牌期刊方阵。这些品牌期刊可以充分发挥舆论传播、公共服务和学术创新等方面的引领示范作用，促进期刊业的繁荣发展。

四、讨论及展望

2013—2014 年，无论是从宏观层面国家对期刊业的体制改革、数字化转型升级和融合发展的规制推动，还是在中观层面行政监管机构对期刊业违规违法现象和优秀品牌的管理和培育，都呈现出了进一步完善和规范的特点，使中国期刊业发展的制度环境得到了进一步改善。从微观层面看，日益频繁的跨界发展及日益激烈的市场争夺正以优胜劣汰的市场规则对期刊业重新洗牌。传统期刊业该如何发展？中国期刊业的进路又在何方？

期刊业虽然受到来自互联网的冲击而面临经营困境，其发展仍具有四个有利条件（石峰，2013）：期刊业是社会、经济、文化、科技发展不可或缺的组成部分，在实现中华民族伟大复兴的征程上有着不可替代的作用；小康社会的建设对期刊业的发展是一种刚性需求；善于借力于数字化转型融合发展，能增强传统期刊的传播力；体制机制改革将为期刊业焕发生机和活力。体制改革、跨界经营、数字转型、融合发展将成为行业未来发展的重要核心。这或许是期刊业的“上帝”，将指引着“摩西”前行到“流奶与蜜”之地。

当然我们也应该注意到，随着跨界融合的不断深入，市场化的传媒集团在具体的经营过程中是否会发生经营重心向其他行业的偏移。与此同时，其他行业的资本不断渗透到传媒领域中，传媒的社会功能是否会被稀释。对于这些可能出现的问题，一方面，需要国家在制度方面进一步完善；另一方面，传媒业本身也需要以技术发展为逻辑、以内容建设为重点、以

---

① 数据来源：中国新闻出版研究院. 2009—2013 新闻出版产业报告[R]. 2014-10-11.

② 根据国家新闻出版广电总局新闻报刊司“单位违规违纪名录查询系统”及国家新闻出版广电总局官网文告统计而得。

互联网思维为导向，以现代、开放、创新、融合的姿态，统观全局权衡利弊，寻求行业的可持续发展。

【参考文献】

[1]陈冠兰．当前中国期刊业数字出版的趋势[J]．传媒，2014(3)．
[2]段艳文．盘点2014：强化管理和融合发展成为刊业新常态[J]．传媒，2015(2)．
[3]马雪芬．2013年期刊业盘点[J]．传媒，2014(1)．
[4]邱均平．文献计量内容分析法[M]．北京：国家图书出版社，2008.
[5]陈国明，彭文正．传播研究方法[M]．上海：复旦大学出版社，2011.
[6]冉华，刘艳娥．2010年中国期刊行业发展的热点探究与分析[M]//中国媒体发展研究报告．武汉：武汉大学出版社，2011.
[7]石峰．中国期刊业路在何方[J]．传媒，2013(10)．
[8]王曰芬，宋爽，苗露．共现分析在知识服务中的应用研究[J]．现代图书情报技术，2006(4)．
[9]吴尚之．推动创新融合发展——在2014中国(武汉)期刊交易博览会开幕式上的致辞[J]．传媒，2014(9)．
[10]余树华．论期刊周期制转型[J]．出版发行研究，2013(4)．
[11]赵彦华．2011—2012年全国期刊业发展状况分析[J]．出版发行研究，2013(1)．

【作者简介】

周立春，武汉大学新闻与传播学院2014级博士研究生，商丘师范学院新闻与传播学院教师，主要研究方向：广告与传媒经济。

冉华，教授、博士、博士生导师，武汉大学媒体发展研究中心媒介理论研究室主任，武汉大学新闻与传播学院广播电视系主任，主要研究方向：传播理论与媒介发展。

中篇　重大项目专题研究报告

上海市“十二五”内涵建设项目中期成果报告

从新媒体到新新媒体
——美国新媒体之发展①

戴元光　周鸿雁

美国是新媒体大国。从10多年前的Yahoo等互联网门户网站，到以Google为代表的搜索引擎，而后的SNS②社交网站Facebook、在线视频网站Youtube，到2008年美国总统大选期间候选人奥巴马开通Twitter与选民交流，从而标志着“微博”这一新媒体形式的成熟，美国都走在了世界的前列。同时，美国新媒体产业的发展在技术研发与市场开拓等方面也处于全球领先地位。③

进入21世纪，美国新媒体的发展势头迅猛，并且极大地改变了人们交流、社交、接受信息和娱乐的方式以及媒体的格局。据统计，大约1/3的阅读在线电子新闻的用户对传统媒体失去了兴趣，电视收视率下降了35%，广播收听率下降了25%，报纸购买率下降了18%。④ 据“皮尤网络与美国生活项目”统计，2002年美国网民人数占公民总数的58%，而两年前这一数字为49%。另据Paragon研究公司的调查显示：1998年13%的美国家庭因上网而退掉了当年的报纸。⑤ 根据2010年由美国商务部下属的美国电信和信息管理局所发布的报告，有超过1.18亿美国人每天都要上网。⑥ 皮尤研究中心关于美国人获取新闻的多种渠道的2012年度报告⑦发现，足有一半的美国人从网络上获取新闻，与通过地方电视台和有线电视获取新闻的人(55%)几乎一样多，超过电台(33%)和报纸(29%)。25岁以下的人60%是从数字渠道即新媒体获取新闻的。皮尤研究中心的统计显示，随着网络媒体受众的增长，美国纸质报刊的发行量逐年下降，并直接影响其广告收入。就发行量和广告收入而言，2012年美国报业的规模比2000年已经缩水43%。

2013年，对于美国传统新闻行业来说，日子更加难过。美国皮尤研究中心发布的新闻业年度报告(*State of the News Media* 2013)称，美国民众对于新闻的消费习惯正在发生着改变，对报纸和电视等传统媒体的需求也在相应发生着转移。根据皮尤研究中心的调查，近1/3(31%)的美国成年人已经抛弃一家媒体(包括停止阅读一份纸质媒体，或不再收看某一电视频道)，抛弃的理由是这些媒体不再能够提供他们想要的新闻。另外，社交媒体网站已经成为重要的新闻发布渠道。大量新闻组织通过社交媒体覆盖广大网络用户，而社交媒体也把新闻作为增加其用户兴趣内容、提升自身广告业务的一种途径。2013年美国互联网广告

---

① 本文属于戴元光教授主持的上海市“十二五”内涵建设项目中期成果之一。

② SNS(Social Networking Services)，即社会性网络服务，是旨在帮助人们建立社会性网络的互联网应用服务。

③ 刘峰，任庆帅. 浅析美国电视在新媒体时代的创新发展方式[J]. 电视研究，2013(12)：75.

④ 孙庚. 美国新媒体的发展现状及其启示[J]. 新闻与写作，2010(12)：46.

⑤ [美]劳伦斯·莱斯格. 免费文化：创意产业的未来[M]. 王师，译. 北京：中信出版社，2009：XVIII.

⑥ U.S. Department of Commerce, National Telecommunications and Information Administration. Digital Nation: 21st Century America's Progress Toward Universal Broadband Internet Access[R]. 2010-02-01.

⑦ 参见《华尔街日报》，2013-03-29.

产业营收增长17%至428亿美元(约合人民币2633亿元)，超过电视广告产业的401亿美元(约合人民币2467亿元)，这也是互联网广告产业营收首次超过广播电视产业。

社交网站是以社交网络的概念设计出来的，社交网络是个联络网，例如联系在一起的人群。第一个社交网站出现在20世纪90年代中叶，至今已有超过200个社交网站。① 数据显示，全球最大的社交网站脸谱(Facebook)在美国也是第一大新闻阅读网络。64%的美国成年人每月访问该网站，其中有一半的人(30%)通过Facebook获取新闻。YouTube排在Facebook之后，通过其网站获取资讯的美国成年人的比例为10%。YouTube是美国使用量仅次于Facebook的第二大社交网络平台，约一半美国人(51%)都用YouTube，但由于其视频内容属性，通过YouTube获取新闻的用户只占其总用户的五分之一。Twitter紧跟其后，8%的美国成年人通过其获取资讯。虽然Twitter近年来对新闻传播速度影响巨大，但在使用人数方面，只有16%的美国成年人每月使用该网站。Google位列第四，有4%的美国成年人用其获得新闻。但由于Google强力推广其用户绑定Google和YouTube账号，未来比例应会上升。令人印象深刻的是一个较小众的社交网站，Reddit(网站名称发音等同于“read it”，中文翻译为“已读”)，虽然只有3%的美国成年人使用，但其中2/3的用户，即有2%的美国成年人在上面浏览新闻。

2007年，亚马逊公司生产出Kindle无线便携式阅读器，售价399美元，消费者可以用它从亚马逊网站上下载图书，以及订阅各种各样的报纸和杂志。② 2009年12月25日圣诞节这天，美国电子书销售量首次超过纸质书。此前的9月15日，《达·芬奇密码》的作者、美国人丹·布朗的新书《失落的符号》首发日，其电子书销量反客为主，超过纸质书。因此，有人把2009年称为世界电子书元年。③ 一些从事商业化写作的畅销书作家已经开始直接将书稿交给Apple、Amazon等公司，以便直接将书稿制作成可在苹果网上商店下载的电子图书，或制作成Kindle格式供Amazon Kindle阅读器阅读。④

皮尤调查报告显示，2010年美国网络读者数量和广告营收首次超过报纸。2010年，美国网络广告规模达258亿美元，而报纸为228亿美元。⑤ 2011年5月19日，亚马逊首席执行官杰夫·贝佐斯宣布，亚马逊电子书销量超过纸质书销量。

一、美国网络媒体发展世界最快

新闻网站是网络媒体的基本形态。根据尼尔森排名，美国最受欢迎的前6家网站分别是雅虎(Yahoo)新闻、谷歌(Google)新闻、微软全国广播公司(MSNBC)、美国在线(AOL)、美国有线电视新闻网(CNN)网站、纽约时报网站。其中，美国的三大门户网站是美国在线、雅虎和MSNBC。通过门户网站提供接入点，用户从这里可以链接到美国形形色色的网站。三大门户网站加上做搜索引擎起家的谷歌，美国在线媒体“四巨头”2006年在美国新媒体市场上就占据了半壁江山，市场份额超过57%；2008年占据了66%的市场份额。2011年美国互联网广告市场的规模达到313亿美元，主要由谷歌、雅虎、美国在线、脸谱和微软占据；搜索广告市场为143.8亿美元，其中93.6%的份额被谷歌、雅虎、美国在线和微软四大搜索

① [美]丹尼尔·沙勒夫. 隐私不保的年代[M]. 林铮顗，译. 南京：江苏人民出版社，2011：29.

② [美]约瑟夫·塔洛. 今日传媒：大众传播学导论(第三版)[M]. 于海生，译. 北京：华夏出版社，2011：299.

③ 展江，吴薇. 开放与博弈：新媒体语境下的言论界限与司法规制[M]. 北京：北京大学出版社，2013：68.

④ 匡文波. 手机媒体概论(第二版)[M]. 北京：中国人民大学出版社，2012：322.

⑤ 展江，吴薇. 开放与博弈：新媒体语境下的言论界限与司法规制[M]. 北京：北京大学出版社，2013：89.

服务提供商瓜分。

美国在线(AOL)是总部设在弗吉尼亚州维也纳的一家在线信息服务公司，创立于1985年。美国在线可提供电子邮件、新闻组、教育和娱乐服务，并支持对因特网访问。美国在线是美国最大的因特网服务提供商之一，1998年就拥有大约1200万名注册用户，2000年美国在线以创纪录的1810亿美元收购美国老牌媒体巨人时代华纳公司，二者合并后成为当时世界最大的传媒巨头——美国在线时代华纳公司。2006年8月，谷歌(Google)10亿美元投资美国在线。2007年9月17日，美国在线宣布将把总部从弗吉尼亚移到纽约。2009年12月9日，美国在线正式与时代华纳分离成立独立公司，并将标识改为AOL。2011年4月9日，据媒体报道，美国在线宣布它已经与微软签订了一份价值10亿美元的专利出售及授权协议。根据协议规定，美国在线将向微软出售800多项专利及相干应用并另外向微软非独占授权300多项专利，该项交易的总价格为10.56亿美元。2013年2月14日，美国在线证实已经收购技术测评网站gdgt，收购金额达7位数。2013年8月9日，美国在线花费4.05亿美元收购美国网络视频公司Adap。

与其他早期的网络服务提供商集中精力提供内容或广告不同，从一开始，美国在线的重点就放在聊天、公告牌和电子邮件等方面，以促进人们相互交往。它将自己定位为一个社区，一个人们能够畅所欲言的场所。①

雅虎(Yahoo)是美国著名的互联网门户网站，于1994年创立，创始人是杨致远和大卫·费罗。其服务包括搜索引擎、电邮、新闻等，业务遍及24个国家和地区，为全球超过5亿的独立用户提供多元化的网络服务。同时也是一家全球性的因特网通讯、商贸及媒体公司。雅虎1997年底推出免费电子邮件、免费聊天室和免费新闻。稍后，免费服务开始扩张到在线拍卖、购物、免费个人主页、金融信息和网上交易等方面。现在，所有的门户网站都提供同样的5种免费服务：信息(新闻)、沟通(电子邮件和聊天室)、购物(网络零售和拍卖)、免费个人网页服务和在线游戏。②

2003年3月，雅虎完成对搜索引擎Inktomi的收购，成为谷歌(Google)的主要竞争对手之一。2007年9月，雅虎公司以3亿美元收购蓝锂(Blue Lithium)。通过收购蓝锂，雅虎可以为消费者提供更具针对性的广告。据GeekWire网站报道，2014年3月雅虎宣布收购社交信息可视化技术创业公司Vizify。Vizify能将用户在社交网络上分享的信息转化成可视化格式。

微软网络服务集团(Microsoft)，是一家总部位于美国的跨国电脑科技公司，是世界PC(Personal Computer，个人计算机)机软件开发的先导，由比尔·盖茨与保罗·艾伦创始于1975年，公司总部设立在华盛顿州的雷德蒙德市(Redmond)。微软以研发、制造、授权和提供广泛的电脑软件服务业务为主，最为著名和畅销的产品为Microsoft Windows操作系统和Microsoft Office系列软件。目前它是全球最大的电脑软件提供商。

微软网络服务集团主要业务包括MSN.com门户、Windows Live服务和Live搜索。2007年微软以60亿美元收购网络广告公司aQuantiv。2009年7月29日，美国雅虎公司和微软公司宣布，双方已就在互联网搜索和网络广告业务方面进行合作达成协议。这项协议为期10年，雅虎网站将使用微软新推出的"必应"(Bing)搜索引擎，微软将获得雅虎核心搜索技术为期10年的独家使用许可权，而雅虎将负责在全球范围内销售两家公司的搜索广告。2011年5月10日，微软宣布以85亿美元收购Skype。该交易有助于微软吸引更多互联网用户，

① [美]劳伦斯·莱斯格. 代码：塑造网络空间的法律[M]. 李旭等，译. 北京：中信出版社，2004：83.

② [英]戴维·冈特利特. 网络研究：数字化时代媒介研究的重新定向[M]. 彭兰，等译. 北京：新华出版社，2004：206.

并在互联网广告市场缩小与谷歌之间的差距。该交易是微软截至 2011 年进行的最大规模的单笔并购交易。

1996 年，全国广播公司(NBC)与微软公司联合开办了微软全国广播公司电视频道(MSNBC)，受众既可以在家通过电视机收看有线电视的 MSNBC 节目，也可以通过电脑上网获取在线 MSNBC 的信息。2012 年 7 月 17 日微软与美国全国广播公司(NBC)正式宣布结束在互联网业务上的合作。MSNBC 更名为 NBCNews，但 NBC 将继续向微软的新闻站点 MSN 提供新闻服务，而作为回报，MSN 向 NBC 提供网络流量支持。

谷歌(Google)公司，是美国一家跨国科技企业，致力于互联网搜索、云计算、广告技术等领域，开发并提供大量基于互联网的产品与服务，其主要利润来自于 AdWords 等广告服务。1998 年 9 月 4 日，Google 由当时在斯坦福大学攻读理工博士的拉里·佩奇和谢尔盖·布卢姆共同创建，公司设计并管理一个互联网搜索引擎“Google 搜索”；Google 网站则于 1999 年下半年启用。Google 被公认为全球最大的搜索引擎，也是互联网上五大最受欢迎的网站之一，在全球范围内拥有无数的用户。2004 年下半年开始，Google 在竞争中异军突起，在美国搜索市场的份额迅速扩大。2005 年 2 月，Google 跃居美国头号互联网企业，10 月，公司市值超过了 1000 亿美元。Google 最初的成功主要得益于搜索业务，在互联网市场上，Google 是一个搜索功能最齐全、吸引网络广告主最多的新媒体。2006 年以来，Google 公司的业务从搜索开始向外扩张，已经扩充到电子邮件、电子支付、即时通信等领域。① 2005 年 12 月 20 日，谷歌公司宣布斥资 10 亿美元收购互联网服务供应商“美国在线”5%的股权。2006 年 10 月，Google 公司以 16.5 亿美元，收购影音内容分享网站 YouTube，是 Google 有史以来最大笔的并购。2007 年 12 月，Google 花费 31 亿美元并购了网络广告服务商 DoubleClick。2008 年 9 月 7 日，Google Map 卫星升空，将为“谷歌地球”(Google Earth)提供 50cm 分辨率高清照片。2012 年 10 月 2 日，谷歌已经超越微软，成为按市值计算的全球第二大科技公司。2012 年 12 月 2 日，谷歌突然斥资 1700 万美元收购一家名为 BufferBox 的电商储物服务公司，该公司的服务主要解决购物包裹递送“最后一公里”的问题。

二、美国传统媒体全面萎缩

1965 年盖洛普统计读报读者比例为 71%，十年前为 50%，目前是 38%，呈直线下降。但这个数字并不是读者全景图的真实反映，报网分流部分纸媒体读者，目前加上网络读者，数字应上升为 43%，肥水并没有流向外人田。不过纯粹网站读者只有 2%，4%是双媒体使用者。1987 年，《圣何塞信使报》上网，成为世界第一份上网的报纸。到了 1994 年，一批敢于创新的美国报刊在网上建立世界上第一批传媒网站，当时内容基本是纸媒体的翻版，“仅仅是印刷版报纸掺了水的变体”②。经过十多年的累积、发展，报纸网站大多成为区域市场中领先的新闻网站，美国报纸协会 2006 年 10 月发布报告指出，在美国各大报发行明显下降的大背景下，2006 年上半年，每月访问报纸网站用户达到 5550 万人，高出 2005 年的 4220 万人，上网浏览报纸网站的读者人数平均增长了 31%。2005 年《纽约时报》开始在网上确立重要地位。当年 3 月，它的网站吸引了 5.55 亿的点击量。到 2009 年，Nytimes.com 平均每月有 2000 万有效用户，成为互联网上访问人数最多的报纸。③

用户需求和技术推动报纸网站建设不断深化，及时采纳最新技术提供增值服务的理念得

---

① 吴小坤，吴信训. 美国新媒介产业[M]. 北京：中国国际广播出版社，2009：61.

② Joseph R. Dominick. The Dynamics of Mass Communication：Media in the Digital Age[M]. McGraw-Hill Companies，2004：95.

③ J. Charles Sterin. Mass Media Revolution[M]. Pearson，2011：95.

到广泛认同。早在2004年,《今日美国》网站刚开始盈利时就认识到Web2.0技术、RSS聚合服务和博客的出现使网络成为一个更加开放的小众化的领域。为深度融合数字技术和报纸竞争力之长,逐步合并纸媒体和网络部门编辑部,2006年1月,网站率先开辟博客并尝试将其与读者评论结合。两个月后,点击量飙升21%。

美国的期刊大多建有自己的网站。这些网站制作精良、内容丰富,可视性与可读性俱佳。从美国著名的期刊综合平台网站themagazineboy.com上可以查到当前较热门的1500多个期刊网站。其中,按内容来分,数量最多的是体育和消闲类的期刊网站(246个),其次是商业和金融类(168个),然后是计算机类(131个)、汽车类(115个)、爱好与工艺类(93个)、家庭与园艺类(81个)、科学与自然类(66个)、旅游与生活方式类(57个)、娱乐类(53个)、餐饮类(52个);而新闻类期刊只有46个,流行文化类33个,时尚类30个;此外,男性期刊16个,女性期刊43个,儿童刊物24个。

除了传统期刊纷纷建立网站,一些网络服务商也开始创办仅供网上阅读的"期刊"。最常见的是所谓E-zines,该词由electronic和magazine两词组合而成,因而,也称为"电子期刊"。此类电子期刊通常每周一期,专为某些具有特殊兴趣的人群服务,专业性很强。如总部设在美国达拉斯的国际报业营销协会就有每周一期的Newsletter向会员提供,内容十分丰富,深受业界欢迎。美国电子期刊发展迅猛,据美国电子媒体专家估计,各类E-zines的总和已经超过50万。①

苹果公司的iTunes网络在线商店于2003年4月28日开始运营。仅仅几年时间,它就成长为世界上最大的单个音乐销售公司,占据世界所有音乐零售总额的70%,有超过90亿首歌曲被用户购买和下载。② 据市场研究公司Nielsen Sound Scan的调查报告表明,在2007年第一季度中,美国音乐CD唱片销量下滑了20%,与此同时,网络音乐下载业务则撑起了唱片公司的盈利线。③ 在2007年只占全美音乐市场3%的在线音乐服务,2013年已占到该市场的21%。美国唱片行业协会表示,在线音乐服务2013年的营收达到了14亿美元,同比上升了39%。正是由于Pandora、iTunes Radio、Rhapsody、Spotify等在线音乐公司的努力,美国音乐市场从2009年至今一直维持在70亿美元左右的规模。在所有的数字音乐格式中,像Spotify、Rdio和Beats Music这样付费式订阅服务的增长速度最快,在2013年达到了6.28亿美元,同比增长57%。而像iTunes那样提供永久数字下载服务的营收则下滑了1%,降至28亿美元。④

三、美国在线视频世界领先

经过几年的发展,新媒体视频已经成为美国传媒业一个重要的产业增长点,吸引着更尖端的技术、更多的资金向这一领域集结,使其产品和服务更趋人性化。⑤ 行业的发展带来不同参与者之间的竞争与合作,也促使着行业标准的不断形成,占据优势地位的竞争核心由过去的传播渠道转变为平台、格式、传播方式等。突破了传统传播渠道的限制壁垒之后,许多有实力的公司都向在线视频的方向扩展业务。比如苹果公司的iPhone、iPad等终端并不定位为视频终端,但是凭借其开放的商业模式可以轻松地把视频服务加入其中,通过专用软件与

① 吴小坤,吴信训.美国新媒介产业[M].北京:中国国际广播出版社,2009:47-49.

② J. Charles Sterin. Mass Media Revolution[M]. Pearson, 2011: 157.

③ 吴小坤,吴信训.美国新媒介产业[M].北京:中国国际广播出版社,2009:49.

④ 2013年美在线音乐营收达14亿美元 同增39%[EB/OL].[2014-05-23]. http://www.ebrun.com/20140326/94757.shtml.

⑤ 吴小坤,吴信训.美国新媒介产业[M].北京:中国国际广播出版社,2009:53.

应用在短时间内获得大量受众。随着技术门槛逐渐被打破，在资本和市场的推动下，有实力的公司都向在线视频方向部署自己的发展规划，YouTube、Hulu 等视频网站不断加大视频购买力度、引进先进的营销推送模式，吸引着越来越多的观看者；不同类型的公司集团充分发挥自己的优势进军 OTT 业务，如索尼、松下等利用硬件销售优势，苹果通过硬件终端带动业务拓展，谷歌引进 Google+的社交网络模式，微软依托 XBO X360 拓展 OTT 功能，亚马逊也推出了预装在线视频功能的 Kindle Fire，从此呈现出了一场激烈的终端争夺大战。①

美国市场研究公司 ComScore 发布的 2012 年 11 月美国在线视频市场数据显示：11 月，共有 1.82 亿美国人观看了近 400 亿条视频。包括 YouTube 在内的谷歌网站独立观众数为 1.53 亿，排名第一。随后为 NDN(News Distribution Network)的 5570 万、Facebook 的 5380 万、雅虎网站的 5230 万和 Vevo 的 5200 万。按独立观众数计算，谷歌网站仍是美国最大的视频网站。美国用户观看了近 400 亿条内容视频，其中谷歌网站以 120 亿条排名第一，随后为 AOL 的 6.95 亿条。在前十名的视频网站中，谷歌网站用户参与度(按平均观看时长计算)最高。在 YouTube 的前十大合作伙伴中，Machinima 拥有最高的用户参与度，每位用户观看视频时长为 69 分钟，随后为 Maker Studio 的 38 分钟。Vevo 的视频播放次数达到 5.75 亿次，排名第一，随后为 Machinima 的 5.11 亿次。其他数据还包括：85.5%美国网民观看了网络视频；视频平均时长为 5.4 分钟，而视频广告的平均时长为 0.4 分钟；视频广告在所有视频观看中占 20.8%，在视频观看总分钟数中占 1.8%。②

保罗·莱文森在其著作《新新媒介》一书中提出，新新媒介是互联网上的第二代媒介③(也有人称之为社交媒介)，都是当代最热门、最给力的那些媒介，如博客网(原型肇始于 1993 年 6 月，于 1999 年定名为 Blog)、维基网(诞生于 2001 年 1 月)、"第二人生"(2003 年创办)、聚友网(MySpace，2003 年 8 月创办)、脸谱网(Facebook，滥觞于 2004 年 2 月，2012 年拥有大约 10 亿用户，覆盖了大约 10%的全球人口)、播客网(诞生于 2004 年初)、掘客网(创始于 2004 年 12 月)、优视网(问世于 2005 年 2 月)、推特网(创建于 2005 年 3 月)等。④ 这些新新媒介，并不以传播新闻为特长，而是更多地具有社交媒体的特点，它们已经并将继续改变传播业态的格局，比如于 2001 年 2 月 4 日上线的 Facebook 以其先进的网络社交模式获得高速发展，到 2010 年，其在世界品牌 500 强的排名中就超越了微软而位居第一。业界的另一领军者 Twitter 公司成立之后以其更为便捷的信息传播方式迅速网罗海量的用户，包括 Lady Gaga、奥巴马等在内的各界名人都成为其忠实用户，造就了广受关注和喜爱的新媒体形态。社交媒体凭借其庞大的用户群体和裂变式的传播方式成为信息发布与广告投放的良好平台，视频业务的份额也不断扩大。⑤

(1)YouTube。查德·赫利和史蒂夫·陈于 2005 年 2 月创办了 YouTube，早期公司总部位于加利福尼亚州的圣布鲁诺。网站的口号是"Broadcast Yourself"(表现你自己)。YouTube 最初只是为了解决私人问题：两个人想与另外的在异地的 6 个朋友分享一次晚餐聚会的录像，发送电子邮件时，却总是因文件过大被退回。查德·赫利和史蒂夫·陈开始在赫利的车库中研究解决之道，于是 YouTube 诞生了。2006 年 6 月，YouTube 的市值已经超过 10 亿美元，居全球 PSP 网站之首。2006 年 11 月，Google 公司以 16.5 亿美元收购了 YouTube，并把其当作一家子公司来经营。2008 年 1 月美国在线视频观看次数达 98 亿次，其中 YouTube 占

---

① 刘峰，任庆帅. 浅析美国电视在新媒体时代的创新发展方式[J]. 电视研究，2013(12)：76.

② ComScore：2012 年 11 月美国在线视频市场数据 共有 1.82 亿美国人观看 400 亿条视频[EB/OL]. [2014-05-23]。http：//www.199it.com/archives/86142.html.

③ J. Charles Sterin. Mass Media Revolution[M]. Pearson，2011：195.

④ [美]保罗·莱文森. 新新媒介[M]. 何道宽，译. 上海：复旦大学出版社，2011：8.

⑤ 刘峰，任庆帅. 浅析美国电视在新媒体时代的创新发展方式[J]. 电视研究，2013(12)：76.

了1/3。

(2)Facebook。Facebook是创办于美国的一个社交网络服务网站，于2004年2月4日上线。主要创始人为美国人马克·扎克伯格。Facebook在新闻报道上并不见长，但为人们在快速汇合意见、分享观点、传递信息、提供捐款等方面提供了重要平台。其主要使用者是高中生和大学生。在许多学校里只有Facebook可以使用，几乎每个学生都有一个账户。①

2010年2月2日，Facebook赶超雅虎成为全球第三大网站，与微软、谷歌领衔前三。同月，Facebook在美国国内替代了原排名第四的AOL。Facebook是世界排名领先的照片分享站点，截至2012年5月，Facebook拥有约9亿用户，到2013年11月每天上传约3.5亿张照片。2014年2月19日，Facebook宣布，该公司已经同快速成长的跨平台移动通讯应用Whats App达成最终协议，将以大约160亿美元的价格，外加30亿美元限制性股票，共计190亿美元，收购Whats App。彭博社称此交易是继2001年时代华纳与AOL合并之后互联网产业最大规模的并购交易。

(3)MySpace.com(聚友网)。聚友网成立于2003年9月，是目前全球第二大的社交网站。它为全球用户提供了一个集交友、个人信息分享、即时通讯等多种功能于一体的互动平台。人们可以把照片和视频张贴在他们的档案里，每位使用者都有一个空间作为博客，其中包含一个可以让朋友张贴意见的区域。在短短数年之间，MySpace便以指数方式扩展。到2006年，已拥有超过1亿名注册用户，并且正在以每天新增23万注册用户的速度继续增长。由于它惊人的成长速度和规模，2005年便以58000万美元被卖给了媒体大亨默多克。②

(4)Twitter。Twitter(官方中文译名推特)是一个社交网络和一个微博客服务，它可以让用户更新不超过140个字符的消息，这些消息也被称作"推文(Tweet)"。这个服务是由杰克·多西在2006年3月创办并在当年7月启动的。Twitter在全世界都非常流行，据Twitter现任CEO迪克·科斯特洛(Dick Costolo)宣布，截至2012年3月，Twitter共有1.4亿名活跃用户，这些用户每天会发表约3.4亿条推文。同时，Twitter每天还会处理约16亿的网络搜索请求。Twitter被形容为"互联网的短信服务"。网站的非注册用户可以阅读公开的推文，而注册用户则可以通过Twitter网站、短信或者各种各样的应用软件来发布消息。Twitter公司设立在旧金山，其部分办公室及服务器位于纽约。Twitter是互联网上访问量最大的十个网站之一。

四、移动互联成为全球趋势

2011年年初，美国总统奥巴马在美国国情咨文中提出未来几年美国经济社会的发展框架，其中的高速移动网计划引人注目。奥巴马认为发展明天的经济不能依靠昨天的基础设施，计划在10年内筹措近300亿美元，将移动频谱扩大一倍以满足移动宽带发展，使其高速安全的移动接入服务覆盖全美98%的家庭，并不断推动移动创新。移动互联使媒介使用更为方便，而媒介智能化将使受众的使用更加个性化。③

目前，移动新媒介基础设备主要是指笔记本、手机、PDA和车载移动数字电视这类个人移动终端，这些硬件设备的媒介开发和应用使得移动新媒介产业成为现代社会的潮流标志。④ 移动互联技术(WAP)是一种通信协议，其核心是为无线通信终端(例如手机)访问互联网定义一套软、硬件接口，从而使人们可以像使用PC机一样用手机来发电子邮件和浏览

① [美]丹尼尔·沙勒夫. 隐私不保的年代[M]. 林铮顗，译. 南京：江苏人民出版社，2011：32.
② [美]丹尼尔·沙勒夫. 隐私不保的年代[M]. 林铮顗，译. 南京：江苏人民出版社，2011：30-31.
③ 刘峰，任庆帅. 浅析美国电视在新媒体时代的创新发展方式[J]. 电视研究，2013(12)：76.
④ 吴小坤，吴信训. 美国新媒介产业[M]. 北京：中国国际广播出版社，2009：125.

互联网信息。①

2014 年 4 月，美国网络媒体 Business Insider 总编辑兼 CEO 亨利 · 布洛格特(Henry Blodget)发布《移动互联网的未来》报告，指出：在联网设备中，PC 所占份额越来越少；2013 年智能手机出货量接近 10 亿部；平板电脑正在吞食 PC；平板手机填补空白；可穿戴设备即将腾飞；越来越多的汽车引入互联网；同时，PC 厂家走入困境。报告称，移动拓展了数字生活：美国人每天在智能手机上花 1 个小时；美国人每天在平板电脑上花半个小时；移动是唯一增加的媒体时间，现在超过五分之一的互联网流量来自移动。移动带来了娱乐、通讯、媒体和商务新方式；全新通讯应用的快速增长；Whats App 拥有 4.5 亿用户，每天新增 100 万，每天分享近 10 亿张图片，Snapchat 每天分享近 5 亿张图片。移动视频蓬勃发展，全球移动视频流量将持续增长；社交和音乐现在主要来自移动领域；移动业务正在推动 Facebook 营收增长；现在移动流量占据电子商务流量的近 25%，但只有 13%的电子商务销售来自移动领域；零售商的移动顾客数量大幅增加；PayPal 接受了 300 亿美元的移动交易额；上年度星巴克移动交易额达到 10 亿美元。Uber 等移动车载服务日益繁荣。

2007 年 7 月问世的 iPhone 手机容易上网，功能很完备，这一硬件是新新媒介革命最典型的标志。这款手机结合多种功能于一体，比如网络、桌面、电子邮件、网页浏览及地图搜索等功能。正如它的电视广告所说：“这些年你……经历过这样的日子：你没有把电子邮件放在你的口袋里，没有把股票行情放在你的口袋里，或者没有把互联网放在你的口袋里，而你竟然生存下来了。问题是：‘你是怎样生存的？’”②2012 年美国《时代》杂志刊登了一期专题：移动技术改变世界。专题总结了手机给人们带来的十大变化：选举变得完全不同，选民注册、短信捐款更加方便，2012 年大选更加变化多端；通过短信做好事，比如移动公共领域公司创建人之一兼首席执行官杰德 · 阿尔珀特通过手机从事慈善和社会改革；与钱包说再见，手机取代银行卡与现金；许多公司利用手机探听人们的数码生活；人们的生活中充满了手机，走路、说话甚至睡觉都要用到手机；即使农村也实现了手机服务，不管居民是否想要；摄像头几乎无处不在，包括矿井深处也铺满线路。手机中出现越来越多小配件；不再禁止孩子使用手机，许多学校现在反而支持学生使用手机；疾病无处藏身，廉价、快速让手机成为救命必备品。

《移动互联网的未来》报告统计，智能手机销量已经超过普通手机，发达市场已接近饱和。全球智能手机平均售价预测显示，价格越来越低；iPhone 销量增长放缓，iPad 销量同样趋缓。2013 年平板电脑出货量接近 2.25 亿部，但是增长急剧放缓。将近 80%的智能手机搭载 Android，将近 60%的平板电脑搭载 Android。在应用开发方面，Android 曾远远落后于苹果，然而今非昔比，Android 现在与 iOS 同样受全球开发者的欢迎。Android“碎片化”有所改善，现在大多数用户使用“果冻豆”版 Android；苹果在美国依旧强劲，但在全球势力较弱，苹果广告依旧拥有广告收入优势，苹果在电子商务流量方面也拥有巨大优势。《时代》杂志的一项调查显示：1/4 的手机用户每半小时看一次手机，1/10 的用户每 10 分钟看一次，1/3 的用户出门不带手机会感到焦虑，3/4 的年轻人睡觉时开机，44%的人每天醒来的第一件事和睡前的最后一件事是检查手机。其结论是，手机已经彻底“绑架”了美国人。

苹果的另一款产品 iPad 于 2010 年面市，一种新的移动设备分类就此诞生，它区别于智能手机、手提电脑、电子阅读器或其他便携设备。人们仿佛一夜之间可以通过一个大的、高分辨率的触摸屏实现下载，并阅读书籍、观看视频、学习外语等，iPad 让这些体验变得方便、充满活力并且可以分享。通过这些总是处于联网状态的设备，几个人可以坐下来一起轻

---

① 戴伟辉. 网络内容管理与情报分析[M]. 北京：商务印书馆，2009：18.

② [美]约瑟夫 · 塔洛. 今日传媒：大众传播学导论(第三版)[M]. 于海生，译. 北京：华夏出版社，2011：198.

松地观看相同的电影或者研究相同的图像。现在平板电脑市场已经非常不同，平添了很多可选的替代方案、操作系统、产品外形等，由此拉开了这一市场竞争的序幕。从一份网站分析公司 Chitika 最新发布的报告可以看出，2012 年 12 月末，iPad 上的互联网流量从它原先占有所有平板电脑上网流量的 86%，下降了 7%。这种下降是平板电脑领域出现新的竞争者所造成的，包含亚马逊 Kindle Fire、三星 Galaxy、谷歌 Nexus、微软平板，所有这些平板电脑都分享了年末的网络流量。据调查，美国一半的成年人拥有平板电脑或 Kindle、Nook 这类阅读器。电子书阅读量在不断增加。

移动应用程序继续让这些设备上的功能得到更大的发挥，无数新的应用程序拓展了平板电脑的功能，整合生成了许多特性，例如位置识别、网络连接和其他内置传感器（如加速计）。比起智能手机，平板电脑的屏幕能呈现更精细的界面或可视区域。应用程序从游戏到银行服务，如允许用户查看自己的信用卡余额，科学和艺术应用程序允许用户探索外太空、卢浮宫和其他地区，这些或许他们毕生都无法身临其境地去感受。正是借助这种变革性的应用程序，平板电脑开始广受青睐并将成为高等教育强大的学习工具。

无线保真是一种可以将个人电脑、手持设备（如 PDA、手机）等终端以无线方式互相连接的技术，事实上它是一个高频无线电信号，由 Wi-Fi 联盟所持有，目的是改善基于 IEEE 802.11 标准的无线网路产品之间的互通性。

WiMax（Worldwide Interoperability for Microwave Access），即全球微波互联接入。WiMAX 也叫 802.16 无线城域网或 802.16。WiMAX 是一项新兴的宽带无线接入技术，能提供面向互联网的高速连接，数据传输距离最远可达 50 公里。WiMax 和 Wi-Fi 一样，都是用于传输无线信号的技术，但 Wi-Fi 解决的是无线局域网的接入问题，而 WiMax 解决的是无线城域网的问题。Wi-Fi 只能把互联网的连接信号传送到 300 英尺远的地方，WiMax 则能把信号传送 30 英里之远。WiMax 可以为 50 公里线性区域内提供服务，用户无需线缆即可与基站建立宽带连接。除此之外，WiMax 较之 Wi-Fi 具有更好的可扩展性和安全性，能够实现电信级的多媒体通信服务。①

WiMAX 还具有 QoS（Quality of Service，即"服务质量"）保障、传输速率高、业务丰富多样等优点。WiMAX 的技术起点较高，采用了代表未来通信技术发展方向的 OFDM/OFDMA、AAS、MIMO 等先进技术，随着技术标准的发展，WiMAX 逐步实现宽带业务的移动化，而 3G 则实现移动业务的宽带化，两种网络的融合程度会越来越高。

在美国，政府积极为 WiMAX 分配频段。美国 FCC 已为 WiMAX 分配频段。拥有 WiMAX 频谱资源（2.5GHz）最多的是 SprintNextel 公司，它对美国 WiMAX 市场能否真正起飞起着举足轻重的作用。SprintNextel 作出重大决定，在过去几年对各种基于 OFDM 无线技术试验和评估的基础上，决定使用 WiMAX 建设一个宽带无线网，与其现有移动网互为补充。以上被评估的技术包括 WiMAX、高通的 Flash-OFDM、UMTSTDD 和 TD-SCDMA。实际上 Sprint Nextel 已经用 CDMA2000 EV-DO 对其移动网进行了升级，这次部署与 EV-DO 互补的无线宽带技术是其转型战略的一部分。Sprint Nextel 希望移动 WiMAX 能够通过提供 2Mbit/s ~ 4Mbit/s 的传送速率来满足其用户未来更多的数据需求。该公司还将与英特尔、摩托罗拉和三星一起建网，2007 年投资 10 亿美元，2008 年投资 15 亿 ~ 20 亿美元。该计划的实现使 Sprint Nextel 的用户能够体验到一个全国范围的移动数据网，享受到更高的速率、更低的成本、更大的方便和更好的多媒体业务质量。SprintNextel 公司目前已在芝加哥、巴尔的摩和华盛顿等地向员工提供了 WiMax 服务，它将于 2014 年晚些时候在美国一些选定城市推出 WiMax 商业服务。专家预计，WiMax 技术有望在两年内在全球迅速扩张并得到广泛使用。

美国拥有世界上主要的移动运营商。Verizon 是美国最大的有线通信和话音通信提供商，

---

① 吴小坤，吴信训. 美国新媒介产业[M]. 北京：中国国际广播出版社，2009：153.

同时也是美国最大的无线通信提供商，覆盖美国近90%的人口，用户约为4.21亿。Verizon同时提供捆绑业务：话音业务、数据业务以及黄页等。AT&T是American Telephone & Telegraph的缩写，即美国电话电报公司，美国最大的本地和长途电话公司，美国第二大移动运营商。AT&T是iPhone最早的合作运营商，拥有大量iPhone用户。AT&T的网络制式是GSM，手机使用SIM卡。AT&T提供电视光纤、家庭宽带、固话同移动手机绑定的捆绑服务。T-Mobile USA成立于1990年，是美国市场上第二大GSM运营商。全美信号覆盖率达人口的99.5%，其用户数约1.21亿，是世界最大移动公司之一。T-Mobile在美国许多公共场所提供Wi-Fi无线宽带网络访问。其中包括机场、机场俱乐部、星巴克咖啡屋、Kinko's(供电子阅览、打印)、Borders Books and Music(售书、DVD、家具，内设咖啡厅)在内的很多地方部署了超过4500个无线信号覆盖区，方便用户随时随地上网。

五、美国数字电视全面覆盖

数字电视(DTV)是指电视信号从发射、传输到接收都运用数字技术实现的电视制式方式。1990年，美国通用仪器公司开发出世界上第一套全数字高清晰度电视系统，美国数字电视迈出了关键的一步。与模拟电视相比，这些数字信号能够在空中广播，或者通过有线或卫星系统进行传送。数字电视可以用一个新的宽屏幕、高清晰度的格式(HDTV)来传送电视节目。HDTV系列充分利用了数字信号，使用最高的数字电视图像清晰度，并伴以杜比数字环绕立体声。除了较高的图像清晰度外，HDTV还能以16∶9的形式显示图像，这比传统的模拟电视4∶3的形式视角更宽。① 美国数字电视的开播始于1997年，这一年有10多家数字电视台开播。1997年4月，美国联邦通信委员会推出了数字电视转换议程，向所有的全功率电视台分配数字频道。电视台需在9年内完成模拟信号向数字信号的转换过程。② 其后，全美便陆续建立了不少数字电视台。美国联邦通讯委员会(FCC)1997年就制定了地面电视系统分批次实现数字化的时间表：从2007年3月1日开始，所有新上市的电视机都必须安装数字调谐器。③

美国政府在推动模拟电视向数字电视转换时的主要考虑是：①维持自由而普遍的广播服务；②鼓励迅速有序地过渡到数字技术，使公众可以得益于数字电视，同时考虑消费者对现有电视机的投资；③允许为提高频谱使用的有效性而回收毗邻频谱段，允许公众从频谱中充分受益；④确保改进型电视系统以及回收频道最大限度地服务于公共利益目标。④

尽管有FCC的强力推动，但实际上，数字化的进展最初并未达到FCC时间表的进度。到2002年5月，商业电视台的数字化率仅达到32%，数字电视的家庭渗透率仅为2.49%。为了加速有线的数字化进程，美国于2002年制定了更加灵活有效的数字电视转换计划：2005年7月，四大电视网完全实现数字化，2006年7月，其他电视台完全实现数字化。数字电视逐步走进美国家庭。到2005年上半年，美国共有1497座地面数字电视台，占整个电视台的93.5%(2007年2月地面数字电视台数量达到1702家，占比98.8%)，覆盖了1.065亿电视家庭的99.7%的市场。到2007年，84%的美国家庭拥有一台光碟播放机，86%的家庭能够收到有线、卫星传输或者电话传输的电视信号。此外，大约在平均每5个家庭中，就

① 吴小坤，吴信训. 美国新媒介产业[M]. 北京：中国国际广播出版社，2009：86.

② [美] Kenneth C. Creech. 电子媒体的法律与管制(第5版)[M]. 王大为，于晗，李玲飞，等译. 北京：人民邮电出版社，2009：392.

③ 吴小坤，吴信训. 美国新媒介产业[M]. 北京：中国国际广播出版社，2009：94.

④ 涂昌波. 广播电视法律制度概论(第二版)[M]. 北京：中国传媒大学出版社，2011：70-71.

有一个家庭拥有一台数字视频录像机，它允许人们把节目录制下来，并在以后观看。① 目前，美国数字电视的普及主要通过有线电视(Cable TV)、卫星电视(Satellite TV)和网络电视(IPTV)进行。② 其中，有线电视和卫星电视占据了94%的市场份额。

美国联邦通讯委员会(FCC)所制定的一系列政策法规对美国的数字电视产业的发展具有重要意义，其有关技术标准、资源分配、设备定型以及转换时间表的决策严格地限定了美国数字电视转换的路径。③

2003年，美国第三大移动运营商Sprint PCS公司率先在美国推出手机电视业务，至今已有数十万用户通过手机观看直播新闻、体育节目和其他短片。用户可以通过手机在线即时观看美国财经资讯电视台、美国有线新闻频道、澳大利亚广播新闻网以及教育频道的节目。2005年初，Verizon无线公司也推出了Vcast手机视频服务，用户可以下载音乐或是观看电视短片。2005年2月，美国最大的移动电话公司Cingular推出了月租费为9.99美元的手机电视服务套餐，用户可以观看22个频道的电视节目。第四大运营商T-Mobile美国公司则在2007年推出这一服务。目前，Sprint和Cingular的用户都可以通过手机在线即时观看CNBC、MSNBC、澳大利亚广播新闻网以及教育频道的节目。④ ComScore公司的研究数据则进一步表明，手机点播视频是最受用户欢迎的视频形式。随着3G技术的普及而提速。Telephia Mobile Video Report的相关数据显示，2007年第一季度美国手机电视收入为1.46亿美元，同比增长198%；用户为840万人，同比增长155%。越来越多的美国人都拥有了能够播放视频的手机。电视和有线电视台一直都在试图找到办法，来创建能够获得赞助的手机视频节目。福克斯广播公司尝试发布了它的热播系列剧《24小时》的手机版本。其他电视网也试验了一些节目的宣传短片，并且希望在旅途中的一些人会对它们产生兴趣。⑤ 据统计，2008年8月，约有650万的美国手机用户观看过手机视频，其中360万用户观看过手机点播视频。⑥

互联网已经成为可以创造出无限频道的“电视资源”，这一定会使以有限频谱资源和自然垄断为理由的广播电视业管制成为过时之物。2010年5月20日，Google率先推出Smart TV。通过Smart TV，受众除了能观看目前由付费电视提供商提供的数百个频道之外，还能在电视上使用搜索引擎，观看互联网上海量的网络视频内容和流媒体，其中包括Netflix、亚马逊视频点播和YouTube等。Smart TV还支持Android平台的各种应用。用户可通过显示在电视屏幕上的搜索列表去搜寻现场直播节目、数字录像机录制的影像或YouTube等网站上的内容。⑦ 多家传统媒体集团为了应对YouTube的挑战而成立共同视频网站，Hulu便是一个典型的案例。Hulu的投资者包括迪士尼、福克斯(属新闻集团)、NBC(属康卡斯特)等，2007年成立以来，不同的股东共享优质视频资源，充分发挥了传统媒体的内容优势，同时还与雅虎、美国在线、微软等公司合作，使Hulu的视频内容获得更为广阔的传播渠道，完善的企业制度和顺畅的资本通道可以保证各方合作者的最大利益。⑧ 如今，观众越来越从传统电视转向Netflix、Huhu这类定制服务，电视业的结构面临变革。

---

① [美]约瑟夫·塔洛. 今日传媒：大众传播学导论(第三版)[M]. 于海生，译. 北京：华夏出版社，2011：547.

② 吴小坤，吴信训. 美国新媒介产业[M]. 北京：中国国际广播出版社，2009：123-124.

③ 吴小坤，吴信训. 美国新媒介产业[M]. 北京：中国国际广播出版社，2009：124.

④ 匡文波. 手机媒体概论(第二版)[M]. 北京：中国人民大学出版社，2012：132.

⑤ [美]约瑟夫·塔洛. 今日传媒：大众传播学导论(第三版)[M]. 于海生，译. 北京：华夏出版社，2011：577-578.

⑥ 匡文波，李一. 日美手机媒体发展的差异分析及其借鉴[J]. 新闻与写作，2010(1)：22-24.

⑦ 孙庚. 美国新媒体的发展现状及其启示[J]. 新闻与写作，2010(12)：47.

⑧ 刘峰，任庆帅. 浅析美国电视在新媒体时代的创新发展方式[J]. 电视研究，2013(12)：77.

【作者简介】

戴元光，中国传播学会会长，上海政法学院文学院院长，教授，上海大学上海电影学院博士生导师。

周鸿雁，博士，山东省济南市委宣传部副部长。

反思与重建
——2014 年中国传播学研究回顾①

孙 藜

本文回顾2014年中国内地传播研究的视角，是试图从学术史建构的较长时段，审视在这个“自然年份”中出现的若干较为重要的研究成果。论文选择着眼于在知识积累上或大或小的推进，对年度轨迹的描述隐含着视“传播研究”为“领域”而非狭义“学科”的认识前提，然“领域”宽泛且进路分歧，学力所限难保不挂一漏万、选评失当。本文以对话意识，从如下三个方面邀约学界同道共同审视2014年的传播研究：第一，当下为重建传播研究而做的反思和知识整理；第二，探究各种媒介所建构的社会关系及演变的传播史研究；第三，围绕(新)媒介展开的理论、方法思考与经验研究。

一、重建性反思与知识资源的清理

一段时期以来，中国内地传播学者对自身知识生产进行了持续反思，2014年在此方面的延续开辟了若干新面向，比如明确提出了“重建”或“整体转型”概念，并围绕“反思”本身展开了对话与批评②。除了规范性的倡导，反思与对话还表现在对中西传播学术史更具批判性的深入探究、对传播研究的核心概念和经典文本更为细致的辨析性阅读。此种宏观方向反思与知识清理并重的取向，与国际传播学界新近的动向不谋而合。依卜卫教授的描述③，第63届国际传播学年会的主题是“挑战传播学研究”，其下设有“挑战传播学和媒介研究的核心概念”主题分会，传播研究的一些重要核心观念诸如“社会和文化认同”“公共领域”“全球化”等，都受到了学者的批评。

反思关乎重建。正因此，反思什么，如何反思，对重建的方向与路径，都至关重要。黄旦教授借助华勒斯坦的“否思社会科学”的概念指出④，当下需要“否思”(Unthinking)传播研究自身的理性束缚，否思我们已有的知识基础、视野和预设前提。有若干篇论文与这一说法交相呼应。孙玮教授指出，“将美国主流范式的传播学研究取向(也只能算之一)当作人类传播研究的全部价值与意义，正是当前大陆传播学学科危机感、身份焦虑的主因。”⑤换言之，所谓的“反思”不能采撷美国主流范式的一两个小碎片作井底之观，要有努力打通人文、社科、技术诸领域的宏阔视野。2012年内地传播学界曾展开“超越功能主义”的讨论，张勇锋

① 本文属于上海市“十二五”内涵建设项目中期成果之一。

② 除了下文要提及的文章，陆续参与讨论的文章包括：杜骏飞，周玉黍. 传播学的解放[J]. 新闻记者，2014(9)：33-39；吴飞. 何处是家园——传播研究的逻辑追问[J]. 新闻记者，2014(9)：40-47；张涛甫. 新闻传播理论的结构性贫困[J]. 新闻记者，2014(9)：48-53；殷晓蓉. 传播学何去何从——基于时代变革的追问与思考[J]. 新闻记者，2015(2)：78-87.

③ 卜卫. 国际传播学研究：危机、批评与挑战[J]. 中国广播电视学刊，2014(12)：63-65.

④ 黄旦. 对传播研究反思的反思——读吴飞、杜骏飞和张涛甫三位学友文章杂感[J]. 新闻记者，2014(12)：40-49.

⑤ 孙玮. 为了重建的反思：传播研究的范式创新[J]. 新闻记者，2014(12)：50-58.

的论文对此进行了再反思①，特别指出“经验功能主义”之于中国传播研究，无论理论研究还是经验积累，均无从圈点，乏善可陈，既没有培养出规范系统成熟的研究方法，更谈不上基于经验事实的理论建构。

传播学术史研究也因引入了对自身视野和预设的反思，而对主流叙事提出了挑战。在一篇题为“中国传播研究的史前史”的论文中②，刘海龙探究了被目前大陆传播学界“集体遗忘”的一段历史，即20世纪初期对美国芝加哥学派如杜威、帕克等人传播思想的引进，以及民国社会学、新闻学界所展开的早期新闻传播研究。在此基础上该文指出，一方面，对学术史前史的知识考古，既能够揭示中国传播研究的历史何以被压缩成一个单维度的线性过程，失去了丰富的多义性和可能性；另一方面，经由考古所揭示出来的新历史，也会以知识资源参与到传播想象之中。与该文旨趣相近，殷晓蓉教授也对美国主流传播学的历史叙事提出了质疑③，借助马特拉将地理大发现和拓荒时期视为“传播学的前历史时期”的观点，其挑战了将“传播学诞生”立足于19—20世纪之交美国工业化、城市化以及社会科学条件之类的说法，就此指出，殖民拓荒时期的传播具有浓烈的意识形态色彩，是西方文明对于世界其他人类生活空间“扩张”“整合”或“赋予秩序”的开端。由此，在美国建立并向世界扩散的所谓“主流传播学”，其空间取向就呈现出更深的历史渊源。

传播研究的知识资源首先表现为该领域的基本概念和经典文本。2014年传播研究在此方面的清理工作更为自觉，越来越多的学者认为，概念在经典文本以及研究应用中的特定语境，必须得到审慎适切的辨析。例如，刘海龙在前述“史前史”的基础上梳理了中国内地语境中对“传播”概念的理解④，郭建斌对“媒介事件”和“传播仪式观”做了辨析⑤，黄典林对霍尔等人著作《控制危机》进行了深入解读⑥。特别值得一提的是，英国著名文化研究学者斯图亚特·霍尔于2014年2月10日逝世，内地和香港学术刊物都发表了纪念文章。陈力丹、林羽丰对其《编码/解码》这一经典文本的深度研读⑦，与香港学者马杰伟在悼念文章⑧的着眼点不谋而合，他们都对那种将“编码/解码”理论进行简化窄化的理解和应用提出了严肃批评。上述种种，无疑将有助于提醒和矫正传播学者在相当程度上依然存在的粗疏和浮躁的学风。

在面对挑战与危机的同时，传播研究也被认为蕴含着“前所未有的巨大机遇和飞越空间”，重建方向对其实现至关重要。孙玮提出要对历史各个时期中的、长久散落于各种路径的学术研究及社会思潮中的传播思想，予以打捞、聚合、吸收、转化，同时要“经过立足于

---

① 张勇锋. 经验功能主义：还原、反思与重构——对中国语境中传播学经验功能主义的再认识[J]. 新闻与传播研究，2014(9)：24-38.

② 刘海龙. 中国传播研究的史前史[J]. 新闻与传播研究，2014(1)：21-36. 近两年学界出现过若干篇对民国时期西方传播思想的研究，其对象涉及杜威、库利、李普曼、帕克等人，也算是不大不小的“热点”。新近的一篇如，刘晓伟. 李普曼新闻传播思想在民国时期的引介与接受[J]. 新闻与传播研究，2014(5)：89-97.

③ 殷晓蓉. 呈现与缺失：传播学研究中的“空间及其关系”[J]. 苏州大学学报(社会科学版)，2014(4)：171-176.

④ 刘海龙. 中国语境下“传播”概念的演变及意义[J]. 新闻与传播研究，2014(8)：113-119.

⑤ 郭建斌. 如何理解“媒介事件”和“传播的仪式观”[J]. 国际新闻界，2014(4)：6-19.

⑥ 黄典林. 道德恐慌与文化霸权：解读斯特亚特·霍尔等著《控制危机》[J]. 国际新闻界，2014(4)：55-67.

⑦ 陈力丹，林羽丰. 继承与创新：研读斯图亚特·霍尔代表作《编码/解码》[J]. 新闻与传播研究，2014(8)：99-112.

⑧ 马杰伟. 悼念霍尔：反思批判传播学[J]. 传播与社会学刊，2014(29)：25-32.

传播学基点的视角反转”。陈卫星教授认为①，任何理论的创新都离不开一条历史性线索作为出发点；无法脱离以一种意识形态的思考作为内核，更难以回避技术创新对实践能力的挑战。黄旦教授从学科建设的角度给出了“整体转型”的建议②，这包括三个层面的含义：学术研究方式要从职业的规范式研究转向人文和社科的经验性研究；转变专业设置逻辑；转变思维方式，当务之急是要将网络化思维贯彻在教学和研究的全过程中。

二、媒介、文化与中国现代性研究

大致上可以说，好的传播研究是从新闻传播入手探究社会理论的普遍问题，同时又能充分意识到“理论”与“经验”具体而复杂的历史情境。汉诺·哈特批评美国大众传播研究“始终对变化中的历史条件不敏感，而传播问题正是由历史条件决定”③。近些年中国内地传播研究中涌现的若干优秀之作，其进展体现在既从视野上努力与社会理论相勾连，同时又贯穿了较为厚实的历史分析。前所提及的从空间关系视角审视传播学术史建构的论文，即是一例，有关文化传播与中国现代性研究的研究更是典型体现，事实上这也可视为近几年成为学界热点的“跨文化传播”研究的组成部分。2014 年一个较为显著的动向是，在延续诸如“想象中国”、中西文化历史冲撞等较为宏大视野外，学者也从“主流之外”开掘传播与中国现代性的多元图景。

无论从“中国传播研究史前史”的角度追溯，还是欲打捞历史上“散落于社会思潮”的传播思想，《论语》中的传播观念都是一个重要问题。单波、肖劲草的论文总结《论语》传播智慧体现在三个方面：以对话创造理解、反思和领悟的契机；将亲情推广到各类人际关系中；在互动中注重“礼乐教化”和“忠恕之道”，该文将之置于与古希腊传播思想的跨文化比较视野之下④。作者从当今的世界交往体系出发认为，《论语》传播智慧显示的是中国人的精神交往特性，与西方基于理性的交往精神形成了某种互补关系，中国人可以通过温习这一智慧，建构交往的主体性，在一个多元文化主义的时代复活“仁”的主体间性的交往精神。

除了上述对中国本土传播观念的系统梳理、总结与中西比较，另一种进路是在近代历史行程中审视媒介、传播与中国现代性的关系。姜红的研究从晚清报刊“想象中国”的两种符号框架入手⑤，两种框架也即两种报刊建构民族主义的机制——“传统的发明”和“重构”，革命派成功将“黄帝”符号由帝王之起源“发明”为民族之始祖，而保皇派报刊则将“孔子”从“天下之师”“重构”成“中华教主”。作者检讨了两种符号框架的斗争，发现所呈现的是种族民族主义和文化民族主义两套报刊话语体系的观念碰撞。

中国近代报刊观念的生成，是另一个探究文化传播与现代性关系的着力点。李滨的论文从传教士报刊入手，使用本土概念“附会”来探究晚清东西方相遇时的跨文化交流问题⑥。“附会”又称“格义”，最早主要存在于汉魏时代的佛典翻译中，指的是在词语、概念上的对

① 陈卫星. 新闻传播理论创新的媒介学思考——回应《青年记者》编辑部的一个问题[J]. 青年记者，2014(6)：9-11。顺便一提，继 2013 年德布雷的《媒介学引论》由陈卫星教授引介之后，其另一本译著的出版，也应视为 2014 年大陆传播研究在知识积累上的重要事件。德布雷. 普通媒介学教程[M]. 陈卫星，王杨，译. 北京：清华大学出版社，2014.

② 黄旦. 整体转型：关于当前中国新闻传播学科建设的一点想法[J]. 新闻大学，2014(6)：1-8.

③ 哈特. 传播学批判研究：美国的传播、历史与理论[M]. 何道宽，译. 北京：北京大学出版社，2008：92.

④ 单波，肖劲草.《论语》的传播智慧：一种比较视野[J]. 国际新闻界，2014(6)：76-91.

⑤ 姜红. “黄帝”与“孔子”：晚清报刊“想象中国”的两种符号框架[J]. 新闻与传播研究，2014(1)：5-20.

⑥ 李滨. “附会”与中国近代报刊思想的早期建构[J]. 新闻与传播研究，2014(3)：99-116.

等翻译，用中国固有名词概念对译佛教的名词概念。后在晚清时代也成为士人接引西学的流行方式。作者认为，传教士报刊对晚清政治文化的“附会”，奠定了近代中国报刊实践的两个重要特质，即办报议政论政，强调报刊的启蒙、宣传和教育作用。在另一篇关注近代中国报刊理念生成的论文中①，朱至刚讨论了西方新闻理念在不同历史阶段对晚清民国报业的影响，紧密联系着士人对“我朝”与“西国”乃至“世界”不同关系的想象。

《传播与社会学刊》在2014年以一组专题论文方式讨论“晚清·民国的文化传播与中国的现代性”问题。如主持者所言，存在着各种有关“中国现代性”的“另类表述”，如“被压抑的现代性”“‘半吊子’文人的现代性”“儒家的现代性”“多元的现代化”等，就传播研究而言，以维新运动、五四新文化运动所表征的主流论述固然有深入细致下去的必要，但在“主流之外”也应“发掘出非主流、暗流、潜流、逆流乃至重建更多的主流论述”。该专题入选的六篇论文分别来自五个相关研究领域：戏剧、电影、图书、印刷业行会和语言媒介，从多个层面展现了晚清—民国的文化传播与现代性内涵，也显示了中国现代性的多重来源和多样表现②。

三、中介化、空间关系与媒介研究方法论

包括中国内地在内的国际传播学界，近些年所直面的“危机与挑战”“反思与重建”，很大程度上与新媒介技术对社会交往的重构息息相关。黄旦教授在“整体转型”的建议中指出，以新媒体的思维和逻辑，重新思考媒介、传播和人类的关系，是当下非常迫切但又未引起重视的问题。检视2014年的研究发现，尽管这尚未在总体层面上成为学界的清晰自觉，但在诸如新的理论与方法、新的研究议题等方面，已有若干研究做了值得肯定的推进。

“媒介化/中介化”和“城市/空间”，作为近几年传播学界研究新兴的研究分支领域，二者本身即存在着重要关联。潘忠党教授的论文在对“媒介化”(Mediatization)和“中介化”(Mediation)两个概念辨析的基础上，强调了“中介化”的理论视角意义③：即所有人类交往和互动都是中介了的过程，所有社会生活也都有中介的机制，观察并分析采用不同手段(包括技术手段)、以不同形态的呈现而发挥作用的中介机制，是理解社会生活如何发生的重要手段。该文由此呈现了一条可能的研究进路：着眼于新传播技术的使用者及其实践；考察其日常生活；解读如何通过使用新媒介展开意义或再现形式的创造，并以之参与社会与文化的建构。

在媒介与城市领域的研究议题，有不少都突破了“真实—再现”的传统媒体研究范式。徐国源、韩素梅关注的是作为城市物理空间与影像空间结合的LED大屏幕④，这是新兴起的一个都市文化传播研究领域。殷晓蓉教授则从理论上探讨了“媒介化”与“城市空间”的勾连⑤。仪式化传播活动借助于各种“符号”，能够创造物理空间之外的延伸和意义，媒介所建构的“无实体空间”与城市有形空间一道，在历史上促成了资产阶级“公共领域”及“想象的共同体”的诞生。该文特别强调了媒介在建构城市空间、城市空间本身以及人际交往关系上

① 朱至刚.“西国”映像：近代中国报刊理念的一项生成因素[J].新闻与传播研究，2014(9)：84-99.

② 萧小穗.晚清·民国的文化传播与中国的现代性[J].传播与社会学刊，2014(29)：33-42.六篇论文亦参见该期杂志。

③ 潘忠党.“玩转我的iPhone，搞掂我的世界!”——探讨新传播技术应用中的“中介化”与“驯化”[J].苏州大学学报(社会科学版)，2014(4)：153-162.

④ 徐国源，韩素梅.LED大屏幕与城市空间转型[J].新闻大学，2014(2)：41-44.

⑤ 殷晓蓉.媒介建构“城市空间”的传播学探讨[J].杭州师范大学学报(社会科学版)，2014(2)：118-123.

的多重性或复合性。孙玮教授的视角与此相近，她考察了影像作为一种特定的传播方式，对人与城市的关系进行了多重的颠覆与重构①。这体现为两个向度或模式："再现"使媒介影响了人们对与城市的认知；"拟仿"则将自身变成了城市的一部分，并以信息方式对主体发生着重构。由此，对"传播"内涵的理解，也从传递信息、促进交往、建构意义等工具性内容，扩展为本体论意义上的人类一种基本的存在方式。

新传播技术所中介的都市社会关系，也得到了来自政治经济学研究的批判性考察。曹晋、许秀云将"网络编辑"这一新兴职业群体视为传播新科技造就的都市知识劳工②。其研究发现，在全球经济一体化、转型中国信息技术普及化和中国文化创意产业繁荣的脉络中，网络知识劳工却遭遇着来自市场经济、雇佣制度、强制性消费主义等多重权力关系剥削，从而进一步地贫困化、无产化。显然，这与某些对新媒介的乐观态度形成了鲜明对照。按照丹尼尔·贝尔的理论，该职业群体置身 IT 行业、创造非物质劳动，典型地体现着传播新科技和创意产业前沿劳工的"光环"，理应以"创造性劳动"的角色具备"社会主宰"的地位和权力。

围绕传播技术、新媒介，2014 年的传播研究对方法论问题做了较为扎实的梳理，特别值得肯定的是，这些探讨不是为方法而方法，而是基于自身较长时段的经验研究积累。一个典型的体现，是有关传播人类学/民族志方法的讨论。郭建斌结合近年对"电影大篷车"的研究，对人类学新近兴起的"多点民族志"(Multi-sited Ethnography)方法进行了反思③，认为这一方法的根本之处不在于找寻某个(或某些)点上与众不同的方面，而是探究共处于一个"体系"中的不同点之间的关系或是勾连。任珏结合自身的网络田野经历，从女性主义科技研究的理论脉络切入，讨论了身体在场对网络田野研究的重要影响，倡导借由身体与性别的议题及方法论，进一步开拓网络民族志的研究方法④。孙信茹、杨星星对民族传播研究的可能性路径做了探寻⑤，这包括：要重视"媒介在场"；探究传媒在具体社区中的"媒介逻辑"，尤其是其"特殊逻辑"，即媒介在特定时空中的独特呈现以及不同文化系统中的人们如何创造性地理解和使用传媒的问题；最后还要深度挖掘和剖析"媒介意义"。

也有一些新近出现的研究方式超越了"研究"，与"行动"发生着关联。韩鸿对发展传播学 30 余年演变的梳理⑥，卜卫对"边缘群体与媒介赋权——中国流动人口研究"的方法提炼，都不约而同地关注到了"传播行动主义"(Communication Activism Research)。卜卫教授专文探究了行动传播研究的概念、方法论与研究策略⑦，其核心特征包括在研究设计和过程中包含"赋权"；研究者要利用自己的相关知识和分析框架，与局内人一起讨论发展或建构行动的知识和策略等。作者借由社会学界出现的"有机的公共社会学"(Organic Public Sociology)呼吁建立"公共传播学"，即学者与社会组织共同工作，创造公众的同时也创造了行动的传播学者，形成了学界与公众的双向交流和互相教育。

【作者简介】

孙藜，上海政法学院文学与传媒学院副教授，博士。

---

① 孙玮. 镜中上海：传播方式与城市[J]. 苏州大学学报(社会科学版)，2014(4)：163-170.

② 曹晋，许秀云. 传播新科技与都市知识劳工的新贫困研究[J]. 新闻大学，2014(2)：93-105.

③ 郭建斌. "电影大篷车"：关于"多点民族志"的实践与反思[J]. 新闻大学，2014(3)：45-50.

④ 任珏. 身体的在场：网络民族志的性别反身性[J]. 新闻大学，2014(2)：63-71.

⑤ 孙信茹，杨星星. 经验表述与理论探寻——民族传播研究的可能性路径[J]. 传播与社会学刊，2014(30)：133-156.

⑥ 韩鸿. 发展传播学近三十余年的学术流变与理论转型[J]. 国际新闻界，2014(7)：99-112.

⑦ 卜卫. "认识世界"与"改造世界"——探讨行动传播研究的概念、方法论与研究策略[J]. 新闻与传播研究，2014(12)：5-20.

反思·创新·转型①

——2014年中国媒介经营与管理研究

孙 健

随着媒介技术的迅速发展，新的媒介形式的不断涌现，传媒经营与管理也在随时面临着变化和调整。因此可以说任何一年，对于传媒业的经营与管理者来说，都是未知的，因为不知道要有多少变化和调整；却又都是已知的，因为变是不变的。2014年，学界对这些变化和调整也有不少探究和思辨，本文通过对2014年国内主要学术期刊所发表的相关学术论文进行梳理，希望能够为2014年的媒介经管研究勾勒一个轮廓。

一、传媒产业发展趋势研究

在信息消费与信息传播日趋扩展的社会环境之中，传媒业的外延在不断扩大，价值也趋于多元。传媒业的发展趋势如何一直以来是学者们关注的热门话题，2014年亦如是。

首先是对于传媒产业规模与结构的关注，通过对传媒产业发展概况的介绍，崔保国等根据对传媒业发展现状和趋势的分析，认为传媒产业未来五年还将保持较快速度的增长，产业集中度和行业整体实力将进一步提升。初步预计，2014年中国传媒产业规模将超1万亿元人民币，2018年达到1.6万亿元，文化传媒产业整体规模超过5万亿元，GDP占比达到5%。② 对于传媒产业结构，有学者撰文指出经过30多年的渐进式改革，中国传媒产业市场机制的作用日益凸显，制度建设和市场机制的不断完善，是今后传媒产业市场结构优化的基本条件。③ 另外，我国传媒产业的并购重组要讲究策略：要加强经营整合，要加强管理整合，要加强文化整合，要加强财务整合。④

此外，传媒产业的转型升级也是传媒产业发展的重要议题。喻国明对于互联网逻辑下传媒产业转型升级的关键与发展进路进行了探讨，指出当前的传统媒体正通过转型来谋求新的发展，当传统媒体原有的发展逻辑难以为继之时，正确理解互联网逻辑成为传媒在当下生存发展的基础。⑤ 不少学者还从媒体融合的角度探析了传媒产业的发展道路。现阶段，我国处于文化体制改革的关键时期，媒体融合集团要想实现更好的媒体融合效果，必须从多方面考虑新型传媒产业集团的管理价值、经营价值和产业价值，探讨集团内各媒体企业的联合经营模式的可靠性和合理性。通过媒体融合、整合渠道的方式提高集团新闻传播效率、新闻传播质量。⑥

除了整体探讨传媒产业的发展趋势以外，学界还从报业、广播电视、新媒体、出版业等

---

① 本文属于上海市“十二五”内涵建设项目中期成果之一。

② 崔保国，何丹嵋. 中国传媒产业规模将超万亿元[J]. 中国报业，2014(5)：36-40.

③ 陶喜红. 中国传媒产业市场结构演变的趋势[J]. 中州学刊，2014(2)：168-172.

④ 肖叶飞. 我国传媒产业并购重组之现状[J]. 新闻战线，2014(11)：78-80.

⑤ 喻国明. 互联网逻辑下传媒产业转型升级的关键与发展进路[J]. 新闻与写作，2014(7)：50-55.

⑥ 王滟. 以媒体融合发展模式探索传媒产业新型发展之路[J]. 中国报业，2014(2)：31-32.

领域对传媒产业的发展进行了研究。

1. 报业向何处去

传统媒体的生存问题已是老生常谈，报业作为传统媒体的代表首当其冲地面临着这一问题，2013 年上海报业集团的成立再次将报业推上了风口浪尖。有学者认为上海报业集团的重组是我国报业集团化进程中一种“返璞归真”的举措，是历史必然；也有学者指出这是一次主动性的战略调整，是精心考量的一次顶层设计；此外，亦有学者认为上海报业集团的成立，凸显了报业集团组建逻辑的政治性而不是经济性，这次上海报业集团的合并重组，压倒性的动力应该是意识形态的安全性。①

由于互联网冲击所带来的传统新闻业的颓势，不少学者对于纸媒的发展前景仍然抱有希望，认为上海报业集团的组建，本身就是行政部门强烈的“救市”信号。② 在新媒体发展的背景下，报业的数字化转型被学者们视为纸媒的重要出路。报纸要在数字化浪潮中成功转型，需要充分发挥优势、抓住机遇，寻找一条适合自己的道路。③ 张志安从媒介融合的视角提出了报业的发展趋势。④

2. 广播电视业需要走多元化道路

新媒体的发展对于传统媒体冲击很大，而作为传统媒体的主力，广播电视业所受到的冲击自然不必多言，而学者们所能提出的最为重要的解决办法似乎就是媒介融合。但也有学者清醒地指出，在传统媒体与新兴媒体的融合发展进程中，我国广电行业不应被动融合，也不应盲目扩张，而应立足自身独特的资源和优势，实现自身实力的增强和努力吸收外部资源，实现内部外部的共同发展。⑤

产业多元化是当今世界大型企业集团做大做强的战略性选择。近年来，中国广播电视产业在政策、技术、市场等多重因素推动下，积极探索跨媒体、跨地域、跨所有制、跨行业的多元化发展。其中，上海、江苏、湖北等省级广电集团已率先构建起多元化产业布局，为整个产业探索多元化跨界发展提供了参考样本与经验。⑥

3. 顺势而进的新媒体产业

随着信息技术与网络技术的发展，信息传播方式发生了很多变化，产生了许多新兴媒体。新媒体产业发展势头强劲，能否顺势而进成为新媒体产业发展的关键所在。2014 年 8 月 18 日，中央全面深化改革领导小组审议通过《关于推动传统媒体和新兴媒体融合发展的指导意见》，习近平总书记强调，要着力打造一批形态多样、手段先进、具有竞争力的新型主流媒体，建成几家拥有强大实力和传播力、公信力、影响力的新型媒体集团。

新媒体能在媒介融合中扮演什么样的角色极为重要，有学者适时提出新媒体产业应该具有前瞻性和敏锐性，积极开发相关产业，成功实现传媒企业从跨媒体整合营销到形成新媒体产业链的转型。⑦

---

① 韩晓宁. 从上海报业新动向看中国传媒业转型与政媒关系[J]. 国际新闻界，2014(2)：58-68.
② 吴自力. 问题与对策：南方报业转型发展分析[J]. 新闻大学，2014(2)：148-152.
③ 杨根福. 报业数字化现状及趋势研究[J]. 中国出版，2014(12)：35-40.
④ 张志安. 报业融合发展趋势及挑战[J]. 中国报业，2014(11)：37-39.
⑤ 谷虹. 广电产业与新兴媒体融合发展的平台战略[J]. 暨南大学学报(哲社版)，2014(9)：153-164.
⑥ 王建军. 广播电视产业多元化跨界发展的战略布局[J]. 中国广播电视学刊，2014(9)：34-37.
⑦ 张颂扬. 从跨媒体整合营销到形成新媒体产业链[J]. 新闻爱好者，2014(12)：79-81.

4. 传统出版 VS 数字出版

2014 年对于出版产业的探讨主要集中于两个话题：传统出版与数字出版。

任何事物在诞生的同时，也注定要走向衰退或消亡，这是事物发展的客观规律，产业的演化也不例外。有学者就传统出版业的衰退进行了研究，认为传统出版业已不可避免地进入衰退期，但是却不可能被新兴数字产品完全替代，因此，在可预见的将来甚至永远都不会消亡。①

作为出版业的另一个代表势力，数字出版业也逐步走向市场化和规范化，在我国传播领域的重要性越来越凸显，正逐步成为我国传播领域的支柱产业。尽管如此，仍有学者指出，我国数字出版业存在阅读资源内容匮乏、数字出版的版权不明确、人才匮乏、数字出版行业标准尚不统一等问题。针对这些问题，应该建设数据库，增加数字出版资源；整合传统出版业和数字技术公司；打造出版产业数字化全流程系统；打造大型出版集团；加强人才培养。② 此外，还有学者就出资出版产业的盈利模式③、出版产业经济的发展现状④等热点问题进行了探讨。

二、传媒体制、规制研究

在我国建设社会主义文化强国的背景下，整个文化产业的地位被提升到了国家战略层面。作为市场经济的重要组成部分，传媒产业在市场中受到市场经济规律的支配，单纯依靠市场机制存在着很大的局限性。为保证传媒产业沿着正确的方向持续、健康发展，对于传媒产业的规制与管理制度显得极为必要。

1. 传媒管理体制急需变革

传媒体制改革历来是传媒业界和学界持续讨论的热点话题。长期以来，无论是新媒体形态的出现还是传媒管理或政策方面的细微调整，都会带来关于传媒体制改革的热议。有学者提出了“大文化传媒行业”的概念，指出我国文化体制管理模式面临着结构再造、建立“大文化传媒体制”的迫切要求。⑤

中国传媒体制改革既是一场深刻的政治、经济、文化体制改革，更是一场思想革命和管理革命。中国传媒制度的安排既要坚守国家根本制度的性质⑥，又要体现出传媒属性从单一到多元以及基于国家、社会和市场的传媒结构重建的制度安排逻辑。⑦

2. 传媒法制体系

我国传媒法制一直没有形成规范、完善的体系，而西方一些国家经过较长时间的发展，形成了比较完善的体系。在传媒迅速发展的时代背景下，我国传媒需要建构适应现代传媒发展状况的法制体系。有学者提出通过对英国通信管理局执法报告的解读分析，探讨了有益于

---

① 王子博. 传统出版产业的衰退症候与调整策略[J]. 编辑之友，2014(4)：16-20.

② 李海燕. 我国数字出版产业问题及对策建议[J]. 内蒙古师范大学学报，2014(11)：174-176.

③ 朱云. 数字出版产业赢利模式的创新[J]. 南京社会科学，2014(9)：149-154.

④ 刘书慧. 我国出版产业经济的现状、挑战与对策[J]. 当代经济，2014(13)：137-138.

⑤ 傅才武. 对构建大文化传媒行业体制的思考[J]. 政策，2014(2)：53-55.

⑥ 刘艳娥. 生态文明视野下中国传媒制度安排的内涵、语境及层次[J]. 云梦学刊，2014(9)：142-146.

⑦ 李杉，阮毅. 传媒体制“两分开”的制度安排逻辑[J]. 武汉科技大学学报(社科版)，2014(6)：336-340.

我国传媒规制的经验和方法，指出我国需要根据传媒发展现状对法律法规进行进一步整合，完善法律法规，建立统一的法律体系。①

此外，对于新时期传媒与司法的关系，诸多学者认为应该打破二者原有的二元对立关系，建构传媒与司法之间良性的多维关系，以新闻立法保障信息传播的平等与自由；推进政治体制改革，营造宏观现实环境。②

3. 媒体侵权研究

2014年，学界对于媒体侵权的研究较为集中，而网络媒体又是媒体侵权的重要主体。对于媒体侵权的研究主要集中在对这种侵权行为的成因以及主要表现的描述上，视角无非是对于相关法制不健全、技术管控存在一定难度等的分析上。

恰是从具体相关法律条文出发对传媒侵权进行的研究让人眼前一亮。《侵权责任法》中第36条关于网络侵权责任的规定，既有利于依法确定网络服务者的侵权责任，又有利于维护和促进网络事业的发展。研究者认为，尽管《侵权责任法》对网络侵权做出了规定，要想解决更多的网络侵权问题，整治网络秩序，维护互联网事业的发展，仍有更多的不足有待我们完善，我们要坚持不断地从实践中总结经验，对网络侵权责任做出更加明确、正确、详细的规定，《侵权责任法》才能发挥其更大的作用。③

三、文化产业研究

2014年我国文化产业研究集中体现在三个范畴，分别为文化产业制度研究、文化产业发展趋势研究和文化产业园研究。总体而言，三个范畴的研究均从当下时代背景出发，体现了基于现状剖析问题并探寻解决策略的基本研究思路。在研究方法上，多体现为现状描述和理论剖解，实证研究尚不多见，相似观点较多，研究视野和角度仍有待拓展和创新。

1. 文化产业制度研究

对于我国文化产业制度，有学者对不同模式下政策管理对文化产业发展的重要性做了分析，立足我国文化产业起步较晚且为形成固定模式的特点，引入英美法日韩等国产业模式进行对比，从管理机构、管理模式、相关立法和政策取向等方面比较，进而反观中国自身并探寻国家政策管理对于不同模式下文化产业发展成功的重要性。④

对于如何建构我国的文化产业制度，吴长军在《文化产业促进立法的现状及制度建构》一文中剖析了我国文化产业立法体系尚需完善、立法理念尚需改进、立法层次不高与地方立法尚需加强等现状，提出完善文化产业、促进法立法规划与框架、确立文化产业促进法的基本原则与健全文化产业促进法的调控管理体系等策略。⑤

2. 文化产业的发展趋势研究

文化产业在综合国力竞争中的地位和作用日益凸显，已成为影响世界经济格局的重要力量，我国将建设文化强国作为重要的发展战略。有学者认真梳理了“十二五”规划实施以来

---

① 章玲. 英国通信管理局执法报告解读及对我国传媒规制的启示[J]. 中国广播，2014(8)：28-32.

② 张子凡. 新形势下传媒与司法良性关系的建构策略[J]. 汕头大学学报(人文社会科学版)，2014(1)：75-81.

③ 齐协. 论《侵权责任法》下的网络侵权责任[J]. 法制与社会，2014(2)：272-275.

④ 苏宁. 不同模式下政策管理对文化产业发展的重要性研究[J]. 现代营销，2014(9)：124-126.

⑤ 吴长军. 文化产业促进立法的现状与制度建构[J]. 特区经济，2014(7)：141-142.

我国文化产业发展的总体成就，同时着重分析了我国文化产业的现存问题。①

个案研究方面，陈丽娟、舒咏平以本山传媒为研究对象，在分析本山传媒价值链的市场、品牌、渠道、产品、人力资源五大具备战略意义的要素环节基础上，总结出“品牌导向的要素价值整合模式”是本山传媒成功的关键。由此可见，具备市场竞争优势的文化产业应是：在价值链整合中形成要素价值最大化，在价值链的市场呈现中成本最优化，在价值链自身价值的聚焦中品牌化，在价值链的要素转换中发展持续化。②

3. 文化产业园研究

对于文化产业园的研究重点集中在对特定区域文化产业园的分析和研究上。如徐珊对江苏文化产业园的集聚模式展开研究，认为江苏省产业园集聚存在依托高校资源建设的产业园数量少、旧厂房改造缺少人文关怀、新建产业园人才缺口大的问题。基于对上述问题的剖析，作者认为在注意力经济视角下应着力推进江苏省文化产业园与高校之间产学研合作进程，重视旧厂房改造中“记忆的保存”与“艺术的呵护”，增强创意产业新区人才吸引力。③

此外还有学者试图对文化产业园发展中政府的角色定位进行研究，有针对性地提出政府在促进文化产业园健康有序发展的过程中应承担的角色，从政府角色的角度提出促进文化产业园健康发展的政策建议。④

四、广告经营与管理研究

1. 广告产业与经营

我国现代广告业在改革开放后经过短短 30 多年的发展，体量已经非常巨大。但是，随着数字技术、网络技术的不断创新与应用，数字电视、IPTV、互联网、手机等新媒体形式不断涌现及日益发展壮大，构成了广告业生存与发展的全新背景与环境，我国广告业面临严峻挑战。

倪宁等指出我国广告媒体出现了整体的消长与局部的分化。随着 21 世纪以来互联网、数字电视、手机等诸多新媒体的快速崛起及其在用户规模、广告产品形式和广告经营方式等方面的不断突破，其在提升了整体广告媒体营业额的同时，亦使得广告媒体市场结构发生变化。⑤

新媒体背景下，广告数据呈几何态势增长，既包括广告投放数据、社交数据、购物数据等多元数据，也包括图片、文字符号、影音等不同类型数据以及来自手机、电视、电脑不同媒体的信息。李亦宁等研究指出，大数据时代的广告传播是以数据为基础、以技术为前提，针对特定受众的个性化传播；数字媒体发展的核心是数据驱动，应该以数据为导向，对数据资源的控制、发掘将和广告创意、客户资源维护能力一样成为广告公司的生存必需品。⑥

2. 广告管理研究

与广告产业相关的法律法规是管理广告产业最为有效的手段。2014 年对于广告管理的

---

① 张宝英，张蕙．“十二五”中期我国文化产业发展趋势分析[J]．经济研究参考，2014(10)：45-50.
② 陈丽娟，舒咏平．从“本山传媒”透视文化产业价值链整合[J]．编辑之友，2014(4)：60-63.
③ 徐珊．注意力经济视角下江苏文化产业园集聚研究[J]．传媒观察，2014(12)：51-53.
④ 李蕊．文化产业园发展模式及园区建设中的政府角色定位[J]．商业时代，2014(12)：134-135.
⑤ 倪宁，王芳菲．新媒体环境下中国广告产业结构的变革[J]．当代传播，2014(1)：88-90.
⑥ 李亦宁，杨琳．大数据背景下广告产业生态的嬗变与重构[J]．当代传播，2014(2)：86-88.

研究主要集中在广告法领域。广告法的研究都十分具体，有学者探讨互联网时代的广告法制建设，有学者探讨如何规制虚假广告，还有学者就广告法中的具体法条进行研究。

随着网络时代的来临，包括广告在内的商业信息传播呈爆炸式增长，这完全不由管理者意志决定。但是，法律制定的滞后给我们提出了应立什么样的法的问题。2014 年，我国对《广告法》进行了修订，倪宁等认为新的《广告法》针对广告领域出现的新情况、新问题，着重解决公众关注的虚假违法广告治理问题，加大对虚假违法广告的惩治力度；充实和细化重点商品、服务广告内容准则和广告活动规范。但严格地分析，广告立法过程并未结束，我们仍需要继续使已经得到社会基本共识的广告价值得到保护，使重大的广告立法目标在实务中得到贯彻和实现。①

在具体法条方面，有学者就《广告法中》第 56 条和第 57 条中规定的虚假广告相关责任主体“消除影响”的法律责任②、第 38 条中的“消费者”③进行了研究。可以看出学界对于广告法研究的具体和深入。

【作者简介】

孙健，上海政法学院文学与传媒学院讲师，博士。

---

① 倪宁，陈硕. 互联网时代广告法制建设[J]. 国际新闻界，2014(9)：135-145.
② 李国庆. 论《广告法》(修订草案)中的“消除影响”法律责任[J]. 新闻界，2014(18)：53-57.
③ 程子薇. 论《广告法》第 38 条中的“消费者”[J]. 安徽大学学报(哲社版)，2014(5)：125-131.

新媒体的“新星”研究：2014年图景①

於红梅

自1994年第一次全功能接入国际互联网以来，在短短20年间，我国已一跃成为世界第一网络大国。以网络为基础的新媒体，对我国社会生活的各个方面都产生了巨大、深远的影响。国内外学者对此展开的研究也层出不穷。同时，随着移动互联网及相关新型信息技术与社会生活的日益深度连接，与此相关的学术探讨也呈现出跨学科或多学科的特征。

那么，我国学者在这个生机盎然的领域都探讨了什么、提出了哪些理论观点、呈现出怎样的基本特征？为回答这些问题，笔者梳理、整合了2014年刊发于国内主要学术期刊的新媒体研究论文。② 限于篇幅，本文在系统梳理的基础上，选取并简述几个最具特色的重点。

微博、微信和移动传播，以及“新社交工具时期(App)”的媒介③，是这一年新媒体研究特别青睐的“新星”。有研究者梳理了近十年来我国互联网传播领域由博客、微博和微信所引发的三次重大变革，并认为它们从根本上改变了中国社会传播的模式和方法，并将塑造以个人为中心的全新互联网面貌。④

在针对中国微信发展的一项量化研究中，匡文波将微信置于和其他媒体渠道或平台的比较当中⑤，发现微信、微博、网络新闻信息、报纸、广播、电视新闻的信任度分别为：63.4%、38.6%、21.7%、19.6%、14.6%、33.9%。在此基础上，他分析了微博与微信在传播方式、用户社交以及传播效果方面的区别。

新媒体研究中的这些“新星”，凸显了新媒体发展的现状：它是国家发展的战略重点，并已成为经验研究关注的重点。反映这个状况，2014年的研究中尤其值得关注的是国家基础设施(尤其是安全、隐私)的建设、新闻业的重构、新受众的了解、网络群体、国家治理和公众表达这几个亮点。

一、国家基础设施建设

就网络作为国家基础设施和治理的基本领域，学者们探讨了一系列议题，其中一个是三网融合的进一步发展。彭兰认为，移动互联网的出现是三网融合升级的起点。未来，广电网、电信网、互联网的三网融合将演变为NGB、移动互联网及物联网的融合，即新三网融

---

① 本文属于上海市“十二五”内涵建设项目中期成果之一。

② 笔者在用关键词系统检索中国知网的基础上，重点翻阅了2014年度包括《新闻与传播研究》《国际新闻界》《新闻大学》《现代传播》《新闻记者》在内的主要期刊，由此汇集了145篇论文，对它们做了系统的阅读、概述和分类。对文献的量化概括和内容的详细评述，可参见《中国新闻与传播研究蓝皮书(2014)》一书中笔者所负责撰写的《2014年度中国新媒体与社会发展研究》。

③ 杜友君，杜恺. 20年：从Web到App，从开放到圈子——我国网络社交工具发展历程简析[J]. 现代传播，2014(10)：120-124.

④ 方兴东，潘可武，李志敏，张静. 中国互联网20年：三次浪潮和三大创新[J]. 新闻记者，2014(4)：3-14.

⑤ 匡文波. 中国微信发展的量化研究[J]. 国际新闻界，2014(5)：147-156.

合，它将造就一个终端和网络无所不在、万物互联的泛在网络。① 这一发展趋势也促发了针对国家基础设施和治理的互联网思维。②

2014年也被称作中国网络空间战略的开局之年。方兴东等人提出，在制度层面，我国的国家网络安全意识正在逐步上升③，但有学者指出，我们仍旧缺乏国家层面的网络空间发展与安全战略。④ 而对互联网的有效治理，最终必须依靠强大的社会化治理体系的建立，包括互联网监管现代化、政府信息平台建设与完善，以及调整和推行新的合宪合法的互联网新闻信息管理制度等。⑤。

网络空间安全不仅涉及国家层面的战略，而且也涉及个人层面的信息安全保障。在大数据时代，因网络搜索引发的个人信息安全问题也越来越引起人们的重视和担忧。在此背景下，研究者们展开了对于如何构建个人信息安全保障体系、公共数据开放与个人隐私保护之间的悖论、版权保护、新闻媒体的维权、社交网络中隐私侵权，以及网络素养与隐私保护行为之间的复杂关系等议题的探讨。⑥

有学者认为，“被遗忘权”[或“删除的权利”(The Right to Erasure)]是隐私权在互联网时代延伸出来的一种新型权利。在吴飞看来，所谓“被遗忘权”，应是一项法定权利，指权利主体有权要求数据存贮方删除本人或他人放置到互联网上的、令其尴尬的照片或者其他数据信息，除非数据的保存和使用为法律规定的维持公共利益的正常运作所必需。⑦ 同样关注这一权利，郑文明在探讨个人信息保护与数字遗忘权之间关系的基础上，强调了我国应在未来的个人信息保护立法中引入数字遗忘权，将其作为一项独立的权利加以保护。⑧

二、新闻业的重构

针对新媒体与新闻业重构的研究聚焦于新媒体使用者(包括公民记者)如何影响专业新闻业。我们从中可以看到：①学界或专业人士对新媒体时代新闻业何去何从的焦虑；②信息生产和传递“民主化”引发的欣喜；③我们面临的新闻生产范式的历史性转型及问题。

首先，新闻专业主义面临重构。传播技术的日新月异，伴随着传播内涵和模式以及媒体

① 彭兰. 从老三网融合到新三网融合：新技术推动下三网融合的重定向[J]. 国际新闻界，2014(12)：130-148.

② 李良荣，方师师. 互联网与国家治理：对中国互联网20年发展的再思考[J]. 新闻记者，2014(4)：22-26.

③ 方兴东，潘可武，李志敏，张静. 中国互联网20年：三次浪潮和三大创新[J]. 新闻记者，2014(4)：3-14.

④ 方兴东，张笑容，胡怀亮. 棱镜门事件与全球网络空间安全战略研究[J]. 现代传播，2014(1)：115-122.

⑤ 朱伟峰. 中国互联网监管的变迁、挑战与现代化[J]. 新闻与传播研究，2014(7)：80-87；刘锐，刘怡. 影响政府网络发布平台使用及其评价的主要因素探究——基于全国36个城市的电话调查分析[J]. 新闻与传播研究，2014(8)：15-29；张文祥，周妍. 对20年来我国互联网新闻信息管理制度的考察[J]. 新闻记者，2014(4)：37-46.

⑥ 刘小霞，陈秋月. 大数据时代的网络搜索与个人信息保护[J]. 现代传播，2014(5)：125-128；田新玲，黄芝晓. “公共数据开放”与“个人隐私保护”的悖论[J]. 新闻大学，2014(6)：55-61；刘学义. 搜索引擎侵犯媒体版权的行为与法律责任[J]. 国际新闻界，2014(3)：53-65；魏永征，王晋. 从《今日头条》事件看新闻媒体维权[J]. 新闻记者，2014(7)：40-44；徐敬宏，张为杰，李玲. 西方新闻传播学关于社交网络中隐私侵权问题的研究状态[J]. 国际新闻界，2014(10)：146-158；申琦. 网络素养与网络隐私保护行为研究：以上海市大学生为研究对象[J]. 新闻大学，2014(5)：110-118.

⑦ 吴飞. 名词定义试拟：被遗忘权(Right to Be Forgotten)[J]. 国际新闻界，2014(7)：13-15.

⑧ 郑文明. 个人信息保护与数字遗忘权[J]. 新闻与传播研究，2014(5)：25-40.

形态等的重构。据此，钟大年展开了新媒体环境颠覆抑或重构新闻专业主义的探讨。① 他认为，传播者、传播内容、传播方式以及接收者等构成传统传播模式的要件，在新媒体环境下都发生了颠覆性的变化，而互联网的工具性特点也使得传统新闻业中最主要的两个价值观，即公信力和客观性受到了挑战。带着类似担忧和期待所展开的研究，还包括如探讨公民参与时代的新闻专业主义与媒介伦理、传播伦理失范现象、公民记者在何种程度上被建构或再现为新闻权威，以及公民记者或自媒体所具有的朴素伦理标准进入新闻传播流程后，对传统新闻伦理可能带来的影响。② 这些讨论反映了这样一个焦虑：互联网的出现让新闻专业主义话语逐渐失去了说服力，也让记者的身份变得模糊，使记者成为一个难以定义的职业。③

同样关注新闻专业主义，有多篇论文侧重从经验层面来理解或反思新媒体环境下的这一议题。比如李艳红、龚彦方以“邓玉娇事件”报道为例，运用“反思性实践”这一概念来探究新闻专业主义在中国的生成，将其视为一个学习和实践的过程，即记者不断透过对自我经验的批判和审视来学习和理解专业的自治逻辑及其基本原则，并将其贯彻于实践之中。④

其次，新媒体与社会生活结构的互动，也加剧了新闻生产过程的演变。考察演变的一个手段是经验地描述和分析使用新媒体的新闻生产者。比如，张志安、陶建杰沿袭新闻生产社会学的传统，展开了对网络新闻从业者工作满意度及影响因素的系列研究。两位研究者将网络新闻从业者定义为：在新闻网站中，与新闻采集、编辑、加工、制作等内容生产直接有关的正式工作人员，不包括技术人员和经营人员。以总部位于上海地区的主要新闻网站为例，通过问卷调查的方法，它们分别考察并比较了在三类网站（政府、媒体和商业网站）从业的新闻生产者，包括他们的工作满意度及其影响因素、对新闻网站的媒介角色认知及影响因素、工作自主性，以及面对组织、市场、政治三种控制力量时的自主程度及影响因素。⑤ 与此相似，周葆华等采用一项全国范围的抽样问卷调查（N= 1631）数据，撰写了“中国网络新闻从业者生存状态调查”的系列报告，对于当前中国网络新闻从业者的基本构成与工作状况、职业意识、生活状态⑥等方面进行描述和分析。

再次，博客、微博、微信等新式社交工具的兴起，促发了新闻报道范式、新闻话语的变化。比如，在其对上海青年新闻从业者的社交媒体运用及其影响因素的实证研究中，周葆华首次系统地阐释了新闻从业者社交媒体使用的不同维度，即“工作运用”“常规表达”和“后台披露”，并指出，社交媒体的运用时常僭越了新闻生产前、后台的区分。⑦ 丁方舟、韦路考

---

① 钟大年. “颠覆”还是“重构”——关于新媒体环境下的“新闻专业主义”[J]. 现代传播，2014(9)：40-44.

② 郭镇之. 公民参与时代的新闻专业主义与媒介伦理：中国的问题[J]. 国际新闻界，2014(6)：7-15；严三九，刘峰. 试论新媒体时代的传媒伦理失范现象、原因和对策[J]. 新闻记者，2014(3)：25-29；宋艳丽，骆世查. “李某某案”与微博公民记者的“权威”想象[J]. 新闻大学，2014(4)：136-143；张垒. 破碎与疏离：从热点事件传播看“公民记者”对新闻伦理的影响[J]. 现代传播，2014(4)：50-54.

③ 郑一卉. 互联网时代：谁是记者？[J]. 现代传播，2014(7)：126-129.

④ 李艳红，龚彦方. 作为反思性实践的新闻专业主义——以邓玉娇事件报道为例[J]. 新闻记者，2014(7)：68-77.

⑤ 张志安，陶建杰. 网络新闻从业者工作满意度及影响因素——上海地区调查报告之二[J]. 新闻记者，2014(1)：49-54；陶建杰，张志安. 网络新闻从业者工作满意度及影响因素——上海地区调查报告之三[J]. 新闻记者，2014(2)：63-68；张志安，陶建杰. 网络新闻从业者工作满意度及影响因素——上海地区调查报告之四[J]. 新闻记者，2014(3)：70-75.

⑥ 周葆华，谢欣阳，寇志红. 网络新闻从业者的基本构成与工作状况——“中国网络新闻从业者生存状态调查报告”之一[J]. 新闻记者，2014(1)：42-48；周葆华，陆余恬，寇志红. 网络新闻从业者的基本构成与工作状况——“中国网络新闻从业者生存状态调查报告”之四[J]. 新闻记者，2014(4)：79-83.

⑦ 周葆华. 中国新闻从业者的社交媒体运用及其影响因素：一项针对上海青年新闻从业者的调查研究[J]. 新闻与传播研究，2014(12)：34-53.

察了2010—2014年“记者节”新闻人微博职业的话语变迁。他们发现，借助“记者节”这一特殊历史时刻，新闻人不仅会分享职业理想与现实工作之间的矛盾，更会重申自身认为新闻人应该承担的规范性角色，从而共同建构话语基础上的阐释社群。① 还有研究显示，社交媒体可以缩短人际距离，线上线下互动以搜寻人际链条等是新媒体独特的应用方式，通过这些机制，新闻从业者可以突破调查报道的核心信息源。这个思路也体现在对新闻生产过程中的众筹新闻的考察中。而新闻线索来源趋向网络化，一方面，使得新闻工作者易于完成信息的互通与储备，另一方面，过分依赖网络，也使得新闻稿件演变为“文本精选集”。②

社交媒体的兴起也对基于传统媒体的新闻话语体系产生了颠覆性的影响。比如，对于如何在新闻产品设计、新闻生产手段和内容表现形式等方面实现新闻创新的探讨，或是基于社交媒体的全媒体新闻话语体系——“正金字塔”结构的提出③。与此同时，融合新闻的走向也成为学界和业界共同思考的议题。有研究者分析新媒体语境下融合新闻生产正呈现出无权威、无中心、无边界、无预知后果的“四无”态势。2014年7月22日“澎湃新闻”的上线，究竟是腾笼换鸟还是浴火重生式的媒体融合？“澎湃新闻”在内容生产方式以及媒介流程再造的试验，是否即为“典型的”互联网思维下的产物？④

三、了解(新)受众

受众调查以及受众研究范式转换的探讨，也是2014年新媒体研究中的亮点之一。其中包括了由复旦大学新闻学院主持的一项“新传播形态下的中国受众：总体特征及群体差异的研究”的大型问卷调查。研究者们分析了来自全国31个省、直辖市、自治区37279个样本的数据，从传统媒体使用状况、新媒体使用状况、媒体认知和评价以及不同群体受众的内部差异等角度入手，分析新传播形态下中国受众的最新特征、分类等。其中，沈菲、陆晔等依据传统媒介和互联网使用频率等构成，归纳出六种主要的受众形态。他们指出，相对于传统受众和效果研究中将不同类型的媒介使用分别作为自变量加以检视的方式，他们按照媒介使用的组合而对受众所作的分类更加符合受众使用媒介的日常状态，也可能揭示媒介组合造成的“复合影响”。而大数据驱动下的受众分析正呈现出，分析对象从抽样转向全量、分析结果趋于预测、评价和可视化的状态。⑤

采用理论思辨的路径，幸小利根据范式的三个层面(本体论、方法论和认识论)，对新

---

① 丁方舟，韦路. 社会化媒体时代中国新闻人的职业困境——基于2010—2014年“记者节”新闻人微博职业话语变迁的考察[J]. 新闻记者，2014(12)：3-9.

② 曾繁旭，林珊珊. 调查报道的信源突破：专业常规与替代策略[J]. 新闻记者，2014(2)：39-43；曾庆香，王超慧. 众筹新闻：变革新闻生产的权力结构[J]. 国际新闻界，2014(11)：81-92；韩亚辉，沈雨菲. 试析新闻线索网络化——由“传受分离”向“传受合一”的新模式转变[J]. 新闻大学，2014(3)：12-17,11.

③ 蔡雯，史一棋. 拥抱社交网络实现新闻创新——基于新华社“两会微谈”栏目的观察与思考[J]. 新闻记者，2014(5)：69-73；史安斌，刘滢. 从“倒金字塔”“斜金字塔”到“正金字塔”——基于社交媒体的新闻话语体系和传播模式初探[J]. 新闻记者，2014(7)：14-20.

④ 邵鹏：论新媒体时代融合新闻生产的“四无”态势[J]. 新闻大学，2014(2)：121-124；夏德元. 媒体融合：腾笼换鸟还是浴火重生？——由“澎湃新闻”上线展开的讨论[J]. 新闻记者，2014(11)：46-50；张涛甫. 新一轮传媒改革时代的开启——“澎湃”新媒体解读[J]. 新闻记者，2014(11)：40-45.

⑤ 张志安，沈菲. 新传播形态下的中国受众：总体特征及群体差异(上)[J]. 现代传播，2014(3)：27-31；张志安，沈菲. 新传播形态下的中国受众：总体特征及群体差异(下)[J]. 现代传播，2014(4)：35-40；沈菲，陆晔，王天娇，张志安. 新媒介环境下的中国受众分类：基于2010全国受众调查的实证研究[J]. 新闻大学，2014(3)：100-107；聂磊. 新媒体环境下大数据驱动的受众分析与传播策略[J]. 新闻大学，2014(2)：129-132.

媒体环境下受众研究的范式转换进行了探究，提出了景观(观展)/表演方式和社会网络分析等作为新媒体受众研究范式。① 在一定程度上体现这些新“范式”的元素，有些研究者开始探索网络人际传播中独有的基于文本的各类交际线索究竟如何影响印象的形成。②

四、网络群体引人关注

新媒体研究者们的一个共识是，移动网络媒体或社交媒体形成的是各色网络群体，而网民与其所处社会结构之间有着互动的关系。③ 在这个背景下，有学者引入社会资本的概念，以考察微博、微信使用中群体成员之间的互动。比如，徐煜考察了国内 9 所新闻传播院校中拥有新浪微博账号的 110 名现职学者在新浪微博中建立的链接网络，分析了它们的微观结构形态及网络成员间的互动，以此检视这个学术共同体线下和线上社会资本的获取。④ 也有研究者同样遵循社会资本的逻辑，以网络趣缘共同体或趣缘群体为考察对象，探讨其中的“强关系”或“弱关系”结构。在蔡骐看来，网络虚拟社区中的趣缘群体既是传统社区在互联网空间中的延伸，也反映了现代社会结构性变迁中的“社区化”动向。⑤ 同样关注网络趣缘群体现象，罗自文认为，传播形态的变化导致传播效果的价值转向，网络趣缘群体的形成使得传播效果已从追求信息的使用价值、交换价值转移到追求信息的文化价值，是受众的参与价值和情感价值。与此同时，网络趣缘群体中聚众传播的过程本身也由此成为群体成员的信息生活方式，这尤其体现在对于粉丝社群的考察中。⑥

五、治理与表达

在 2014 年新媒体研究的文献中，与网络反腐相关的经验研究显得较为突出。比如，刘怡、谢耘耕基于 2011—2013 年发生的 282 起重大公共网络反腐舆情事件，探讨了网络反腐舆情事件的形成与演变机制。⑦ 也有研究者通过截取中共中央新领导集体施政之初的 2013 年“打老虎”案例，来探讨“打老虎”反腐在媒体呈现上的独特性，并指出，这样的独特性不仅体现了新领导集体在驾驭和运用网络新媒体上的新思路及新探索，也体现了市场化媒体承担的辅助者新角色，以及由此带来的传媒与政治关系结构的新的可能性，而网络反腐的表现和潜力与网络治理本身直接相关。⑧ 反映这个基本认识，庹继光考察了我国新出台的网络信息保护决定对于网络反腐的影响。他认为，这一项决定对于网络反腐是损益互现。⑨

作为治理的另一面，在新媒体环境下，社区媒介如何作为居民参与的平台而发挥作用，也是研究者们关注的议题。王斌、古俊生提出了“融合性社区媒介”的概念，即社区网络利

① 幸小利. 新媒体环境下的受众研究范式转换与创新[J]. 新闻与传播研究，2014(9)：122-134.

② 张放. 网络人际传播中不同类型交际线索对印象形成影响的实验研究[J]. 新闻与传播研究，2014(1)：109-128.

③ 江根源，季靖. 网络社区中的身份认同与网民社会结构间的关联性[J]. 新闻大学，2014(2)：83-105.

④ 徐煜. 新浪微博中的线上关系网络与社会资本获得：以国内新闻传播学术共同体的线上链接关系网络为例[J]. 新闻大学，2014(4)：127-135.

⑤ 蔡骐. 网络虚拟社区中的趣缘文化传播[J]. 新闻与传播研究，2014(9)：5-23.

⑥ 罗自文. 网络趣缘群体中传播效果的价值转向：传播过程刍论[J]. 现代传播，2014(8)：116-119；潘曙雅，张煜祺. 虚拟在场：网络粉丝社群的互动仪式链[J]. 国际新闻界，2014(9)：35-46.

⑦ 刘怡，谢耘耕. 网络反腐舆情事件的形成与演变机制研究——基于 2011—2013 年重大公共网络反腐舆情事件的研究[J]. 现代传播，2014(4)：69-74.

⑧ 程金福，胡祥杰. “打老虎”反腐的媒体呈现[J]. 新闻记者，2014(9)：72-77.

⑨ 庹继光. 网络信息保护决定对网络反腐的损益探析[J]. 新闻大学，2014(3)：108-112.

用以Web2.0为代表的新信息技术，以传播和沟通作为纽带，整合物理和社会空间的交融、现实和虚拟空间的交融、媒介和生活空间的交融。他们认为，融合性社区媒介作为居民参与式传播的平台，促进了社区居民的自我赋权，并通过联结性行动发挥着重塑社区、培育公民意识、维权抗争的作用。① 同样关注社区媒介，有研究者从社区信息的获取、社区内人际间的信息交流、参与社区行动这三个层面，来分析社区居民如何看待目前社区的传播基础设施以及如何利用多种传播手段展开社区内的沟通活动。②

根据微博、微信以及移动传播这些"新星"的特征，考察网络社会动员、集体行动、新媒体公共事件等一直是新媒体研究中的重要板块。多位研究者从历时的角度梳理了我国网络事件的变迁。比如，从事件发生诱因、表现和结局等角度，分析了十年来网络事件的特点和发展趋势；或是运用"行动剧目"(Repertoire)的概念，对十年来182个重要网络事件进行量化统计，并反思其背后国家—社会关系的调整。③ 作者们指出，所谓"行动剧目"，指的是一种地方性的、为人熟知的、在历史中形成的、群体性的诉求伸张活动的表现形式，也是一种在大多数条件下由投身于斗争政治中的人们自行界定和发挥的斗争手段。这些研究显示，互联网技术虽然深刻影响了民众的行动与表达，催生了大量有鲜明特征的线上行动剧目，但并未明显促进"逾越界限"的剧目。而在当下中国，互联网并未从本质上改变民众(线上或线下)行动剧目的基本特征。同属这一类，还有采用个案研究的方法而展开的对于维权事件的考察。④ 同样关注这种新媒体的赋权作用，有研究者区分了不同的新媒介事件，并指出，曾经被视为草根民意代言的新媒体平台正逐步演变为政治、经济、文化等各种社会权力竞争的话语场。但是，新媒介事件的出现并未改变传统精英主导话语权，微博空间更加类似于"减压阀"而非公共空间。⑤

六、结语

围绕新媒体中的微博、微信和移动传播这些"新星"，2014年的新媒体研究呈现一个总体趋势，即在提供新的理论视角的同时，将对新媒体的研究置于特定的历史和文化场景中进行考察。特别值得强调的是以下两个突出的特征：

第一，一些大型调查项目及其后续系列论文的推出，比如"新传播形态下的中国受众""中国网络新闻从业者生存状态调查报告""中国网络社会心态调查"等，反映了新媒体学术研究生态正在发生的变化。即不仅有更多资源投入基础研究，也有众多熟练运用不同社会科学方法的青年学者成为新媒体研究队伍的主力。

第二，理论探讨和经验研究更为多元，学科交叉的趋势愈加明显。比如运用社会资本、

---

① 王斌，古俊生. 参与、赋权与联结性行动：社区媒介的中国语境和理论内涵[J]. 国际新闻界，2014(3)：92-108.

② 王斌，王锦屏. 信息获取、邻里交流与社区行动：一项关于社区居民媒介使用的探索性研究[J]. 新闻与传播研究，2014(12)：90-106.

③ 钟智锦，曾繁旭. 十年来网络事件的趋势研究：诱因、表现与结局[J]. 新闻与传播研究，2014(4)：53-65；曾繁旭，钟智锦，刘黎明. 中国网络事件的行动剧目——基于10年数据的分析. 新闻记者，2014(8)：71-78.

④ 周海宴. "电子动员"的异化：广东茂名PX项目事件个案研究. 新闻大学，2014(5)：88-95；周裕琼，齐发鹏. 策略性框架与框架化机制：乌坎事件中抗争性话语的建构与传播[J]. 新闻与传播研究，2014(8)：46-69；陈韵博. 劳工NGO的微博赋权分析：以深圳"小小草"遭遇逼迁事件为例[J]. 国际新闻界，2014(11)：51-64.

⑤ 方洁. 被裹挟与被规制：从新媒体与大众媒体的框架建构看新媒介事件的消解[J]. 国际新闻界，2014(11)：6-18；潘霁，刘晖. 公共空间还是减压阀？"北大雕像戴口罩"微博讨论中的归因、冲突与情感表达[J]. 国际新闻界，2014(11)：19-33.

空间规训、行动剧目等新引入的概念，从不同角度推进了以往的研究。同时，概念的引入又常与中国现实问题结合，使得新媒体的研究得以切中时弊。比如，“网络反腐”“网络空间安全”“媒介融合”等新命题的应时提出，不仅丰富了已有的研究，而且加深了我们对当代中国社会发展的理解。

另外，我们也从文献中看到了在今后的研究中有待进一步完善的地方。具体来说，第一，正如李彪、郑满宁在考察社交媒体时代的网络舆情时所总结的现状，表现为“学”为末、“术”为主和“策”为上。① 第二，在试图解释移动互联网、微博、微信等的社会影响和作用机制等这样一些宏观的研究问题时，更多的论文采用的是个案研究的方法，但个案筛选和研究路径的不同，往往会导致不同研究结论的出现。第三，如同孟威、姚金楠对“2013 年网络新媒体研究热点透析”②所做的点评，2014 年新媒体研究文献中仍旧不乏同质性、介绍性和总结性的阐释，具有理论深度的分析还是不多。这些问题，相信在今后对新媒体研究的学术发展中会逐步得到克服。

【作者简介】

於红梅，上海政法学院文学与传媒学院博士，讲师。

---

① 李彪，郑满宁. 社交媒体时代的网络舆情——生态变化及舆情研究现状、趋势[J]. 新闻记者，2014(1)：36-41.

② 孟威，姚金楠. 2013 年网络新媒体研究热点透析[J]. 当代传播，2014(1)：9-17.

国家社科基金重大课题“跨文化传播中的中国国家形象建构研究”中期成果报告

论品牌形象传播与国家形象传播的五大差异①

张　昆　钱广贵

品牌形象一般而言是指市场经济领域的产品、服务或者企业组织的形象。但随着社会营销和国家营销观念的提出，非市场领域的社会领域和国家领域的品牌也开始提出和盛行。本文的品牌形象特指市场经济领域以建立品牌关系塑造品牌形象为目标的市场营利性组织通过传播沟通行为构建的形象。所谓品牌形象传播，是指以品牌信誉在消费者和公众心目中构建为目标，以包含产品品质、服务满足、广告、公共关系、营销对话在内的互动沟通为手段的现代主体性传播实践活动。② 随着从产品消费进入到品牌消费时代，所有以建构品牌形象提升品牌信誉为目标的营销传播活动都可以称为品牌形象活动。现代市场经济的蓬勃发展和品牌消费的日益提升，使品牌形象传播活动成为现今社会最为强大、系统和专业的营销传播活动。

相比品牌形象传播而言，国家形象和国家形象传播，不管是在西方还是在中国都是新近的事情。从世界范围内来看，第二次世界大战之后学界和业界才开始进行国家形象的相关研究。第二次世界大战以后随着冷战的来临，基于冷战的需要，国际政治突破传统的权力政治而转向趋于形象政治(Image Politics)，意识形态的竞争成为除了军事和经济竞争之外的主要竞争领域，而作为意识形态重要组成部分的形象也成为国家间竞争的重点。形象政治遵循的是形象逻辑即由形象和形象的表征——象征性符号及其象征意义主宰国际行为和国际关系的格局。为配合美国的冷战战略，美国学者率先开始研究美苏之间的相互形象，并将其发展成为“敌人形象”研究。初步考证，“国家形象”一词最早出现在美国新制度经济学代表人物肯尼思·波尔定的《国际形象和国际体系》(1959 年)一书中。这是作者提交给美国心理学学会的一篇论文，从哲学和心理学的角度对国家形象进行了较为深入的探讨，认为国家形象的三个维度是地理空间维度、心理态度维度和物理实力维度，着重把国家形象界定为心理态度上的国家形象，他认为国家形象是一个国家对自己的认知以及国际体系中其他行为体对它的认知的结合。后来的发展整体上认为，国家形象是对于特定国家的整体的、相对稳定和一致的心理认知。在中国，国家形象和国家形象传播的提出，一直是到 21 世纪初才提出和得到学界和业界的广泛关注。而且，相关研究的蔚为大观也是最近几年的事情。

对比市场经济领域的品牌形象传播的成熟、系统和专业，国家形象传播显然是新生事物。在宏观意义上讲，国家形象传播可以是品牌形象传播的一个组成部分，因为国家作为人类社会的一种组织，也可以作为一种特殊的品牌而存在。所以，在我国和世界范围内进行的国家形象传播的理念、方法、技巧、程序，乃至具体的调查、策划、创意与表现、媒体选择组合和刊播、效果评估的知识等其实都源于市场经济领域的品牌传播领域。

但是，由于国家作为一种特殊的人类组合和运作的组织存在，其与一般的产品、服务和企业组织存在着本质性的差异。这种差异导致国家形象的构建和传播呈现出与一般品牌形象

① 本文系国家社科基金重大课题“跨文化传播中的中国国家形象建构研究”(项目批准号：11&ZD024)中期成果报告。

② 舒咏平. 品牌传播教程[M]. 北京：北京师范大学出版社，2013：19.

传播巨大的差异性。研究这种差异性，在尊重这种差异性的基础上进行有针对性的国家形象的营销传播的策划创意，是提升国家形象高效率构建国家形象认同的前提和基础。

整体而言，笔者认为，一般品牌形象传播与国家形象传播之间至少存在以下五个方面的具体差异，即传受关系的差异性、传播对象的差异性、传播方式的差异性、传播渠道的差异和传播目标的差异性。下文将具体分析。

一、传受关系的差异性

品牌与传播对象之间是基于市场交换的交易关系，而国家与传播对象之间除了交易关系之外，还存在超越经济价值和功利追求之上的政治伦理关系。并且，除了关系性质的差异之外，关系形态方面也存在巨大差异。

品牌和传播对象之间的关系是一种符合法治和市场伦理道德基础上的经济交易关系，并且在这种关系中品牌必须认可被传播对象(即消费者，当然根据市场细分的选择，这种消费者是特定群体和特征的消费者，即目标消费群体)，但特定的消费者可以不认可品牌(非目标消费群体当然更加可以不认同特定品牌)。

品牌形象的塑造和传播是通过以企业为主体的、通过一系列的营销传播活动不断地形塑和构建特定消费者对于企业本身、企业产品和服务的一种积极的、差异化的认知和评价的过程。由于现代市场经济是物质和服务极大丰富的经济形态和社会形态，就供求关系而言的基本特征是供大于求。在这样一种关系形态中，消费者处于主导地位，即所谓的“消费者主权”的彰显和体现。这样一种消费者主导型的关系中，品牌形象的建构主要是形成特定品牌消费者对于企业组织和产品服务的积极性的认知和评价。进而言之，品牌形象塑造和传播是企业的一种积极的、主动的、系统的为了形成心理认知优势和市场竞争优势而进行的一种商业性专业系统的运营活动。形象本身是源于认识主体的一种综合性的整体评价，但特定品牌形象的认识主体即消费者和利益相关者并没有能动性地去塑造和建构品牌形象。即使是现代所谓的粉丝经济时代和生产型消费者的出现，消费者通过数字化媒体和社会化媒体分享信息和交流品牌意义，在品牌建构中发挥着越来越大的价值和作用，但这种发挥主要是一种消费者自身兴趣的表现和心理情感满足的行为，虽然从客观上提升和构建了品牌形象，但其主观意图显然不是如此。从认同理论而言，品牌形象体现和构建了消费者对于特定产品服务和企业的认同，而品牌对消费者的认同是一种必需的基本前提。这种认同是一种不平衡的、相互性比较差的认同。即企业无法选择对消费者的认同与否(在市场经济中，任何企业或者产品服务不能得到消费者的认可，只会遭受市场无情的淘汰)，但消费者能够极大地选择对于企业和产品服务的认同。在现实的消费行为和品牌选择中，消费者可以在多个竞争品牌间选择和更换，品牌则处于被选择的地位。

与品牌与消费者的经济关系不同的是，国家与被传播对象的关系除了经济关系之外，还有超越经济利益关系之上的政治文明关系和政治伦理关系。并且，这种关系与品牌和消费者之间的品牌无法选择消费者，但消费者可以选择品牌的不对等的关系形态相比，国家与特定国民之间的关系更为复杂。

在现代政治理念中，国民是国家的根本，国家是手段，国民是目的，国民可以选择国家而国家无法选择国民。但在一定的国家形态下，国家是目的，而国民成为手段，在一些国家国民甚至无法选择国家。根据韦伯的定义，国家就是在一定地域范围内对暴力实行合法垄断的结构。① 根据这一定义，近现代意义上的国家应该符合以下的几个基本条件：①占有特定

---

① ［德］马克斯·韦伯. 学术与政治［M］. 冯克利，译. 北京：生活·读书·新知三联书店，1998：55.

的领域，在该领域范围其主权是唯一的；②垄断暴力或者军事力量，在该领土范围内只存在一支合法的军队；③具备一个统一的政治制度、政府和官僚系统，以此作为统治和治理的手段；④建设一个统一的税收系统，借助税收来维持政府和军队。具备这几个条件的可以称为现代国家。但这种分析并没有对国家权力结构和国家与国民之间的关系进行界定，或者说，没有对关于国家的基本观念，即国家权力的“正当性”进行界定。(Legitimacy，也可以翻译成“正统性”“正确性”“合法性”等)政治学中的国家权力来源的“合法性”并非指符合法律条文，不在于统治者自己宣称统治的合法性，而是指一整套在特定时间和空间范围内被全社会包括统治者和绝大部分被统治者认可、认同的道理、规则和标准体系，即符合特定时间和空间被人类社会认可的文明标准和政治伦理追求。马克斯·韦伯认为，被统治者服从统治者的支配有暴力、经济等因素，但是“除了这些以外，通常还需要一个更深层的要素——对正当性的信仰”。每个权力体系“都会试图并培育人们对其正当性的信仰”①。

在人类历史上，关于国民与国家权力系统的关系，出现了两种观念，即对国家权力“正当性”的两种话语：一是传统的以伦理/身份为基础的国家观，即认为皇权神授，国家与国民之间的关系为国家(统治者)是家长，被统治者是子民，“家长”对“子民”理论上具备无限的管理权和责任，但由于制衡机制的缺乏，管理权无限扩张而责任趋于减少；二是现代以契约论为基础的国家观，认为国家、社会主要是以自然法为基础的人民联合起来订立契约，出让部分个人权利成立国家，以保护人的自然权利，在人民一致同意基础上签订契约成立的国家，是国家生产和存在的合法性的根本来源。② 在前一种国家观念中，君权神授，权力的来源是“上天”，与被统治者没有任何关系，被统治的个体必须无条件地服从和受到控制，在这样的统治结构下个体必须服从国家，但国家事实上可以不对国民负责。这样一种关系刚好与品牌和消费者的关系完全相反。

现代政治理念的国家观，认为国家的形成是在契约论和人民主权论为主要内容的国家观念上。所谓人民主权原则即认为国家权力的根本来源在于被统治群体的自愿的委托，国家结构只是代理行使人民赋予的权力，其唯一的价值和意义在于为人民服务，服务于公共利益和绝大部分群体的共同利益，即“权为民所予、权为民所有和权为民所用”。在这样一种国家观里面，国家必须认同国民或者建立在国民认同的基础上，国家服务于国民而不是国民服务于国家权力。现代政治文明普遍认可“人民主权原则”，体现了国家的“共和”本质，即国家的本质是自由人为了大家共同的利益和价值追求组成人类共同体，相互支撑与共同发展。不管是国家与本国国民的关系，还是与他国和他国国民的关系，除了经济利益关系之外，符合现代政治文明观念的政治伦理关系是其更为基本的关系基础。这是市场经济领域的品牌形象传播的传受主客体之间的交易关系与国家形象传播的传受主客体之间交易与伦理关系的根本差异。

总体而言，品牌形象传播的传受主客体之间主要是纯粹的经济交易关系，并且这种关系是消费者主导的关系，即品牌必须尊重消费者而消费者可以不选择特定品牌。而国家形象传播的传受主客体之间不仅是纯粹的经济交易关系，更存在着基于人类文明共识和政治文明的政治伦理关系。从现代政治伦理和政治理论的角度而言国家必须尊重国民，国民可以选择国家但国家无法选择国民，但现实的政治运作显然并不总是如此。国家和国民之间和国家与其他国家的国民的关系则更为复杂。

二、传播对象的差异性

品牌形象的传播对象是目标消费群体和目标诉求对象，而国家形象的传播对象则更为宽

① [德]马克斯·韦伯. 经济与社会(第1卷)[M]. 阎克文，译. 上海：上海人民出版社，2010：319.
② 雷颐. 甲午战争与现代中国国家观念变迁[N]. 经济观察报，2014-08-25.

泛，利益相关者同时都是其传播对象，特别是构成国家人群集合的国民更是国家形象传播的主要对象，即内部传播对象。在一定意义上，国家组织内部的群体的认可和评价对比外部公众的认可和评价(即内部的国家形象比外部的国家形象)更为重要。进一步说，国家形象的对内传播是对外传播的基础，这与一般性的品牌形象传播有着巨大的差异。

从营销学的理论来看，现代的品牌传播都是建立在STP基础之上的，即从大众营销传播进入到目标市场营销传播阶段。那么，特定品牌形象的传播对象是品牌的目标消费群体和目标诉求对象。一般情况是，目标消费群体和目标诉求对象是同一群体。20世纪90年代以来，随着管理学领域对于营销传播研究的深入，关系利益人或者利益相关者理论进入到营销学领域并得到重视。“利益相关者”(Stakeholder)最早由弗雷曼(Freeman)提出，他认为“利益相关者”是指任何能够影响或者被影响完成组织目标的团体或者个人。① 利益相关者既包括内部的像雇员和管理层，也包括外部的组织像供应商、购买商、地方势力、股东、竞争对手、代理公司、政府等。现代公司的经营管理者必须认识到，公司的收益好坏是所有关系利益人行为的结果，而不是单纯顾客的能耐，因为每一个主要关系利益人团体——包括员工、投资人、原料供应商、零售商、批发商、市场分析师、媒体、产品销售区域、特殊利益集团乃至政府官员等，对公司整体收益的影响，绝对不低于消费顾客。② 因此，现代的品牌形象传播，已经不单单是针对目标消费群体和目标诉求对象的传播，而是针对所有利益关系人的传播和沟通。利益关系人时代的品牌形象传播，目标消费者和目标诉求对象依然具有极其重要的地位，但已经不是唯一的传播对象了。

国家作为一种社会组织，不仅是具备和追求经济价值的社会组织，更是追求文明和政治价值的社会组织。一般而言，品牌传播的对象不包括竞争品牌，但国家形象传播的对象则必然包括其他国家，甚至主要是他国、他民族和他地区。与品牌间的竞争与合作的市场经济关系不同的是，国家间的关系则更为复杂和多元。因此，国家形象的传播对象显然比一般的品牌传播对象更为广泛。利益相关者理念和分析显然更加适合国家形象传播的对象。从认识和评价主体角度而言，国家形象可以分为内部群体的形象认知(即内部形象)和外部群体的形象认知(即外部形象)。从传播对象的角度而言则可以分为内部传播对象和外部传播对象。一般而言，从国家合法性的角度而言，内部群体的认同是国家稳定和之所以成为文明国家组织的前提和基础。

国家形象传播的内部传播对象和外部传播对象的关系比较复杂。从国家合法性的角度而言，国家形象的内部传播对象更为重要；从政治文明和国家间合作竞争的角度而言，国家形象的外部传播对象更为重要。内部传播对象和外部传播对象是一种多元复杂的关系，基于不同的角度和维度可以有不同的重要性评判。在现实的国家形象的多元认知和评价中，我们可以看到，内部群体认同度高即内部形象好的不一定外部形象好，反之，外部群体认同度高的不一定内部群体认同度高。这可以形成四种基于内外部群体的国家形象认知状况：内部群体认同度高，外部群体认同度高；内部群体认同度高，外部群体认同度低；内部群体认同度低，外部群体认同度高；内部群体认同度低，外部群体认同度低。最好的是第一种状况，最差的是第四种状况。

一般而言，内部群体或者国民的对于国家的系统性认知和评价，比外部群体和利益关系人的认知和评价更为重要。但并不必然如此，内部群体认同度低而外部群体认同度高也可能是一种正常的状态，因为内外部群体的比较参数不一致，价值立场和问题角度不一致，导致特定国家的形象内外部不一致是正常的。现实的国家形象传播，是基于国家具备合法性这个

① Freeman R. E. Strategic Management[M]. Boston, MA: Pitman, 1984.

② [美]汤姆·邓肯，桑德亚·莫里亚蒂. 品牌至尊——利用整合营销创造终极价值[M]. 廖宜怡，译. 北京：华夏出版社，2000：57-58.

预设前提下来讨论形象建构和传播的，所以一般而言更加重视针对外部群体的传播。如果这个预设前提并不必然成立，那么国家形象传播的对象首先应该是内部群体或者自身的国民，然后才是外部的各种利益关系人。原因如下，第一，国家存在的本质功能和合法性在于为本国的国民服务，通过公民授权进行公共管理和公共服务。没有内部国民的积极认可和评价，国家的存在本身就存在合法性困境。内在本质存在问题，外在形象是否优秀或者富有吸引力本质上已经不重要了。第二，内部群体作为形象认知主体，在共和的背景下会主动和能动地去塑造和建构国家形象。这与品牌形象的构建和传播有极大的差异。国家的本质是在一定地域区域基于一定的政治治理的人群的集合体，公民居于主体地位，先有公民然后才有国家。公民既是国家形象传播的对象，同时也是国家形象一个不可缺少的要素，更是国家形象构建和塑造的一个超级能动和积极性的主体。第三，内部国家形象的传播对象和认识主体公民与公民群体，与国家之间既存在一种经济的交易关系，也存在着特定的政治伦理关系。国家和国家的公民两者本来是不同角度和层次的对于同一人群集合体的概括。这与消费者与品牌之间的单纯的交易关系是截然不同的，消费者和利益相关者永远不可能是品牌的一个组成部分。而公民群体的集合本身就是国家。第四，外部国家形象的形成或者说外部利益相关者对于特定国家的认知和评价所形成的国家形象，与内部群体所认识和评价所形成的国家形象之间的关系复杂。前面所说的四种国家形象的认知状况的前面三种，即内部群体认同度高，外部群体认同度高；内部群体认同度高，外部群体认同度低；内部群体认同度低，外部群体认同度高这三种可能性都存在，它们能够形成国家形象评价维度的多元参照。

所以，国家形象传播的对象，在利益相关人理念的指导下，所有影响国家生存、发展和壮大的对象和团体都可以成为国家形象传播的目标群体。但首先，一个国家自身的国民才是国家形象传播最为重要、最为关键和最为根本的传播对象。这与品牌形象传播对象不一样。在品牌形象传播中，即使存在着多元的基于利益相关者理论的传播对象，目标消费者依然占据着最为重要、最为根本的传播地位。

三、传播方式的差异性

一般而言，在整合营销传播理念的指导下，品牌形象传播会广泛地应用各种营销传播手段和工具与目标诉求对象沟通和交流，其中包括广告、公共关系、直复营销、活动营销、软文宣传、新闻炒作，以及基于数字传播和网络平台的各种营销传播手段和工具。在整合营销理念里面，与品牌传播相关的品牌信息有四大来源：产品、服务、经过设计和未经设计的信息。经过设计的营销传播讯息包括广告、促销、面对面销售、销售宣传品、对外发布信息、公关活动、赞助、包装及活动等，这主要是针对目标消费群体而言；针对员工、投资人和其他关系利益人设计的信息包括年度报告、年度销售会议、薪酬单上的通知、布告栏、网络公布栏和通讯期刊等。① 不管是针对哪一种利益关系人的信息传播，对于品牌而言，可控性传播和经过设计的信息依然占据主导地位。全球各大品牌近万亿美元的品牌传播的营销和广告投入，就是品牌主委托专业的营销传播代理公司或者自身生产各种信息与消费者和利益相关者沟通的结果。

国家形象传播的信息也可以根据整合营销的理念分成四个部分：公共管理与公共行为、市场化组织和公民个体群体表现、经过设计的信息、未经设计的信息。国家作为一个巨型社会组织，与企业组织和非政府组织一起构成了人类社会的主要组织形态。在国际经济政治军事文化等各个方面的交流和合作中，国家组织都占据着不可替代的地位。特定的国家组织可

① ［美］汤姆·邓肯，桑德亚·莫里亚蒂．品牌至尊——利用整合营销创造终极价值［M］．廖宜怡，译．北京：华夏出版社，2000：83.

以委托专业的全球性营销传播组织和机构设计专业化的讯息进行形象传播，这是提升国家形象积累国家形象资产的重要途径。但我们必须意识到的是，国家组织系统的复杂性导致除了相关国家主体和相关机构的有意识的可控性传播外，不可控性传播实际上是国家形象传播的主导性方式，或者说他为性传播是主要的传播方式。这实际上要求特定国家在构建和传播一定的国家形象的时候，必须在进行有意识的系统的形象传播和信息生产的同时，注重国家理念、行为和传播的结合。因为，基于国家理念和日常的国家操作主体政府的所有的公共服务和公共管理行为，通过全球化的传播系统和媒体组织的传播，都在时时刻刻地进行着国家信息的传播和形象的塑造。而这都是不可控的，本质上也是不可设计的。国家形象的塑造和传播方式，未经设计的信息的作用和影响更大。并且，未经设计的信息，通过不可控的媒介传播(特别是境外媒介)，可能会消解经过设计的信息。

因此，综合而言，国家形象传播的信息，在利益相关者和传播对象那里，只有做到言行一致，且通过各种途径证实国家确实履行承诺时，国家形象的传播和塑造才算成功。具体的"整合三角"如图1所示。

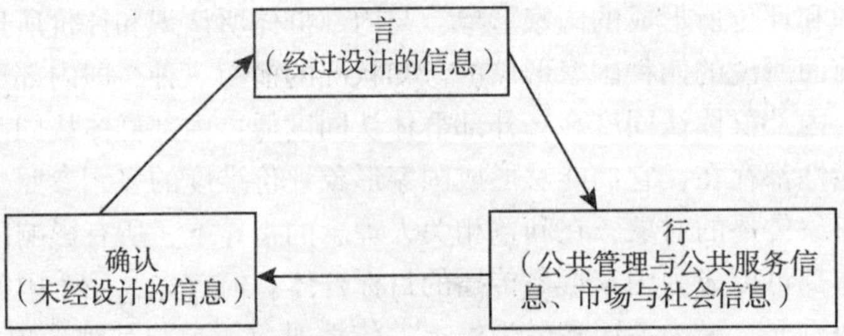

图1　国家形象传播"整合三角"

与品牌形象传播不一样的是，品牌信息传播的信息更多的是"言"，即经过设计的信息来塑造和传递的，而国家形象的塑造和构建，更多的是通过"行"和未经设计的信息来塑造和传递的。就中国国家形象传播而言，在能动系统地进行国家形象塑造和传播的同时，专业全面地进行我们可控的信息传播和形象构建的同时，我们必须遵守文明共识，承认文明标准，在中国特色的基础上做到政治、经济、军事和文化等各个方面的行为符合国际文明规则和当代人类发展的共同价值标准，实现特殊性与普适性的有机整合。因为只有这样，我们的"行"和"未经设计的信息"的传播在通过他者和我们不可控的方式和渠道进行时，通过这些传播所表现和构建出来的国家形象才可能是积极的，才可能是得到相关利益关系人认同的。

四、传播渠道的差异性

任何信息传播和形象传播，都必须借助一定的渠道。在拉斯韦尔1948年的论文《社会传播的结构和功能》中提出和建构的大众传播的经典"5W"模式中，渠道或者媒介分析是大众传播不可或缺的一环。不管是品牌形象传播还是国家形象传播，两者都必须借助和利用一定的渠道。在任何营销传播策划中，媒介的选择和组合都是其中极其重要的一个环节和链条。同时，随着传播技术的进步和传播媒介的丰富多元发展，品牌形象和国家形象传播的渠道开发和利用也都发生了巨大的转变。

传统意义的渠道即指媒介。随着整合营销传播理论的提出和"营销即传播、传播即营销"观念的提出，渠道的界定从专指媒介向任何可以与消费者进行信息传递和沟通的方式和事物转变。传播渠道是从传播主体的角度而言的，从传播对象和信息接收主体的角度而言，传播渠道表现为信息接触点。在市场经济领域和品牌传播领域，消费者可以从各种渠道得到关于商品、服务和企业等品牌相关的信息，其中包括一些不被我们称为媒体的渠道，比如商品本身以及店铺、电脑和手机、活动、家人亲友等。这些连接消费者和品牌的接点，电通公司称之为“信息接触点”。根据电通公司的研究和分析，以目标消费人群为中心，从与品牌的关系角度来看，信息接触点大致可以分为五种①：第一种是商品本身，品牌本身就是一个信息接触点；第二种是大众媒体广告和促销用品等，品牌主动向目标人群发出的信息接触点；第三种是企业的网站或品牌自身企划的活动等，以目标人群能够主动与品牌发生关联为前提的信息接触点；第四种是节目、报道和店头陈列等，通过企业其他活动使消费者了解品牌的信息接触点；第五种是朋友、家人的口碑传播以及在网络上发表的个人感想等，消费者能够从他人那里认知品牌的信息接触点。

以上五种基于消费者视角的信息接触点，转换成基于传播主体视角的传播渠道，从与传播主体的关系而言，这些渠道可以分为可控和不可控两种渠道类型。第一种、第二种和第三种都是可控的渠道，第四种和第五种是不可控的渠道。

在传统媒体时代的品牌形象传播的主要渠道，受到传播技术和传播生态的限制，主要是品牌出资购买的传统大众媒体，比如电视广播报纸杂志等，以及产品和服务自身，人际间的口碑传播则影响不大。在品牌传播策划中，专业媒体的选择、组合和购买是其中至为重要的一环。

数字技术和数字传播时代的品牌传播渠道，对比传统媒体时代发生了巨大的转变。同时随着上面已经分析的“营销即传播、传播即营销”观念的提出和实践，品牌形象的传播渠道更加多元和丰富。数字化和社会化媒体时代品牌的传播渠道可以分为付费购买的媒体、自有媒体(品牌和企业自媒体和企业策划的活动媒体)和免费的社会化媒体(通过病毒式传播和口碑传播赚来的媒体)，具体如表1所示。

表1 **数字传播时代的三大类型媒体**

媒体类型	定义	例子	角色	好处	挑战
Owned Media 自有媒体	品牌自己控制的渠道	✓ 企业网站 ✓ 企业移动网站 ✓ 企业博客 ✓ 企业微博等	与直接和潜在用户以及与 Earn Media 建立长期的关系	✓ 企业控制 ✓ 成本低 ✓ 长期效果 ✓ 用途广 ✓ 受众精准	✓ 效果无保证 ✓ 不被信任 ✓ 需要花时间长期维护
Paid Media 付费媒体	品牌付钱买来的渠道	✓ 电视广告 ✓ 付费搜索广 ✓ 其他赞助	吸引眼球 激发讨论	✓ 按需 ✓ 迅速 ✓ 范围大 ✓ 可控	✓ 嘈杂 ✓ 可信度低 ✓ 效果每况愈下 ✓ 花费昂贵
Earned Media 赚来的媒体	消费者变成渠道	✓ 用户口碑 ✓ Buzz ✓ 病毒传播	倾听和反馈——Earned Media 是执行良好，企业自有媒体和付费媒体协同良好的结果	✓ 可信度高 ✓ 形成销售的关键因素 ✓ 透明 ✓ 栩栩如生 ✓ 花费相对低廉	✓ 不可控 ✓ 可能有负面评论 ✓ 范围广 ✓ 很难衡量

品牌形象传播的渠道，从整体上而言，可控性渠道占据主导地位。不管是自由媒体还是

① [日]电通跨媒体沟通开发项目组. 打破界限——电通式跨媒体沟通策略[M]. 苏友友，译. 北京：中信出版社，2011：67-68.

付费媒体，对于品牌而言都是可控的，社会化媒体则是可以引导和开发利用的。

国家形象传播的渠道，在数字化传播和社会化传播时代自然也会充分利用自有媒体、付费媒体和社会化媒体（属于他者所有的自媒体）。但由于国家形象的复杂性、多元性和广泛性，国家形象的传播渠道远远超过了这些传播学的媒体层面的渠道，可以说，任何相关国家的行为和举动以及组成部分都可以称为国家形象传播的渠道。周宁曾经从长远悠久的形象文本的角度分析西方传统中国形象的三类渠道①：一是叙事文本，包括虚构和非虚构的，比如旅行者的游记、传教士的书简、殖民官的报道以及有关中国的纯粹想象性的小说、戏剧和绘画等作品；二是专业研究性的文本，包括传统汉学和现代中国研究方面的著作；三是哲学与社会科学家在讨论一般理论问题时对中国的相关论述。第一类文本影响大众但不能持久，第二类局限于小的专业圈子，第三类作为社会理论或思想的一部分，对于中国形象的影响反而深刻而广泛。这三类文本相互参照和引证，共同构建了作为一种社会知识和想象的中国形象。

现实的数字化传播时代的国家形象的传播渠道，从传播目标对象的信息接触类型的角度分析，结合政治学的对于社会的经济社会、政治社会和市民社会的划分，则主要体现在这几个方面：第一，相关国家的产品、服务和品牌以及所有的经济性信息；第二，相关国家的政治、军事的所有的政治性信息；第三，相关国家的民众、流行、文化等所有的市民性信息。从信息接触点的角度则主要可以分为：国际媒体和本国媒体的对于相关国家的信息报道和个人自身的接触性认知和了解。前者是专业性媒体和社会化媒体的信息报道，后者是个人的接触性认知。不管是前者，还是后者，对于传播主体国家而言，其实从根本上说都是不可控的，甚至是无法引导的。并且，媒体的报道和个人的接触可以相互强化和互为印证的。比如，以我国为例，中国公民海外的各种违背现代文明基本规则和当地社会基本行为准则的言行举止，经过媒体的放大报道，已经成为很多外国人对于国人的标签性的评价和认知，继而上升到对于整个国家的认知和评价。2015 年 4 月 12 日，中国驻约翰内斯堡总领馆举行领保工作座谈会，外交部领事司副司长、领保中心主任翟雷鸣在会上表示，一些中国公民在境外不知道规避风险，违反当地法律，到处乱刻乱画、乱丢垃圾等，既给后来同胞带来了负面影响，也挥霍了国家资源，影响了国家形象。② 这种传播渠道，显然是不可控的，但可能又是国外普通公众最为重要的获取中国国家形象信息的渠道。

总体而言，品牌形象和国家形象在传播渠道方面的差异性主要体现在，国家形象的传播渠道更加广泛、多元、碎片化、去中心化和不可控化，这实际上对国家形象传播提出了更高的媒介组合、利用和引导的挑战要求。

五、传播目标和价值的差异性

企业形象或者品牌形象的传播和构建的目标是为了树立卓越的、差异化的形象认知和评价，积累品牌资产，以得到消费者和利益相关者的信赖和认可，从而建立一种稳定的、强有力和可持续的品牌关系，让企业和品牌在激烈的市场竞争中脱颖而出，提升品牌竞争力，实现企业经营目标，最大化企业经营的收益。

从理论上而言，国家形象的塑造，具有以下几个方面的意义和价值，第一，从传播学的角度而言，作为实体的国家和作为形象的国家同等重要。在信息不对称的时候，形象的重要性在某种意义上超过了实体的重要性。对于具体公众而言，认知即真相，形象即实体，形象

① 周宁．天朝遥远：西方的中国形象研究［M］．北京：北京大学出版社，2006：645-646.

② 外交部谈公民海外乱象：损害国家形象和资源［EB/OL］．http：//news.sina.com.cn/c/2015-04-13/071231710619.shtml.

决定了公众对于相关国家的认知、评价、认可与参与。第二，国家形象是国家软实力的标志之一。如果说经济、产业、品牌都是国家的硬实力，那么制度、文化、历史等则是国家的软实力。形象也是国家极为重要的软实力之一。一个国家要发展与竞争，必须注重打造硬实力与软实力的协调发展和相互提升。第三，国家形象是国家的无形资产，这种无形资产可以直接转化成有形资产，这种无形资产类同于经济领域和商业领域的品牌资产。第四，好的国家形象直接提升国家的竞争力和吸引力，提高外部社会和公众的认可，降低对外交易和沟通的成本，可以直接吸引外来的经济投资，同时可以吸引大量一流的人力资本和人力资源。就旅游产业消费而言，优良的、独特的、富有魅力的国家形象直接吸引了国内外大量的旅游资源，带动本土旅游、休闲、度假、商务以及相关联服务性产业的发展。国内外很多国家的旅游产业都是这些国家的核心支柱产业。第五，优良而独特的国家形象可以提高国家居民的认同感和凝聚力，降低了政府管理和服务成本，提高了社会和谐共处水平，同时激发了国家居民的参与感与奉献精神，成为国家发展的核心动力源之一。整体而言，从价值提升的角度而言，优良的、独特的国家形象可以吸引国家内外的投资与消费，吸引顶级的人力资源，提高国家整体的吸引力和竞争力；从成本降低的角度而言，优良独特的国家形象可以降低国家的治理成本，降低国家与外部和内部的交易成本，整体上降低了社会的运行成本。"从国际社会运行的角度看，国家的宣传或传播行为，是世界体系得以延续的基础。正是国家之间、地区之间的有效的信息沟通，加深了成员之间的相互了解，增进了彼此的互信，消除了彼此的隔阂，从而使冲突、战争的危险降到最低限度。"①这是国家形象塑造和传播的重要价值和目标追求。

总体而言，赢得利益关系人的信赖和认可是品牌形象和国家形象传播的共同目标，但国家形象的传播和塑造有其独特的价值和意义所在。即特定的国家，通过理性评价和认识多元他者对于自身的认知和评价(即源于不同的利益关系人的多元的外部的国家形象)，来不断地调整自身的发展定位和发展模式，实现与不同国家与不同文明的相互交流与相互提升，从而明确在尊重自身文明、传统和发展道路的差异性与独特性的基础上，追求和实现人类文明共识中的个性化的国家发展路径和战略的选择。这是国家形象塑造和传播的更为重要、更为根本的价值和目标。比如，我国的社会主义核心价值观，包括富强、民主、文明、和谐，自由、平等、公正、法治，爱国、敬业、诚信、友善，就应该在政府、社会和个人层面符合人类文明共识的价值追求，如果得到真正的实现和贯彻，我国的他者评价和认知(即国家外部形象)必然将有一个本质性的飞跃。不同他者眼中的特定国家的"国家形象"，对于特定国家而言相当于"镜中我"，特定国家通过多元复合的"镜中我"，不断地调整自身对于自身的认识和评价，从而形成一种理性的、客观的、全面的对于自身的认知和评价，为国家的实质本体发展和形象塑造提供得到文明人类认同和支持的基础性的前提。

总体而言，从成熟的品牌形象传播到全新领域的国家形象传播，我们既要大量地借鉴和学习品牌形象传播领域的理念、方法、原则、技巧和程序，同时也必须尊重国家形象传播和构建的独特性，才能真正有的放矢地进行国家形象的传播。

【作者简介】

张昆，华中科技大学新闻与信息传播学院院长、教授、博士生导师，国务院学位委员会学科评议组成员、中国新闻史学会副会长。

钱广贵，华中科技大学新闻与信息传播学院博士后研究人员，华中农业大学文法学院副教授、硕士研究生导师。

---

① 张昆. 国家形象传播[M]. 上海：复旦大学出版社，2005：1.

国家社科基金项目"互联网时代欧美文化产业制度转型危机：版权体系重构"中期成果报告

全球传媒产业制度转型与版权体系重构①

郑 涵 赵为学

在当今互联网时代，传媒产业构成了欧美文化产业的主体与核心。新媒体快速发展，社会主要领域与传媒体制发生了深刻变迁，这些构成了欧美产业及其制度转型的基本动力。

20世纪90年代，尤其是20世纪90年代末以来，作为欧美传媒产业最重要的体制之一，欧美版权体系发生了深刻变迁，迄今仍然处在半自觉的自然建构过程中，矛盾接踵而至，以往尖锐复杂的政治、法律、商业、理念的冲突，有的依然存在，有的趋于缓解，乃至得到解决。相关研究视野与路径也相当多元化②，观点更是五花八门，各行各业，各色人群，线上线下，纷纷介入。③ 音乐作品下载、音乐艺术创作中的数码采选、视频艺术创作中版权作品转换性使用，以及大型多玩家在线角色游戏等都尖锐地凸显了数字传媒时代传媒领域版权体系转型危机。④ 最近20年版权职责不仅涉及版权所有者与版权使用者，而且与所谓版权第三方关系紧密。⑤ 在数字传媒时代，不仅传统传媒领域版权体系亟待重构，而且网络虚拟世界也应该发展独具特点的治理机制，有学者称之为"参与式立法与公正执法机制"⑥。

当代全球传媒业发展语境，离不开四大关键词：数码化、网络化、全球化、文化参与。它们分别对当代传媒业产品的存在形式、传播途径和营销环境产生了颠覆式影响。在数码化、网络化、全球化、文化参与这一历史性语境里，传媒产业版权利益平衡、合理使用制度等均受到了强力冲击，直接导致了当代国际传媒产业体制危机及其转型。

世界正处在多层次多方位全球化变革的历史转型期⑦，空间高度压缩⑧，历史在"变革

---

① 本文为国家社科基金项目"互联网时代欧美文化产业制度转型危机：版权体系重构"（项目编号：08BG56）中期成果报告。

② Anne Barron. Copyright[J]. Theory Culture Society, 2006(23).

③ Sara M. Grimes. Online Multiplayer Games: A Virtual Space for Intellectual Property Debates? [J]. New Media & Society, 2006(8), 6; Bill D. Herman, Breaking and Entering My Own Computer: The Contest of Copyright Metaphors[J]. Communication law & Policy, 2008(13); Matthew D. Bunker, Free Speech Meets the Publicity Tort: Transformative Use Analysis in Right of Publicity Law[J]. Communication law & Policy, 2008(13).

④ Kristy Wiehe, Dollars, Download and Digital Distribution: Is "Making Available" a Copyrighted Work a Violation of the Author's Distribution Right? [J]. UCLA Entertainment Law Review, 2008(15); Ander Sirois and Shannon E. Martin. United States Copyright Law and Digital Sampling: Adding Color to a Grey Area[J]. Information & Communications Technology Law, 2006(15): 1; 尤杰. 版权作品的转换性使用[D]（本课题论文）; Ronan Kennedy. Virtual Right? Property in Online Game Objects and Characters[J]. Information & Communications Technology Law, 2008(17), 2.

⑤ Alfred C. Yen. Third-Part Copyright Liability after Grokster[J]. Information & Communications Technology Law, 2007(16), 3.

⑥ Viktor Mayer-Schonberger and John Crowley. Napster's Second Life?: The Regulatory Challenges of Virtual Worlds[J]. Northwestern University Law Review, 2006(100), 4.

⑦ A. Giddens. The Consequences of Modernity[M]. Oxford: Polity Press, 1990.

⑧ [英]齐格蒙特·鲍曼. 全球化——人类的后果[M]. 北京：商务印书馆，2004.

与延续”中演化①。作为当代世界全球化基本条件和最主要推动力之一，当代传媒产业正经历着诸多重大变迁：传媒技术形态不断创新与融合；各类传媒普遍商业化；文化与传媒产业高度互动、交错、融会、整合，在全球传媒跨国公司牵引下迅速发展，并演进为世界少数几大最重要的经济产业部门之一；地区、民族国家、区域、国际、世界性组织四大空间，在冲突与合作中彼此解构与建构，文化传媒产业发展及其制度正在经历结构转型；国际文化经贸全球化跟世界经济一体化互相汇合；国际文化传媒业呈现共存共荣、多元多极的格局；数字传媒时代，流行文化愈来愈呈现出高度参与式文化这一主导特征。

当代传媒产业制度一系列重大变迁也深刻影响到了社会主要结构之一的公共领域。

在此基础上，全球传媒产业管制与监管体制正经历着历史性转型，民族国家与跨国体系彼此结合，以及贸易化与贸易自由化，这两大趋势愈来愈主导着全球传媒产业的管理秩序。

以当代知识经济、信息数字技术和社会生活方式传媒化为基本支柱，20世纪八九十年代加速繁荣与日趋庞大的传媒产业，不仅是以版权秩序为枢纽，而且版权的生产与交易已经成为当代传媒产业的中心内容。

然而，现代信息数字技术和网络技术，一方面极大程度地深刻影响了当今文化传媒产业的结构重构、高度融合、繁荣昌盛；另一方面正促成其危机四伏。在当今欧美传媒产业发展及其社会变迁的历史性语境里，现代信息数字技术和网络技术正使得当今传媒产业的版权秩序处在可能崩溃的边缘。

这一重大危机形成一个极为复杂的景观：传统版权保护体制机制存在持续强化趋势，版权所有者利用权力、资本、制度、文化、知识资源等方面的优势，力图加强知识产权保护，版权保护甚至延伸到传媒获取途径、使用方式及其传播诸多方面。有的版权所有者更是倾向于通过强化许可协定以保护版权②，国际知识产权联盟就一贯如此。③ 美国官方国际反盗版决策委员会在版权发达国家政府中颇具代表性，近年仍一如既往地鼓吹严惩数字技术时代所谓的“版权犯罪”④。与此同时，愈来愈容易并且也愈来愈深入地介入传媒的民众，包括传统意义上的受众，日益强烈地表达了合理使用版权作品的诉求，激进知识界有的则以实践与理论相结合的方式参与其间。政治、法律、行政领域显得左右摇摆，1998年以后，欧美最主要的版权保护法规以及相关判案基本如此。司法界与学界，版权、表达自由、科学文化发展、商业繁荣等议题纠集在一起，众说纷纭。

20世纪90年代以来，这一传媒领域版权体系重构危机不仅深刻制约传媒产业发展及其制度转型，而且严重影响以传媒产业为主要基础设施的公共领域。21世纪前后，国际学界就敏锐地注意到，互联网与数字媒体时代，作为公共领域的支柱之一，传统新闻出版业与版权保护问题休戚相关。⑤ 近年，随着新闻年出版业数字化进程的快速发展，这一问题更加突出。

1998年美国数码版权千禧法案和2001年欧盟版权指令及其后续发展就是这一状况的集中表现，是把握当今欧美传媒产业极其重要的方面。

---

① [英]简·阿特·斯图尔特. 解析全球化[M]. 长春：吉林人民出版社，2003.

② Kathleen K. Olson. Preserving the Copyright Balance: Statutory and Constitutional Preemption of Contract-Based Claims[J]. Communication Law & Policy, 2006(11).

③ 参见该联盟历年发布的 *Copyright Industries in the US Economy* 报告。

④ The Congressional International Anti-Piracy Caucus[EB/OL]. [2010-05-19]. http//schiff. house. gov/antipiracycaucus.

⑤ Diane Rowland. Whose News? Copyright and the Dissemination of News on the Internet[J]. International Review of Law Computers & Technology, 2003(17), 2.

一、当代国际传媒体制与政策的基本取向与范畴

政治自由、文化繁荣、经济发展是欧美国家传媒体制与政策的基本目标取向，其基础是个人权利本位，产权保护则成为这一基础的关键所在，而表达自由、传播自由、个人隐私、版权保护、公共利益、多样性、普济服务、自由市场、适度竞争等则是其中心范畴。至少在原则上，表达自由、传播自由、文化多样性是欧美国家传媒体制与政策核心价值。在这些基本目标与范畴之间，一直存在着潜在的与现实的多重冲突。①

在政治自由中，表达自由权利是核心因素。表达自由是欧美各国普遍承认的基本政治权利之一。《欧洲人权公约》第十条中授予了公民言论自由和表达自由的权利。值得注意的是，在现代西方新闻价值文化中，表达自由的对象范围主要集中在传者的表达行为上，而当代西方新闻价值文化重大历史性转型之一，就是表达自由的对象范围拓展到了受众的获取与使用概念。所谓获取与使用概念，主要有两大方面：其一是新闻机构及其成员获取与使用信息权，诸如新闻采访权、编辑权、报道权等；其二是公众获取与使用传媒权，这在很大程度上是20世纪中叶以后出现的新问题②。进入20世纪90年代，虽然文化全球化与商业化日趋炽热，文化贸易自由化成为国际与欧洲社会的基本潮流，但是，欧盟各国仍然坚持基于公共利益的传媒补贴政策，其很大程度上是为了保障公民能够更好更全面地获取与使用信息与传媒。③

文化繁荣是欧美文化传媒产权制度的价值目标。传媒产业所提供的产品不仅具有经济价值，而且也属于公共产品。作为一种公共物品，发展传媒产业为的是保障政治自由，繁荣文化事业。“美国宪法第一章第八部分第八款规定：国会有权力通过对作者和创造者对他们的作品和发现享有独占权利的时间进行限制，以推动科学和有用艺术的进步。这是专利和版权条款。在这个条款下，国会有权力颁布任何与宪法意思表示相一致的法律，提供一定时间内的版权保护。”④英美版权法滥觞于英国安娜版权法案，其合法性基础就是发展文化事业，这深刻影响了近代以来的欧美传媒产权制度。

文化繁荣是重大的社会公共利益，这一公共利益具有极其重要的社会功利价值，构成引领社会创新的原动力，而个人的文化权利则是文化繁荣这一传媒政策基本目标的价值依据，成为文化多样性的合法性基础。文化权利与表达自由一样，是基本人权的一个重要内容，也是一种公法权力。与版权法是一种私法权利不同，文化权利是一种公法权利，要求国家与地区，或者国际社会，担负起必要的责任和义务，以确保人们享有文化权利⑤，从而促进与丰富文化多样性，而文化多样性是繁荣文化事业、促进社会发展的基本保障。

20世纪八九十年代以来，传媒产业演变为欧美国家最重要的经济部门之一，保障与推进经济增长与开发，也就自然成为欧美国家传媒体制与政策的重点所在。在欧美国家传媒体制与政策基本目标取向方面，经济发展具有愈来愈大的权重。

诸思指出：“制度是经济增长的关键因素，一种能够提供个人刺激的有效的制度是使经

① 金冠军，郑涵，孙绍谊. 制度转型与政策冲突：当前国际传媒发展的基本点[J]. 现代传播，2005(4).

② 金冠军，郑涵. 表达自由研究范围的拓展：获取与使用传媒论[M]//当代传媒制度变迁. 上海：上海三联书店出版社，2008：3.

③ 金冠军，郑涵. 全球化视野：传媒产业经济比较研究[M]. 上海：学林出版社. 2002：149.

④ Arthur R. Miller. Intellectual Property——Patents, Trademarks and Copyright[M]. 北京：法律出版社，2004：283.

⑤ 雷蕾. 全球化和数字技术语境下欧盟电影版权制度的历史转型[D]. 上海大学.

济增长的决定性因素。”①在传媒产业领域，版权构成了传媒经济增长的关键制度形态。传媒文化产品都具有不可排他性和不可竞争性，从而出现“搭便车”的现象。“搭便车”的多了，美国学者哈丁所谓的“公地悲剧”就可能出现。比如说，日益猖獗的盗版行为，严重地影响了版权人的经济利益，势必导致创作者创作热情和投资者投资热情的减少。创作者和投资者通过各项专有权利获得的经济收益，不能简单地仅仅看作一种经济利益，而更应看作是一种激励，传媒版权制度就是这种经济利益与激励的制度保障。

在数字技术时代，随着全球资本主义生产的日益推进，传媒产业领域在资本主义经济体系中具有愈来愈突出的重要地位，传媒体制与政策因此出现历史性转型，经济发展成为欧美传媒制度与政策相对独立的基本目标取向。

虽然，在政策表述与制度原则上，欧美国家无一例外地强调表达自由、传播自由、文化多样性。在《基础原则和传播决策》中，纳波里教授概括了美国传播政策的基础原则模型：在宪法第一修正案之下，有公共利益，其下则分别包括地方主义、自由观点市场、普济服务，而多样性和竞争性则属于自由观点市场范畴②。

但是，实际上，欧美国家传媒体制与政策常常偏向于传媒产业经济的发展，在很大程度上，表达自由、传播自由、文化多样性这些传媒制度与政策的核心价值更多的是发挥了表述经济利益的修辞方式。美国政府鼓吹文化经济贸易自由主义，很大程度上为的是壮大与扩张美国传媒产业经济。有学者指出，当今信息资本主义时代，美国通过贸易相关的知识产权国际协定，在信息与文化传媒领域积极争夺世界经济霸权。③ 欧盟在与美国传媒政策的冲突之中，往往以保障民族文化或文化多样性，来达到保护欧洲文化传媒产业发展空间，提高其经济竞争力。

由于传媒产业的急剧转型，不仅学界对这些传媒政策方面的关键范畴存在界定上的争议，而且在政策的实际实施过程中，这些范畴之间也常常出现矛盾。作为传媒政策价值基础的表达自由及其法律依据，诸如美国宪法第一修正案和欧洲人权法案等，在当代信息社会和知识经济社会，也面临着相当的困境。这点在版权问题上表现得尤为突出。由于当代新技术的发展，数字解密技术日益普及，盗版泛滥。因此，保护版权就成为当代经济的关键，而版权保护关键之一是限制数字解密技术的使用。这固然有利于当代社会与经济的安全与发展，但是，最大实际获利者是版权所有人，尤其是传媒大公司。后者不仅积极地促进版权保护，而且千方百计地寻求版权垄断，从而谋取公司的垄断地位。这在很大程度上限制了其他群体的表达自由，包括科学技术探索。但是，不对版权实行强有力的保护，尤其是通过限制数字解密技术的使用，当代经济和垄断竞争的市场结构就有可能遭遇破坏，乃至崩溃，同时也会妨碍传媒大公司的表达自由④。美国《1998 年数码版权千禧法案》和欧盟《2001 年版权指令》在此关键问题上进退维谷⑤，当代互联网的发展政策同样必须面对这一棘手的问题⑥。

---

① [美]道格拉斯·诺思，罗伯特·托马斯. 西方世界的兴起[M]. 北京：华夏出版社. 1999.

② Philip M. Napoli. Foundations of Communications Policy Cresskill[M]. New Jersey: Hampton Press, Inc., 2011: 22.

③ Ngai-Ling Sum. Informational Capitalism and U.S. Economic Hegemony[J]. Critical Asian Studies, 2003 (35), 3.

④ 金冠军，郑涵，孙绍谊. 制度转型与政策冲突：当前国际传媒发展的基本点[J]. 现代传播，2005 (4).

⑤ Markus Failenbock. On the Technical Protection of Copyright: The Digital Millennium Copyright Act, the European Community Copyright Directive and Their Anti-circumvention Provisions[J]. International Journal of Communications Law and Policy, 2003(7).

⑥ Francois Bar et al. Access and Innovation Policy for the Third-generation Internet[J]. Telecommunications Policy, 2000(24).

二、当代国际传媒产业发展范式转型和版权产业兴旺发达

自20世纪六七十年代至八九十年代，世界范围内传媒产业由偏重政治，向传媒商业化、经贸化、贸易自由化的范式转型。

福罗将二战以后国际信息和知识管理模式划分为两大基本类型：发展模式与贸易模式。前者强调民族国家及其政府的威权管治与民族国家的文化主权，其代表机构是世界知识产权组织与联合国教科文组织等；后者偏重传媒经济化与贸易自由化，其代表机构是世界贸易组织、国际货币基金组织、世界银行等组织①。“随着1985年联合国教科文组织所倡导的‘世界信息与传播新秩序’遭遇受挫(当时美国退出联合国教科文组织)和1995年世界贸易组织与贸易相关的知识产权协议获得批准，贸易模式已成为管理全球知识产权问题的主导方式。”②

虽然至少在文本上公共利益的宗旨依然没变，但是，当代欧美国家与政府传媒政策偏重于从经济角度酝酿传媒政策却是不争的事实。这一点在政策的实际表现方面更是如此③。美国《1996年电信法》和20世纪90年代英国《广播电视法》就是典型代表④。20世纪90年代以来，欧盟版权制度变迁基本走向亦然⑤。随着欧盟愈来愈重视版权所包含的经济利益，欧美版权制度之间的差异存在趋同倾向。与此同时，欧美版权体系制度转型在当代全球版权体系重构过程中日益发挥了决定作用。

这一世界传媒产业发展范式转型的主要标记，系统地存在于地区、民族国家、区域国际、世界性组织四大空间。其中突出的是：①民族国家与地区文化传媒产业普遍商业化，20世纪七八十年代开始，欧洲电子媒体兴起私有化浪潮⑥，诸多具有世界影响的发展中国家传媒产业化；②传媒产业迅速开发扩张，普遍数字技术化与高度娱乐化，与此同时，传媒产业管制体制趋于放松，这极大地促成文化传媒商业化席卷全球的态势，至20世纪80年代末，世界传播学界就深刻而又全面意识到这一潮流不可阻挡⑦，最近20多年，传媒产业领域技术融合与企业兼并愈演愈烈；③世界贸易组织在管治全球传媒产业发展及其贸易自由化方面正发挥着愈来愈重大的作用⑧，美国在世界贸易组织起诉加拿大政府在本国补贴本国杂志邮发，并获胜诉⑨，具有重大的历史意义，折射出世界贸易组织传媒贸易原则演化的现实轨迹；④欧盟与北美自由贸易区的传媒治理功能也愈来愈显著，不仅欧盟委员会与理事会，而

① John Flow. Public Domain and the New World Order in Knowledge[J]. Social Semiotics, 2000(19): 10.

② Shujen Wang. Recontextualizing Copyright: Piracy, Hollywood, the State and Globalization[J]. Cinema Journal, 2003(43), 1.

③ 金冠军，郑涵，孙绍谊. 制度转型与政策冲突：当前国际传媒发展的基本点[J]. 现代传播，2005(4).

④ Christopher H. Sterling. US Communications Industry Ownership and the 1996 Telecommunications Act [M]//Media Power, Professionals and Policies, ed. by H. Tumber. London and New York: Routledge, 2000; Gillian Doyle, Media Ownership[M]. London and Thousand Oaksand New Delhi: Sage Publications, 2002.

⑤ Mireille van Eechoud, P. Bernt Hugenholtz, Stef van Gompel, Lucie Guibault, Natali Helberger, Harmonizing European Copyright Law[M]. Netherlands: Kluwer Law International, 2009.

⑥ 郑涵. 当代西方广播电视体制商业模式研究[J]. 上海大学学报，2002(4).

⑦ C.W. Thomsen. Cultural Transfer or Electronic Imperialism[M]. Heidelberg: Carl Winter University Press, 1989.

⑧ Caroline Pauwels, Jan Loisen. The WTO and the Audiovisual Sector: Free Trade Vs Cultural Horse Trading? [J]. European Journal of Communication, 2003(18), 3: 291-313.

⑨ Keith Aeheson, Christopher and Maule. Rethinking Canadian Magazine Policy[J]. The International Journal for Communications, 2002(62), 3-4: 205-229.

且目前并没有多大实力的欧洲议会，也对欧盟成员国文化传媒产业及其发展发挥着深刻影响①，在传媒企业兼并、成员国之间无边界电视传播、成员国国内电子传媒管治等方面尤为举足轻重；⑤从某种意义上讲，美国在推动当代世界传媒产业发展和建构其经贸秩序方面具有相当大的主导作用。进入20世纪70年代，美国愈来愈在国际上积极强化传媒发展贸易化，以及传媒贸易自由化，其20世纪七八十年代卫星传播政策的历史性转型就具有标志意义②。而20世纪90年代在全球政治、经济、技术、文化整体互动语境中，美国的作用更加明显，美国1996年电信法案和1998年数码版权千禧法案在国内国际上的影响就是例证。

当代国际传媒产业的繁荣跟这一发展范式转型休戚与共，其主要基础是，在社会高度信息化和传媒融合兼并加速进行的历史条件下，传媒产业演进为全球少数几大产业之一，而版权不仅由此渗透世界诸多重要产业的中枢，而且成为传媒产业的主体与关键，同时自身发展成为全球规模最大的产业之一。

世界知识产权组织(WIPO)发表的《版权相关产业经济贡献调查指南》，把版权产业分为四类：核心版权产业、相互依存的版权产业、部分性版权产业、非专门支持的版权产业。与此同时，确定了经济贡献的三个具体评价指标：在国内生产总额中占据的份额、提供的就业机会、在对外贸易中占据的地位。③

早在1959年，美国就发表了《美国版权产业规模》研究报告，揭开了国际上重视版权产业研究的序幕。从1990年起，美国国际知识产权联盟(IIPA)每隔一年或两年就发布一份版权产业报告，至2010年为止，已经发表了12份系列报告。④ 其后，相继出版2011年、2013年、2014年三个报告。

目前，美国版权产业的统计数据已经非常完整，而美国版权产业在全球最具代表性。据国际知识产权联盟(IIPA)《美国经济中的版权产业》2002年、2004年、2007年、2009年、2011年、2013年、2014年等报告⑤，美国版权产业已连续20多年保持高速增长，无论就国内生产总值(GDP)占有率和国内就业比率，还是对外贸易而言，都是美国经济中规模最大与发展最快的极少数部门之一⑥。

值得注意的是，自20世纪90年代末以来，虽然经济危机严重，而且接连不断，但是，美国版权产业几乎一枝独秀，仍然以较高速度增长，有的年份至少没有呈现衰退迹象。

2009年美国再次遭遇金融危机，但是，至2012年，美国版权产业情况基本良好，发展势头强劲，一如往昔。

---

① Mark Wheeler, Katharine Sarikakis. Supranational Regulation: TV and the Shift Paradigm in Communications Policymaking: the Case of the European Parliament [M]//Global Media Policy in the New Millennium, ed. by Marc Raboy. Bedfordshire: University of Luton Press, 2002.

② Edward A. Comor. Communication, Commerce and Power[M]. London: Macmillan Press, 1998.

③ WIPO. Guide on Surveying the Economic Contribution of the Copyright-Based Industries [J]. Geneva, 2003.

④ 刘永红. 版权产业：助推美国经济30年[J]. 出版参考，2010(10).

⑤ http://www.iipa.com/copyright_us_economy.html.

⑥ Stephen E. Siwek. Copyright Industries in the U.S. Economy: the 2002 (released in April, 2003) Copyright Industries in the U.S. Economy; the 2004(released in April, 2005)、the 2007 (released in April, 2008); the 2009(released in April, 2010)、the 2011 (released in April, 2012)、the 2013(released in November, 2013), produced by Economists Incorporated for the International Intellectual Property Alliance, http://www.iipa.com/2003; 陈勇. 建设我国知识产权综合交易平台的思考[J]. 中国软科学，2005(1).

表 1　　**2009—2013 年美国版权产业增加值①**　　（单位：亿美元）

年度	2009 年	2010 年	2011 年	2012 年
核心版权产业	8848	9104	9651	10156
国内生产总值	139737	144989	150757	156848
占比	6.33%	6.28%	6.40%	6.48%
年度	2009 年	2010 年	2011 年	2012 年
总版权产业	15416	15962	16819	17652
总国内生产总值	139737	144989	150757	156848
占比	11.03%	11.01%	11.16%	11.25%

表 2　　**2011—2013 年美国版权产业增加值与其他美国经济产业比较②**（单位：亿美元）

年度	2011 年	2012 年
核心版权产业	9651	10156
总版权产业	16819	17652
联邦政府	6581	6683
州与地区政府	13358	13579
建筑产业	5295	5587
医疗卫生与社会救济	11369	11648
金融与保险	11593	12423

表 3　　**2009—2012 年美国版权产业实际年增长率③**

年度	2009—2010 年	2010—2011 年	2011—2012 年	2009—2012 年
核心版权产业	4.21%	6.07%	3.91%	4.73%
总版权产业	5.67%	5.00%	4.32%	4.99%
国内生产总值	2.39%	1.81%	2.21%	2.14%

① Stephen E. Siwek. Copyright Industries in the U.S. Economy: the 2013 (released in November, 2013), produced by Economists Incorporated for the International Intellectual Property Alliance [EB/OL]. [2013-11-11]. http://www.iipa.com.

② Stephen E. Siwek. Copyright Industries in the U.S. Economy: the 2013 (released in November, 2013), produced by Economists Incorporated for the International Intellectual Property Alliance [EB/OL]. [2013-11-11]. http://www.iipa.com.

③ Stephen E. Siwek. Copyright Industries in the U.S. Economy: the 2013 (released in November, 2013), produced by Economists Incorporated for the International Intellectual Property Alliance [EB/OL]. [2013-11-11]. http://www.iipa.com.

表4 **2009—2012 年美国版权产业就业①** （单位：千人）

年度	2009 年	2010 年	2011 年	2012 年
核心版权产业	5178.1	5202.9	5296.9	5399.1
总就业	130859.0	129911.1	131499.8	133736.2
占比	3.96%	4.00%	4.03%	4.04%
年度	2009 年	2010 年	2011 年	2012 年
总版权产业	10818.5	10776.9	10944.1	11170.9
总就业	130859.0	129911.1	131499.8	133736.2
占比	8.27%	8.30%	8.32%	8.35%

表5 **2009—2012 年美国版权产业就业与私营部门比较②** （单位：千人）

年度	2009 年	2010 年	2011 年	2012 年
核心版权产业	5178.1	5202.9	5296.9	5399.1
总私营部门	108306.0	107420.1	109408.3	111822.1
占比	4.78%	4.84%	4.84%	4.83%
年度	2009 年	2010 年	2011 年	2012 年
总版权产业	10818.5	10776.9	10944.1	11170.9
总私营部门	108306.0	107420.1	109408.3	111822.1
占比	9.99%	10.03%	10.00%	9.99%

表6 **2010—2012 年美国外贸与出口增长率③**

年度	2010 年	2011 年	2012 年
增长率	3.6%	5.3%	0.8%

表7 **2011—2012 年美国主要版权产业部门外贸与出口④** （单位：亿美元）

年　度	2011 年	2012 年
主要版权产业部门（计算机软件、电影、电视、录像、唱片、报纸、图书、期刊）	1490	1420

① Stephen E. Siwek. Copyright Industries in the U. S. Economy: the 2013 (released in November, 2013), produced by Economists Incorporated for the International Intellectual Property Alliance[EB/OL]. [2013-11-11]. http://www.iipa.com.

② Stephen E. Siwek. Copyright Industries in the U. S. Economy: the 2013 (released in November, 2013), produced by Economists Incorporated for the International Intellectual Property Alliance[EB/OL]. [2013-11-11]. http://www.iipa.com.

③ Stephen E. Siwek. Copyright Industries in the U. S. Economy: the 2013 (released in November, 2013), produced by Economists Incorporated for the International Intellectual Property Alliance[EB/OL]. [2013-11-11]. http://www.iipa.com.

④ Stephen E. Siwek. Copyright Industries in the U. S. Economy: the 2013 (released in November, 2013), produced by Economists Incorporated for the International Intellectual Property Alliance[EB/OL]. [2013-11-11]. http://www.iipa.com.

续表

年　度	2011 年	2012 年
化工(医药除外)	1316	1467
航天航空	894	1058
农产品	720	711
食品与同类产品	599	647
医药	479	509

全球版权产业统计并不完备，但是，现有数据表明，版权产业对当今社会经济生命攸关。据 2011 年 5 月 24 日和 2011 年 7 月 13 日欧盟委员会刚刚发布的两份报告：欧洲电视市场是仅次于美国的世界第二大区域市场，在 2006 年到 2010 年之间，它以 12%的速度增长，2010 年的营业额达到 844 亿元①；欧盟现有 140 万欧洲中小企业在从事创意产业，创意产业在 2008 年占 3%的就业机会，是欧盟中最有活力的部门之一，欧盟 27 国的创意产业的雇员人数达到 6.7 亿，相对于欧盟总体经济中就业人数 1%的增长率，2000—2007 年，创意产业的整体就业人数每年增加 3.5%，在过去十年中在欧盟创造新的就业机会大多是在以知识为基础的行业，就业人数增加了 24%，相比之下，欧盟其他经济行业的就业人数仅增加了不到 6%；2002 年，财富 500 强公司从知识产权中派生的财富占 45%~75%，2009 年，无形资产约占标准普尔 500 指数的价值的 81%，2006 年，以版权为基础的创意产业(包括软件和数据库的生产、书籍和报纸出版、音乐和电影)贡献了欧盟国内生产总值的 3.3%②。

2005 年，国际知识产权联盟另一份文件《版权业对经济发展贡献的初步调查》，综述了国际经济学家、学者和世界性、区域性、民族国家、地区性组织的相关研究文献，描述世界许多地方版权业发展状况、重要性以及对社会经济的深刻影响③，所涉及的国家和地区包括北美、欧盟、日本、澳大利亚、新西兰、墨西哥、中国大陆、中国台湾、中国香港、韩国、马来西亚、印度尼西亚、泰国、新加坡、印度、黎巴嫩以及巴西、智利、阿根廷、乌拉圭等南美洲国家。其在经济方面的基本结论之一是，版权经济贸易在许多国家已经成为经济与科技发展的关键发动机，有利于缩短相差悬殊的经济体之间的经济差距，保护版权有助于显著增加版权业对各国 GDP 的贡献。

上述许多国家和地区版权业发展情况类似于美国，在占 GDP 和就业率比重方面，一般为 3%~6%。

毫无疑问，版权业，尤其是核心版权业，已经成为当代知识经济、信息社会、时尚文化、传媒产业最重要的主体与关键之一，其庞大而又快速发展的技术构成、经济规模、经营方式、经济效益与社会效应，是当代国际传媒产业向贸易主导范式转型的决定因素之一。它不仅是当代传媒产业发展范式转型的基础，也是其最大的标志。

---

① Green Paper on the online Distribution of Audiovisual Works [EB/OL]. [2011-07-13]. http://ec.europa.eu/internal_market/copyright/copyright-infso/copyright-infso_en.htm#AV_greenpaper.

② Communication from the Commission to the European Parliament, The Council, The European Economic and Social Committee and the Committee of the Regions [EB/OL]. [2011-05-24]. http://ec.europa.eu/internal_market/copyright/docs/ipr_strategy/COM_2011_287_en.pdf.

③ International Intellectual Property Alliance. Initial Survey of the Contribution of the Copyright Industries to Economic Development [EB/OL]. [2013-05-24]. http://www.iipa.com/pdf/2005.

三、当代国际传媒体制转型危机与应对

从根本上讲，范式转型就是基本体制的历史性转型。那么，当代国际传媒体制历史性转型的突出特征又是什么呢？物质经济与技术当然是其基本结构，但是，法律、政府、意识形态等亦然，有时更甚，尤其是体制转型期。

20世纪80年代初，在研究经济史中的结构与变迁时，诺思教授就非常成熟地论述了产权、国家、意识形态的关键意义①。

从制度学派的观点来看，在当代新媒体科技的巨大冲击下，全部庞大的版权业，尤其是核心版权业，其赖以生存和发展的政治结构(法律的、行政的等)与价值理念(意识形态、日常信念、常识等)正处在解体的状况。自《保护工业产权巴黎公约》(1883年)和《保护文学艺术作品伯尔尼公约》(1886年)缔结后建立起来的现代版权体系，至20世纪90年代，无论在现实制度安排上，还是价值理念与理论形态方面，都已经非常不能适应当代版权保护的需要。盗版的普及化与突飞猛进，一方面显示出现代版权保护体制的软弱无力；另一方面威胁到当代版权业的存亡，而这直接就是当代传媒产业的兴衰问题，实际上也是当代社会的整体性灾难。版权业的危机正是当代国际传媒产业体制转型危机的枢纽，其极其深刻地影响着当代国际文化传媒产业新体制的建立及如何建立的问题。

这一危机的实质是对版权控制权的激烈争夺。由于当代版权经济，尤其是以文化传媒为主体的核心版权业，是一种新经济形态——符号经济②，在多重全球化语境(全球数字化、跨国公司、多媒体与互联网整合、文化与生活方式的跨国时尚化等)中，其物化形态高度信息化，产能大量过剩，成本下降急速，竞争炽热化，具有不断增加的流动性，快速变异而又在全球流行，呈现出日益强劲的去中心化倾向，盗版技术层出不穷，盗版设备随手可得，盗版方法形形色色，盗版变得异常容易，传统官僚化与垂直统治的管制形态由此遭遇有力挑战。因此，在以伯尔尼公约等现代版权保护为基础的体制下，对版权的控制就变得异常困难。

盗版瓦解着版权业，也严重侵蚀财产观念。随着社会生活数字技术化，个人与团体愈来愈普遍加入和习惯于盗版，传媒新技术与庞大的版权业为人们进行盗版活动客观上提供了日益方便而又无限广阔的驰骋天地，而当代社会信息化、休闲化、娱乐化等又从文化需求及其实现方式上推动盗版浪潮。这使得当代国际传媒产业既兴旺发达也危机四伏。

席卷全球的盗版浪潮已经成为时代危机。王淑真教授认为："盗版如果不是版权业唯一的主要威胁的话，也应该是版权业的一个重大威胁。"③巴罗教授认为："滥用版权与专利，这成了20世纪90年代的噩梦。"④詹姆斯·博伊尔教授估计："对版权的侵犯将取代国家独立运动，并且成为发达国家下一个50年挥之不去的梦魇。"⑤盗版是一个极为复杂的问题，但是，有一点是毋庸置疑的，那就是盗版是现时代的基本危机之一，是国际传媒产业一个关键性的主题。

---

① [美]道格拉斯·C. 诺思. 经济史中的结构与变迁[M]. 上海：上海三联书店，上海人民出版社，1997.

② Scott Lash, John Urry. Economics of Signs and Space[M]. London: Sage, 1994.

③ Shujen Wang. Recontextualizing Copyright: Piracy, Hollywood, the State and Globalization[J]. Cinema Journal, 2003(43), 1.

④ J. Barlow. Selling Wine Without Bottles: The Economy of Mind on the Global Net[M]//in P. Ludlow (edited). High Noon on the Electronic Frontier. Cambridge: MIT Press, 1996: 9-34.

⑤ James Boyle. Law and the Construction of the Information Society[M]. Cambridge: Harvard University Press, 1996.

然而，困难的是，这涉及企业经营方式、法律、政府、意识形态等诸多方面，而且是现代社会赖以生存的基本结构及其理念，诸如科技持续开发、产权关系、隐私、表达自由、政府管制形式、文化生活方式、意识形态等。

除此之外，盗版与版权经济损失之间的关系非常复杂，盗版不一定会造成版权产品后续销售损失①，许多变量影响这一关系②，这方面还需进行大量的定量研究。

盗版主要存在于三大层面：生产、流通、消费。在欧美社会语境中，对盗版从消费方面进行控制，不仅成本极高，而且难以举证。通过政府严加管制生产领域，其将严重挫伤经济的微观层面，从而可能打击整体经济活力，副作用极大，更重要的是没有合法性。相比之下，从流通入手比较合理，以伯尔尼公约等为基础的现代版权体制正是如此，但其注重盗版行为的做法，正如上述，这在今天很难奏效。

20—21 世纪之交，1998 年美国数码版权千禧法案和 2001 年欧盟版权指令是欧美最重要的版权法规，影响深远。这两大版权法在体制转型上的特征在于由偏重惩治盗版行为，向注重禁止盗版规避技术与设备。也许可以这样比喻：伯尔尼公约等正好比主要针对用刀杀人的行为，而欧美最新两大版权法不仅如此，而且将拥有和销售刀以及传授用刀知识都定为犯罪。这预示着当代此领域历史性转型的方向，应当引起国内政界、业界、学界的高度重视。

美国数码版权千禧法案的最大特征，是直接对可以用来突破版权保护措施的技术(即所谓规避技术)及其设备进行限制。在美国众议院通过这一发案过程中，众议院商业委员会曾发挥过重要作用，它的基本结论就是："数字环境是对版权所有者的最大威胁。因此，有必要建立保护措施，以反对侵犯设备的开发和利用。跟通常情况不同，数字技术使得盗版的再生产和传播易如反掌，而且不费分文。技术进步了，我们的法律也要与之保持一致。"③美国数码版权千禧法案体现的就是这样一种政策思想，一方面保护版权所有者利用技术保护其所属版权，另一方面禁止以技术非法规避版权保护技术，诸如非法解密软件等。

正如法伦别克教授指出的那样："技术不仅是对版权的一种威胁，同时也可以被用来保护知识财产……劳伦斯·莱西让我们注意到电脑空间中版权和技术(或用莱西所的话说：编码)之间的模糊关系。"强调数字技术不仅是对版权的威胁，也提供了一种新的和非常有用的版权保护方法，"此种划分十分重要"④。

从这一视角可以看到，美国数码版权千禧法案承续了世界知识产权组织 1996 年两大条约的基本原则⑤。美国数码版权千禧法案是世界上首部据此原则设定的版权新法，大大细化并有力强化了世界知识产权组织这两项新立法。

这集中表现在美国数码版权千禧法案的三大禁令上：

(1)有关规避技术：禁止通过对版权保护技术的规避来获取未经授权的作品。

(2)有关存取设备：禁止开发破坏存取控制技术的技术、制造此类产品或提供此类服务。

(3)有关复制设备：维护受版权法案保护的版权所有者的权利，禁止开发或传播利用规避技术措施的工具。

这三大禁令适用于个人、团体、以营利为目的的行为、以非营利为目的的行为。

---

① Michael D. Smith, Rahul Telang. Competing With Free: The Impact of Movie Broadcasts on DVD Sales and Internet Piracy[J]. Mis Quarterly, 2009(33), 2.

② Francesco D. Sandulli. CD Music Purchase Behavior of P2P Users[J]. Technovation, 2007(27).

③ Report of the House Comm. H. R. Rep. No. 105-551, pt. 2, at 25(1998).

④ Markus Fallenbock. On the Technical Protection of Copyright: The Digital Millennium Copyright Act, European Community Copyright Directive and Their Anti-circumvention Provisions[J]. International Journal of Communication Law and Policy, 2002(7).

⑤ [美]叶海亚·R. 伽摩利珀. 全球传播[M]. 北京：清华大学出版社，2003：72-73.

应当指出的是，尽管美国数码版权千禧法案的宗旨突出的是促进电子信息商贸和保护知识产权，但是，也包括了平衡版权所有者和使用者利益的相关条款，并且规定了一系列免责条款，所涉及的范围也相当广泛，诸如在非营利机构、软件开发、加密研究、安全测试、个人身份信息确认、未成年人保护、法律许可的个人活动等方面都设置了一些免责条款。然而，由于此一法案版权保护重点实行了“由使用管制到技术/存取管制”的体制转型，总体上和实际效果是重在保护版权所有者，因而容易出现过度版权保护，威胁到版权所有者和使用者利益之间的平衡关系，由此也造成一系列严重问题(后文会讨论)。2001 年欧盟版权指令情况相当类似①。

1996 年，欧盟通过数据指令，以适应迅捷发展的当代数字技术时代。1997 年，欧盟委员会与欧盟理事会提出《欧洲国会和参议会指令》，以建立一个能够在信息社会使版权保障和其他相关权利和谐共处的法制体系。经过欧盟内部诸主要机构的讨论与修正，2001 年 5 月欧盟版权指令获得通过。

欧美这两个法规基本相同，但是，也存在差异。其一，欧盟版权指令更灵活一些，允许成员国在执行这一指令时可以依据本国法律而具有一定自由度；其二，美国数码版权千禧法案将规避行为本身定为非法，而不管是否侵犯版权或以侵犯版权为目的，欧洲版权指令则规定被禁止的是导致侵权的规避行为；其三，欧洲版权指令更强调版权所有者要保障使用者掌握从版权免责条款中获益的方法等。2004 年，欧盟理事会和欧洲议会通过《加强知识产权保护指令》，对欧盟版权指令进行了一些修正。

欧美这两个版权法规是标志性的历史事件：随着版权保护理念的重大转型，一个新型的全球版权保护构架基本形成，其主要由世界、区域、民族国家、非政府组织四大功能不同而又互相整合的层面构成，彼此之间存在大体相同的版权保护新原则，总趋势有利于贸易模式：经贸导向型。

这四位一体的全球知识产权保护体系协调性较强，其成员具有较大的共识。1993 年，在关贸谈判中，欧美在视听产业贸易自由化问题上分歧很大，但是，在知识产权保护方面却达成一致，从而为世界贸易组织《知识产权协定》奠定了坚实的基础。美国和欧盟愈来愈凭借这一全球知识产权保护体系，在多边、双边、单边交错关系中展开版权保护活动，世界其他国家情况也相当类似。这充分反映出当今国际社会盗版治理的原则取向、组织构架及其发展态势。

四、多元权利和有序博弈：追求当代国际传媒产业体制性平衡

DeCSS 法律诉讼案②，即美国电影协会控告《2600：黑客季刊》，不仅是美国，而且也是国际新版权保护体制第一个最重要的标志性事件，其清晰显示出当代国际版权保护体制转型中的反规避新原则。

自此以来，类似诉讼案不仅在美国而且在全球范围蔓延。2005 年美国和中国都有这类重大胜诉事件。

以世界知识产权组织、美国千禧版权法案、欧盟版权指令为代表的新版权保护原则正在

---

① Markus Fallenbock. On the Technical Protection of Copyright: The Digital Millennium Copyright Act, European Community Copyright Directive and Their Anti-circumvention Provisions [J]. International Journal of Communication Law and Policy, 2002(7); Daniel P. Homiller. The Digital Millennium Copyright Act and the European Union Copyright Directive: Next Steps[EB/OL]. [2014-11-11]. http: //www. fipr. org /copyright.

② Freedom of Speech[J]. The Economist, 2000(8), 29; Markus Fallenbock. On the Technical Protection of Copyright: The Digital Millennium Copyright Act, European Community Copyright Directive and Their Anti-circumvention Provisions[J]. International Journal of Communication Law and Policy, 2002(7).

全球逐步获得确立。英国2010年数字经济法案就基本上遵循这些版权法律体系的路线。国际版权业，尤其以传媒为主体的核心版权业，一方面加紧推进全球知识产权保护体制的全面转型与发展，另一方面展开实证研究，以支持当前版权保护新原则及其实践，在学界也存在同样的见解①。

在谈到《2004年美国经济中的版权产业》报告时，国际知识产权联盟主席斯密斯指出："我们不应该忘记海内外没能核查的盗版行为正极大地威胁着美国的竞争力。"美国出版协会主席斯克洛德讲道："国际知识产权联盟的研究表明，版权业应该获得最强有力的保护，以对付国内外的盗版。很明显，谈论美国创意产业时，我们说的就是美国的就业。"美国电影协会主席克立克曼说："版权业属于这个国家最有价值的资产……如果不是已在大力加强版权保护，盗版早就予美国经济以毁灭性重创。"独立影视联盟主席呼吁，国际盗版"正威胁我们和整个世界的经济。"商业软件联盟主席霍莱曼评论道："很不幸，盗版将阻碍我们经济持续成长和做出更具创意的产品。"美国录音业协会主席贝瓦尔说：盗版光碟和网上非法下载排山倒海，"无论在人气，还是创造力上，对我们这些行业收益的撞击，其影响极为深重。"②

最近15至20年，国际学界中许多人支持加强版权保护的理由是多方面的，其一，对世界经济意义无比重大，而且愈来愈甚，包括GDP、就业、收入、金融、投资、贸易、科技、经济的增长与开发等；其二，对文化传媒产业、文化多样化、公共领域的健康发展等更是生命攸关；其三，对于社会的平等公正、创造力、竞争力、企业家团体创新精神、信用传统、产权观念等至关重要；其四，从一定意义上讲，当代知识经济、信息社会、时尚生活方式是以版权业为基础的，因此，建立在这一社会形态之上的当代福利体系离不开当代版权业。

然而，应当看到，无论在实践还是理论上，当前国际版权保护体制距离完成转型期还有相当长的路要走，有关美欧新版权法的争议远没平息，如何在新版权保护体制中保障使用者合理合法的权利，如何防止版权拥有者滥用权力，如何平衡发达国家与发展中国家、经济快速增长开发中国家与经济衰退、停滞、落后国家在版权贸易中的关系，等等，这类问题还层出不穷。

布朗教授指出美国千禧版权法案相当尖锐地暴露出一系列严重问题③。美国录音收藏协会版权与合理使用委员会主席布鲁克斯认为，美国在音频版权法体系，包括美国数码版权千禧法案等，严重阻碍合理使用④。美国国际知识产权联盟在美国千禧数码版权法案立法过程中发挥了重要游说活动，此乃当今这一重要版权法律之所以偏向于版权所有者的主要原因之一。⑤ 高尔密兹教授指出，欧盟视听传媒法规偏向产业经济，强调保护公司利益。⑥ 实际上，这点在欧盟与版权相关的法规上也有深刻体现。欧盟追求高度版权保护，除了为促进文

---

① International Intellectual Property Alliance. Section One: Survey of Academic Literature [EB/OL]. http://www.iipa.com/pdf/2005.

② International Intellectual Property Alliance. IIPA's New Economic Study Reveals the Copyright Industries Continues to be a Driving Force in the U.S. Economy [EB/OL]. http://www.iipa.com/pdf/2005.

③ Iran Brown. Implementing the European Union Copyright Directive [EB/OL]. http://www.fipr.org/copyright/guide/.

④ Tim Brooks. Only in America: The Unique Status of Sound Recordings under U.S. Copyright Law and How It Threatens Our Audio Heritage. America Music, Summer 2009.

⑤ Cassandra Imfeld and Victoria Smith Ekstrand. The Music Industry and the Legislative Development of the Digital Millennium Copyright Act's Online Service Provider Provision [J]. Communication Law & Policy, 2005(10).

⑥ Mirjam Gollmitzer. Industry Versus Democracy: The New 'Audiovisual Media Services Directive' As A Site of Ideological Struggle [J]. International Journal of Media and Cultural Politics, 2008(4), 3.

化发展等诸多理由之外，极为重要的是保障经济竞争力与经济创新。① 在谈到 2001 年欧盟版权指令时，柯尔曼教授指出，该法令具有显而易见的突出经济取向，其是否提高了经济效率与社会福利，这点并不清楚，但是，过分信赖市场“看不见的手”显然不妥。② 这是英国 2010 年数字经济法案也引起形形色色的反对浪潮③。有许多学者对于 20 世纪末以来欧美版权法规日趋加强的态势持激烈批评观点，甚至从根本上质疑传媒公司所标举的自然权利、有形无形财产等同通论、文化个人创造论、版权侵犯有罪论等，以为数字传媒时代收紧版权，阻碍了文化发展，强化了资本及其意识形态霸权④。

就当代数字传媒产业领域而言，版权使用者与版权拥有者之间斗争激烈，大公司不愿放弃对于市场巨大的支配力，千方百计地压制小公司使用其所拥有的版权作品，主流版权法律偏向前者，在此语境之下，后者创新非常之艰难，这不利于数字技术时代文化传媒产业快速发展⑤。

结合美国千禧版权法案颁布以来的实践，应该检讨其存在的几大问题：

其一，反规避原则及其措施使得使用者的博弈空间过分狭小，至少在法理原则上，个人很少有可能利用规避技术处理自己的私人信息和在无限广阔的网络世界从事活动，这有害于创造性。同时，对社会、国家、产业界发展而言，这一原则并没解决好竞争政策与知识产权垄断的关系问题。研究证明，社会消费群体早就感到音像制品价格昂贵，核心版权业盈利过分⑥。

其二，表达自由受到威胁。利用规避技术，人们可以传送或接收合法获取的作品，然而在此法案之下成为非法，诸如，DeCCS 软件可以用来看合法获取的 DVD，现在属于非法。俄国一个作者发明一项软件，可以用于将 Adobe 电子书转换成更方便的文件形式，因此被判数月监禁。普林斯顿教授菲尔顿及其研究小组因研究跟音乐工业有关的全球信息系统而受到业界威胁。表达自由是基本人权，对于知识与技术发展、审美、教育等意义极大，事关社会的良知与活力。如果不能有效协调表达自由与版权保护，那么当代版权保护体制就不可能顺利转型。

实际上，市场竞争与表达自由彼此关联。有学者指出，两者可以衡量版权所有者是否滥用版权。⑦

其三，隐私权处在危险中。隐私权是现代文明国家的基石之一，视听业与计算机技术的发展极大地拓宽了人们的隐私空间。而在此法律之下，人们发现他们在网络空间的隐私受到侵犯，微软等一些大公司所开发的某些软件就是如此。

其四，文化多样性面临风险。社会与国际间文化交流有可能变得更困难，这无疑不利于文化多样性。当代传媒版权制度转型要有利于世界文化多样化，有利于民族与社区文化的完

① Mireille van Eechoud, P. Bernt Hugenholtz, Stef van Gompel. Lucie Guibault and Natali Helberger, Harmonizing European Copyright Law[M]. Kluwer Law International, Netherlands, 2009.

② Kamiel J. Koelman. Copyright Law & Economics in the EU Copyright Directive: Is the Droit d' Auteur Passé? [J]. International Review of Intellectual Property and Competition Law (IIC), 2006(6).

③ Economy Act 2010[EB/OL]. http://en.wikipedia.org/wiki/Digital.

④ Majid Yar. The Retorics and Myths of Anti-Piracy Campaigns: Criminalization, Moral Pedagogy and Capitalist Property Relations in the Classroom[J]. New Media and Society, 2008(10), 4.

⑤ Kllen Myers. The RIAA, the DMCA, and the Forgetten Few Webcasters: A Call for Change in Digital Copyright Royalties[J]. Federal Communications Law Journal, 2009(61).

⑥ H. Vogel. Entertainment Industry Economics: A Guide for Financial Analysis[M]. Cambridge: Cambridge University Press, 1996; R. Burnett. The Global Jukebox: The International Music Industry [M]. London: Routledge, 1996.

⑦ Victoria Smith Ekstrand. Protecting the Public Policy Rational of Copyright: Reconsidering Copyright Misuse[J]. Communication Law & Plicy, 2006(11).

善与发展①，而文化归根结底要有利于马克思和恩格斯所谓的人之全面发展。

其五，发展中国家，尤其是经济衰退、停滞、落后的发展中国家更难方便而又廉价地利用世界知识产权，这不仅加剧了它们跟发达国家与发展迅速的发展中国家之间的经贸不平衡，而且有可能遏制其社会的全面进步。

其六，当今世界需要私营经济与公共服务平衡发展，而愈来愈偏重版权保护，愈来愈强调市场优先，乃至市场最大化，有可能伤害社会经济可持续发展，妨碍社会福利。在研究欧盟 2001 年版权指令时，Kamiel J. Koelman 教授相当深刻地探讨了这一点②。

其七，近代以来世界文明传统，对于解决 20 世纪 90 年代以降的全球版权体系重构是否仍然具有基础性作用？这一大问题值得严重关注。近年，随着互联网与移动媒体迅速发展，一方面，粉丝经济、粉丝文化兴旺发达，商业融合愈来愈强劲，融合商业模式持续涌现；另一方面，世界范围内层次多元的公民社会与公共领域变迁巨大，文化多样性成为主潮，至少在舆论界与制度化机构中。在此历史性语境中，欧美版权冲突存在趋于缓解倾。这一互联网与移动媒体时代社会与商业演变新趋势，应当进行深刻考察。

竞争与垄断、创造性与多样性、表达自由与隐私、全球化语境中区域、国家、地区间的互利互动、私营经济与公共服务等，这些问题不仅关系到当代文明社会的整个基础，而且从根本上影响到当今世界全球化进程及其合理合法性。美国千禧版权法案在此发生严重问题，因此，不仅引起很大争议，其后续法规《诱导法案》2004 年在国会遭遇否决。欧盟版权保护指令虽然比美国更顾及版权使用者，但是，基本上还是过分向业界严重倾斜，其后续法规《强化知识产权指令》对此不得不加以修正，虽然如此，问题还在。

当代国际版权保护体制转型的艰难性很大程度上在于其深刻的矛盾性。

就其目的而论，当代国际版权保护体制的新原则与制度安排立足版权保护，同时兼顾版权所有者与使用者利益之间的平衡，既包括公平，也注意到了公正，以此适应数字网络新环境，鼓励竞争与创新，促进经贸自由化，保证与刺激当代版权业进一步发展，而版权业的持续发展，将有利于在物质形态与文化内涵上扩大人们言论与隐私的空间，为科学技术进步提供产权保证与物理条件，增强全球文化交流，推动地区、民族国家、国际文化多样化发展，保障世界经贸发展秩序，促进全球社会经济、政治、文化的进步。在相当大的程度上，版权业跟当代知识经济社会、信息社会、大众文化社会、不断趋于福利化的社会休戚与共。就实际效果而论，当代国际版权保护体制转型正处于激烈的博弈期，现在情况还不明朗，但是，在一定程度上起到遏制盗版浪潮的作用，效果趋强很有可能，与此同时，愈来愈获得广泛的社会支持与全球诸多层面的多方呼应。

但是，另一方面，人们的深刻疑虑和激烈争论不仅不无道理，而且随着实践的深化，有了愈来愈多的证明。从一定意义上讲，当代国际版权保护体制的新原则和制度安排处在进退维谷之中，存在威胁个人与社会创新、遏制竞争与多样化、加强版权业（尤其是大公司）的垄断倾向、妨碍言论自由与隐私、不利于发展中国家与经济衰退、停滞、落后国家经贸发展的一面，其关键是版权所有者与使用者关系处理的失衡。

对此当代国际版权保护体制转型过程中进退维谷的时代矛盾，高呼盗版有理，这属于无政府主义的民主，或者是民粹主义，而不是兼顾自由的民主，缺乏公正性，尤其是在当代社会与世界仍然具有基础意义的公平性。从资本霸权的批判视角研究问题，仍然是一种有相当

① Kimberlee Weatherall. Culture, Autonomy and Djulibinyamurr: Individual and Community in the Construction of Rights to Traditional Designs[J]. The Modern Law review, 2001(64), 2.

② Kamiel J. Koelman. Copyright Law &Economics in the EU Copyright Directive: Is the Droit d' Auteur Passé? [J]. International Review of Intellectual Property and Competition Law(IIC), 2014(6).

价值的学理取向。因此，席勒教授之类有关数字资本主义通过版权霸权控制信息的研究不容忽视①。但是，正如有学者指出的那样："在研究版权与盗版问题上，坚持认为有一个恒定的全球资本主义结构，而无视可能影响或决定网络的中间地带和地方的特殊性与不规则性，这是十分不负责任的看法。"②

保护版权，反对盗版，这成为普遍共识，问题不大。困难的是，在当代国际版权保护体制转型时期，如何在全球各主要层面协调版权所有者与使用者之间的权利，如何平衡用户利益与保障创新者之间的关系。

斯特凡斯教授认为，面对数字时代版权领域存在的尖锐困境，应该在传统法规补救办法之外创新文化与政治—经济干预形态。③ 问题是，以什么原则与方式寻求或建构新的补救体系？

在讨论 19 世纪中叶迄今传播政策三次范式转型问题时，库仑伯格与麦奎尔二位教授注意到，20 世纪 90 年代以来，第三次传播政策范式正在建构之中。他们认为，新的传播政策应该体现三个核心概念，即"传播自由""接入""管控/可问责性"，并且指出："未来政策中的管控要素需要一个恰当的定义来说明其正当性，该定义既要包括公共利益，也要涵盖私人或个人权利，同时还要与自由传播保持一致。"④

这是一个可以作为当代版权体制转型规范的概念，比较合理。要做到这点，需要存在与保持一个多元权利并存的格局，其核心是处理私人权利与公共利益这两大民主价值之轴心。⑤ 而这既有赖于法制体系在多方博弈中自然形成，更有赖于一个强大的以消极自由为基础的公民社会，同时也有赖于基于健康公共领域的政治参与，具有慎议理性的公民精神。盲动、非理性、无政府、违法等将严重破坏体制转型，殃及社会。近年，欧美新版权法之所以还能较为适度演变，主要原因之一在于此：在上述社会与文化语境中，多方权利保持较大的理性博弈空间。为此，要检讨版权所有者与版权使用者双方利益，在一个更为宽广的社会语境中寻求版权法之合适平衡。⑥

值得指出的是，传统版权制度存在固化倾向，也即当代制度学派所谓的路径依赖。这严重损害公民社会多元权利并存的格局和强大的公共领域，以及全球自由而又合乎理性的交往。

推而论之，在全球化的视野中，以此讨论民族国家与超国家力量互相合作与博弈的范围，从而在世界经贸、政治、社会、文化新秩序形成过程中，探讨国际版权体制转型之路。

我们认为，"合理使用"是追求多元权力平衡、有序博弈的关键所在。在版权争端领域，对此国际舆论呼声很高，文化传媒产业界也感同身受。⑦

所谓合理使用(Fair Dealing 或 Fair Use)，是指在法律规定的情形下，非版权人基于合理

① D. Schiller. Digital Capitalism[M]//A Companion to Media Studies, edited by Angharad N. Valdivia. Malden and Oxford: Blackwell Publishing Ltd., 2003.

② Shujen Wang. Recontextualizing Copyright: Piracy, Hollywood, the State and Globalization[J]. Cinema Journal, 2003(43), 1.

③ Ted Striphas. Disowning Commodities[J]. Television & New Media, 2006(7), 3.

④ J. V. Guilenburg, D. McQuail. Media Policy Paradigm Shift: Towards a New Communications Policy Paradigm[J]. European Journal of Communication, 2003(18), 2.

⑤ Martin E. Halstuk, Bill F. Chamberlin: The Freedom of Information Act 1966-2006: A Retrospective on the Rise of Privacy Protection over the Public Interest in Knowing What the Government's Up To[J]. Communication Law & Policy, 2006(11).

⑥ Isabella Alexander. Criminalising Copyright: A Story of Publishers, Pirates and Pieces of Eight[J]. Cambridge Law Journal, 2007(66), 3.

⑦ Antje Sorensen. From Copyright to Eccess Right? How Public Policy Might Shape Industry Strategies[J]. Information Services & Use, 2006(26).

的理由，以合理的方式使用作品而不需取得版权人的许可，也不必向其支付报酬，但应当指明作者姓名、作品名称，而且不得侵犯版权人依法享有的其他权利的一种版权限制制度。①版权合理使用制度在本质上是对版权人权利范围的限制和对作品利用者义务范围的缩减。②随着数字与网络技术的发展，比如作品复制的快捷和完美，数字作品传输的便利等，似乎传统意义上的私人使用和非营利使用在数字网络环境中获得了巨大的实现空间。其实不然，各种数字网络环境中出现的新境况，比如技术保护措施、数字图书馆、网络远程教育等，都使版权保护呈现强化趋势，合理使用呈现弱化倾向③。这种情况下，无论是传媒业界、研究界，还是法律界，都进行了多方位的有益尝试，如“安全港”规则、“补偿金”制度、知识共享许可机制等，在其一定现实效果的基础上，有待我们继续探讨与完善。

美国国际产权联盟不定期发布的《美国经济中的版权产业》当然值得重视，但是，其偏颇也显而易见，特别在知识产权的合理使用问题上。在此，美国计算机和通信协会有关的研究报告值得关注。

美国计算机和通信协会 2010 年发布的最新报告《美国经济中的合理使用》运用大量数据表明，知识产权的合理使用也是当代经济及其社会文化发展的关键力量之一。2007 年，在美国经济中，受惠于知识产权合理使用的经济部门就业人口、国内生产总值分别占总数的 1/8 和 1/6。该类企业发展、生产率和出口增速更快：

2007 年，该类经济部门收入年度增长 5%，达到 47000 亿美元，比 2002 年的 34000 亿美元增长 36%。近五年，该类经济部门增长速度超过美国其他经济部门。其中，互联网出版、广播电视、网络公司、电子商务、电子拍卖以及其他金融投资成为最重要的增长领域。

2002 年至 2007 年，该类经济部门新增就业人口接近 10 万，由 1690 万增加到 1750 万，占美国总就业人口的 1/8。

2002 年至 2007 年，该类经济部门生产效率人均达到 128000 美元，超过人均 100000 美元的平均生产效率，信息技术公司发挥了很大作用。

2002 年至 2006 年，该类经济部门出口增长 41%，2002 年 1790 亿美元，2006 年 2520 亿美元。2007 年出口比前一年增长 12%左右，达到 2810 亿美元。其中，与服务相关的贸易出口，包括互联网与在线服务，增长最快，速度惊人，由 2002 年 5 亿 7800 万美元增至 2007 年 52 亿美元。

最近 20 年，受惠于知识产权合理使用的经济部门戏剧性增长，在美国国民经济中发挥重大作用，信息技术革命则具有关键意义。④

在当今数字技术时代，与互联网、形形色色的新媒体相关的经济、科技、文化、社会生活等部门在社会发展中发挥了愈来愈重大的作用。因此，不断地保持版权保护和版权合理使用之间的适度平衡，从而可持续地推动经济、科学技术、文化艺术发展，这是多元权力有序博弈的总原则。

保障当代版权保护和加快其体制的有效转型，创新商业模式，从而巩固和壮大当代版权业，这是一个基本前提。在此前提下，关键是在竞争性精英主义语境中保持多元权利有序博弈。与此同时，也要充分意识到互联网与融合媒体构成了前所未有的巨大“公地”。在此时代，要特别关注公民获取与使用媒介权利，以及慎议民主⑤。当代传媒新技术与版权问题息

① 丁丽瑛. 知识产权法[M]. 厦门：厦门大学出版社，2007：108.

② 刘志刚. 电子版权的合理使用[M]. 北京：社会科学文献出版社，2007：254.

③ 张有梅. 传媒新技术视域中的英国版权“合理使用”制度转型研究(手稿).

④ Fair USA in The U. S. Economy by Computer & Communication Industry Association[R]. 2010-11-10.

⑤ Joanne Holman, Michael A. Mcgregor. The Internet As Commons: The Issue of Access [J]. Communication Law & Policy, 2005(10).

息相关，也与欧美公民社会发展休戚与共。①

以版权保护为前提，转变传媒商业模式②，极大拓展公共领域空间，这是当前传媒领域版权重构之基本潮流，而这与近代以来文明发展大潮息息相关。

【作者简介】

郑涵，上海大学上海电影学院副院长，教授，博士生导师。

赵为学，上海大学影视学院新闻传播系副主任，上海大学新闻传播研究生教育中心主任，博士，副教授。

① Dorothy Kidd. Much More than A Little Byte：Citizens and Broadband[J]. International Journal of Media and Cultural Politics，2009(5)，1.

② 在当今数字传媒时代，转变传媒商业模式，愈来愈成为解决版权保护与合理使用矛盾的有效方式。自20世纪90年代以来，在音乐、电视等领域呈现为发展态势，很多论文讨论此点，参加本研究中尤杰论文，以及Sheila Zoe，Lofgren Collins. Sharing Television Through the Internet：Why the Courts Should Find Fair Use and Why It May Be A Moot Point[J]. Texas Review of Entertainment & Sport Law，2006(7)；Andrew Leyshon，Peter Webb，Shaun French，Nigel Thrift，Louise Crewe. On the Reproduction of the Musical Economy after the Internet[J]. Media，Culture & Society，2005(27)，2.

国家社科基金项目“网络舆情危机传播中的新闻发布优化研究”中期成果报告

提升多元舆论场的精准引导力①

梅文慧　刘亦宸

全媒体与微传播使公众舆论参与更加自由，民意干预多个“舆论场”，信息处理时间大大压缩，真假虚实信息充斥网络，舆情监控与信息“除噪”的难度加大，舆情分析研判的精准度下降，舆情引导存在明显偏差。目前全国手机网民规模达6亿，手机使用率首次超过传统PC整体使用率2.5%，移动端的迅猛发展对我国的舆情精准引导格局产生了巨大的影响。

当代中国的舆情引导主体系统主要由三类主体构成。终极的引导主体是主政者和意识形态主管部门，中坚力量是新闻媒体及其从业人员，不可忽视的引导主体还有代表个体及组织的意见领袖。舆情引导主体之间存在一定的利益博弈，有待形成完全共振的合力。舆情引导流于表浅化、空泛化，作为权宜之计的临时性舆情处置手段，往往平息了一时的舆情事件，但没有真正平息舆情背后的根本矛盾，没有把握好舆情引导的时效度，需要不断创新舆情引导模式，“精准定位”及“精准传播”，才能确保舆情引导效果最优化。

一、多元舆论场引导面临的问题与挑战

媒体格局的深刻变化，带来舆情管理的系列问题与挑战，舆情引导存在诸多薄弱环节。主要问题有：舆情管理主体多头，部门相关设置不明晰，管理人才匮乏，引导机制尚不成熟，应对效率不高。应对舆情局限于上报信息、内部处理、媒体公关措施，存在自说自话、迟报、瞒报、谎报等弊病。网络信息服务跟不上新形势，相关技术开发及应用滞后，技术合作联盟运作不规范；舆情的收集机制不健全，分析机制趋于片面等，增加了舆情精确引导的难度。

1. 官方舆论场的引导主体弱化，民间舆论场的强劲崛起

官方媒体深耕传统媒体营造体现政府意志的官方舆论场，民众依托新媒体中的非官方媒体形成体现民众自身利益和意愿的民间舆论场。近年官方舆论场引导主体弱化，民间舆论场强劲崛起。具体表现在三个方面：其一，分权匿名和受众分化促进了信息传播的多元化；其二，民众愈发倾向于质疑主流舆论发出的信息；其三，公众通过线上线下的互动加强串联与集体行动。民众通过浏览新闻网站、各大论坛贴吧、QQ、电子邮件、微博、微信等进行留言、跟帖，组织线上线下多种渠道表达自己的诉求。早在1995年美国学者马克·斯劳卡率先提出“网络民主”一词，网络为民众提供了一种全新的表达渠道，为民众的政治参与营造了新的公共空间。新媒体的发展使“网络民主”的话语平台不断扩大，公民参与管理公共事务的意识和能力不断提高。网络舆情空间大活跃，表达载体丰富多样，信息严重过剩，使网络舆情精准引导需要浏览大量信息并加以分析甄别。新媒体时代，在传统的舆情引导主体失

① 本文系国家社科基金项目“网络舆情危机传播中的新闻发布优化研究”（项目编号：14BXW027）中期成果报告之一。

去其垄断与权威性的同时，舆情监测难度加大、信息筛选复杂成为舆情精准引导的瓶颈。政府话语空间的精准度及权威性优势亟待发挥。

2. 国外舆论场被动应对，国外舆论场强势倒灌

国际舆论场的国家性与广泛性，使国际舆论场的舆论本身有很强的倾向性，“边缘渗透”成为意识形态新的倾向性。每个国家都在着力主张自己在国际舆论场上的表达权、话语权、传播权，国际舆论场背后的信息博弈与舆论战争会越来越激烈。过去，由于中国较长时间处于封闭状态，形成了“西强我弱”的国际舆论格局，国际舆论场缺少中国有力的声音，缺少国际影响力强大的中国媒体。受制于我国网络信息技术的落后，国内舆论场被动接收着来自国外舆论场的非主流、非理性的垃圾信息。近年来，我国在网络信息技术的持续发力，已有四家中国互联网公司名列世界前十，同时国家互联网信息办公室领衔建立全国网络“铁军”队伍，致力于提升我国网络传播战斗力，逐步改变“西强我弱”格局，尤其针对唱衰中国的舆论偏见，主动强势进攻，力争扭转舆论。

官民舆论场、国内外舆论场之间不完全重叠，也不完全对立，形成一个动态的多元制衡。官方舆论场常受到民间舆论场、国际舆论场以及市场化媒体的“合力围剿”，在交锋中往往势单力薄，再加上原有的渠道、资源优势被打破，权威性大大降低，使得官方舆论场和其他舆论场之间出现严重的话语失衡现象。

随着网络技术发展，官民舆论场、国内外舆论场的载体正发生深刻变化。微博、微信及移动客户端(“两微一端”)正在成为我国舆情管理的主要“战场”。“两微一端”背景下，用户规模和黏度不断提升，在闭合的生态圈下形成了无数小圈子甚至“圈套圈”，舆情监测难度较大，可控性低，精准引导困难。

二、“两微一端”舆论场的精准引导策略

“两微一端”进一步使舆论场多元化特征加深，其观念渗透的有效性增强，颠覆着原有的舆情引导理念和结构。在以往的舆情引导中，舆情引导主体拥有雄厚的政治资源和公共话语资源，对舆论场的“议程设置”作用明显。但是如今移动互联网的渗透，改变了此前“宣传”和“新闻”一体化的结构，正如约瑟夫·奈所言：信息革命正在改变着权力的本质，加速权力的扩散，网络权力成为全球权力的新态势。在外界环境的冲击下，舆情引导格局开始转型，由粗放型引导向集约型引导推进，舆情引导主体需有针对性地采取多种手段，改变当前所面临的被动局面。

1. 针对重点议题，重视新媒体口碑传播

2013 年 10 月，中国政府官网同时入驻微博和微信，“两微时代”正式开启。目前，中国“二微”账号已超过 5 亿，微信公众账号已超过 900 万，而且以日均近 2 万个递增，微信月用户超过 2 亿。国家与政府在当前舆论引导格局中尤其重视“两微一端”的形象传播。过去，无论是国内传播还是国外传播，传播对象泛化，传播内容老化，传播效果不理想。“两微一端”背景下，传播主体应该清晰传播对象，主动设置“二微”话题，针对不同的“精准受众”，推送不同信息，加强正能量内容传播，加大重大主题活动力度，有针对性地进行舆情引导，塑造网络形象。

2013 年 10 月，国务院办公厅发布《关于进一步加强政府信息公开回应社会关切提升政府公信力的意见》(以下简称《意见》)。其中，规定定期开好新闻发布会，主动做好重要政策法规解读，针对重点议题，妥善回应社会质疑，及时澄清不实传言，发布重大突发事件权威信息。值得注意的是，该《意见》中明确指出各地区各部门应积极探索利用政务微博微信等

新媒体，及时发布各类权威政务信息，尤其是涉及公众重大关切的公共事件和政策法规方面的重点议题。官方应对舆论、化解危机的能力日渐成熟。官民之间开始直接沟通，网民若想获得某方面信息可直接查询政府相关部门的网站或微博、微信，减少了对“大 V”的依赖。一些舆论热点往往刚一出现，政府官方微博就会做出回应。

2. 针对目标受众，统筹传统舆论场与新兴舆论场

曾经强势的传统主流媒体正遭遇边缘化危机，需要聚合新兴舆论场多方面突破，实行分类引导成为势在必行之举。社交网络的匿名性，网民的庞大数量和分布地区广，受众的个人情况复杂等因素影响着舆论引导的准确性，但大数据分析技术有能力在共性中寻找个性，移动交互技术使事件的情景定向及受众的应需定位更加精确，实现目标受众的精准定位，从而使舆情引导根据多元舆论场各自特征实现针对不同目标受众精准引导。实践表明，多元舆论场重合度越高，表明社会舆论越统一；多元舆论场共识越统一，则舆论环境越和谐。舆论引导的精准性和效果越强，需要协调传统媒体与新媒体舆论两个调子的局面，最大限度地找到“共振点”，强化目标受众的主流声音。针对网民年轻化、草根化的特点，采取目标受众易于接受的传播方式。

2012 年 9 月，全国多地发生“保钓”反日游行。一些地方出现了激进现象，譬如，打砸日系车辆，封堵日系企业，给社会造成了极大的负面影响，网上网下对此也是一片谴责。此时宣传管理部门抓住时机，推动传统媒体和新兴媒体共同发声，针对广大受众求安定的共同心理，积极引导公众理性合法有序地表达爱国情感，赢得社会各界的广泛响应，是打通和引导多元舆论场的成功例证。以人民网为例，“人民网”微信公众号、“图说中国”手机软件(App)等的社会影响力也越来越大，这些业务的开展促进了“二微一端”多元舆论场的和谐共振。

3. 针对网络谣言，强化网评传播力

网络谣言在“二微一端”的渗透体现了病毒式扩散传播，常成为引发舆情危机及社会突发群体事件的导火索。2013 年 9 月，最高人民法院、最高检察院发布《关于办理利用信息网络实施诽谤等刑事案件适用法律若干问题的解释》，规定诽谤信息被转发达 500 次可判刑，点击超 5000 次按情节严重论处，造谣引发群体事件等七宗罪将被公诉等。2014 年 8 月，国信办发布《即时通信工具公众信息服务发展管理暂行规定》，规定主要从行业资质、隐私保护、实名注册、备案审核、内容限制等方面对以微信为主的即时通信平台及用户行为进行规范，并明确了对违规行为的处罚措施。

面对网络谣言，从利我角度抢先切入舆论，在舆情形成之初就及时判断“定调”，准确找到恰当的落脚点，在舆论开始阶段便引导网民按照既定的方向关注、思考、评论。网络评论要注意不同主题，一个观点；不同角度，一个原则，强化自身传播力。网络评论还要注重多媒体联动机制，善用大型网站、热门微博账号以及重点微信公众号等，形成气势、声势、规模，以达到精准引导。培养一批坚持正确导向、熟悉网络语言、了解网络传播技术和传播技巧的网络“意见领袖”，适时调控其他意见领袖的偏激舆论，强化主流言论，孤立非主流言论，以此来引导网络民意的方向。

建立网评员团队，比如微博“大 V”、“中 V”、微信知名公共账号等网评员以及涉外舆情的信息员。在全媒体时代，媒体竞争的层面已从单纯的信息比拼跃升为对第一解释权的争夺，新闻评论成为政府在舆论阵地的竞争要点，观点新颖、见解独到、富有国际视野与情感张力的评论成为实现舆论引导的有效利器，评论的方向与水准也直接体现舆论引导的质量与力量。

三、舆情危机的精准反转

“舆论是社会的脉搏，也是风险社会的点火器”。舆论危机有可能形成难以挽回的负面事件，需要谋划在先、超前预警，及早对可能产生的现实危机的走向、规模进行判断，及早通知各有关部门做好应对危机的准备，准确判断这种发现与危机可能爆发之间的时间差。这个时间差越大，相关部门就有越充裕的时间来准备，为下一阶段危机的有效应对赢得宝贵时间。处理危机事件还应注意把握住沟通的“精度”与“效度”，提升信息发布效果，将危机转化为机遇。

1. 充分利用大数据技术，掌握显隐舆情与源头

随着时间的演变，舆论场中呈现等级分布，向一致意见靠拢，某个激发因素或舆论领袖的言论最终可能反转舆论。在舆情引导中，必须寻求新的突破口，充分利用大数据、云服务等技术对相关信息进行鉴别、萃取、分析和解读等一系列“加工”，建立全面、快速、准确的舆情分析系统，找出问题的潜在舆情度，对风险进行预测、预警和干预，对警源、警兆、警情实行模拟引导，对于重大突发事件提供有针对性的舆情引导对策。

大数据时代，每个人都被视为一个数据源。对于显性舆情，可根据用户在网上的“浏览痕迹”，对用户行为及习惯进行数据分析及个性化跟踪，实现“精准分析”。各种各样的搜索词在一定程度上代表了民众的信息需求和关注点，反映了他们的行为特征，成为研究社会舆情的风向标，百度、搜狗、360旗下的搜索引擎可以有效帮助我们掌握潜在舆情。但是，仅通过碎片化的搜索词难以把握社会的整体状况和舆情的走势，需要再次通过数据挖掘与分析技术对海量的搜索数据进行分析研判，从而形成对社会舆情的整体判断。我们可以借助舆情监测产品，如方正、邦富、军犬等，深度抓取网络舆情动态数据，进行全数据、巨量数据的分析与监测，将微博、论坛、博客、聚合新闻(RSS)、新闻跟帖及转帖等媒介形态均纳入到监测范围，并对自然语言描述文本形式进行深入挖掘，迅捷自动分词，自动摘要，生成舆情报告，并辅助判断社会舆情的正负面性质，通过“加工”实现数据“增值”，快捷达到危机预警和“消负”目的。我们还可以通过数据后台，分析对某一事件搜索频率较高的群体喜欢的饭店、衣服、汽车等及其在关注该事件时的流量流向，对各方面信息进行整合，得出该事件主要关注群体的特征，将网民形象变得具体可感，从而实现对舆论引导对象的精准定位。

社交媒体可能同时加剧了“沉默的螺旋”效应，要建立起全民公共讨论的社会结构，打捞“沉没的声音”。针对隐性舆情，要建立科学的、在大众接受范围内的舆情监测体系。从技术上讲，要能实时捕获文字、图片、语音信息，并能对信息进行解析。图片具有难以辨识、信息不全等缺陷，可以通过OCR识别图片信息，抽取出上面的文字信息，以快照的形式存储在本地系统。对于语音信息，可将识别成文字信息保存在本地系统。对于诸如公众账号等推送的信息，通过系统分析，将信息解析为“主题+链接”的形式，保存在系统页面上。从终端上讲，可以“以点带面”，招募不同职业、年龄、地区的志愿者从线下收集，全范围追踪全社会的热点问题。

2. 提高引导策略，使用新媒体文本精准切入社会情绪

设置议程要注意合理性与效度，尤其是对于移动端的热点话题。首先，把握“事件议程”，善于从中看到“问题议程”，以思考“社会问题”为中心，不仅仅是评判事件本身，更重要的是把“议程设置”上升为“议程建构”。在手机等自媒体平台上，收受信息不再需要层层审核，面对这样“多源流”的信息传播格局，尊重事实本身的逻辑，不能自说自话，需要知己知彼地系统策划。其次，利用外媒的舆论前沿作用进行话语引导。在全球视野下的今天，

大众对于来自外媒的信息需求日渐强烈，当有些舆论传播不便在国内媒体公开时，可以利用外媒阵地说话。而外媒传播的观点反过来会引起国内媒体的关注与跟进，如此，形成外媒带动效应及良性循环。

微传播、浅阅读的新媒体环境，要求官员使用新媒体文本提高本身的话语传播力。网言网语更切合当前大众心理和社会情绪。特别是碎片化阅读空间，手机、iPad 等移动设备屏幕尺寸有限，决定了新媒体文本是讲求“干货”集合，采用新闻故事化、情节化、细节化的叙事和幽默风趣的风格，形成新的传播语态。

互联网是网民情绪的集散地，形成“情绪舆论”，要采取不同程度的分级措施进行情绪疏导。面对媒体与公众的沟通，精确知道媒体想要什么，有原则地提供媒体感兴趣的关键信息，调查公众已经获知什么信息，需要什么信息。

3. 重视新闻发布效果评估，提升精准引导力

新闻发布是最隆重的舆论引导方式，但在实际的新闻发布过程中存在很多问题，如官话、套话、虚话连篇累牍，瞒报、迟报、误报现象时有发生……这些现象都可能导致网络谣言的产生，造成舆论危机，极大地影响新闻发布在应对网络舆情危机中的传播效果。重视新闻发布的效果评估，可以最大程度上减少民众的恐慌和疑虑，增进公众对事实真相的理解与支持。

通过对新闻发布的五大内在要素——传播者、传播过程、传播内容、传播对象、传播策略以及外在要素——传播元动力、传播执行力、传播扩散力、传播影响力进行探索解析，在优化网络舆情的新闻发布传播效果方面需做到：针对公众需求，填补信息真空；寻找发布亮点，善用全媒体手段，整合多渠道，加强与公众互动沟通；巧用“情感框架”和“协商框架”，忌用“对立框架”；善用第三方代言人，多方搭台发布。从转载率、引用率、支持度等量化指标评估新闻发布会效果。

四、打造智库，汲取民间智慧

在我国当前的舆情管理中，缺乏一批有影响力的智库。习近平总书记在 2014 年 10 月 27 日召开的中央全面深化改革领导小组第六次会议上强调，智力资源是一个国家、一个民族最宝贵的资源。我们进行治国理政，必须善于集中各方面智慧、凝聚最广泛力量。政府部门需要统筹推进和各大高校、企业、社会智库协调发展。

首先，联合高校，让学术成果产生政策效应，为舆情课题和项目研究提供智力支撑。其次，借力第三方舆情机构，使智库咨询成为重大决策程序的必备环节，推动社会发展。在此基础上，建立针对不同行业和职能部门、不同地区的舆情事件特征库、舆情网站库及行业知识库，加强各种知识库之间的关联和整合，方便对行业和部门关注问题的 24 小时监控，实现横向的相关领域舆情和纵向的时间性舆情综合分析。

1. 以统战思维团结新力量

新力量包括新生专家、潜在意见领袖、民间信息员。在舆情引导中，新力量的作用不可小觑。专家、潜在意见领袖和民间信息员在公众的眼里是站在公正立场，具有独立人格和意识的高手，可信度较高。所谓意见领袖，是指在人际传播及大众传播中起着重要的中介或过滤的作用，具有重要影响的活跃分子。意见领袖往往新闻敏感性强，视角贴近百姓。政府除了要建立自己的网络评论员队伍，还要团结各行业的专家和意见领袖，将他们拉入舆情引导行列之中，充分发挥他们长期以来各自形成的威信和影响力，达到事半功倍的效果。

统战思维和互联网思维有共同之处，就是把自己的人团结得越多越好，平台越多越好。

以此正确认识民间意见领袖。以包容心对待“异质思维”，以开明的心态尊重民间意见领袖，就能得到他们积极的回应与配合。

2. 善用第三方机构公信力

政府公信力目前可谓积重难返，需要时间过程以实际行动拯救信任危机。第三方专业机构往往在舆论引导中有一定的优势。对于随时可能出现的突发网络危机，政府也需要借助多方渠道，第一时间了解相关舆情，分析、研判各方信息，并提出更专业、更科学的应对策略。虽然目前有许多媒体拥有自己的舆情平台，但媒体的“喉舌”定位使得他们无法提供专业性、客观性、中立性集于一体的舆情引导及应对服务。而政府部门常受限于技术因素，无法系统地集成舆情监测、采集、分析、处理、预警、搜索等，作为第三方机构——舆情监测行业的意义凸显。综合政府、媒体、舆情机构、舆情专家等各方力量，建造一批有社会影响力的智库，扶持健康舆情产业，有策略地让网络空间清朗起来，有助于提升多元舆论场的精准引导力。

【参考文献】

[1]梅文慧．信息发布与危机公关[M]．北京：清华大学出版社．2013.
[2]童兵．新媒体时代舆论表达和舆情引导新格局[J]．新闻爱好者．2014(7).
[3]张涛甫．当下中国舆情引导格局的转型[J]．当代传播．2014(2).
[4]吴芸．我国政府应对网络舆情的现状及对策研究[J]．法制与社会．2011(22).
[5]孙随根．网络舆情引导存在的问题及对策[J]．传承．2011(18).

【作者简介】

梅文慧，湖南大学新闻传播与影视艺术学院副院长、副教授，武汉大学新闻与传播学院博士生。

刘亦宸，湖南大学新闻传播与影视艺术学院2012级研究生。

改变传统舆论引导的有限效果范式①

梅文慧

“舆情”一词国外鲜见，概念较多沿用李普曼于1992年提出的“Public Opinion”(公众舆论)。“舆情”作为具有中国特色的热门用词，近年已备受各个领域关注。舆情自古有之，“舆”有“众”之意，舆情最早存在于人们的思想观念和街头巷尾的谈论之中。如今社会化自媒体时代，“民众的利益多以丰富多彩的社会组织态度体现出来，以舆情的方式存在”，引发多种社会因素综合反应，传统的舆论引导方式开始出现多种不适，网络危机难以预测与控制，传统引导的“无力性”与效果的“有限性”开始表露，一些新的舆情引导“范式”逐渐被挖掘和应用。“范式”(Paradigm)源自希腊词“Paradeig-ma”，由美国哲学家托马斯·库恩(Thomas S. Kuhn)于1962年在《科学革命的结构》一书中提出。库恩认为“按照其已确定的用法，一个范式就是一个公认的模型或模式(Pattern)”②。换句话说，“范式”是指特定的科学共同体从事某一类科学活动所必须遵循的公认的“模式”，它包括共有的世界观、基本理论、范例、方法、手段、标准等与科学研究有关的所有东西。在传播学研究领域里，从传统媒体到新媒体时代的变迁，每一个新的阶段都标志着媒介技术及现代传播理论的范式转移。当原有的范式无法解决一些新的情景与问题时，就会形成一种混乱或危机状态，需要采用新的范式去解释和解决这些问题，这就是所谓的范式转移(Paradigm Shift)。新的范式在旧的范式基础上产生，是对旧的范式的超越，其中必然包含着旧的范式中合理的成分，因此也可以说是一种旧的范式升级。

一、传统舆论引导的有限效果范式

传统的舆论引导主要是为了统一社会认识以求得最大社会效益，从而维护整个社会的稳定。但在实际操作过程中，舆论引导常常处于被动状态，引导方式单一，行政干预手段过于明显，政治宣传色彩浓厚，随着新兴媒体与新公众的“强传播”，政府传统舆论引导的“弱控制”日益彰显。主要表现在以下几个方面：

1. 政治宣讲式

政府易于主导的传统媒体在信息传播过程中向受众宣传各种法律道德、价值审美等带有明显政治性的思想观念，形成一股由上而下的主流舆论力量，通过这种强有力的主导性舆论引导来约束和规范人们的思想行为。在公共危机事件爆发时，媒体以及相关部门在反映、评价舆论过程中会选择性地加以宣传和报道，带有浓厚的政治宣传色彩，习惯通过大道理式的单向灌输消除矛盾，化解危机。但是这种忽视民意的政治宣讲只会引起公众的排斥与逆反心理，尤其在全媒体时代，这种泛化、教化式的舆论引

① 本文系国家社科基金项目“网络舆情危机传播中的新闻发布优化研究”(项目编号：14BXW027)中期成果报告之一。

② [美]托马斯·库恩. 科学革命的结构[M]. 金吾伦，胡新和，译. 北京：北京大学出版社，2012.

导难以达到预期目的与效果。

2. 行政控制式

在中国几千年传统社会中，各朝代帝王对下层言论思想进行严格控制，包括朝官、古人、史官、舆人或庶民的言论。近现代以来，在强调信息公开、民主决策的进程中，某些部门、机构仍然采取强制性或义务性的行政命令、指示、规定等措施，对媒体施压，压制负面报道或批评报道，不断挤压舆论监督空间，强行主导舆论。传统主流媒体主要以国家舆论或阶级舆论为主导，无法摆脱行政干预和权利施压的束缚，而社会公众舆论往往处于被引导的从属地位，出现被漠视和压制的局面。在信息把关层面，也通常都是简单化操作，为了避免诱发不稳定因素，相关部门会严格控制负面信息的发布，即便是发布出去的信息，也会严格审查，严防“负面效应”出现。但是互联网就像一张无形的网，将民众聚集在一起，形成强大的舆论监督力量，随着舆情信息“把关人”弱化，传统的媒体控制已经难以对游离于“体制外”的网络舆情加以引导。

3. 事后辩解式

在伴随问责的舆论环境中，某些部门、机构习惯采取“隐瞒”或者“拖延”的方式。而新媒体时代任何信息都是“捂不住”的，自媒体和自传播已经成为引发信息爆炸、搅起舆情风暴的一股重要力量。某些地方部门、机构往往出现缺少回复或者集体失语的尴尬局面，有关危机事件的信息发布稍有滞后，就会产生信任危机，为谣言留下传播与扩散空间。既不能实现“一对一”的有效沟通方式，又不能适应网众“多对多”的传播效应，公众很难理解政府的意图和苦衷，舆情危机发酵在所难免，而事后的强行辩解和反驳，不但不会达到良好效果，还会招来公众的反感，引发更大的关联危机，从而失去舆论主导权，政府形象长期受损，失去公信力。

总的来说，这几种传统的舆论引导范式在某一段时期发挥了一定的作用，但是具有很大的局限性。面对新时期的网络舆情危机，传统的“捂、躲、推、压、堵、瞒、辩”等手段已经难以实现有效的舆论引导。因此，需要正确把握网络舆情危机特点，结合当前舆论生态环境，利用新技术、新方法，软化舆论控制手段，促进舆情引导的范式转型升级。

二、舆情引导范式转移升级的动因

中国正经历漫长的社会转型期，并面临着愈演愈烈的国际舆论战，传统的舆论引导面临着前所未有的挑战，从一味限制到注重疏导成为演变趋势。随着全媒体融合和大数据时代的实质性革新，网络舆情危机一发不可收拾，舆论环境变得复杂而严峻，这些成为舆情引导范式转型升级的动因。

1. 网络技术升级促使舆情引导方式转变

据统计，截至2014年12月，中国网民规模达6.49亿，互联网普及率为47.9%，手机网民规模达5.57亿。① 互联网早已成为舆情爆发的主要渠道，非官方的“网人网语”常常拉响社会舆论的警报器。网络论坛不可控的围观效应，聚集了突发事件的苗头性信息及某种民意。以搜狐、网易、腾讯为代表的商业网站成为巨大的信息舆论场，以微博、微信为代表的社交媒体成为舆情引导重镇。尤其是当前用户数量庞大的微信，日益成为网络舆论最为集中的平台，被视为“信息传递私密，但社会动员功能更强”的舆论平台，微信的隐藏功能增加

① 数据来源：中国互联网络信息中心(CNNIC)发布的《第35次中国互联网络发展状况统计报告》。

舆情监测与引导的难度，给舆情引导带来挑战的同时也推动着舆情引导方式的演变。近年来，大数据技术日新月异，通过对信息进行鉴别、萃取、分析和解读等一系列“加工”，数据信息不断“增值”，为舆情引导提供了强有力的数据支撑和决策参考。某些部门、机构试着将大数据技术进行精准定位，将舆情引导落在实处。但事实上，大数据也并非完全可靠，在部分信息中也掺杂着某些非理性因素。过于依赖大数据技术分析结果，在舆情引导中可能会做出很多不必要或者不恰当的决策。此外，某些大国凭借新媒体技术优势和强大的文化软实力，从信息技术上不断提升内容生产力、影响力和传播力，随之而来的各种意识形态的边缘渗透，倒逼政府舆论控制与引导的技术更新。

2. 公共危机不断升级促使风险沟通方式转变

英国学者迈克尔·里杰斯特认为：“只有进行有效的传播管理，才能进行有效的危机管理。”舆情引导是危机传播的重要手段之一。危机传播是针对危机事件采取大众传播及其他手段，对社会加以有效控制的信息传播活动，安全风险沟通也是一种危机传播。Williams 和 Olaniran 在 1998 年将风险沟通定义为“关于风险本质、影响、控制与其他相关信息的意见交换过程。”①它致力于调和政府、企业界、科学界和公众之间关于风险问题日益激化的矛盾，通过各种沟通方式增进相互了解，促进一种新的伙伴和对话关系形成。当前，中国公共危机事件不断升级，并呈现出新的危机效应，各种社会问题与多重矛盾集中出现，尤其网络舆情危机燃点低，爆发点极其不稳定，从爆发到发酵的速度很快，大大缩短舆情反应和引导时间。总结中国近年来恐怖事件应对的相关教训，仍然存在着安全风险沟通意识不强、获取情报信息不及时、信息传递不畅、信息量过大且筛选困难、舆论引导滞后等不足，给社会公共安全带来严重的隐患及危害，这一系列问题急需风险沟通方式的升级与转变。在总结经验和教训的基础上，相关部门应该化被动为主动，建立公共危机早期风险规避系统，善于进行风险分析，优化与媒体、公众的沟通，将它们视为伙伴，建立“双向对称沟通”平台，增加信息透明度，提升安全风险沟通意识与效能。危机一旦爆发，立即启动应急预案措施，及时发布信息，缓解民众紧张情绪，减少由不确定性风险带来的公众恐慌，防止次生、衍生危机的发生。

3. 舆论生态环境的复杂促使公共治理范式的升级

中国社会转型期，社会结构分化，舆论生态环境也发生了变化，社会舆论呈现出复杂化和多元化特征，出现了多个舆论场并存的格局，中国官方舆论场占主导优势的局面被打破，民间舆论场和国际舆论场的作用越来越凸显，网络舆论场成为民间舆论场的主力军，国际舆论场比国内舆论场更早重视网络舆论。在同一事件背景下，官方、民间和国际舆论场由于利益、立场、技术手段的不同，对议题的选取、传播重点及发布方式有自身的逻辑和要求，对事件的解释和观点也各不相同，多方舆论场出现信息博弈的局面。2014 年中国新媒体来势汹汹，“二微一端”(微博、微信、移动客户端)成为网络舆论重心，舆论生态环境再次发生变化。政府危机管理及舆情引导稍有不慎，会使舆论冲突升级。因此，在浩瀚的网络舆情公海中，需加强舆论生态环境治理，打通各方舆论场域，促进多方舆论场融通融合，建立平等互动的沟通平台，引导其他舆论场附和并传达自己的声音，打造一个互动开放的舆论新生态。

---

① Williams D. E., Olaniran B. A. Expanding the Crisis Planning Function: Introducing Elements of Risk Communication to Crisis Communication Practice[J]. Public Relation Review, 1998, 24(3): 387-400.

三、舆情引导范式转移升级的策略

传统的引导方式单一，效果有限，甚至有失偏颇。随着网络舆情危机不断升级，传统的舆论引导方式难以应对复杂的网络危机，急需正确把握网络舆论引导的特点和规律，与时俱进，转变和升级传统舆论引导的有限效果范式。

1. 在突破理性独白模式中提高认可度

新时期，针对网络舆情危机新特点，舆情引导必须尊重公众知情权，突破自我意识下的独白模式，把握"时效度"，积极与媒体、公众沟通，化危为机，优化舆情引导的及时性与准确性，真正获得公众的认可与理解。

时：第一时间发布信息。一般来说，网络舆情 24 小时内在意见领袖的推动下形成，48 小时内传统媒体的跟进会导致舆情发酵，72 小时内各部门、机构的及时应对逐渐消退。英国危机管理专家罗杰斯特(Michael Regester)提出"3T 原则"，即主动告知、全部告知和迅速告知①。即在网络舆情危机爆发时，应该遵循"信息先行"原则，把握"黄金四小时"，第一时间发布真实、准确的消息，掌握舆论引导话语主动权，取得媒体理解与有利的报道，建立与公众之间的相互信任关系，形成抢占舆论先机的传播格局，保证信息传播的时新度。

效：扩大信息传播效果。舆论引导贵在时效，也贵在实效。适当的媒介活动策划可以扩大舆论引导效果。首先是提高新闻发布传播效果，针对舆论新动向，选取亮点，借势造势，及时进行新闻发布，创造与公众直接接触和沟通的机会。因此新闻发言人必须具备较高素质，沉着、冷静应对媒体与公众的质疑，在议程设置框架下及时发布权威信息，直截了当，通俗易懂，保证新闻性和有效性。其次是提升网评员舆论引导水平。在发表评论之前，围绕舆论导向的主轴进行精心策划，从选题内容、切入角度和报道形式，带领受众更为清晰地理性思考，有针对性地对相关舆情信息进行评论，打造舆论先锋，占领舆论阵地的竞争要点。

度：把握议程设置的角度和分寸。面对媒体时代的转型，把握议程设置的"度"尤为重要。媒体以往过于简单的绝对化观念及狭隘的惯性思维，让议程设置沦为公众厌弃的独角戏。在网络危机舆情中，要根据实际情况和引导目标，进行巧妙的角度选择和分寸把握，把控信息总量，合理布局内容，自动围绕政策议题及相关新闻事件进行跟踪报道，塑造舆论民意，将舆论强度调控在合适的位置；以正面舆论"消负"，展示新局面与新进展，消除公众心理和情感阴影；主动与意见领袖互动，强化主流言论，强调主流意识形态；利用新焦点转移公众注意度，掌握好舆论引导报道的密度和强度，必要时进行适当的冷处理；利用"监守"、"吹鼓手"及"打手"，合理设置议程，更强劲地抱团发声。

2. 在舆情技术升级中提升精准度

在网络舆情引导的初级阶段，某些部门、机构偏爱于雇佣"水军"删帖、网络推手炒作等方式，这种低技术含量、被动防御的操作方式简单粗放，无法达到预期效果和目的。当前，中国舆情技术不断升级，舆情技术和产品丰富，包括软件支持、知智体系、风险管理、危机应对等一系列内容。一方面，各部门、机构可以增设职能部门，培养新媒体舆情监测和预警能力，建立网络舆情收集、研判和快速反应机制，充分利用"大数据"搭建"大信息平台"，随时随地监测"意见气候"，把握社会脉搏。比如从微博、微信、论坛、贴吧等各个平台获取相关信息和数据，结合云计算，进行有效的人际分析、定性定量分析、关联分析和趋

---

① Regester Michale. Crisis Management: How to Turn a Crisis into an Opportunity [M]. New York: Hutchinson Business, 1998.

势分析等，使舆情分析更加准确，丰富和完善舆情引导参考体系。另一方面，相关部门可联合专业舆情服务机构，进行“舆论测量”，比如与从事舆情管理的经济实体加强合作，组成舆情服务技术型方阵，将信息监测、舆情态势分析、舆论环境研究、网络危机处置全程及其相关环节的信息服务，直接用于各部门、机构。针对网络舆情高发节点，从媒体角度、平台分布、网民意见、趋势发展等多种角度对相关信息作出深度分析、研判，把握舆论潮流，提前预警，并加以正向引导，清除舆论浅滩暗礁。还可把握适当切入口，对可能出现的舆论热点问题，制订舆情引导预案，积极应对，不再等舆情危机发酵后才被动跟进。在舆情危机发生之前的某一阶段及时给予引导，其效果比舆情危机发生以后的补救性引导更好。

3. 在机构自我转型中增加聚合度

在以往的舆论引导过程中，许多部门、机构信息公开较为随意，瞒报、谎报或者不报的现象时有发生。某些地方部门甚至缺乏信息发布意识，或者是信息发布不及时，发言风格流于面面俱到、官话连篇、文过饰非，“雷人雷语”时常引发网友的疯狂吐槽。新时期，相关部门、机构要不断提升媒介素养，正确认识新媒体并主动与之合作，建立自己舆情引导的“专业队”、“领军人”、“同盟军”及“发布台”，聚合多方力量，促进舆情引导常态化和规范化；重视并加强舆情管理和危机公关的相关培训，提升媒体沟通、信息发布技巧等舆情引导能力；转变宣传报道方式，在“多源流”的信息传播中，更加尊重事实本身的逻辑；改变自说自话的宣传式风格，由以往的“长、假、空”向“短、实、新”转变，摆脱严肃、呆板的形式束缚，加入平民化元素、互联网思维和网络语言，以公众喜闻乐见的形式传达信息，让公众愿意知晓，赢得公众好感，从而把相应的价值规范、理念推荐给社会成员，形成对社会核心价值观的有效传播，实现正确的舆论导向。此外，更加重视和遵循“以人为本”的价值观，重视生命，以情动人。在突发事件中，将公众最关切、意见最大，最迫切需要解决的问题作为工作重点，取信于民，树立高效、诚信的政府形象，从而在舆情引导中起到潜移默化的效果。

4. 在官媒新锐化趋势中巩固融合度

官方媒体以公正权威著称，一直受到政府和公众的重视。在新媒体冲击之下，传统官方媒体舆论引导式微，官媒的新媒体融合日趋加快，改变之前“融而不合”的问题。政府也在正视商业网站优势，加速推进媒体融合的实质进展。官媒通过开通政务微博、官方微信，论坛讨论、及时答复、网络访谈，接受网民的网络问政等，从内容资源建设和媒介渠道等方面，成为社会化开明的主人，巩固舆论主体地位及内部引导权威。比如《人民日报》在2012年推出官方微博，2013年又在版面上辟出二维码传播形态，目前粉丝数已突破3500万。《人民日报》在主流舆论场上发出权威的声音，其官方微博则在网络舆论场上发挥着重要的舆情引导作用，相得益彰，通过“二微”(微博/微信)不断扩大舆情引导的范围与效果。截至2014年12月，中国政务微博年发布量达到1782.3万余条，同比增长20.1%，转发评论量达2.3亿条，同比增长达17.5%。① 截至2014年8月底，全国政务微信总量已达8803个。官方媒政务微信公众号，阅读总量大，凭借海量信息资源优势在微信公众号中表现突出，舆情引导效果明显。政务微信微博从网上论坛、社区、微博、微信等中间发现舆论线索，利用自身权威及公信力，真实、客观、公正、平衡地进行报道，还原事实真相，破除谣言，利用全媒体手段分类投放信息，同时增强官民舆论场的融合度。

① 数据来源：光明网舆情中心发布的《2014年度网络舆论生态发展报告》。

5. 在立体化传播中提升多向度

在多元舆论场舆情扩散存在“外带内”的趋势，舆情引导需要重视涉外舆情，积极了解国外舆论动向，针对国外势力的信息倒灌和意识形态上的边缘渗透，联动纸媒、广播、电视、网媒(微博、微信、论坛)等围绕同一报道思想和同一报道主题进行报道，影响外媒传播的观点，提升国内媒体外宣效果与影响力，提升外向度。同时充分利用外媒的舆论前沿作用及最新鲜、最丰富的信息源，与外媒达成合作协议，整合国内外媒体优势，形成传播合力与立体传播格局，扩大信息传播多向度效果。通过科学调度、周密部署联动各个职能部门密切配合，内外协调。当有些事实与舆论传播不便在国内媒体公开时，利用外媒阵地第一时间发布新闻通稿，形成正向舆论基调，扩大国内外媒体的共识，形成外媒带动效应的良性循环。同时建立信息“瞭望台”与“防火墙”，提升涉外舆情引导力，在国际上宣传中国形象及修复中国声誉。

新时期，舆情传播的广度、密度、速度和准确度大大增加，传统的舆论引导方式不仅不能消除危机，还会成为风险隐患。政府部门要避免在社情民意的漩涡中陷入自我意识的“信息孤岛”，改变传统舆论引导的有限效果范式，在全新的舆论格局中找准位置，提高传播的针对性与可控性，提升舆情引导的精准度与传播效果，成功探索舆论引导的中国范式。

【参考文献】

[1][美]沃尔特·李普曼著. 公共舆论[M]. 阎克文，姜红，译. 上海：上海人民出版社，2006.

[2]梅文慧. 信息发布与危机公关[M]. 北京：清华大学出版社，2013.

[3]胡百精. 危机传播管理[M]. 北京：北京广播学院出版社，2005.

[4]邵培仁，等. 媒介舆论学[M]. 北京：中国传媒大学出版社，2009.

[5]郑瑜. 新媒体时代的舆论引导与控制[J]. 当代传播，2008(5).

[6]张洪超，吴青熹. 在舆论引导中把握好时、度、效[J]. 新闻爱好者，2013(12).

[7]张勇锋. 舆论引导的中国范式与路径——“坚持正面宣传为主的方针”新探[J]. 现代传播，2011(9).

[8]丁柏铨. 论当下舆论引导格局[J]. 中国出版，2012(12).

[9]周廷勇. 蝶变与转换——社会化媒体时代舆论引导范式初探[J]. 新闻研究导刊，2014(8).

[10]张辛欣，王小杨. 从理性独白到视域融合——论网络舆论引导的范式转型[J]. 湖南社会科学，2012(5).

[11] Alex Chan. Guiding Public Opinion through Social Agenda-Setting：China's Media Policy since the 1990s[J]. Journal of Contemporary China，2007(2).

[12] Guosong Shao，Tangbiao Xiao，Shuo Yao，Hongmei Shen. Guiding Public Opinion in Civil Disorder[J]. Journal of International Communication，2011(3).

[13] Robert M. Worcester. Public Opinion：Developments and Controversies in the Twentieth Century，New York，Rowman and Littlefield[J]. Book Reviews (Slavko Splichal，1999). International Journal of Public Opinion Research，2000(12).

【作者简介】

梅文慧，湖南大学新闻传播与影视艺术学院副院长。

教育部人文社会科学重点研究基地重大项目“互联网信息生态环境下我国国际传播影响力研究”中期成果报告

传播影响力：概念、研究议题与评估体系研究评述①

周　翔　李　静

在我国的新闻学和传播学领域里，“影响力”是一个运用广泛的概念。“媒介影响力”、“传播影响力”一类的表述出现在众多研究文献中，指向中国特定媒体制度下的传播实践内容。同时，“影响力”也泛化为一种修辞。凡谈及媒介形态、媒体机构、传播内容，乃至具体的新闻文体，都可以与“影响力”联系起来。这种泛化让“影响力”概念的内涵和外延变得模糊，更阻碍了学界和业界在达成共识的基础上进行对话，并以此概念为一个视点来观察新闻传播实践的脉络。

本研究对相关文献进行综述，以廓清“影响力”概念，并厘清主要研究议题及其演进，尤其关注网络传播环境下的传播影响力研究。笔者以“影响力”“传播影响力”“媒体影响力”“媒介影响力”“传媒影响力”“网络影响力”“国际传播影响力”为关键词，在中国知网数据库中对 2014 年 12 月以前的文献进行检索。研究者以“概念被界定”“与新闻传播相关”为标准，对检索所得文献进行筛选，最后所得文献为 49 篇。从检索结果来看，符合上述条件的文献最早出现于 1992 年。

一、新闻传播领域的“影响力”：概念提出与阐释

（一）概念提出的背景

“影响力”概念在我国新闻传播领域的运用，最早是指涉新闻宣传的效果。相关研究可追溯到 1988 年张学洪在江苏城乡开展的受众调查，探究新闻宣传影响力的大小以及影响力发挥的条件。在该研究中，影响力是指新闻宣传对“受众的思想、观念、价值取向、社会态度和社会行为”的改变程度②。调查发现新闻宣传的影响力是有限的，需要借助人际传播、群体传播、组织传播等传播系统，其影响力才能得到有效发挥。此后相当长一段时间里，“影响力”概念并未在新闻学、传播学研究中得到较为普遍的运用。但是，该研究突出的“宣传”色彩在后来者的论述中得到延续。

从文献来看，“影响力”成为新闻与传播学领域的热点词汇始于 2003 年（如图 1 所示），源自学者喻国明《影响力经济》一文③。该文根据他在 2002 年年末湖南卫视举办的“千年论

---

① 本文系教育部人文社会科学重点研究基地重大项目“互联网信息生态环境下我国国际传播影响力研究”（项目编号：14JJD860001）的阶段性研究成果。感谢团队成员王斌、彭雨蒙、汪艳、田朋、杨逐原等在文献搜集方面对本研究所作的贡献。

② 张学洪．新闻传播效力的一项实证分析[J]．新闻研究资料，1992，2(17)：17-29.

③ 喻国明．影响力经济——对传媒产业本质的一种诠释[J]．现代传播，2003，(1)：1-3.

坛”上的演讲整理而成，实质上是对中国传媒业界的一些经营问题做出的回应。传媒经济运作遵循“二次售卖”逻辑，以传媒凝聚起来的受众数量和规模来衡量其市场价值。具体表现为，传媒以收视率或发行量为指标，与广告商进行议价，这实质上是一种“注意力经济”。但是，在传媒竞争不断加剧的背景下，经营实践中出现了另一种现象：收视率或发行量最大的媒体并不能获得最大的市场价值。由此，喻国明提出“影响力”概念，认为影响力才是传媒经营的本质。2003 年之后，以“影响力”为核心概念的论文呈增长态势，每年的发表量为 3 篇左右，在 2013 年则突破 10 篇。

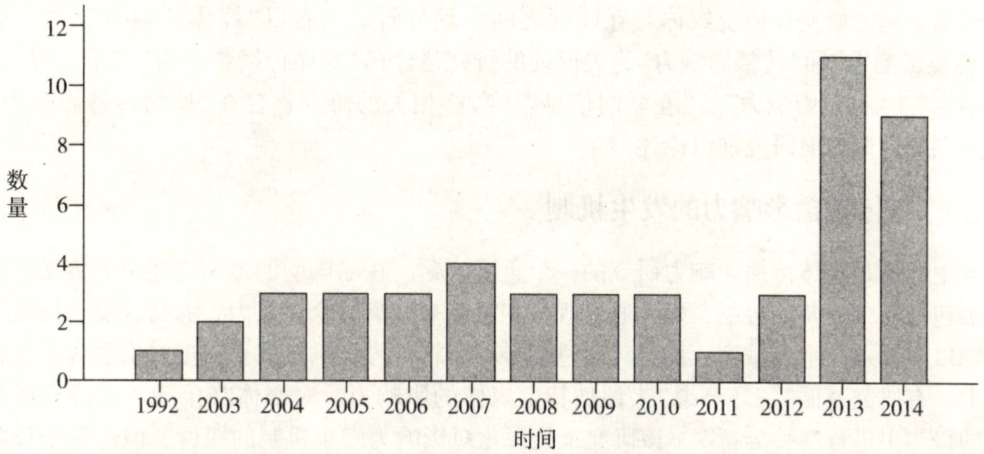

图 1　以“影响力”为关键词的论文发表情况

(二)“影响力”概念的内涵与外延

喻国明在《影响力经济》一文中对“影响力”的界定被相关研究引述最多。他认为，传媒影响力就是传媒作为资讯传播渠道“对其受众的社会认知、社会判断、社会决策和社会行为所打上的属于自己的那种‘渠道烙印’”。所谓“渠道烙印”，是指传播影响力与具体的传播技术属性、传媒机构及其工作人员的能动性相关。

后续研究在其他方面丰富了“影响力”概念的内涵。与喻国明不同，华文从受众的角度出发来界定影响力：“受众能够理解和接受信息传播者的传播意图。”①换言之，受众只有理解并接受信息中隐含的意图，传播影响力才得以发挥。此外，部分学界、业界和政府部门的人员②则著文强调，传媒影响力是一种控制力，是传媒对接受者的认知、倾向、意见、态度、信仰和外表行为施加的控制。唐朝认为，这种控制是柔性的，是以人们所喜爱的方式来左右他人的行为。③ 在更近些的研究中，郑丽勇等人采用了广泛的定义：一个行为主体影响、改变其他相关行为主体心理或行为的能力；同时与传播研究中的“说服”相连，认为媒介影响力的本质内涵是说服力。④

在内涵得以丰富的同时，概念的外延也被拓展，超越了最初的传媒经济范畴。研究者尝

---

① 华文．媒介影响力经济探析[J]．国际新闻界，2003(1)：78-83.

② 如：唐朝．传播学视野中的媒介影响力[J]．郑州大学学报(哲学社会科学版)，2005，38(1)：115-116；刘江船．社会影响力——传播学的新视角[J]．河南社会科学，2010，18(1)：180-182；何春晖，毛佳瑜．媒体影响力的量化指标[J]．新闻实践，2006(10)：15-17.

③ 唐朝．传播学视野中的媒介影响力[J]．郑州大学学报(哲学社会科学版)，2005，38(1)：115-116.

④ 郑丽勇，郑丹妮，赵纯．媒介影响力评价指标体系研究[J]．新闻大学，2010(1)：121-126.

试将媒体影响力区分为“市场影响力”与“社会影响力”；后者是指媒体作为信息渠道能够满足社会成员的信息、文化和审美需求，从而作用于社会的影响力度①。其中，研究者尤为强调媒体在社会整合、舆论导向方面的影响力②，因此有研究者专门以新闻评论为论述对象③。结合我国特定的媒体制度，传播社会影响力更多地指涉作为“党和人民的喉舌”的媒体在人们政治思想方面产生的作用。

二、媒体传播影响力研究的主要议题

传播影响力研究在传统媒体与互联网之间出现分野。笔者以“媒体影响力”“媒介影响力”“传媒影响力”和“传播影响力”为关键词的研究整合在“媒体传播影响力”之下，将与“网络影响力”、“网站影响力”、“互联网信息影响力”相关的研究整合在“网络传播影响力”之下，分别对这两方面研究加以论述。

(一)媒体传播影响力的发生机制

发生机制是媒体传播影响力研究的一个重要议题。在喻国明的最初论述中，传播影响力的产生包括三个环节：接触，媒介通过规模和特色来凝聚受众注意力；保持，受众持续不断的接触以对传媒产生忠诚度；提升，通过优势群体将传媒影响扩展至一般社会群体④。在此基础上，有研究遵循“三环节说”来评估特定媒体的影响力，对媒体在接触、保持和提升环节上的得与失进行逐一分析⑤。该研究未能深化对影响力发生机制的探讨，但却发现新媒体在接触环节的重要性。这与下文对传统媒体网络传播影响力的分析相呼应。

在近期的研究中，郑丽勇等人主张媒介影响力发生的“四环节说”，包括接触、接受、保持和提升⑥。与“三环节说”相比，“四环节说”增加并强调“接受”环节。接受环节是指，受众对接触到的媒介内容进行选择性注意、选择性理解和选择性记忆，从而形成一个认知过程⑦。该环节的提出，其实是受到丹尼斯·麦奎尔态度改变的“六个阶段”的影响⑧。该环节对受众的主动性给予了认可，这构成了“四环节说”与“三环节说”的最大不同，也是前者更具合理性的地方。“三环节说”是基于大众媒体的立场，强调在市场价值方面，如何将受众的数量转变为质量。

段鹏在“二级传播”理论的基础上来阐述媒体传播影响力的发生机制。他认为，媒体影

---

① 唐朝．传播学视野中的媒介影响力[J]．郑州大学学报(哲学社会科学版)，2005，38(1)：115-116.

② 如：华文．媒介影响力经济探析[J]．国际新闻界，2003(1)：78-83；唐朝．传播学视野中的媒介影响力[J]．郑州大学学报(哲学社会科学版)，2005，38(1)：115-116.

③ 如：田大宪．电视新闻评论影响力的理性思考[J]．淮阴师范学院学报，2004，26(6)：828-832；杨莲．论增强网络新闻评论的影响力和公信力[D]．广州：暨南大学，2006. 两者论述的新闻评论影响力，都带有宣传色彩。

④ 喻国明．影响力经济——对传媒产业本质的一种诠释[J]．现代传播，2003(1)：1-3.

⑤ 如：吴玉兰，张祝彬．《经济日报》传播影响力发生机制及提升策略研究[J]．新闻界，2013(8)：34-37.

⑥ 郑丽勇，郑丹妮，赵纯．媒介影响力评价指标体系研究[J]．新闻大学，2010(1)：121-126.

⑦ 郑丽勇，郑丹妮，赵纯．媒介影响力评价指标体系研究[J]．新闻大学，2010(1)：121-126.

⑧ “六个阶段”包括：说服性消息得到传播、接收者注意到消息、接收者理解消息、接受消息中的观点、新立场得到维持、发生传播者期望的行为。其中的注意、理解并接受消息，正是“接受”环节的构成要素。参见[美]沃纳·赛佛林，小詹姆斯·坦卡德．传播理论——起源、方法与应用(第4版)[M]．郭镇之，等译．北京：华夏出版社，2003：203.

响力实现的关键是“个人”，个人接收媒介传播的内容和影响，进而将其传播给其他个体①。换言之，媒体影响力的发生有赖于大众传播渠道与人际传播渠道的连接，具体表现为：“传播媒介→意见领袖(小众)→大众→传播影响力”②。与前两种机制相比，“二级传播”是唯一可以与国际研究相连接的影响力发生机制。从国际研究来看，“影响力”在传播学领域的出现，最早可以追溯至20世纪50年代卡茨和拉扎斯菲尔德对选民投票的研究③。他们发现，“有影响力个体”在影响选民投票意向上发挥重要作用，使大众传播呈现出二级传播流。此后，“有影响力个体”在罗杰斯④的研究中进一步得到确证。相反，“三环节说”以及在此基础上的“四环节说”，都是从我国的传播经营实践出发，未能与经典传播理论相连接。

(二)媒体传播影响力评价标准与评估体系

“影响力”概念一提出，如何对其进行量化评估即成为研究者最为关注的一个议题。这一方面是因为传播影响力与传统的传播效果研究相近；另一方面是因为“传播影响力”概念出自传媒经营领域，与注意力被量化为发行量或收视率一样，影响力被量化之后才能用来与广告商议价。从2002年“传播影响力”概念提出至今，其评价标准和评估体系在不断演进，并趋于细致。

1. 综合性的传媒影响力评估

综合性的传媒影响力评估并不限于对传播效果进行测量，而是将传媒视为一个机构和经营实体，对传媒在传播效果、经济表现、科技应用等方面展开的综合性评估。华文早在2003年提出媒介市场影响力的评估标准，实质上是给走入市场经济、成为经营实体的传媒建构起基本的评估维度。该评估标准具体包括六个方面：受众规模标准、质量标准、传播效果标准、经济实力标准、科技实力标准、可持续发展标准。⑤ 然而，这些评估维度之下包括哪些可供量化的评估指标，华文并未提出。

何春晖和毛佳瑜的媒介影响力评估⑥，也是将传媒看做是一个综合性的机构，经营只是其中的一个部分。他们将评估对象分为四种，包括内部员工、受众、广告商、同行及学术界。与华文不同，何春晖和毛佳瑜对每一个对象下的评估指标、数据收集方法都给予了详细说明。其中，媒体对内部员工的影响力的评估指标有四项：员工流动频率、媒体内部的信息畅通程度、员工对薪资的满意度、员工对媒体文化的认同度。媒体对受众的影响力的评估指标包括：受众注意力，媒体名称、口号、形象标识的利用频率，网民对媒体的关注程度，受众对媒体举行的公关活动的参与程度。相较而言，媒体对广告商、同行及学术界的影响力则便于操作，前者包括发行量或收视率、目标受众的社会经济属性、广告收入、广告价格、广告供求比例，后者包括转载率、被同行报道的情况、在同行中的创新频率、业界参观学习的人次、相关学术研究作品的数量。这个评估体系极为庞杂，至今未看到该评估体系的具体运用。但是，它提出的“网民对媒体的关注程度”指标，对后续的网络影响力评估颇有启示。

具体到电视影响力，研究者也提出了一个综合性、多维度的评估体系。王斌将其综合性

---

① 段鹏．收视率与满意度的博弈——刍议电视节目传播影响力与收视率、满意度的关系[J]．现代传播，2007(6)：85-87.

② 段鹏．收视率与满意度的博弈——刍议电视节目传播影响力与收视率、满意度的关系[J]．现代传播，2007(6)：85-87.

③ Katz E.，Lazarsfeld P. Personal Influence：The Part Played by People in the Flow of Mass Communication [M]. New York：The Free Press，1955.

④ Rogers E. M. Diffusion of Innovation[M]. New York：The Free Press，1962.

⑤ 华文．媒介影响力经济探析[J]．国际新闻界，2003(1)：78-83.

⑥ 何春晖，毛佳瑜．媒体影响力的量化指标[J]．新闻实践，2006(10)：15-17.

电视评估体系建立在三个评估维度上：资源、传播单位(宏观的广电集团，中观的电视台和频道，微观的节目、栏目等)、市场导向—社会导向①。每一个维度下的指标建构缺乏标准，也未给出清晰的操作化定义，这是该评估体系的劣势之处。例如，社会导向维度包括管控认可度、专家支持度和受众满意度，前面两个指标都极为模糊。但是，该评估体系的提出有其可取之处：在各电视台繁杂的评估体系基础上建立一个综合性评估体系，作为一种评估的“通用货币”，以促进媒介生态系统各方的有效沟通和交往。

2. 媒体传播影响力评估

与综合性的传媒影响力评估不同，媒体传播影响力评估仅立足于传播实践及其产生的传播效果。华文早期提出影响力的规模、时间、内容、方向和效果五要素②，被部分研究者用来评估传播影响力③。但是，真正提出一个较为完备的媒体传播影响力评估体系的是郑丽勇等人。

郑丽勇等人根据媒介影响力发生的四个环节，分别提出四个测量维度，并发展出四个因子：广度因子、深度因子、强度因子和效度因子。④ 其中，广度测量的是受众规模，具体表现为发行量、阅读(收视、收听、点击)率、传阅率。深度测量的是受众接触媒体所持续的时间，即平均阅读(收视、收听、上网)时间。广度的测量较为复杂，包括受众的满意度、对媒介内容质量的感知、媒介品牌形象，以及受众对媒介品牌的体验和忠诚度。效度的具体指标包括决策力、消费力和二次传播力；但实质上，它所测量的仍然是受众所处的社会阶层。研究者提出，国家与社会管理者阶层、经理人员阶层、私营企业主阶层和专业技术人员阶层是当代中国社会的主流阶层，主流人群占受众总体的比率之和即为效度因子。郑丽勇等人采用专家意见法，确定每一个因子的权重，并结合综合评分法来为因子赋值。在此基础上，媒介影响力指数就是广度、深度、强度和效度四个因子的数值之和。

与报纸相比，电视传播影响力评估被更多研究者关注。一方面，对特定的节目、栏目和频道进行量化评估，已经成为电视台(或委托给外部的学术机构、调查公司)的常态工作。另一方面，长期统治电视评估领域的收视率饱受诟病，学界呼吁多样化的价值、评估维度或评估因子。例如，李昕将电视影响力分成传播广度、传播维度和传播核心价值三个方面，在商业价值之外强调电视在公共传播领域应有所作为。⑤ 段鹏则认为，与收视率相比，“满意度”指标的引入更具价值，因为后者承认了受众的多元化需求和能动性。⑥

3. 传统媒体的网络影响力评估

根据郑丽勇等的媒介影响力评估体系形成的实证研究成果《2010 年中国新闻传媒影响力

---

① 王斌，多维分析视野中的媒介评估——以电视为例的讨论[J]. 国际新闻界，2004(2)：69-73.

② 华文 . 媒介影响力经济探析[J]. 国际新闻界，2003(1)：78-83.

③ 例如，吴玉兰等人对财经媒体官方微博影响力的分析，他们将规模操作化为粉丝数、微博发布数，传播时间操作化为微博发布频率和时间连续性，传播方向操作化为微博发布形式和发布类型，传播效果操作化为被评论量。传播内容的操作化较为模糊。具体参见：吴玉兰，肖青 . 财经媒体官方微博传播影响力研究——以“@ 财新网”为例[J]. 现代传播，2014(6)：53-57.

④ 郑丽勇，郑丹妮，赵纯 . 媒介影响力评价指标体系研究[J]. 新闻大学，2010(1)：121-126.

⑤ 李昕 . 从“收视率”到“影响力”——中国电视文化价值体系重构初探[J]. 现代传播，2007(2)：166-168.

⑥ 在这里，满意度又称为“欣赏指数”，是指观众对电视频道或节目的态度与评价。参见：段鹏 . 收视率与满意度的博弈——刍议电视节目传播影响力与收视率、满意度的关系[J]. 现代传播，2007(6)：85-87.

研究报告》①，在获得肯定的同时，也受到了学界的批评。蒋佶成指出，该报告显示电视的影响力远胜于网络媒体的影响力，这与2012年社交媒体勃兴的现实不相符。② 由此，蒋进一步质疑：其一，郑丽勇等人以官方媒体为主流媒体，非官方资助的网站为非主流媒体，这一价值立场可能会影响评估结果；其二，郑的评估体系视受众为被动的"容器"，忽略受众在网络传播背景下愈发增强的主体性会造成评估误差。这些质疑声音不无道理，也折射出一个问题：网络背景下的影响力评估是否有其独特之处？

关于网络影响力，本文将在下一部分重点叙述。在此，笔者将简要概述传统媒体的网络影响力评估。以上论述中，我们可以看到部分研究者已经将网络影响力纳入媒体传播影响力的评估体系中。何春晖等人将"网民对媒体的关注程度"作为一个二级指标，考察网民对媒体信息的主动接收、使用和传递。③ 该项指标可以通过媒体在搜索引擎中的搜索量和排名、在BBS上的主题数和帖子数来进行量化操作。

电视节目传播对互联网平台的运用和依赖，使研究者将"网络影响力"引入电视评估体系中。李岭涛、黄宝书认为，电视网络影响力由三个指标构成：网络知名度指标(电视媒体信息在各大搜索引擎中的搜索结果的平均分)、网络被关注度指标(电视媒体信息在各大搜索引擎中的论坛搜索结果的平均分)、网络收视指标(网站中电视节目被下载次数的平均分)；三个指标的加权平均之和为电视网络影响力指标。④ 他们的评估指标基本借鉴了何春晖等人的"网民对媒体关注程度"指标，并无实质性的突破。这些指标与网络传播影响力的评估有部分重合之处，但是后者要更加复杂。

三、网络传播影响力的提出及其评估体系的建构

前文提及的传播影响力，其主体都是指大众传播媒体。虽然在大众媒体传播影响力的形成和评估中，受众个体(尤其是意见领袖)和互联网的作用得到认可，但是其遵循的逻辑依然是"单向"的大众传播模式。在这一模式中，互联网和基于互联网的网络传播更多地被视为媒体延伸影响力的渠道。然而，广泛存在于网络计量和计算机科学领域的网络传播影响力研究却提供了另一种视角，关照互联网背景下不同于大众媒体的传播实践内容。

无论是网络传播影响力，还是媒体传播影响力，研究者对"影响力"概念内涵的理解是一致的。但是，两者又存在一些根本性的差异，具体表现在两个方面：其一，媒体影响力的主体是大众传媒，而网络影响力的主体囊括多方社会行为主体，包括政府部门、学术机构、非政府组织和社会个体。也有少数研究者认为⑤，网站被视做"第四媒体"，网站影响力也可纳入媒体影响力的范围内。但不容忽视的是，社会个体在网络传播影响力研究中占据了较大比重，其重要性不低于网站。其二，媒体影响力的形成机制主要是"单向"的大众传播，而网络影响力的形成则依赖多方社会行为主体之间的互动传播，大众媒体只是行为主体之一。

检视网络传播影响力研究的相关文献，学者关注的议题主要有两个：行为主体(或信息主题)影响力的度量、影响力的扩散最大化问题。其中，扩散最大化问题主要针对社会化媒体中的个体影响力，主要是挖掘社会网络中的前k个节点作为初始种子，由这些节点推动的

① 郑丽勇，等．2010中国新闻传媒影响力研究报告[M]．杭州：浙江大学出版社，2011.

② 蒋佶成．理性互动：媒介影响力的助推器——兼对郑丽勇教授媒介影响力指标体系质疑[J]．新闻记者，2012(7)：65-68.

③ 何春晖，毛佳瑜．媒体影响力的量化指标[J]．新闻实践，2006(10)：15-17.

④ 李岭涛，黄宝书．网络影响力：中国电视的新型评价体系[J]．现代传播，2008(3)：127-130.

⑤ 如：范闯．基于网络计量学的科技信息服务网站影响力评估研究[D]．南京：南京理工大学，2009；吴静．互联网信息影响力形成过程中的政府角色研究[D]．成都：电子科技大学，2011.

信息传播能够影响最大范围的人群，即实现影响力的最大化。本文关注前一个议题——影响力的度量。

(一)网站影响力的评估

根植于文献计量学和情报计量学的网络计量学为网站影响力的评估提供了诸多方法和工具。它将“网站影响力”界定为网站资源被利用的情况，因此，它对评估对象的选择更倾向于省级和省级以上规模的门户网站。流量指标、链接指标和可见度指标是网站评估中最为常用的三个一级指标。

流量是网站被利用情况的直接反映，不同研究者在构建流量指标的二级指标时存有异议。刘伟和段宇锋认为，访问人数和人均访问页面数是衡量流量的两个指标。① 在此基础上，范闯和牛力等人将人均访问时间纳入流量指标②，其假设是：用户访问的时间越长，说明网站提供的资源越符合用户需求，也就越能体现网站的影响力。然而早在2006年，刘伟等人就对人均访问时间提出疑义。他们认为，人均访问页面数和人均访问时间都能够反映网站的“黏性”；但是，鉴于用户浏览习惯的不同，以及用户完成访问后不主动退出，将导致系统继续统计访问时间，从而带来统计偏差。③ 其他研究者还引入用户量指标，即网站用户占全球用户的比例④；或使用网站点击量和网站访问量，两者相乘得出综合性的网站流量指标⑤。综合而言，访问人数和人均访问页面数作为流量指标的二级指标获得了更多认可，以此为基础还能得出其他综合性指标(如，网站被访问的总信息量⑥、网站排名⑦)。

链接指标的建构是网站影响力评估中较为复杂的部分，各家纷争也更多。在早期的研究中，链接指标主要包括被链接数和网络影响因子。被链接数，又称为入链数(Inlinks)，是指该网站获得链接的次数。如果网站获得的链接次数来自外部，则称为外链接数(Outlinks)；如果是来源于网站内部，则称为内链接数。为了修正被链接数给网站影响力评估带来的偏差⑧，研

---

① 刘伟，段宇锋．基于网络影响力的电子政务建设绩效评价[J]．情报科学，2006，24(1)：1704-1708.

② 参见：范闯．基于网络计量学的科技信息服务网站影响力评估研究[D]．南京：南京理工大学，2009；牛力，韩小汀，王为久．政府档案网站影响力评价研究——基于我国省级档案网站的网络计量[J]．档案学研究，2013(6)：21-25.

③ 刘伟，段宇锋．基于网络影响力的电子政务建设绩效评价[J]．情报科学，2006，24(1)：1704-1708.

④ 牛力，韩小汀，王为久．政府档案网站影响力评价研究——基于我国省级档案网站的网络计量[J]．档案学研究，2013(6)：21-25.

⑤ 季婉婧，曲建升，曾静静．国际主要环保非政府组织网络影响力评价研究[J]．情报杂志，2012，31(8)：129-133.

⑥ 访问人数乘以人均访问页面数，即为网站被访问的总信息量。该指标的应用，相当于赋予访问人数和人均访问页面数同等的权重；但是在运用层次分析法建构的评估体系中，访问人数的权重要高于人均访问页面数。因此，该指标较为粗略，在统计分析时只具有相对意义。可参见：刘伟，段宇锋．基于网络影响力的电子政务建设绩效评价[J]．情报科学，2006，24(1)：1704-1708.

⑦ 该指标是根据一定时刻或时段内日均访问人数和页面访问量计算出的综合排名。该指标也具有参照意义，与用户量和页面访问量指标一起使用。可参见：牛力，韩小汀，王为久．政府档案网站影响力评价研究——基于我国省级档案网站的网络计量[J]．档案学研究，2013(6)：21-25.

⑧ 这里主要是指由研究网站的规模产生的偏差。如果研究网站建立的时间早，规模大，它可供链接的网页数也更多。与此相反，如果研究网站建立的时间晚，规模尚小，可供链接的网页数也较少。如果仅以被链接数为指标，则对新网站不利。

究者一般会采用两种修正方式①。其一，引入网络影响力因子。网络影响因子的计算公式为：被链接数/网站总网页数。根据该计算公式，学者还可以计算出外部网络影响因子和内部网络影响因子。但一般情况下，研究主要采纳综合性的网络影响因子。其二，采用入链网站数。入链网站数是指，网站获得的入链来源于多少个不同的网站；它既能修正内链接数过多带来的偏差，也能够修正大量入链数只来自于少数几个外部站点而产生的偏差。在入链数和网络影响因子的基础上，后续研究还引入了其他二级指标，比如总网页数、总链接数、主页链接数、平均链接数、链接密度、出链数、出链网站数等。但是，这些指标的可靠性②并未得到检验，且运用的范围也不广。

网络可见度(或"网络显示度")，就是网站被搜索引擎获取和索引的数量。相较于流量指标和链接指标，网络可见度指标的获得最为简便。首先，获取研究网站在各大搜索引擎中的搜索数量；其次，根据特定地域用户的使用习惯，赋予各搜索引擎不同的权重；各个搜索引擎中的搜索数量乘以权重，再相加即可得到研究网站的可见度③。如前所述，网络可见度在媒体影响力评估中也被提及④。

除这三个指标以外，有研究使用了更加多样的一级指标，以《中国政府网站互联网影响力评估报告(2013)》⑤为代表。该报告使用了5个一级指标和11个二级指标。一级指标包括：搜索引擎影响力、社会化媒体影响力、重要网络媒体影响力、移动终端用户群体影响力、少数民族及国际用户群体影响力。移动终端、少数民族及国际用户群体影响力的提出富有启发性，与移动互联网的勃兴态势和中国政府发展国际传播的现实相契合。移动终端用户影响力主要测量移动终端技术的兼容性和网站移动WAP的开通情况，少数民族及国际用户影响力则测量网站是否开通多种语言版本。语言使用是网站的一大属性，多种语言版本只能说明网站具有被更少少数民族和国际用户访问的潜能。相反，通过访问的IP地址可以直接辨识出国际用户，并计算实际的访问次数，可以引入评估体系。其他三项指标都与前面提到的网络可见度指标和链接指标相关⑥。

在这些关键性指标的基础上，研究者大多运用层次分析法建立网站影响力评估体系。同时，结合专家调查法，建构"准则层Ⅰ"(一级指标)和"准则层Ⅱ"(二级指标)的判断矩阵。⑦ 以此来确定各指标(具体到二级指标)在评估体系中的权重。此外，为了避免专家调

---

① 参见：段宇锋．网站特征的定量研究——大学网站影响力探讨[J]．情报理论与实践，2005，(2)：191-195；杨志，胡德华，韩欢．三大中文资源门户网站的网络影响力研究[J]．情报科学，2008，26(5)：763-766；范闯．基于网络计量学的科技信息服务网站影响力评估研究[D]．南京：南京理工大学，2009；刘伟，段宇锋．基于网络影响力的电子政务建设绩效评价[J]．情报科学，2006，24(1)：1704-1708.

② 这些指标的使用是在纳入网络影响因子和入链数指标的前提下，作为参照指标来使用，尚未看到研究对其单独使用以评估网络影响力。

③ 参见：刘伟，段宇锋．基于网络影响力的电子政务建设绩效评价[J]．情报科学，2006，24(1)：1704-1708.

④ 如：何春晖，毛佳瑜．媒体影响力的量化指标[J]．新闻实践，2006(10)：15-17；李岭涛，黄宝书．网络影响力：中国电视的新型评价体系[J]．现代传播，2008(3)：127-130.

⑤ 国家信息中心，中国信息协会电子政务专业委员会．中国政府网站互联网影响力评估报告(2013)[J]．电子政务，2013(11)：2-21.

⑥ 搜索引擎影响力为网络可见度指标，社会化媒体影响力和重要网络影响力则是链接指标。

⑦ 如：刘伟，段宇锋．基于网络影响力的电子政务建设绩效评价[J]．情报科学，2006，24(1)：1704-1708；范闯．基于网络计量学的科技信息服务网站影响力评估研究[D]．南京：南京理工大学，2009；季婉婧，曲建升，曾静静．国际主要环保非政府组织网络影响力评价研究[J]．情报杂志，2012，31(8)：129-133.

查法中人为赋值可能产生的随意性，牛力等人主张使用主成分分析法①。他们对链接指标进行主成分分析，通过主成分得分和贡献率计算出网站的链接指标得分。同时，他们还发现，链接指标与流量指标存在相关性，这进一步确证了链接指标在网站影响力评估中的关键作用。

(二)社会化媒体中个体(或主题)影响力的评估

社会化媒体中个体(或主题)影响力的评估在近两年成为一个研究热点，尤其是在计算机应用技术领域里。该领域对社会化媒体的定义更为宽泛，是指能够提供信息、具有用户交互功能的站点，包括博客、论坛、微博、社会网络、社会信息、媒体共享平台、社会化书签和维基。基于不同的视角，研究者对个体影响力做出了不同的描述。比如，马俊等人②认为，个体影响力直接表现为个体对信息传播产生的推动作用，具体表现为发布、回复、评论、提及和转推。从传播结果上看，个体影响力被量化为个体及个体发布的信息在所有个体和一定信息范围内的排名得分。从社会网络的视角看，如果个体具有网络连通性或网络度中心性中的部分或全部属性，则具有强大的影响力。

有关个体(或主题)在社会化媒体中的影响力评估，涉及专业化的算法和模型建构，也非传播学研究所能涵盖。因此，本部分将着重叙述个体(或主题)影响力评估的基本思路、关键指标和应用。对个体的属性和特征进行分析，是个体影响力评估的一种基本思路。马俊等人认为，微博用户影响力体现在传播速度、范围和距离三个指标上③。同时，他们分析微博用户的状态属性(如，是否认证、微博等级、是否微博会员、达人积分、身份勋章个数、优质粉丝数)和行为属性(如，平均每天发布微博数、平均每天转发微博数、微博被转发的平均次数、微博被评论的平均次数、被提及率，等等)，并对 15 项属性特征与传播速度、范围和距离进行回归分析。以此，研究者根据用户的属性特征来建构模型，以评估和预测其传播影响力。

另一种评估方法依循社会网络分析的思路，它被大多数的研究者采纳④。在社会网络分析的视角下，个体影响力被定量地描述为一个有向图 $G(E, V)$。其中，E 为节点的集合，V 为有向边的集合；如果从节点 e_i 出发，有一条指向节点 e_k 的边 v_{i-k}，则表示 e_i 对 e_k 具有影响力。在传统的社会网络分析中，中心性、度中心性、介数中心性、紧密度等是测量个体影响力的常用指标。以此为基础，有研究者提出，节点影响力的测量还应考虑节点所处的社区的属性(如，社区的大小，社区内的关系紧密度)，并发展出 K-shell 和社区中心性模型⑤。其

① 主成分分析法，是一种降维的统计方法，即将多个原始变量降为少数几个变量，这些变量能够反映原始变量的绝大多数信息，且相互之间不具有相关性。主成分分析也是综合评价研究的一种重要方法。参见牛力，韩小汀，王为久．政府档案网站影响力评价研究——基于我国省级档案网站的网络计量[J]．档案学研究，2013(6)：21-25.

② 马俊，周刚，许斌，等．基于个人属性特征的微博用户影响力分析[J]．计算机应用研究，2013，30(8)：2483-2487.

③ 速度是指从信息发布到第一次被转发的时间间隔，范围是指信息源后继节点的个数，距离是指最长传播路径的长度。具体可参见马俊，周刚，许斌，等．基于个人属性特征的微博用户影响力分析[J]．计算机应用研究，2013，30(8)：2483-2487.

④ 如：李军，陈震，黄霁威．微博影响力评价研究[J]．信息网络安全，2012(3)：10-13；刘志鹏，皮德常．从移动数据中挖掘网络节点的影响力[J]．计算机研究与发展，2013(2)：244-248；张玥，张宏莉，张伟哲，等．识别网络论坛中有影响力用户[J]．计算机研究与发展，2013，50(10)：2195-2205；李翔．微博中影响力的研究[D]．合肥：中国科学技术大学，2014.

⑤ KSC，K-shell and Community Centrality，该算法兼顾节点内部属性和外部的社区属性。参见胡庆成，尹龑燊，马鹏斐，等．一种新的网络传播中最有影响力的节点发现方法[J]．物理学报，2013，62(14)：140101-1-140101-10.

他研究者①则认为，社会化媒体产生的网络数据过于庞大，要对中心性、度中心性、介数中心性等进行逐一计算，时间成本太高。因此，有学者在 PageRank② 和 Twitter User Rank③ 的基础上不断改善，提出 Weibo User Rank④ 一类的针对中国社会化媒体的个体影响力算法。综合而言，常被纳入计算模型的指标包括：关注者人数、发布数、回复数、被提及数(被@数)、被转推数、被阅读数、回复内容的质量(用回复内容的字数或字节长度来衡量)。

除个体影响力以外，还有一部分学者关注主题影响力的识别和评估。主题的影响力表现为，它"刚被发表出来就能吸引众多用户的关注，在未来的时间内得到大量的用户回帖"⑤。但是，以回帖数为单一指标来测量主题影响力存在缺陷，它并未考虑回帖的质量和回帖之间的关系。由此，高俊波等人关注主题之下的回帖构成的传播链条，以主题中的名词性词语为分析单位，通过词语聚类来发现具有影响力的主题。高俊波等人设计的"主题发现原型系统"具有较强的预测性，即在原帖发出、只有少量回帖跟进的情况下，可以根据词语之间的相关性来预测该原帖和主题的影响力。

四、传播影响力研究的未来走向

本文对"影响力"概念在新闻传播领域提出的背景、影响力发生机制，以及评估体系的演变进行了梳理和评述。21 世纪之初，传统媒体在广告市场上的竞争加剧，学界引入"影响力"概念，意在引导媒体竞争走出以"收视率"或"发行量"为指标的数量困局。此后，影响力研究，尤其是评估体系建构方面，在大众媒体与网络传播情景下出现分野。从文献来看，网络传播影响力研究在近两年日益兴盛，其文献数量大大超过了媒体传播影响力研究(见图 2)。这一方面是因为互联网在延伸传统媒体影响力上发挥重要作用，另一方面，社会个体在信息传播中的主体角色也在凸显。网络传播影响力研究在网络计量学和计算机应用技术领域日臻成熟，仍会是未来的一个热点议题。同时，在社会网络视角下，网站影响力评估和社会化媒体中个体影响力分析之间存在互补、融合的可能；因为，网站影响力评估中的"链接"和"可见度"指标都是基于用户、站点之间形成的社会网络关系。

在未来，就新闻传播领域的影响力研究而言，引入网络计量学和计算机科学领域的网络影响力评估体系，并加以实证检验，将是一个主要方向。以流量(访问人数、人均访问页面量)、链接(入链网页数、入链网站数、网络影响因子)和网络可见度为指标，以层次分析法建构起的网站影响力评估体系，可为新闻网站影响力研究提供直接参考。同时，有学者⑥已开始将计算机领域的个体影响力算法引入传播学，对博客、微博等社会化媒体中个体的传播

① 如：李翔．微博中影响力的研究[D]．合肥：中国科学技术大学，2014；丁兆云，贾焰，周斌，等．社交网络影响力研究综述[J]．计算机科学，2014，41(1)：48-53.

② PageRank 由 Google 创始人 Larry Page 和 Sergey Brin 提出，是一种确定网页排序的算法。它的基本思想是以网页的超链接结构来确定网页的重要性，具体表现为：如果网页 v 有一个链接指向网页 u，就认为在重要性上，v 给 u 投了一票。可参见李军，陈震，黄霁崴．微博影响力评价研究[J]．信息网络安全，2012(3)：10-13.

③ TURank 是根据用户之间的链接来确定 Twitter 用户排名的算法，主要关注用户的发布/被回复、跟随/被跟随、转推/被转推行为。参见李军，陈震，黄霁崴．微博影响力评价研究[J]．信息网络安全，2012(3)：10-13.

④ WURank 根据 TURank 改良而来。Twitter 中，用户不能对其粉丝发布的内容进行评论；在中国的微博中，用户之间在不关注/被关注的情况下，也能够实现评论/被评论，这使 WURank 算法更加复杂。参见李军，陈震，黄霁崴．微博影响力评价研究[J]．信息网络安全，2012(3)：10-13.

⑤ 高俊波，安博文，王晓峰．在线论坛中潜在影响力主题的发现研究[J]．计算机应用，2008，28(1)：140-142.

⑥ 如：张伦．基于社会化媒体的个体影响力测量研究[J]．当代传播，2014(1)：30-33.

图 2　议题文献数量随时间的走向

影响力进行评估。但总体来说，这些跨学科的影响力研究在新闻传播领域为数尚少，有待进一步的介绍、应用和检验。

此外，国际传播影响力评估也预示出一个发展方向。在国际传播中强调“影响力”概念出于如下事实：中国在传媒产业发展、传播渠道建设和信息生产方面投入颇多，但国际传播效果欠佳。由此，丁和根在信息传播国际竞争力的评估框架中，纳入了“影响力”维度①，但并未提出具体的评估指标。在上述的网络传播影响力评估中，少数研究也涉及国际传播影响力，但评估方法都过于粗略，如以网站的多语言版本为指标②。其实，随着各种传播实践对信息通信技术的使用，国际传播与网络传播有相互重叠的部分。国际传播的参与者皆成为一个个节点，通过站点、网页、用户之间联结而成的关系网络得以浮现。如此，社会网络视角下的组织或个体影响力分析也能给国际传播影响力评估带来启发。目前尚未发现网络国际传播影响力方面的研究，这也是后续研究可以重点拓展的部分。

【参考文献】

[1] Katz E., Lazarsfeld P. Personal Influence: The Part Played by People in the Flow of Mass Communication[M]. New York: The Free Press, 1955.

[2] Rogers E. M. Diffusion of Innovation[M]. New York: The Free Press, 1962.

[3] [美]沃纳·赛佛林，小詹姆斯·坦卡德．传播理论——起源、方法与应用(第 4 版)[M]．郭镇之，等 译．北京：华夏出版社，2000：203.

[4] 丁和根．生产力·传播力·影响力——信息传播国际竞争力的分析框架[J]．新闻大学，2010(4)：137-142.

[5] 丁兆云，周斌，贾焰，等．微博中基于多关系网络的话题层次影响力分析[J]．计算机研究与发展，2013，50(10)：155-2175.

[6] 丁兆云，贾焰，周斌，等．社交网络影响力研究综述[J]．计算机科学，2014，41(1)：48-53.

[7] 段鹏．收视率与满意度的博弈——刍议电视节目传播影响力与收视率、满意度的关系

① 丁和根．生产力·传播力·影响力——信息传播国际竞争力的分析框架[J]．新闻大学，2010，(4)：137-142.

② 参见：国家信息中心，中国信息协会电子政务专业委员会．中国政府网站互联网影响力评估报告(2013)[J]．电子政务，2013，(11)：2-21.

[J]. 现代传播，2007(6)：85-87.
[8]段宇锋．网站特征的定量研究——大学网站影响力探讨[J]. 情报理论与实践，2005(2)：191-195.
[9]范闯．基于网络计量学的科技信息服务网站影响力评估研究[D]. 南京：南京理工大学，2009.
[10]付程．论广播电视语言传播的影响力[J]. 现代传播：北京广播学院学报，2004(4)：61-63.
[11]高俊波，安博文，王晓峰．在线论坛中潜在影响力主题的发现研究[J]. 计算机应用，2008，28(1)：140-142.
[12]国家信息中心，中国信息协会电子政务专业委员会．中国政府网站互联网影响力评估报告(2013)[J]. 电子政务，2013(11)：2-21.
[13]何春晖，毛佳瑜．媒体影响力的量化指标[J]. 新闻实践，2006(10)：15-17.
[14]胡庆成，尹龚燊，马鹏斐，等．一种新的网络传播中最有影响力的节点发现方法[J]. 物理学报，2013，62(14)：140101-1-140101-10.
[15]华文．媒介影响力经济探析[J]. 国际新闻界，2003(1)：78-83.
[16]季婉婧，曲建升，曾静静．国际主要环保非政府组织网络影响力评价研究[J]. 情报杂志，2012，31(8)：129-133.
[17]蒋凡，高俊波，张敏，等．BBS中主题发现原型系统的设计与实现[J]. 计算机工程与应用，2005(31)：151-153.
[18]蒋佶成．理性互动：媒介影响力的助推器——兼对郑丽勇教授媒介影响力指标体系质疑[J]. 新闻记者，2012(7)：65-68.
[19]蒋晓丽，张放．中国文化国际传播影响力提升的AMO分析——以大众传播渠道为例[J]. 新闻与传播研究，2009，16(5)：1-6.
[20]蓝燕玲．解析"媒体影响力"：内涵，价值与提升[J]. 新闻界，2013(23)：29-32.
[21]李军，陈震，黄霁崴．微博影响力评价研究[J]. 信息网络安全，2012(3)：10-13.
[22]李岭涛，黄宝书．网络影响力：中国电视的新型评价体系[J]. 现代传播，2008(3)：127-130.
[23]李翔．微博中影响力的研究[D]. 合肥：中国科学技术大学，2014.
[24]李昕．从"收视率"到"影响力"——中国电视文化价值体系重构初探[J]. 现代传播，2007(2)：166-168.
[25]刘江船．社会影响力——传播学的新视角[J]. 河南社会科学，2010，18(1)：180-182.
[26]刘伟，段宇锋．基于网络影响力的电子政务建设绩效评价[J]. 情报科学，2006，24(1)：1704-1708.
[27]刘志鹏，皮德常．从移动数据中挖掘网络节点的影响力[J]. 计算机研究与发展，2013，(2)：244-248.
[28]林琛．微博个体信息传播影响力评价模型研究[J]. 现代图书情报技术，2014(2)：79-85.
[29]吕海媛．基于政府网站的电子政务对社会公众的影响力研究——以杭州地区为例[D]. 杭州：浙江大学，2007.
[30]马俊，周刚，许斌，等．基于个人属性特征的微博用户影响力分析[J]. 计算机应用研究，2013，30(8)：2483-2487.
[31]毛佳昕，刘奕群，张敏，等．基于用户行为的微博用户社会影响力分析[J]. 计算机学报，2014，37(4)：791-780.
[32]牛力，韩小汀，王为久．政府档案网站影响力评价研究——基于我国省级档案网站的

网络计量[J]. 档案学研究, 2013(6): 21-25.
[33]潘飞. 基于关系传播的博客影响力研究[D]. 武汉: 华中科技大学, 2007.
[34]唐朝. 传播学视野中的媒介影响力[J]. 郑州大学学报(哲学社会科学版), 2005, 38(1): 115-116.
[35]田大宪. 电视新闻评论影响力的理性思考[J]. 淮阴师范学院学报, 2004, 26(6): 828-832.
[36]王斌. 多维分析视野中的媒介评估——以电视为例的讨论[J]. 国际新闻界, 2004, (2): 69-73.
[37]吴静. 互联网信息影响力形成过程中的政府角色研究[D]. 成都: 电子科技大学, 2011.
[38]吴力群. 影响力的信息测度[J]. 现代情报, 2009, 29(4): 75-78.
[39]吴信东, 李毅, 李磊. 在线社交网络影响力分析[J]. 计算机学报, 2014, 37(4): 735-752.
[40]吴玉兰, 商跻雯. 信息链视角下提升房地产新闻报道传播影响力策略探析——以《21世纪经济报道》地产版为例[J]. 新闻大学, 2013(3): 60-65.
[41]吴玉兰, 张祝彬.《经济日报》传播影响力发生机制及提升策略研究[J]. 新闻界, 2013(8): 34-37.
[42]吴玉兰, 罗予翔. 我国国际贸易新闻报道的传播影响力探析[J]. 湖北社会科学, 2014(6): 189-192.
[43]吴玉兰, 肖青. 财经媒体官方微博传播影响力研究——以"@财新网"为例[J]. 现代传播, 2014(6): 53-57.
[44]肖青. 传播影响力文献综述[J]. 商情, 2013(39): 339-339.
[45]杨莲. 论增强网络新闻评论的影响力和公信力[D]. 广州: 暨南大学, 2006.
[46]杨志, 胡德华, 韩欢. 三大中文资源门户网站的网络影响力研究[J]. 情报科学, 2008, 26(5): 763-766.
[47]喻国明. 影响力经济——对传媒产业本质的一种诠释[J]. 现代传播, 2003(1): 1-3.
[48]张伦. 基于社会化媒体的个体影响力测量研究[J]. 当代传播, 2014(1): 30-33.
[49]张学洪. 新闻传播效力的一项实证分析[J]. 新闻研究资料, 1992, 2(17): 17-29.
[50]张玥, 张宏莉, 张伟哲, 等. 识别网络论坛中有影响力用户[J]. 计算机研究与发展, 2013, 50(10): 2195-2205.
[51]赵阿敏, 曹桂全. 政务微博影响力评价与比较实证研究[J]. 情报杂志, 2014, 33(3): 107-112.
[52]郑丽勇, 郑丹妮, 赵纯. 媒介影响力评价指标体系研究[J]. 新闻大学, 2010(1): 121-126.

【作者简介】

周翔, 武汉大学新闻与传播学院教授、博士生导师, 湖北省楚天学者特聘教授。主要从事新媒介发展和国际传播研究。

李静, 武汉大学新闻与传播学院2014级博士生。

教育部人文社会科学重点研究基地重大项目“国家经济发展战略框架下中国传媒经济发展的理论与实践研究”中期成果报告

2003—2014：中国传媒改革制度安排的检讨[①]

——制度的意愿供给与实际供给的不均衡分析

冉 华 李 杉

在技术逻辑相同的前提下，传媒发展景观的差别体现出的是制度安排的差异。制度是人为设定的规则以约束关系、界定选择空间、降低不确定性，从而减少交易费用促进生产活动。制度安排体现出制度创新主体的供给意愿与能力。

一个基本的共识是，我国的制度变迁为明显的供给主导型，政府主导着社会社会生活中的各种制度的安排。因此，一个不可回避的问题是，在供给主导型的制度变迁中，权力中心根据既定目标函数与约束条件在一定框架内形成制度创新的蓝图，是其意愿的制度供给；而具体到各级政府部门和企业的贯彻、执行与实施环节中，各个层级的目标函数与约束条件的不一致性，会导致实际的制度供给与意愿的制度供给发生偏差，从而导致制度安排的不均衡。

我国传媒制度表现为稳定与动态并存。一方面初始的制度安排在很长一段时间内保持不变；另一方面传媒制度的主体、环境都处于一种变动甚至演进的过程中。初始的制度安排与制度变迁，是讨论传媒改革制度安排的必要语境。党管媒体是我国传媒制度的初始选择，在自上而下的管制框架中制度供给发生了三次重要变革：事业型单位企业化管理、采编和经营相分离、事业与企业两分开②。“两分开”源自2003年文化体制改革，是触及“产权”的深层探索与深度改革③。

一、制度安排的多个特定层面的解析

传媒在文化体制改革的总框架下既遵循一般文化业的改革路径，又因其功能与属性的特殊性而有着与一般路径不完全相同的制度安排。对十年来传媒改革制度安排的检讨，也将从多个特定层面进行解析。

1. 国家宏观层面意愿制度的供给蓝图

十年来，国家从宏观层面提出了一系列纲领性的改革文件，参见表1。

意愿制度供给的核心是重新界定传媒产权属性，从混合型双轨体制中部分剥离直至整体转轨改制：以新闻宣传为主的公益性传媒事业由政府主导其运营与发展，经营性传媒产业则由市场机制调节。政府不再以全能姿态主宰一切经济活动，转向提供公共物品和宏观管理。

---

① 本文属于教育部人文社会科学重点研究基地重大项目“国家经济发展战略框架下中国传媒经济发展的理论与实践研究”(项目编号：12JJD860006)中期成果之一。

② 张金海，余晓莉．媒介发展政策导向与制度变迁[J]．中国媒体发展研究报告(2005年卷)，2005：123-141.

③ 王润珏．媒介融合的制度安排与政策选择[M]．北京：社会科学文献出版社，2003：50.

表 1 纲领性改革文件

颁布年份	颁布机构	文件名称	政策要点
2003 年 7 月	中央办公厅	《关于文化体制改革试点工作的意见》	明确将文化单位分为公益性文化事业和经营性文化企业两类，明确要求经营性文化企业实施公司制改造，完善法人治理结构，按照现代企业制度要求培育文化市场主体
2003 年 12 月	国务院办公厅	《关于印发文化体制改革试点中支持文化产业发展和经营性文化事业单位转制为企业的两个规定的通知》	进一步明确在 WTO 框架内开放文化市场，文化资源配置方式从政府配置转向以市场配置为主的基本取向
2003 年	原国家新闻出版总署	《新闻出版体制改革试点工作实施方案》	在保持党管传媒和舆论导向不能变的前提下，将经营性产业从事业体制中剥离出来，进行企业改制和重组
	原国家广播电视总局	《广播影视体制改革试点工作方案》	
2005 年 12 月	中共中央、国务院	《关于深化文化体制改革的若干意见》	进一步明确要求把经营性资源从原来的事业体制中剥离出来，转制为企业，按照现代产权制度和企业制度的要求运行，实现国有资产的保值增值
2009 年	国家新闻出版总署	《关于进一步推进新闻出版体制改革的指导意见》、《关于下发音像(电子)出版业体制改革实施方案的通知》	构建新闻出版公共服务体系；推动经营性新闻出版单位转制，重塑市场主体；推进联合重组，加快培育出版传媒骨干企业和战略投资者；大力推进新闻出版产业升级和结构调整；引导非公有出版工作室健康发展；加大行政体制改革力度，转变政府职能

宏观制度安排意愿试图从本质上改革我国传媒以往的所有权、经营权关系。以往传媒产权得失全部由政府决定，经营主体没有实质上的收益权和处置权，产权结构单一、实际主体利益多元的矛盾局面一直是传媒发展的掣肘。2003 年以来，宏观的制度供给则要求明晰传媒产权界限：既要保证事业性传媒能充分履行舆论引导、组织宣传等社会职责，还要使产业性传媒实现真正意义上的市场化、规模化的发展，从统一均质到分而改之①。

2. 行政微观层面实际制度的现实安排

宏观层面制度的意愿供给着力建构产权关系理想的传媒发展蓝图，这一蓝图的变现还需要行政部门一系列密集的政策供给予以支撑。本文梳理 2003 年以来国家新闻出版总署与广播电视总局颁布的相关政策文本的基本内容与特征，并予以简单的文本数量统计，参见表 2。

① 张良．论文化体制改革的分析框架建构[J]．理论与现代化，2014(1)．

表 2 政策安排的内容与特征

年份	市场准入与退出	资源配置	技术与服务标准	市场结构	经营活动	产权关系	内容规范
2003	4	1	6	2	3	0	2
2004	29	9	15	5	24	4	19
2005	13	4	31	3	17	4	4
2006	9	3	20	2	3	1	6
2007	21	2	35	5	14	3	12
2008	34	8	24	4	8	2	17
2009	34	11	22	8	19	7	19
2010	21	8	18	4	17	4	9
2011	15	2	4	2	8	1	9
2012	2	1	3	1	1	2	0
2013	8	3	2	2	6	1	1
2014	1	1	4	1	5	1	1

市场进入与退出的制度不断调整，体现出建构有效市场的政策导向，资源配置以市场导向代替行政垄断的构想也有所实现。

从具体政策来看，进入壁垒循着逆向的产业链开始出现放松管控的趋势。机构进入的限制依然严格，流动性进入的制度则不断调适并且松紧不定，业务进入和资本进入制度放松管控的趋向逐渐清晰，退出机制尚在尝试。围绕传媒产业市场主体培育的制度供给虽已出现，但依然模糊不清，表现在跨区域、跨媒体、跨行业兼并的制度摇摆不定。

对于传媒事业发展的制度安排还不够清晰，未对传媒事业和传媒产业的分野做出明确回应。

3. 传媒改革实践层面的实际制度回应

试点尝试然后政府推广是中国改革的常用方式。文化体制改革伊始，传媒类共有 21 家试点进行改革：第一类是 4 家党报集团以机制创新、增强活力为主，实施事业、企业两分开的试点改革；第二类是 7 家出版集团和 4 家经营性报社以体制改革为主，进行事业向企业的转制改革试验；第三类是 6 家发行集团作为已经转制的企业，进行建立现代企业制度和股份制改造的尝试。

迄今为止，除了出版发行产业积极尝试改制，报业和广播电视业则仅以采编与经营分开、制播分离等产业链剥离的制度安排回应两分开的供给蓝图。采编与经营分开、制播分离等举措在 20 世纪 90 年代即作为运营机制改革的尝试。但它们并不应当是“两分开”思路的最优选择，因为两分开是产业属性的分开、产业组织的分类运营，而采编与经营、电视节目的制作与播出均是产业价值链上相扣的环节，如果粗暴的将其分开，反而导致市场的割裂。

二、制度安排结构的不均衡

制度经济学研究中认为，制度设计与供给的核心目标是均衡。在各方谈判力量以及一系列构成整个经济交换的契约性谈判给定的情况下，任何一方都不可能通过投入资源来重构合约而获益，即为制度均衡①。2003年以来传媒改革的制度安排并非一个均衡的状态。

1. 有效制度的供给不足

中国传媒改革与发展已见成效，然痼疾未除：传媒市场的资源配置效率低下、集中度不高、结构不均衡。究其根本，真正能解决整体规模与个体结构不相称、区域分割、同质竞争等问题的有效制度供给不够，建构有效竞争市场机制与培育市场主体地位的制度供给不够、成本不合理。

迄今为止，中国传媒改革依然未能实现传媒成为真正意义上自主经营、自负盈亏、自我发展和约束的市场主体，自主权与积极性并不充分。行政市场垄断并未有效遏制，传媒业缺乏追求成本最小化的压力与动力。

2. 利益诉求不一致与博弈中的制度供给不均衡

中国传媒改革制度安排过程中，政府追求交易费用的降低和国家税收的增大，还须确保政治效益、社会效益的实现。对行业负责的行政部门完成既定改革目标之外，还追求部门利益的满足。传媒组织面对市场的巨大潜力则渴求资本的最大化。

不同诉求的利益集团之间的力量不均衡、博弈不对等，并且贯穿制度供需的各环节。政府设置博弈规则并随时掌控策略选择权。制度创新的前提不是市场的发展，而是获得政府的授权。部门间对监管权益的争夺，形成多头管理、职能交叠，始终影响制度供给的成本与效率。还有区域垄断带来的传媒业内博弈以及传媒与其他行业如电信业之间的博弈，都加剧了传媒自身制度创新的风险。这些都造成了传媒改革制度结合的不均衡与制度安排的时滞。

三、制度安排不均衡现状的剖析

传媒制度安排所涉及的范围既包括宏观层面传媒发展的制度导向，还包括中观层面市场结构的制度设计，同时还有微观层面的经营活动、内容监管等制度设置。制度安排的预期收益既包括经济性目标，还包括公共性目标、政治性目标等多重维度。制度供给者的多重角色和制度安排的多重目标，使得制度安排的成本、风险与收益等问题的评估变得更加复杂。政府很难在寻求皆大欢喜的“均衡点”来实现制度安排的最优化。

1. 对传媒发展的核心问题回应不足

制度供给中政府偏好，目标的政治与经济的双重取向与技术发展带来的媒介融合，是21世纪以来全球传媒发展的重要语境。对这两大核心问题的回应还不太充分。

2. 非正式制度与正式制度的约束目标不完全相容

政府偏好和目标的政治与经济双重取向源自于对传媒双重属性的认知，这一个普遍的现象，只不过西方传媒制度的政治目标经艺术化的处理变得较为隐蔽②。

我国传媒制度设计的政治目标始终显性存在，这并非制度障碍。造成目前不均衡现状的重要原因是目标与偏好的双重取向分散在正式制度和非正式制度中。我国传媒制度既有层次明确的政策法规等正式制度，也有党政方针、纪律等非书面性质的非正式制度，两种制度共同约束着传媒组织。正式制度与非正式制度目标相容时，正式制度的作用能最大程度的发

① 诺思．制度、制度变迁与经济绩效[M]．杭行，译．上海三联书店，2008：118.

② 黄玉波．中国传媒产业的“政治性规制”及其变迁研究[J]．中国媒体发展研究报告(2009年媒体卷)，2009.

挥，当二者的约束目标不相容时，制度创新的阻力增大。

传媒改革除发展经济的目标外，还遵守“党管媒体不能变、党管干部不能变、党管导向不能变、党管资产不能变”的原则。维护现行政治体制的合法性、维护党的执政地位的意识形态与价值观念成为传媒改革重要的非正式制度。对中国传媒而言，规避政治风险的需求远大于经济收益的诱惑。传媒改革的实际制度安排，首先衡量国家的政治安全。因此，无论是微观业务机制层面还是宏观体制规则层面，一旦出现正式制度与非正式制度的约束目标不相容情况，制度安排便出现犹豫、模糊、反复与停滞不前。正式制度层面提出围绕产权问题实现传媒产权多元化的改革，而非正式制度层面担忧民营资本与境外资本的进入带来政府对传媒的控制风险，两者目标发生不相容，对传媒发展中资本吸纳、资源配置、引入竞争等制度的安排就显得犹疑不定。

3. 技术引致的媒介融合因部门利益的阻隔导致制度供给不足

宏观层面与媒介融合相关制度的意愿供给与文化体制改革同步，但是实际的制度供给对媒介融合的回应并不充分，根源是我国始终未曾突破多头管理的制度困境。

既有的治理框架形成于传统的大众传媒时代，按照不同媒介的技术基础实行归口管理。现有媒介融合的治理框架也遵循这一传统。

技术的发展不仅带来媒介形态的融合，还包括产品、服务、产业结构的融合，不同的行业主管部门的职能范围出现不可避免的交叠重复，政府部门之间的均衡状态被打破。目前，国家新闻出版与广播电视总局、文化部、公安部、工信部、国务院新闻办公室等政府部门均对媒介融合相关事务有不同程度的介入，部门间利益与监管权力各不相同。各部门出于自身偏好出台相关政策，造成交叉管理、重复审批、成本高效率低等各种问题，本质上是以融合为核心的制度供给缺失。

4. 路径依赖与搭便车者降低制度安排的效率

(1)混合体制下运作机制改革的路径依赖乃至路径锁定。

中国传媒的历次改革都并未从本质上改变我国特有的混合体制。以往均以运作机制的变革作为基本改革路径，在规避政治风险的框架下寻求产业发展。作为传媒改革的制度供给者，政府既认为公益性传媒事业与经营性传媒企业两分开是体制改革的必然趋势，又担忧市场过度发展会冲击甚至解构传媒的意识形态属性。在基本制度需求和既得利益得到满足、改革风险与未来收益不可预测的双重作用下，传媒改革与制度供需双方进入固守混合体制下运作机制改革的路径依赖乃至锁定的制度变迁轨迹中。

初始的制度选择会强化现存制度的刺激和惯性：沿着原有制度变迁的路径和方向前进总比另辟路径来得方便。在正式制度的供给中，表现为既得利益集团将竭力维持现存的制度安排，防止制度变迁带来的风险和损失。

(2)制度创新中的“搭便车”行为。

世界范围内传媒制度的变迁都具有一个共性：新诞生的媒介首先移植、模仿旧媒介制度，移植过程中产生制度变异，从而推动传媒制度的转型。我国传媒制度变迁也与此类似。

同时，我国传媒改革是一个试错渐进式的制度创新过程，因此制度的模仿与移植是节约制度创新成本、规避制度试错风险的必然选择。

广电传媒在改革过程中扮演着“搭便车者”的角色，搭便车行为在前两次改革中一方面规避了广电制度创新的高额成本，另一方面给广电传媒发展带来巨额利益；但在文化体制改革背景下，广电传媒的搭便车行为成为制度选择的严重阻碍。

尽管目前的传媒制度安排并非传媒发展的最优选择，但政府和传媒各自确能在规避自身风险的前提下保证自身较大的利益收益。因此，尽管制度的意愿供给与实际供给之间非均衡，但制度主体的任何一方都缺乏改变制度的动力与压力。不均衡的制度供给状态被锁定。

5. 厘清制度创新主体权利边界

制度的作用在于减少不可预测性，降低选择风险。林毅夫谈及制度变迁时也指出有效的制度安排是在产品、生产要素和思想方面清楚界定并良好执行的产权系统。这就揭示了作为公共物品的制度本身就应当确立清晰的政府与市场边界。检讨文化体制改革以来中国传媒改革的制度安排，政府主导制度设计与变迁的一个核心问题就是政府与市场边界的模糊。因此，在政府角色从全能型向有效型转变的大背景下，厘清传媒制度创新主体的权利边界，实现制度供给均衡的必要条件。

进一步而言，市场建构内生制度，即传媒自主行动形成市场秩序；政府缔造外生制度，即通过行政行为实施外部规则。“看得见的手”与“看不见的手”并非对立，而是各司其责、共同作用。传媒改革与发展中凡是市场机制能充分发挥的领域，政府应该坚决退出，由传媒组织在市场竞争中形成内生秩序，同时实现资源配置的高效率。在市场机制不能有效发挥作用的领域，政府理应积极且高效的介入，由政府制定维护公平竞争、优化市场环境的外生制度。

具体到中国传媒改革的制度安排，还需不断加强的实际制度供给包括：深化行政审批制度的改革、强化传媒进入与退出制度机制、推进公共文化服务体系的建设以及弥补公共利益缺位的制度缺失。

【作者简介】

冉华，武汉大学新闻与传播学院教授、博士生导师、博士，武汉大学媒体发展研究中心研究员。主要学术领域为媒体发展、传媒经济。

李杉，湖北科技学院人文学院讲师，武汉大学新闻与传播学院博士生。

传统媒体与新媒体融合路径选择①

陈 玥

一、无法回避的媒介融合

在数字技术与互联网传播背景下，大众对媒体的信息依赖、娱乐依赖和社会交往依赖正在迅速从传统媒体转向新媒体。这种情况下，传统媒体的生存和发展有两种可能的选择：一是选择以传统的方式继续生存和发展，那就有必要进行价值的重新定位，实现价值重构，譬如报纸在遭受网络海量信息传播的挑战时，有必要实现其意见主导的回归，实现信息传播价值的重构；二是谋求与新媒体的融合，在融合中实现价值提升。第一种选择可能延缓了传统媒体的衰落过程，也可能寻求到新的发展机遇，但发展空间最终是有限的；而后一种则是传统媒体谋求持续发展，实现价值提升的必然选择。

自1978年，麻省理工大学的尼古拉·尼葛洛庞帝提出了"计算机工作、出版印刷和广播电视工业正在走向融合这一聚合过程"开始，伊契尔·索勒·普尔在此基础上于1983年提出：传播形态融合(The Convergence of Modes)；1996年，马萨诸塞州理工大学的浦尔教授提出了"媒介融合"(Media Convergence)这个确切的概念。自此，关于媒介融合的研究就逐渐走进以西方学者为开拓者的全世界相关领域学者视角中。

当然现实中传媒产业所发生的变化与变革，也是学界对此问题的关注持续升温的一大因素。自互联网进入商业化阶段开始，传媒业界也因技术、政策与资本三个主要因素的推动，在现实中进行着媒介融合的行为。特别是进入21世纪以来，由于互联网技术的快速发展以及网络的普及，传统媒体尤其是纸媒的生存受到以数字技术为基础，以互联网为载体的新媒体的严重挑战。

在Web1.0时代，互联网新闻的内容提供方式主要是依靠平移传统媒体的新闻内容构成，以编辑和发布信息为中心而展开。这一时期，商业门户网站的新闻栏目、报纸电子版对传统媒体发展带来了新的发布渠道与平台。新媒体在此时无论从传播内容、传播渠道、受众数量还是广告收入来说，都无法对传统媒体构成威胁。但为了在新媒体中占有一席之地，此时的传统媒体仍然在内容形态与传播渠道上进行着较为浅层次的媒介融合活动。

随着互联网技术的发展以及以智能手机、平板电脑为代表的移动互联终端快速普及，Web2.0时代来临，交互传播是其最基本特征。以微博、微信、Facebook等为代表的社交媒体为互联网用户提供了一个广阔的信息传播与交流平台，以个人为中心，用户创造内容成为这一时代互联网内容生产的新元素。新媒体的传播对象身份由"受众"变成"用户"，它自身带有的数字化、交互性、超时空等特性使其快速被广大互联网用户接受。新媒体迅速崛起，传统媒体从受众数量、广告收入上都受到严重冲击，其中纸媒受影响最为严重。

① 本文属于教育部人文社会科学重点研究基地重大项目"国家经济发展战略框架下中国传媒经济发展的理论与实践研究"(项目编号：12JJD860006)中期成果之一。

在全球传媒头号大国美国，报刊无论从数量、发行量和广告收入上都出现显著下降的趋势①。在广告收入方面，由图 1 就可清晰地看到：自 2006 年开始，美国报纸的广告收入就开始出现负增长。特别是在 2008 年、2009 年，收入减幅达到 17. 7%和 28. 6%。

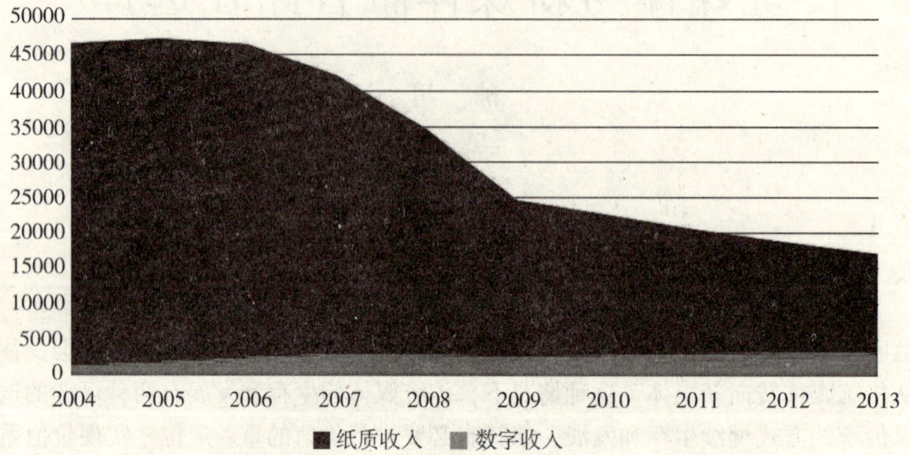

图 1　2004—2013 年美国报纸广告收入图②（单位：百万美元）

自 2009 年起就有《洛杉矶时报》《芝加哥论坛报》等六家主流报纸出版公司申请破产；不仅仅是美国，在欧洲，多家报业巨头遭遇倒闭、重组、裁员等噩运；在中国同样如此，全国报业零售总量 2014 年与 2013 年相比下滑 30. 5%。值得注意的是，在美国报纸广告总收入中，数字化产品带来的广告收入数额在逐年增长。这种现象不仅仅出现在报业，整个传统媒体的广告市场份额也都被数字媒体迅速压缩。

从图 2 可看出，数字媒体广告收入近几年增幅远远高于传统媒体广告收入，挤压着传统媒体在广告市场中的份额。回到中国的媒体广告市场，2015 年第一季度，传统媒体的广告

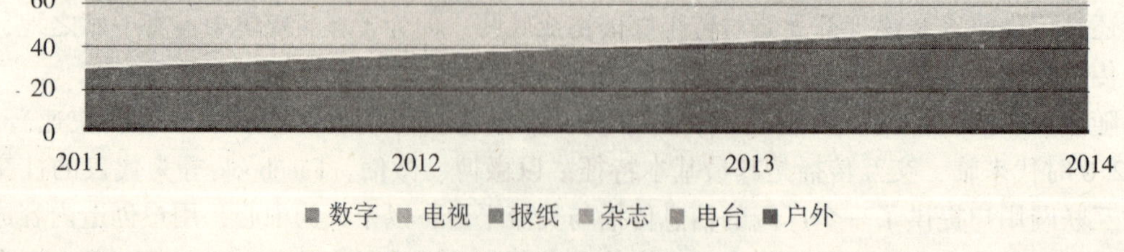

图 2　2011—2014 年美国媒体广告收入图③（单位：十亿美元）

① 数据来源：Newspaper Association of America.

② 数据来源：Newspaper Association of America. Editor and Publisher International Yearbook.

③ 数据来源：Interactive Advertising Bureau/Pew Research Center. 2014 Internet Advertising Revenue Full-Year Report；eMarketer. US Ad Spending Forecast，2012-2014，US Online Ad Spending，2011.

花费同比下降6.8%，其中电视下降6%，报纸下降23%，杂志与电台分别下降15%和7%，可见传统媒体生存受到严重挑战。新媒体发展前期那种浅层次的媒介融合行为已无法让传统媒体在互联网时代游刃有余地继续发展，更加深层次的媒介运作层面上的融合成为无法避免的传媒业发展趋势。

面对这样一个无法避免的媒介融合趋势，2014年8月18日，在中央全面深化改革领导小组第四次会议中，通过了《关于推动传统媒体和新兴媒体融合发展的指导意见》，而习近平总书记也就该意见发表了重要讲话，特别提到了强化互联网思维以及推动传统媒体与新兴媒体在内容、渠道、平台、经营、管理等方面的深度融合。在意见通过后，特别是习近平在会上专门就此发表讲话后，无论对于传媒业界还是学界而言，在中国，“媒介融合”这一议题被提到了前所未有的重要地位。

二、媒介形态上的融合

回顾对于“媒介融合”这一概念的界定，如“印刷的、音频的、视频的、互动性数字媒体组织之间的战略的、操作的、文化的联盟”(Andrew Nachison)；“媒介融合是指电子通信技术、计算机技术和媒体的融合”(Doyle)；“各种传播技术的混合”(Dominick)；“媒介融合是在数字技术和网络技术的背景下，以信息消费终端的需求为指向，由内容融合、网络融合和终端融合所构成的媒介形态的演化过程”(王菲)，以及以往关于传统媒体与新媒体融合的方式或是融合路径，如：Jenkins认为媒介融合有五种形式：技术融合、经济融合、社会或组织融合、文化融合和全球融合；Rich Gordon归纳了美国当时存在的五种“融合新闻”的类型，所有权融合、策略性融合、结构性融合、信息采集融合以及新闻表达融合；Mordoch总结出传媒融合三个主要方式：传媒文化形态的融合，传媒系统的融合和传媒公司所有权的融合。从这些相关研究可发现，在媒介融合相关话题的研究中，学者们主要从媒介形态的融合与媒介运作层面的融合这两个视角下展开研究。当我们对媒介融合现实发展做出回顾时也可发现，传媒业也是按照媒介形态融合与运作层面融合两条路径来进行变革的。

关于媒介形态的融合，主要是研究和讨论不同的传媒在技术的推动下，从产品形态以及渠道两个层面进行的融合。罗杰·费德勒对融合的定义就是：路径的交叉与合并，导致每一种复合技术或实体的转型以及新技术或新实体的发明。在技术融合方面，有学者认为媒介的电子化、数字化这一趋势是由数字技术和计算机技术推动的①。传播技术的融合是媒介融合的基础，只有通过技术的融合才能消除报纸、广播、电视、新媒体等媒介间的壁垒，使同一内容多形式存在成为可能。

关于媒介产品形态与传播渠道上融合的相关问题讨论很多，大多集中在以下几方面：

1. 传播内容上的融合

这里主要强调新旧媒体在传播内容上的互补和互动，从报业、广播、电视等不同传统媒体出发，根据每个媒体所拥有的特性，探寻传播内容上的创新。内容融合最为初级的层级就是新旧媒体相互利用和交换对方生产的内容，特别是传统媒体在传播内容的形态上利用新媒体进行丰富和扩充，将文字、图片、视频、音频等信息相结合，进行多媒体的内容传播。

当传播内容融合进入到更深层次，其所强调的是媒体在传播内容的采集、整合与开发上的一种创新，使传播内容从单纯的信息产品演变成一种深层次、个性化的全方位产品。如路透集团，就利用其遍布全球的报道网络以及成熟的数字化系统，将其产品进行扩展，针对不

① [美]约翰·帕夫利克. 新媒体技术——文化和商业前进[M]. 周勇，译. 北京：清华大学出版社，2005.

同用户，推出了除新闻、资讯以外的涵盖分析、交易、风险管理等整个金融运作过程的复合型产品，满足不同层次用户的不同需求。将新、旧媒体两部分的内容资源进行充分整合和开发，这样的转变使得路透社产品价值大大提升。

2. 传播渠道上的融合

渠道的融合主要是指传媒内容在发行、发布渠道的融合。有学者认为进入媒介融合时代，传媒的"资源禀赋就由从渠道稀缺向内容稀缺转化"了①，因此可看出，渠道融合的重要意义。无论是在学界还是业界，对于传播渠道的融合所追求并正在实现的就是将传统的渠道与互联网相结合，打造出新的数字化平台，开发出适合于不同用户的使用终端，实现内容的多屏传播与互动。通过在不同使用平台上的内容整合，达到规模经济与范围经济的效应。如在移动互联网快速发展的今天，对于移动客户端软件的建构被各媒体放在十分重要的地位。无论是报纸、电视、广播，甚至是新媒体，都期望通过对移动互联网这一渠道的触及，使其传播渠道的触角延伸更长、更广。杭州日报报业集团就提出打造一套融合报纸、网站和移动终端的媒体发布渠道运作体系，以实现报纸、网站、APP 客户端、微博、微信五大平台的协同互动。

通过以上梳理可看出，无论是传播内容还是传播渠道上的媒介形态的融合，技术是其发生的主要推动力量。技术的不断进步使得这样一种深开发、多媒体、跨平台的融合成为可能。

三、媒介运作层面的融合

媒介运作层面的融合，则主要是指传媒在业务运作、组织结构等方面的融合。传统媒体要进行数字化发展、与新媒体进行融合，并不仅仅是技术上的推动就足够的，要实现真正的融合，必须克服其机构或公司内部体制上的先天缺陷，改变其运作方式，以适应灵活多变的新媒体发展步伐，适应日新月异的新电子经济的不断冲击。笔者将这一层面的融合分为微观与宏观两个维度进行探讨。

1. 微观层面的融合

关于媒介运作微观层面的融合，主要是从媒介组织、人员管理层面上，对媒介融合进行探讨。由于不同的传统媒体在发布周期、信息来源、信息发布等环节都具有其特殊性，因此原来的机构设置是根据这样的一个工作流程而产生的。但进入互联网时代，不仅对信息及时性要求大大提升，而且面对海量的信息来源，怎样就信息进行筛选、加工也是对传统运作方式的挑战。所以传统媒体必须在组织结构等层面进行融合，使其机构能适应这样的新形式。

如在发稿体系上，原来科层式的构成明显已无法满足互联网时代的受众需求，发稿体系必须简化，以保证新闻的时效性。而现在的传媒机构在运作层面进行融合的方式，更多的是新成立一个单独负责新媒体的部分，以此来推动其媒介融合的步伐。如《光明日报》就提出了"融媒体"的概念，以理念、流程、技术、产品、渠道、人才、市场、资本八个方面统筹融合为出发点，成立了"融媒体"中心；同样广州日报报业集团也于 2014 年 12 月成立了"全媒体编辑部"，作为集团推进媒体融合发展的中枢平台；《纽约时报》在这一方面的步伐迈得更快。其 IT 部门的人数已有 500 余人，集团内拥有首席信息官、首席数据官两大高层职位设置。这样一个专业的、强大的机构设置不仅让它在新媒体的战场上占有重要一席，更主要的，它代表了一种趋势，既对于信息化产品、对数据的深度开发与转移，建立一个以"订

① 肖赞军. 媒介融合中规制政策的基本取向分析[J]. 新闻大学，2014(1).

阅”为中心的商业模式。

2. 宏观层面的融合

当媒介融合发展到一定程度，被谈及最多的就是新旧媒体间的融合，既产业间的融合。笔者将这一层面的融合称为媒介在宏观层面展开的融合，主要是指传媒产业、电信产业、互联网产业、电子产业等不同产业间的融合这一未来发展方向、方式或路径问题。

对于这几大产业的融合趋势，虽然在传媒业界这样的融合趋势还并未显现，但很多学者对此都已预见。Kevin Maney 就提出了“大媒体”(Mega Media)的概念，雪莉·贝吉尔也认为融合是指由技术的进步，出版、传播、消费者电子和计算机产业之间的界限趋于模糊的现象①。昝廷全也认为媒介应从电信、互联网、多种类出版和广播电视这四大产业展开融合。相关研究同时提出传媒产业融合经历了技术融合、业务融合到产业融合或市场融合的过程②。研究者提到在数字化背景下，传统媒体可通过“战略联盟、技术研发以及并购与投资的方式”实现融合，从而进入新媒体市场③，实现一种“横向、纵向和混合的融合”④。整合与并购这一融合方式被很多学者所提及(匡文波、王丹黎、昝廷全、支庭荣等)。

可以看出，在媒介运作层面的宏观融合中，制度规制是非常大的影响因素。关于媒介规制的研究，国外学者就政府出台的管理举措在实践中的效果进行检讨这一维度开展研究。我国学者更多的是从呼吁对新闻传播管理机制的变革与对媒介规模规制的放宽这两方面进行的。在“维护国家的文化、经济与信息安全”以及“平衡行业利益与公共利益”⑤保护多元声音和传媒所有权多样性的前提下，加强传媒产业的“所有权融合和反垄断规制”⑥以提高产业的竞争力，特别是在国际市场上的竞争力。而规制的最终目标就是将竞争、垄断、合作间的关系理清，以提升产业效率⑦。

因此资本运作以及政策规制是学者们认为最为重要的实现路径和影响因素。

四、产权融合——媒介融合新格局

通过以上的阐述可看出，媒介在形态上与运作层面上的融合中，技术、制度和资本是推动其发展的三大要素。

对于技术要素，就传统媒体而言，相对于互联网产业、信息产业，是处于一个被动且落后的局面。传统媒体并非为技术的输出者和首要开放者，更多的是承担了一个使用者与接受者的角色。这也造就了传统媒体在进入数字化时代后，更多的是接受挑战而非赢得机遇。

而在制度层面，由于我国的特殊国情，相对于西方国家，制度上对于媒介融合的约束是比较大的。现实的制度环境很难由于业界与学界的呼吁而改善，更多的是取决于制度制定层和中央的意愿，政策无法落实、落地，就无法取得实际效果。所以短期内的媒介融合，很难将制度作为一个重要推动因素来考虑。

最后是资本层面。谈到媒介融合的最终形式，学者们无疑都提到了这样一个概念，即媒介机构在机制上，也就是资本与产权上的融合，是一种在资本、产权基础上的实质的融合。

---

① 蔡雯. 角度·视角·轨迹——试析有关“媒介融合”的研究[J]. 国际新闻界，2009(11).

② 肖叶飞，刘祥平. 传媒产业融合的动因、路径与效应[J]. 现代传播，2014(10).

③ 支庭荣. 新媒体不是传统媒体的延伸——融合背景下“转型媒体“的跨界壁垒与策略选择[J]. 国际新闻界，2011(12).

④ 肖叶飞. 传媒产业所有权融合与反垄断规制[J]. 国际新闻界，2013(4).

⑤ 郭小平. 欧洲视听媒体规制变革对我国“三网融合“的启示[J]. 现代传播，2010(5).

⑥ 肖叶飞. 传媒产业所有权融合与反垄断规制[J]. 国际新闻界，2013(4).

⑦ 朱春阳. 媒介融合规制研究的反思：中国面向与核心议题[J]. 国际新闻界，2009(6).

国内的学者们更多的是从传统媒体的角度出发，建议传统媒体进行整合、并购等活动，来实现这种媒介融合。但在谈到实现这一融合的路径时，由于国外的政策环境不同，在其企业与传媒业的发展过程中，收购与兼并是最常用的方法。反观我国的现实情况，对于传统媒体的收购与兼并活动，首先，国家的相关政策环境较紧、管制严格，因此受到的限制很多。其次也是最残酷的现实，新兴媒体已形成寡头垄断的局面，进入门槛很高。相对于有竞争力的互联网企业、电信企业或电子等其他企业，传统媒体的资金拥有量是较低的，在资本方面并无优势可言。因此在涉及收购兼并时，对于优质的新型产业无法实现，能够成功的也仅是对于在互联网、电信、电子产业中实力较弱、竞争力不强的企业的合并，这样的融合所取得的成效是不高的。

所以由于技术、资本的限制，以及现存的政策环境，传统媒体要依靠自身力量成功实现与新媒体的融合，进而实现传媒企业或整个产业的转型很难实现。

因此笔者认为，在中国，传统媒体与新媒体的融合方式应依靠资本联姻的方式来进行。传统媒体与新媒体要在产权层面上实现实质的融合，通过资本联合、资本联姻的方式，同时出资来搭建一个新的机构，从而形成二者的优势互补(传统媒体：内容生产，新媒体：技术、资本)，搭建一个更好地传播平台，实现机构的平台化运作模式，为社会、大众服务，并最终实现信息流、资金流合物流的“三流融合”。这个平台的搭建不仅能拯救传统媒体，同样也能促进新媒体的发展。

从资本联合、资本联姻的方式来进行传统媒体与新媒体产权层次的融合，最终将会实现对传媒产业格局的重构，重建出一个新的传播格局。

【作者简介】

陈钥，贵州大学人文学院教师，主要从事媒介经济研究。

互联网的平台化生存逻辑与扩张路径①

——对BAT的案例分析

冉 华 王凤仙 陈 涛 曾 龙

互联网时代，信息和知识取代了物质和能量在社会生产中的关键地位，成为社会资源配置的关键要素和价值创造的主要源泉。互联网产业呈现出不同于传统产业的发展走向，最为重要的两个特征是平台经济和双边经济。同时，中国互联网产业还是一个处于成长期的寡占型市场②。那么互联网寡头们何以成功？它们在平台化发展过程中是如何扩张的？体现了怎样的互联网思维？本文试图以案例分析的方法来解析互联网的平台化扩张路径，发现其生存逻辑。

一、分析框架及案例选择

本文立足于产业经济学视角，借鉴产业链(Industry Chain)理论、双边市场(Two-sided Markets)理论、平台经济(Platform Economics)理论，来考察互联网的平台化扩张路径。依据产业经济学中的产业链(Industry Chain)理论，企业的扩张表现为企业的产业链整合(Industry Consolidation)，包括企业在所属产业链上的横向整合、纵向整合和跨产业拓展。其中，横向整合是企业在水平方向上，与同行企业联合以实现规模的扩展；纵向整合是企业在所属产业链的垂直方向上，向前(原料一端)或向后(消费一端)的扩展。③ 就整合方式来看，企业的产业链整合又分为一体化和战略结盟：一体化，即企业通过独立开发或并购方式，实现企业自身在产业链上的延展；战略结盟，即企业间达成的既超出正常交易又达不到合并程度的长期协议。④ 综合起来，本文将互联网企业扩张的方向归纳为链上横向、链上纵向、跨产业；将互联网企业扩张的方式总结为独立开发、并购、战略结盟。在双边市场理论中，网络外部性(Network Externality)的概念能够解释互联网产品/服务在需求方规模经济下的价值增值过程，定价行为(Pricing)则能够展现互联网企业的收入来源和盈利模式。以平台经济理论视角来看，多属行为(Multi-homing)说明了互联网企业作为平台竞争的特殊性。综合三个方面的理论资源，我们形成了如下分析框架：①通过互联企业的产业链整合的方向、方式分析，描述其扩张路径；②通过互联网企业拓展过程中的网络外部性、定价行为、多属行为分析，窥探其生存逻辑。本研究将此框架对BAT的扩张行为进行历史性分类统计和分析。

互联网产业竞争异常激烈、迭代快速，我们选择大浪淘沙后的成功者——被称为BAT(即中国互联网公司三巨头)的百度Baidu、阿里巴巴Alibaba、腾讯Tencent作为分析对象。

---

① 本文属于教育部人文社会科学重点研究基地重大项目“国家经济发展战略框架下中国传媒经济发展的理论与实践研究”(项目编号：12JJD860006)中期成果之一；2012年国家社会科学基金后期资助项目(项目编号：12FXW001)成果之一。

② 刘茂红．中国互联网产业组织实证研究[D]．武汉：武汉大学，2011：1.

③ 芮明杰．网络状产业链构造与运行[M]．上海：上海人民出版社，2009：27-35.

④ 卜庆军，古赞歌，孙春晓．基于企业核心竞争力的产业链整合模式研究[J]．企业经济，2006(2).

一方面，在互联网产业这个寡占型市场中，BAT 具有足够的代表性，它们历经了中国互联网发展的全过程，足以呈现互联网平台化扩张背后的逻辑。另一方面，三巨头的核心业务分别是互联网上应用最广的搜索引擎、即时通信和电子商务，能够全面地呈现三类主要平台的发展轨迹。

二、搜索平台——百度

百度公司，是目前全球最大的中文搜索引擎、最大的中文网站，是中国互联网领先的软件技术提供商和平台运营商。我们对百度发展历程中产业链整合的方向、方式进行统计后，发现其扩张路径呈现出几个特点。

第一，保持对搜索引擎的升级拓展。

百度在中国的搜索引擎领域，占超过 80%的份额，居于市场寡占地位。① 搜索引擎也是百度的核心竞争力，它由 2001 年的网页搜索，发展为包含 MP3 搜索、新闻和图片搜索、硬盘搜索、IE 搜索伴侣、中文搜索风云榜、超级搜霸、政府网站搜索服务、百度权威法律搜索、百度地图搜索、博客搜索、百度视频搜索、百度图书搜索、百度专利搜索、识图搜索，几乎无所不能搜的全面搜索引擎。

第二，由搜索引擎向互联网其他产业跨越发展。

百度依托搜索引擎服务建构起的庞大用户群，不断尝试推出其他互联网产品或服务。其中一些成为百度旗下的长青产品(如 123 网友之家、百度贴吧、百度知道、百度百科、百度文库)，还有一些至今仍然不温不火(如百度空间、百度搜藏、百度游戏频道、百度安全中心、百付宝、百度输入法)，当然也有不少无疾而终(如搜索大富翁游戏、百度下吧、百度传情服务、百度有啊)。总体上，在百度对于互联网其他产品或服务的跨越尝试中，其中成功的都比较依赖于百度强大的搜索引擎服务，属于关于信息检索、分类、共享、互动的服务。

第三，向区域与全球拓展。

在真实的地理空间上，百度的扩张向着本地化和全球化进发。百度向区域的渗透更早一些，2003 年便推出了地区搜索，之后百度与电信合作进军本地搜索业务领域、与山西省合作为其宣传推广文化品牌。在搜索引擎服务方面获得了全面发展后，百度开始向国外扩张。一方面，推出百度的外文版本，向国外用户提供搜索引擎服务，如日文版、葡语版；另一方面，进行跨国融资与合作，如 2005 年在 NASDAQ 成功上市、2014 年与美国领先互联网公司 Uber 达成全球战略合作及投资协议。

第四，向移动端布局。

百度向移动端的扩张，始于 2004 年推出的 WAP 版百度贴吧，以及第一款 WAP/PDA 中文网页搜索引擎。此后，先后在诺基亚手机中植入中文移动搜索服务、推出手机聊天通信工具“百度 Hi”、“灵通知道”短信搜索业务、百度语音助手安卓版、个人云服务、直达号、百度透明厨房。这些产品，加上百度钱包(即百付宝)、百度地图，已经铺排出一个流量变现的完整链条，实现了 O2O 各环节的打通。2014 年第三季度百度移动端搜索流量超越 PC，移动营收占比达 36%。在 BAT 三巨头中，移动端流量超 PC 端，百度是首家。②

第五，向传统产业整合。

百度通过移动端进行 O2O 布局的过程，也是向传统产业整合的过程。在这个过程中，

---

① 徐晋．平台产业经典案例与解析[M]．上海：上海交通大学出版社，2012：63．

② 百度移动端流量超过 PC 端 [EB/OL]．http：//money.163.com/14/1031/00/A9RJTQ2K00253B0H.html．

百度十分注重对关键环节的技术掌控和与占据市场支配地位的传统企业的战略合作。2009年，百度与中科院合作开发"框计算"，与苏宁电器合作进军家电B2C市场；2012年，与现代合作开发新一代车载语音信息系统；2014年，推出百度透明厨房(专题直播网站)，整合中小餐饮企业，与宝马联手研发高度自动驾驶技术，与万科集团合作打造智能商业地产。

综合来看，百度的产业链整合，在方向上，先向互联网其他产业拓展，再向传统产业延伸，进行移动端、O2O布局；在方式上，对于搜索引擎业务坚持独立开发，对于互联网其他产业，由早期的独立开发(如百度下吧、百度传情、百度有啊)转变为对成功产品进行并购(如收购PPS视频、爱奇艺、91无线网络)，对于传统产业则采取与市场主导者进行战略结盟的方式。依据中国互联网络信息中心(CNNIC)发布的《2014年中国网民搜索行为研究报告》中提供的数据①，我们计算出了网民最近半年内使用过综合搜索引擎的数量：PC端为人均2.08；手机端为人均2.21②。同时，这份报告也显示，百度在PC端和手机端的渗透率分别高达到96.7%和95.8%③。这意味着，搜索引擎市场的用户多属行为比较普遍，但百度的市场份额远超其他品牌，属于垄断平台市场。

三、电商平台——阿里巴巴

阿里巴巴集团是全球最大的互联网交易市场和商务交流社区，自1999年成立以来，逐步推出多个B2B、C2C、B2C互联网交易平台，并经营多元化的互联网业务。它的扩张具有如下几个特点：

第一，对电商平台的细化和分拆，提供精准和有效的服务。

阿里巴巴集团的首个网站是英文全球批发贸易市场阿里巴巴网站，定位于服务中小企业，是一个B2B交易平台。之后，它相继推出了个人电子商务平台淘宝网和服务第三方品牌及零售商的淘宝商城，分别经营C2C和B2C业务，并将重心逐渐转到B2C、C2C业务上。2011年6月，阿里巴巴集团将淘宝网分拆为三个独立公司：淘宝网、淘宝商城和提供商品搜索的一淘，以更精准地服务客户。2012年1月，阿里巴巴又将淘宝商城更改为天猫，以加强其平台的定位。在定位各异的子平台上，阿里巴巴面向双边市场提供的服务具有明显的针对性，如在线营销服务(如淘宝直通车、阿里妈妈、聚划算推广位置)、第三方支付服务(支付宝)、认证服务(诚信通、金牌服务商)等。

第二，在产业链的关键环节卡位，打造一站式电商服务。

阿里巴巴的"大淘宝"战略，着意将淘宝网打造成一站式电子商务的服务提供商，为所有的买家和卖家提供类似"水、电、气"的基础服务，使淘宝网成为电子商务生态系统的核心。2011年，淘宝网分拆后，"大淘宝"战略升级为"大阿里"战略，不仅强调行业属性细分，也注重对沿交易过程的产业链上的关键位置的掌控。从商品展示与商品搜索，到交易前信息沟通、支付及担保，再到商品配送，以至商品点评，阿里巴巴都进行了战略布局——先后推出了阿里妈妈、一淘网、阿里旺旺、支付宝、众安在线、菜鸟物流等，形成了完整的电子商务产业链。由此，阿里巴巴集团形成包括国际和国内B2B、网上零售、支付平台、购物搜索引擎、云计算服务的主要业务架构。

第三，多元化跨行业拓展。

---

① 中国互联网络信息中心.2014年中国网民搜索行为研究报告[EB/OL]. http://www.cnnic.net.cn/hlwfzyj/hlwxzbg/201410/P020150104459023035664.pdf.

② 计算方法为：网民人均使用综合搜索引擎的数量=各品牌渗透率之和/100%

③ 中国互联网络信息中心.2014年中国网民搜索行为研究报告[EB/OL]. http://www.cnnic.net.cn/hlwfzyj/hlwxzbg/201410/P020150104459023035664.pdf.

在跨越产业的整合方面，阿里巴巴的路径选择十分多元化，其中最主要的几个方向是影视传媒业(如文化中国传播、21 世纪传媒、易传媒、华数传媒、光线传媒)、国际化(如应用搜索引擎 Quixey、美国乘车应用软件 Lyft、新加坡邮政)、移动化(如友盟、魅族科技、在路上、微博、陌陌、快的打车、穷游、佰程旅行网)。2014 年，阿里巴巴还正式推出了手游平台，并表示要打破腾讯在该领域的垄断地位。它几乎已经将所有互联网最热门的领域纳入自己的势力范围。

第四，将资本运作作为重要的拓展方式。

2010 年以前，阿里巴巴主要以自主开发的方式，专注于打造全面的电子商务平台和完善的电子商务产业链。此后，它的扩张路径发生转变，开始越来越频繁地跨行业资本运作，具有明显的企业投资的特点。传统产业中，企业并购通常表现为资产收购或股权收购，战略结盟则通常表现为合作共同开发、推广产品或业务。一般来说，股权收购达到 50%或控股，则被认为是并购。而阿里巴巴的拓展方式中，不仅并购，而且战略结盟也多使用股权收购的方式，表现为一种战略投资，较少具有业务合作的性质。它的并购，也只是收购而很少整合，严格地说，是购而未并，也具有投资的意味，它与战略结盟的差异，仅仅在于购入股权之百分比。融资是阿里巴巴成功扩张的另一个侧面。自成立以来，它一直是资本市场上的高手：2004 年 2 月，从数家一线投资机构融资8 200万美元，成为当时中国互联网界最大规模的私募融资；2007 年，在香港联交所主板挂牌上市，成为中国市值最大的互联网公司；2012 年，为求将业务重点由 B2B 业务转向 B2C 和 C2C，阿里巴巴摘牌退市，退股价与发行价相同，相当于一个 5 年的无息贷款；同年 9 月，又获得投资 20 亿美元；2014 年 9 月 19 日，于纽约证券交易所第二次上市，当日股价涨幅达 38. 07%，成为美国融资额最大的 IPO。

整体看来，在拓展方向上，阿里巴巴以电子商务为基点，横向拓展为不同类型的子平台，纵向进行完整的产业链铺设，并由国内向国外拓展，线上向线下拓展；在拓展方式上，首先通过自主开发将核心的电商业务做大做强，在形成强大的市场势力后，再到资本市场上融资、进行跨行业的战略投资和布局。阿里巴巴是以促成交易为目的的电商平台，它的价值增值过程也是随着买卖双方的交易过程实现的。它的价值正体现于平台服务，这既受到服务本身的质量的影响，也受到平台规模所产生的交叉网络外部性，和同行业市场上其他竞争对手定价的影响。有数据显示，在目前的电子商务市场上，C2C 企业中淘宝网占据高达 96. 5%的份额，几乎是独占 C2C 市场①；B2C 购物网站中天猫商城占比 61. 4%②，也是居首位。同时，C2C 与 B2C 平台的用户群体是交叉的，也就是说网购用户在 C2C 和 B2C 存在着多属行为。目前，电商企业在广告和支付两个方面几乎都是互相屏蔽的，存在着排他性竞争行为。

四、通信平台——腾讯

腾讯公司，最初仅经营即时通信软件，现已发展成为目前中国最大的互联网综合服务提供商之一，也是中国服务用户最多的互联网企业之一。它的扩张路径，在 O2O、向线下布局、本地化和国际化的趋势之外，还呈现出一些不同于百度、阿里巴巴的特点。

第一，由即时通信服务行业发展为一个互联网产业综合体。

腾讯以即时通信业务起家，其发展历程中的绝大部分扩张行为都是跨域即时通信产业的，它也是 BAT 中最早进行跨产业发展的。早在 1999 年它推出即时通信软件 QQ 之时，就

---

① 前瞻网 . 2013 年中国电子商务行业报告[EB/OL]. http：//yicheng. zdyrs. com/hlwzx/381. html.

② 艾瑞咨询 . 2014 年度中国互联网经济核心数据发布[EB/OL]. http：//report. iresearch. cn/html/20150201/245909. shtml.

同时跨产业地从事着电子邮件增值业务；2003 年推出 QQ 游戏，开始涉足游戏领域，并推出门户网站腾讯网；2005 年，推出在线支付平台财付通和电子商务网站拍拍网，开拓了电商业务。其中，游戏、门户网站迅速发展并在行业内占据优势，成为腾讯的主要业务，游戏更是被称为腾讯的"后院""现金牛"。此外，它的跨产业扩展，还先后涉及博客、体育、在线生活服务、团购、影视传媒、生活服务(团购、艺龙)、网络安全、云计算、手机软件、金融等领域。QQ 早已不再是腾讯的代名词，它已经退为腾讯的主要业务之一，而腾讯则发展成了一个集成各种热门互联网产业的综合体。

第二，以市场需求为导向，进行跨产业业务拓展。

在频繁迭代的互联网产业生态下，腾讯一直积极追逐新兴热门服务，以"模仿先行者"和"微创新赶超"的策略服务市场需求。在 QQ 用户数量爆炸性增长但未能实现流量变现的一段时间里，腾讯大批量收购并投资了当时热门的电信增值服务公司。在 2003 年推出 QQ 游戏、2005 年推出支付平台财付通和电商网站拍拍网后，腾讯开始增加向热门的网络游戏和电子商务的并购力度。它在盈利颇丰的网游领域打败盛大等对手，占领了绝对优势地位。在电商领域则入股京东并与之整合，对京东的投资，已是目前腾讯所有投资中账面回报金额最高的。① 腾讯的市场需求导向还体现在，对于全民关注的体育赛事或全球盛事积极寻求合作。例如，携手 FIFA(国际足联)，共同启动"腾讯网 · FIFA"专题网站；联手大运会，成为其独家网络合作伙伴；成为 2010 世博会唯一互联网服务高级赞助商；获得 NBA 未来五个赛季的网络独家直播权以及在腾讯游戏平台的改编权。

第三，热衷于战略投资和并购。

在投资和并购方面，腾讯比阿里巴巴，更加频繁。自上市以来，它的对外并购投资支出累计已超过 537 亿元②。2004 年，腾讯在香港联交所上市，并迅速开始了向互联网的全面布局和收购。自 2010 年，腾讯又加大了并购投资的力度。由于 QQ 邮箱、QQ 卡、手机 QQ、QQ 游戏、腾讯网、TM、QQ 堂、QQ 音乐、QQ 空间、QQ 宠物、财付通、拍拍网、QQ 幻想等产品的"模仿+微创新"策略积累的业内不满，终于爆发于 2010 年的腾讯与"360"大战。此后，腾讯的策略似有改变，大力以投资参股的形式，在全行业布局、全产业链投资，试图打造一个以 QQ 及微信为核心、全面开放的基础平台。

扩张后的腾讯，业务方向发生了比较大的变化，由一个即时通信企业成长为综合型互联网企业。在主打即时通信的时期，腾讯依靠虚拟商品销售(如人物形象服装、背景等)和网络游戏，成为第一个盈利的互联网企业，其盈利模式是"多数人免费，少数人收费"的"Freemium"(Free + Premium)收费服务方式，不具有双边经济的特征。转型为综合型互联网企业后的腾讯，由腾讯朋友、QQ 空间、腾讯微博、财付通、电子商务、腾讯搜搜、彩贝、QQ 八大平台，细分和增加至近 30 个开放平台，显现出明显的平台经济的特点。这些平台，主要还是免费向用户开放以吸引流量，开发商负责向平台提供应用和内容，最终依靠广告和电子商务盈利，与开发商进行分成。

五、结论

透过 BAT 三巨头的扩张路径，我们发现了一些共同的方向：第一，链上横向扩张——横向整合相关产品，由专业化平台向多元化服务平台扩张；第二，跨产业扩张——以用户为中心，向核心业务之外的其他互联网产业扩张、向传统产业整合；第三，沿产业链扩张——在各互联网产业链上向前、向后卡位；第四，向移动端扩张——开发新的移动端应用，通常

① 一文详解腾讯 537 亿并购的 80 家公司[EB/OL]. http://www.investide.cn/news/115518.html.

② 一文详解腾讯 537 亿并购的 80 家公司[EB/OL]. http://www.investide.cn/news/115518.html.

作为向传统产业、本地生活服务延展的入口；第五，向国际扩张——将服务推广到国外市场、并购投资国外互联网企业、到国际资本市场融资；第六，向本地化拓展——将业务本地化，为本地用户提供针对性服务、生活服务。

这些一致的拓展方向，向我们昭示了互联网企业的基本生存逻辑。

一是补贴定价策略，即互联网双边市场中一方市场补贴另一方市场的定价方式。接受补贴的一方通常数量巨大且价格弹性低，平台向这一方市场免费提供服务，扩大用户群体后，可在另一方市场上获得收益，再进一步完善服务，扩大用户规模、增强用户黏性，提升自身在另一市场上的议价能力。如此循环，互联网经济的网络外部性使得胜出平台的市场规模不断扩大，出现极强的正反馈效应，并使平台价值持续增值。

二是边缘经济、长尾效应。一方面，互联网产业面向的是处于拓扑结构末端的普通用户，通过搭建平台，将它们聚合起来，形成边际效用递增、边际成本递减的规模经济。另一方面，寡头之间的替代性不强，居于不同的互联网产业，市场地位比较固化，无论对于寡头还是新进入者，都十分依赖互联网业务的边缘进入(技术创新型进入或业务创新型进入)。

三是产业链延展。以门户网站、搜索引擎为代表的中国第一代互联网公司，遵循的是流量变现的生存逻辑。这种双边市场，与传统媒体的双重销售基本一致的：一方市场与另一方市场并不发生实际的交互；平台方与享受免费服务的普通用户市场之间，仅仅存在信息流；平台方与另一方市场之间则存在着信息流、商流、资金流。互联网产业与传统产业的融合，表现为产业链的纵向整合，产业链被重构并延长。互联网成为一个聚合普通用户与传统产业中小企业，并促成交易的平台。双边市场之间产生交易，就使得双边市场与平台方之间不仅均存在信息流，还增加了商流、物流、资金流。

BAT 发展到今天，以搜索引擎起家的百度的核心业务还是搜索引擎，以电商起家的阿里巴巴的核心业务也还是电商，而对腾讯来说，即时通信早已由核心业务退居主要业务之一。显然，三巨头各自的生存逻辑又有些不同。

我们从百度的发展史可以看出，它始终将技术奉为第一：依靠技术完善平台，扩大双边市场规模，依靠技术进行产业链上的布局卡位。这种技术上的竞争力，不仅保持着百度对于未来持续增长的信心，还吸引了大量资本。毕业于北京大学信息管理专业、随后获美国布法罗纽约州立大学计算机科学硕士学位、担任过国际知名互联网企业 Infoseek 公司资深工程师，之后携技术专利创业的李彦宏，作为一个技术优等生，显然是信仰技术的。①

阿里巴巴则始终注重通过完善的服务，为双边市场搭建一个成熟的电商基础生态系统。这种服务至上的理念，从阿里巴巴公开的“客户是衣食父母”的“核心价值观”②和马云激情布道的“要做电子商务的‘水、电、煤’的提供商”的“大淘宝”/“大阿里”战略中，可以见一二。事实上，阿里巴巴也将这种宏大情怀进行了有力兑现，使得我们几乎可以将阿里巴巴的发展史看做中国电商的发展史。

而腾讯的发展轨迹，表明了它在技术和服务上都没有极致的追求，它信奉的是一种更为纯粹的商业逻辑——市场需求。互联网产业迭代迅速，在这样的产业生态中，腾讯在技术和服务上并非完全不可替代，它能够屹立至今，并且不断壮大的要诀，在于不断发现市场的新的兴奋点。它始终保持着对国内外互联网新兴热门产业的敏锐洞察力，以强大的财力迅速对其中的优质企业进行收购、投资或者模仿，对于呈衰退之势的产业果断舍弃。在 BAT 中，腾讯收购或投资过的企业数量最多，总金额最大。它的发展策略表现得最为灵活和圆滑。

---

① 李彦宏：技术永远是互联网行业的核心驱动力[EB/OL]. http：//news. pedaily. cn/201301/20130129342867. shtml.

② 百度百科：阿里巴巴[EB/OL]. http：//baike. baidu. com/link？ url = 3CfO8Gbyt-GZ4AguhnzGaF3CwIiMzHnvE34RiRbec6jCYvO5HLPcdfJb6r31xQgjrSVTYL8jQuDcLgUNw2v2Uq.

【作者简介】

冉华，教育部人文社科重点研究基地媒体发展研究中心研究员，武汉大学新闻与传播学院教授，博士生导师，博士。

王凤仙，武汉大学新闻与传播学院博士生。

陈涛、曾龙，武汉大学新闻与传播学院硕士生。

教育部人文社会科学重点研究基地重大项目："转型期我国网络舆论生态系统的风险评估与调适机制研究"中期成果报告

网络舆论生态系统调适机制存在的必要性及其构建[①]

——基于恢复生态学的视角

姚　曦　李春玲

媒介生态学认为，媒介生态环境同大自然相互制约和依存的生态环境一样，也存在相互制约和依存的生态系统②。用生态学原理与方法来研究当代传播现象和传播问题，被西方传播学者认为是所有社会科学研究方法中最行之有效的一种方法③。

网络舆论生态系统是一种过程的存在，其运行不仅有其自发的动力，也有赖于每一个具体阶段上的调适机制发挥功效。网络舆论生态系统调适机制在解决网络舆论相应阶段的具体矛盾问题时，特别是在具体应对人与环境的相互作用时，更具灵活性、实效性和创造性。从目前状况来看，学界对网络舆论生态系统的研究多聚焦于宏观层面，主要是借用生态学的方法，参照生态学中的生态系统、生态平衡、生态种群、生态集群等概念，以生态学的角度来探讨网络舆论系统的运行过程、存在的问题以及对社会造成的影响等，而从微观层面重视不够，缺乏具体的操作性研究的自觉，尤其是缺乏对网络舆论生态系统具体运行的内在机理的深度剖析，使得对当代社会网络舆论危机频发缺少较强的解释力和穿透力。本文尝试以恢复生态学理论为视角，立足于网络舆论生成的过程性，对网络舆论生态系统调适机制的内涵、存在的必要性以及构建等问题进行较为细致的探讨，对于丰富和深化网络舆论生态理论以及指导具体社会实践有着重要意义。

一、基于恢复生态学视角构建网络舆论生态系统调适机制的理论依据

（一）恢复生态学与网络舆论生态系统

"恢复生态学"(Restoration Ecology)一词是在20世纪80年代才由Aber和Jordan等一批从事生态恢复问题研究的学者提出，对其定义至今存在着不同的解释和争论。一般认为，恢复生态学就是运用生态学理论，揭示生态破坏和退化的机理，研究借助于生物和非生物的工程技术方法，使受损生态环境得到恢复和重建的科学。④ 它是现代生态学的年轻分支学科之一，也逐渐成为社会科学和自然科学的桥梁，该领域包括所有将生态学理论用来降低人类干

---

① 本文系教育部人文社会科学重点研究基地重大项目："转型期我国网络舆论生态系统的风险评估与调适机制研究"(项目批准号：14JJD860007)中期研究成果之一。

② 大卫·阿什德．传播生态学：文化的控制范式[M]．邵志择，译．北京：华夏出版社，2003：3-4.

③ 赵红艳．基于生态位理论的网络舆论生成与防控机制研究［J］．新闻传播学研究，2014(11)：172.

④ 王应刚．生态失调机理与修复方法[M]．北京：气象出版社，2006：6.

扰的损害并恢复能自我维持的生态系统的研究。

生态恢复研究的主要对象是受害或者受损的生态系统，生态学中称为退化生态系统。退化生态系统(Degraded Ecosystem)是一类病态的生态系统，它是指在一定的时空背景下，在自然因素、人为因素或二者的共同干扰下，导致生态要素和生态系统整体发生的不利于生物与人类生存的量变和质变，生态系统的结构和功能发生与其原有的平衡状态或进化方向相反的位移，具体表现为生态系统的基本结构和固有功能的破坏或丧失，生物多样性下降，稳定性和抗逆能力减弱，系统生产力下降。生态恢复研究的主要目标是将被损害的生态系统恢复到接近于它受干扰前的自然状况，即重建该系统干扰前的结构与功能有关的物理、化学和生物学特征。

恢复生态学的发展趋势正在从目标导向转为过程导向；从单一态、静态向多态、动态方向发展等。目前恢复生态学还与相关学科进行交叉，并大量采用新技术和其他学科的新理论(如信息技术)，围绕新兴的科学问题如生物多样性、全球变化、可持续发展等为人类的生存与发展服务。①

网络舆论生态系统作为社会生态系统的一个子系统，不仅遵循生态系统的运行规律，而且也具有生态系统所具有的若干特征。生态系统包括特定区域内的生物(植物、动物、微生物)、生物赖以生存的环境，以及生物和环境之间的相互作用。网络舆论生态系统构成包括舆论主体、舆论客体以及舆论环境，舆论生态系统就是由舆论环境与舆论主客体相互作用、相互影响而构成的统一整体，其包含三大子系统，第一是舆论客体子系统，即引发舆论的信息资源，舆论客体既可以是社会现实与社会现象也可以是社会重大变动与突发事件；第二是舆论主体子系统，舆论生态系统中的主体相对于生物生态系统更为丰富，除了生产者、消费者与分解者以外还包含传播者与规制者，在舆论活动中，生产者、传播者、消费者、规制者与分解者的身份具有可互换性特征，生产舆论的人也可作为舆论的消费者与分解者；第三是舆论环境子系统，即影响舆论的存在与传播的所有条件的总和，包括物质技术硬环境及社会文化软环境。

网络舆论生态系统的受害或者受损状态我们称为失衡的舆论生态系统。失衡的舆论生态系统也是一种病态的系统，它是指在一定的社会政治、经济和文化环境下，在技术因素、人为因素或者两者的共同干扰下，导致网络舆论流向偏离社会主流价值轨道，产生舆论风险，引发社会危机的一种状态。失衡的网络舆论生态系统于社会的发展和进步是非常不利的，所以需要及时预警并调适，构建可行性的网络舆论生态系统调适机制。

网络舆论失衡状态的调适，其实质就是对受损网络舆论生态的恢复，自然界的生态系统是可见的、可感的客观实在，因此，对于自然界中的生态系统的恢复强调修复、改造、再植和重塑，网络舆论生态是虚化的、不可触摸的，对其的恢复，我们更适合强调调适与控制，恢复或调适的共同目的都是为了使受损生态系统的结构和功能得到进一步完善，不仅能抵御外来的风险，更能够促进自我净化和自我保护。

(二)恢复生态学的相关理论依据

生态恢复实践或恢复生态学研究中常用的生态学理论有：生态因子作用(包括主导因子、耐性定律、最小量定律等)、竞争(主要是关于种间资源竞争)、生态位(种类选择和参考群落)、演替(生态恢复是帮助生态系统实现自己的演替)、定居限制(主要是帮助种类在恢复早期克服定居困难)、护理效应(某些种类对其他种类的帮助)、互利共生(真菌、种子扩散者或传粉者与植物间的正相互作用)、啃食/捕食限制(影响植物种群的更新)、生态系统功能(生态系统中的能流与物流是生态系统稳定的基础)等。近来，生态型和区域遗传多样性、

---

① 李凌浩，刘庆，任海．恢复生态学导论[M]．北京：科学出版社，2008：11.

健康生态系统中的干扰、正反馈在生态恢复中的作用、启动自然恢复的途径等也已进入生态恢复研究主流视野。①

本文主要运用以下理论与维度对网络舆论生态系统调适机制的构建进行讨论：

1. 自我设计与人为设计理论

自我设计与人为设计理论是唯一从恢复生态学中产生的理论，在生产恢复实践中得到广泛应用。自我设计理论认为只要有足够的时间，随着时间的进程，退化生态系统将根据环境条件合理地组织自己并会最终改变其组分。而人为设计理论认为，通过工程方法和植物重建可直接恢复退化生态系统，但恢复的类型可能是多样的。这一理论把物种的生活史作为植被恢复的重要因子，并认为通过调整物种生活史的方法就可加快植被的恢复。自我设计理论强调把恢复放在生态系统层次考虑，认为恢复完全由环境因素所决定，而人为设计理论强调把恢复放在个体或种群层次上考虑，恢复的结果可能有多种。②

网络舆论生态系统的修复也是自我设计与人为设计的过程，自我设计指在一定的网络舆论环境条件下，网络舆论生态系统的自我调适，而人为设计则指人为的干预和运作，在外力的作用下，使网络舆论生态系统朝着理想的方向演化。自我设计过程耗时长，进程慢，但恢复效果好；人为设计过程比较高效，也容易控制，但是恢复的结果可能和系统的初始面貌有一些差异。自我设计与人为设计在网络舆论生态系统的修复过程中应该是相互补充、相互影响甚至相互融合的，忽视一个方面而强调另一个方面都是不合时宜的。

2. 限制因子理论

生态因子是指环境要素中对生物起作用的因子，如温度、光照、水分、氧气、二氧化碳、食物及其他生物等。所有生态因子构成生物的生态环境，特定生物体或群体栖息地的生态环境称为生境，其中包括生物本身对环境的影响。生态因子的作用包括综合作用、主导因子作用、直接作用与间接作用及阶段性作用、不可替代性作用与补偿性作用等。美国生态学家 Shelford 于 1913 年指出，生物的生存与繁殖依赖于各种生态因子的综合作用，只要其中一项因子的量(或质)不足或过多，超过了某种生物的耐受性限度，则使该物种不能生存甚至绝灭。因此，当生态因子的量(或质)超过生物的耐受性上、下限度时，都将成为这种生物的限制因子。生态恢复是从多方面进行设计与改造生态环境与生物种群，为此需要认真分析立地条件，就是希望根据限制因子理论找出限制生物生产力的主导因子，只有找到了切入点，才能有效地进行生态恢复。

网络舆论生态系统的恢复过程也依赖于各种生态因子的综合作用，其中也有一个因子会是其他因子的主导因子，网络舆论生态系统调适机制的构建要注意从众多相关因子中锁定这个主导因子，只有找到了切入点，才能有效地进行生态恢复。

3. 适应性恢复理论

生态系统是很难完全恢复的，因为它有太多的组分，而且组分间存在非常复杂的相互作用。此外，在生态系统恢复过程中，由于物理及生态环境及社会经济因素发生变化，对生态系统的认识也要发生变化，在恢复过程中要考虑恢复目标与措施进行适应性生态恢复。也就是说，恢复目标的确定要根据生态、经济和社会现实，不是重建历史上的系统状态，而是帮助系统获得自我发展和维持的能力。

生态学还没有达到可以在特定地点特定方法下预测特定产出的阶段，适应性恢复理论强

① 任海，王俊，陆宏芳．恢复生态学的理论与研究进展[J]．生态学报，2014(15)：4118.

② 李凌浩，刘庆，任海．恢复生态学导论[M]．北京：科学出版社，2008：25.

调系统的恢复不能百分之百确保期待的产出，网络舆论生态系统的恢复同样也是无法预测和期待的，调适机制的构建要注重灵活性，结合具体的舆论环境，拟定调适的策略，对于调适结果要理性对待，要在不断的反馈和实验中实现调适机制的优化。

二、网络舆论生态系统调适机制的内涵

所谓调适机制，即调整及适应，有通过调整使之达到适应的状态之意，主要指主动的、积极的行为和过程，“调适是指人与人之间，不同的群体之间或不同文化之间相互配合、相互适应的过程，经过调适，产生彼此和谐的关系，人们可以通过调适，即部分地改变自己的行为方式或生活习惯，更好地适应环境变化。”①调适机制也可以说就是一种运行机制。网络舆论生态系统的调适机制，就是指以社会发展需要和利益为目标，整合相关的政治、经济与文化资源来控制和调节网络舆论发展过程中的矛盾与冲突，使运行主体适应各方面环境资源的需要，实现网络舆论生态系统合理有序和良性运行的方式方法。

网络舆论生态系统的调适机制在不同的阶段有着不同的功能表现。在矛盾处于萌芽阶段、还未转化成冲突事件前，通过对矛盾形成的初始化条件的化解，达到未雨绸缪；在系统运行过程中，及时发现并示警反规范性的生态因子，实现“及时营救”；在舆论生态系统运行失衡恶化阶段，尽力挽回和弥补系统“漏洞”，争取亡羊补牢。

网络舆论生态系统其内部本身存在着一种自调节机制，也称为自组织平衡机制，它是系统的重要运行机制、维稳机制，具有平衡、稳定、激活、自新等功能和适应、生存、共生、自生等重要作用。这种自组织主要是指系统的各部分，无需外界输入特殊的指令，自行协调成为一个平衡的系统，这种自行协调是一个不可逆的动态过程。如当系统中关键种群数量激增，网络舆情爆发，超过一定阈值，引起系统的不平衡，然后依靠网络舆情监测系统的捕捉，相关主体提供高质量信息，抵消无序杂乱信息的无限增长时，网络舆情生态系统又恢复了平衡，如日本地震后的抢盐风波中，辟谣信息的出现使得此次风波得以平息。网络舆论生态系统虽有自组织机制，但当信息生态系统的变动超出“阈限”范围时，其自我调节能力也就遭到了破坏，网络舆论生态系统就会出现失衡、衰退，这时就需要借助系统外力来调节系统平衡，即人工组织平衡机制。

本文所重点讨论的即是这种人工组织平衡机制。对于这个机制来讲，它是适应一个相对独立范围内各种因素条件而集合汇聚的结果，有其自然的一面。它的产生与运作以及在网络舆论运行中起作用的性质和大小，取决于它是否体现具体网络舆论生态存在的客观要求，是否符合以及在多大程度上符合网络舆论生态运行规律。网络舆论生态系统调适机制对网络舆论生态运行产生影响的可能和范围要依当时具体的条件来决定，它不能随意地选择客观条件，不能从根本上改变网络舆论生态运行规律。但是这种调适机制决不会因为受到网络舆论运行规律的制约而失去意义，它不仅仅是实现网络舆论运行规律的环节、工具，而且它的作用将使网络舆论运行规律摆脱生硬的和预成的模式，它在解决、应付相应阶段的具体问题时更富有灵活性、实效性、创造性，这就是网络舆论生态系统调适机制具有能动性的一方面。

网络舆论生态系统调适机制的制定、操作运行离不开人为因素的作用，对相应阶段存在的具体矛盾、问题的自觉认识和解决程度，关键取决于调适机制的主体——领导组织调适机制的政府部门和参与调适实践的网民的作用发挥。主体是赢得调适机制调试成功的首要条件。政府部门理论水平的高低、自身建设质量的好坏、自身创新能力的强弱等科学化水平的建设程度如何，都凝结于具体机制之中，都将直接影响并决定当下的调适机制的成败得失；而网民是机制调适实践的主要力量，网民的理性程度和媒介素养是调适机制创新的基础动

① 袁方．社会学百科辞典[Z]．中国广播电视出版社，1990：12.

力源。

由此可见，调适机制既是客观自然的，又是主观人为的，它是二者的统一体，忽视任何一方并将其绝对化都是错误的。本文所讨论的调适机制更强调人为设计的那一部分，因为网络舆论生态系统自身的调适是外力不可干涉的，而人为设计的部分可以通过不断地完善去有效促进生态系统向着和谐、平衡的状态发展。

三、网络舆论生态系统调适机制存在的必要性

网络舆论生态系统的开放性和复杂性决定了其受害或者受损状态的存在，具体表现有：①虚假信息与谣言的泛滥。网络言论的自主性、隐匿性如同一把双刃剑，一方面，它满足普通个体自由自在的发表言论，大力推动着人类的文明与进步。另一方面，发言主体的隐匿又致使网络言论常夹杂着耸人听闻的谣言和不满情绪的宣泄，欺骗、随意和游戏的心态随处可见。②情绪的主导和理性的缺失。网络语言的匿名性使得现实中的道德和行为规范在虚拟中减弱，网民言行容易受情绪支配。加上我国目前正处于社会转型时期，生活节奏加快、贫富差距扩大、社会各个阶层矛盾突出，导致公共事件频繁发生。现实生活中的种种压力容易使人产生不满、焦虑等浮躁的社会心理，导致一些网民在发表观点、参与讨论时，易偏激、缺乏理性，经常使用侮辱和谩骂性的语言，呈现出非理性的一面。③网络暴力。以道德的名义进行网络舆论审判，谋求问题的现实解决；滥用言论随意传播他人的个人信息，鼓动、误导人们采用暴力语言进行围攻；在现实生活中使当事人遭到严重伤害等。

以上只是网络舆论生态系统受损状态表现比较突出的几个方面，随着互联网的进一步发展，网络舆论生态系统将更复杂、更多变，因此，构建合适的网络舆论生态系统调适机制是完全必要的。

(1)构建网络舆论生态系统调适机制是我国网络舆论生态系统和谐发展的重要保障。调适机制可以在风险评估的基础数据之上及时洞察网络舆论运行过程中的风险因子，捕捉可能导致舆论危机的前兆，实施调节和控制，降低舆论风险的发生。

(2)构建网络舆论生态系统调适机制是促进网络舆论水平不断提高的重要动因。调适的前提是判断和监测，虚假信息、垃圾用语、恶意围攻等一经出现，即被锁定，调适机制的存在弱化了网络舆论生态中负面因子的生存环境，提高了舆论信息的质量，有利于网络舆论生态系统的良性循环。

(3)构建网络舆论生态系统调适机制是使网络舆论生态系统保持充分活力的重要前提。整个舆论生态系统就如同一汪流淌的清泉，如果能够畅通无阻，自然一路欢歌、勇往直前，一旦有了杂草的牵绊、枯枝的横行，就有可能中途干涸、成为死水。调适机制正如同清扫工一样，为网络舆论生态系统顺利运行清除障碍，使其保持充分的活力，在健康和谐的轨道上运行。

四、网络舆论生态系统调适机制的设计原则及注意事项

要构建一个系统、高效的网络舆论生态系统调适机制，需要整合多方面的信息和资源，在网络舆论风险评估机制的基础上进行数据挖掘、文本挖掘，作进一步的分析和判断，因此，要构建并成功运行网络舆论生态系统调适机制必须遵循以下3个原则：

(1)目的性原则。生态恢复是辅助一个已经退化、损伤、破坏的生态系统恢复的过程。这是一个有目的性的行为，它能启动或加速生态系统在自身健康(功能过程)、完整性(种类组成和群落结构)和可持续性(抗干扰能力和恢复力)方面的恢复。① 建立网络舆论生态系统

① 李凌浩，刘庆，任海．恢复生态学导论[M]．北京：科学出版社，2008：57.

调适机制的主要目的是使网络舆论生态系统一方面自我形成在遭受挫折时的恢复、防御以及以后运行过程中的适应能力，另一方面是当生态系统出现失衡时，有一个制度化的稳定的处置程序，使矛盾的处理和最终解决有一个明确的方向，避免出现重大的冲突和社会震荡，维护社会稳定和谐的局面。网络舆论生态系统调适机制的构建要有明确的目的，同时，也要清楚生态调适——尤其是极端条件下的调适——过程往往是复杂的，不可能一步到位，而需要通过一串目标链来实现，因此，调适机制不能急于求成。

(2)系统性原则。调适机制的构建是一个系统工程，一方面是整个生态系统包含多个要素，如舆论主体因子、客体因子，还有环境影响因子等。要充分考虑各项因子在舆论形成与演进中所扮演的角色，同时，舆论生态也是一个动态的过程，要随时空变化调整各类参数和相关措施等。

(3)科学性原则。网络舆论生态系统调适机制的构建不仅要遵守网络舆论的运行规律，也要遵守生态学规律，要分清主客体因素，分清主次要矛盾，同时，对各方面信息的把握要全面、客观、准确，要紧密结合实际情况，做出正确判断和调适。

具体来讲，在网络舆论生态系统调适机制的构建中要注意以下3个方面的问题：

1. 要在尊重网络舆论自我运行规律的基础上充分发挥人力的作用——自我设计与人为设计“各司其职”

在恢复生态学中，一个很强的理念是充分发挥自然力的作用。不耕种，不放牧，任其原来的存在的各种繁殖体(种子、胞子、果实、萌生根和萌生苗)等自然繁衍，并逐步形成新的群落，发生自然的演替。网络舆论生态系统也具有自我净化、自我调节的能力，比如在“郭美美炫富”事件中，曾有网友主张“人肉搜索”，但这一提议迅速被多数网民否决，还有金庸“被死亡”的谣言，发端于微博，也迅速消解于微博等。可见，在政府力量监管、社会力量引导这样一些外在因素介入以前，网络舆论生态系统的自我净化功能总是优先起作用的。调适机制的设计首先要尊重网络舆论生态系统的自我运行规律，为其“自净”功能的发挥创造有利的条件，在时空上给予其足够的宽度，同时，在风险评估有效数据的基础上，找准切入点，使人为调控因素成为系统“自控”的有力补充。

网络舆论生态系统的调适机制同时也应该是工具理性和价值理性的合一。工具理性注重过程、注重手段、注重方法、注重技术、注重实证、注重量化。反映在调适机制中，要求对调适的目的作为既定的和先在的东西加以确认，着重去发现实现目的的最佳手段、途径与策略。价值理性注重目的、注重结果，而方法、策略、途径和技术等只是达成目的的手段。反映在调适机制中，就是要重视对网络舆论本质的认识，舆论的存在具有两面性，尊重社会发展规律，维护人类社会正义和公平的舆论我们应该积极去肯定，引起动乱、扰乱民生的舆论应该积极地去调适、去控制，在网络舆论生态系统调适机制中，工具理性与价值理性二者不可偏废。

2. 充分识别网络舆论生态系统中各类生态因子的功能，确定起主导作用的限制因子——生态因子的“各安其位”

对生物起作用的众多因子并非是等价的，其中有一个是起决定作用的，它的改变将会引起其他生态因子发生变化。引起网络舆论生态系统失衡的因素中也会有起主导作用的因子，在调适过程中要善于发掘并抓住这种主导因子，正如“剧场效应”一样，由这样一个主导因子引起的恶性循环是有连锁效应的，只有控制住了这个始作俑者，才能有序改善失衡的局面。

当然，环境中各种生态因子并不是孤立存在的，而是彼此联系、相互促进和相互制约的，任何一个单因子的变化都将引起其他因子不同程度的变化及其反作用。调适机制的设计要充分认识到网络舆论运作过程中发挥作用的各种生态因子，并对其作用及秉性进行归类，在调适的权重上给予区别对待，同时，生态因子对生物的作用也是有阶段性的，在不同发育阶段的生物需要不同的生态因子发生作用，在网络舆论生态环境中，在信息的生产、传播、消费、消解或规制的各个阶段，社会环境、网民素质、技术进步等分别发挥了不同的作用，调适机制的设计要充分关注网络舆论演进的阶段性变化，抓住每一个阶段的舆论生态特征，开展有针对性的调控行为，方能达到事半功倍的效果。比如汶川大地震发生后，无论现实社会中还是网络上都是一片恐慌和纷乱，稍有不慎就有可能演变成社会危机，网络舆论调适者——政府，及时把握住了舆论生态系统的限制因子——信源的及时性与可靠性，一天一场，有时是好几场新闻发布会，主流媒体放开新闻报道，互联网、手机、无线电、卫星通信等新技术传播媒介也各显神通，保障了灾情和救灾工作的高度透明。信息开放的结果极大地振奋了民族精神，增强了社会凝聚力，平衡了舆论，也提高了政府的威望，加深了政府和人民的血肉联系。而“石首事件”则是一个失败的案例，事件起因只是一起普通的意外死亡案件，2009 年 6 月 17 日，湖北省石首市“永隆大酒店”厨师涂远高从酒店窗户落下，被人发现时已经死亡，警方通过勘查，初步认定为自杀，家属对死因表示怀疑，拒绝火化尸体，并停放在酒店大堂，此后两天，民警多次与家属沟通无效，反而导致数千群众围观，阻碍交通，并最终引发了大规模群体性事件，造成部分武警被打伤，车辆被毁坏，酒店遭焚烧。这本来只是一起普通命案，却演变成了如此恶劣的后果，究其因正是在舆论的演变过程中调适者——政府没有意识到限制因子的变化，在长达约 80 个小时内，政府的新闻发布语焉不详，而网友则借助非正式媒体发布信息、探寻真相。据不完全统计，在这段时间里，体现政府立场的新闻稿只有 3 篇；而一网站的贴吧中就出现了近 500 个相关主帖，在一些播客（视频分享）网站，出现了不止一段网友用手机拍摄的视频。显而易见，民众需要的是具有说服力的真相，处理本场舆论危机的关键是对信息的传播和消解，而政府只是一味地掩饰和强行制止，甚至想要遏制网上的“众声喧哗”，则既不能缓和事态，更不能化解矛盾，最后只能变得一发不可收拾。

在网络时代，每个人都可能成为信息渠道，都可能成为意见表达的主体。有个形象的比喻，就是每个人面前都有一个麦克风，这对舆论监控和调适提出了更高要求。面对突发事件，政府和主流新闻媒体仅仅发布信息还不够，还必须迅速了解和把握网上各种新型信息载体的脉搏，迅速回应公众疑问，时刻捕捉舆论事件演进中的限制性因子，方能有效遏止不良信息的传播。

3. 坚持“过程性”与“生成性”视点——适应性恢复的坚守

生命的各种表现都是与能量流动、物质循环、信息传递和生物生产分不开的，没有这些流的存在和永不停息的运动，就不可能有生命活动，也就不可能有生态系统。在网络舆论生态系统中，由门户网站、网络社区、个人空间等生产信息，由网络炒家、手机用户、意见领袖、普通网民等将信息传递，在信息的传递过程中，有电子政府的信息规制，有论坛管理者、网络名人的信息消解，也可能有网络水军的恶意炒作放大等，也就是说网络舆论是一个在生态系统内部各要素之间以及内部与外部之间存在着的广泛的信息流动的过程，流动过程中的每一个因子都在时刻发生着变化，调适机制的设计要关注信息流动的每一个环节，调适目标的确定要根据具体的生态、经济和社会的现实情况来决定，每一个网络舆论事件生成的背后都有着复杂的演变历程，调适机制的设计要“因时制宜”“因地制宜”，坚持“过程性”的视点。

同时，调适机制的设计还要看重实践反馈的环节。调适机制的运行是主体（调试机制的制定、操作运行的人为因素）和客体（环境、属性、问题等）之间的相互作用，这种相互作用是通过直接现实性的实践来实现的，实践对调适机制运行的过程和效果具有检验、反馈的功能，调适机制要注意通过这种实践的检验和反馈来不断修正自己。这种检验和反馈主要有两条途径：一是运行过程中的反馈调节。调适机制在运行过程中会出现一些结果、信息和变化，要根据这些结果、信息和变化，及时地对调适活动进行反馈调节，使调适机制始终处于一种动态的并富有效率的运行过程之中。二是运行结果上的反馈调节。调适机制运行的实践效果的正负、大小和效率有优劣、高低之分，根据这种区分有利于获得对于调适机制的再认识，以这种认识可以进一步检查、审视原有的调适方案、方法及操作方式。总之，调适机制是需要不断修正、不断完善的，其形成不是一劳永逸的。

另外，调适机制存在的目的不仅仅是制止有可能发生的舆论风险，更重要的是提升整个舆论生态系统的抗风险能力，恢复生态学强调对受损生态环境的恢复，不能只满足于在低水平上的恢复，而应力求使恢复重建的生态环境具有更高的抗逆性和稳定性，以及具有更大的生态效益和经济效益。生态恢复最本质的目的就是恢复系统的必要功能并达到系统自维持状态。网络舆论生态系统的调适机制要以可持续发展为旨归，切忌“浅尝辄止”，通过不断的调适，“生成”自有的抵御机制，提高整个系统的自控和自净能力。

【参考文献】

[1]李凌浩，刘庆，任海．恢复生态学导论[M]．北京：科学出版社，2008.

[2]黄永林，等．网络舆论监测与安全研究[M]．北京：经济科学出版社，2014

[3]金建方．社会生态通论[M]．天津：南开大学出版社，2011.

[4]李明辉．恢复生态学——解救环境危机的生态学[J]．生物学教学，2004(8).

[5]王佳．网络舆论系统的构成与运行机制研究——基于生态学的视角[J]．新闻界，2012(5).

[6]杜萍．我国网络舆论生态嬗变研究[D]．西安：陕西师范大学，2012.

[7]谢金林．网络舆论生态系统内在机理以及其治理研究——以网络政治舆论为分析视角[J]．上海行政学院学报，2013(7).

[8]李勇，彭鹏．社会转型期的中国网络舆论生态环境[J]．新闻与传播研究，2010(11).

[9]涂小雨．社会转型与社会冲突调适机制的构建[J]．中国井冈山干部学院学报，2011(3).

[10]赵红艳．基于生态位理论的网络舆论生成与防控机制研究[J]．新闻传播学研究，2014(11).

[11]王秋菊．网络舆论生态系统的运行过程分析[J]．新闻界，2010(4).

[12]高中建，胡玉婧．网络舆论生态失衡表现及其矫正[J]．人民论坛，2014(5).

[13]方付建．网络舆论自我净化问题研究[J]．电子政务，2013(4).

[14]赵敏．论网络舆论生态系统的现状与善治[J]．大理学院学报，2014(9).

[15]冯宇红．冲突理论视角下的高校管理冲突与调适[J]．黑龙江高教研究，2011(5).

[16]刘泾．网络舆论生态视域中的谣言治理研究[J]．情报科学，2014(5).

[17]李玉海，李友巍．网络舆论风险评估体系探讨[J]．情报杂志，2010(6).

【作者简介】

姚曦，武汉大学新闻与传播学院教授、博士生导师、广告系主任，主要从事广告传播研究。

李春玲，武汉大学新闻与传播学院广告与媒介经济方向博士生。

网络舆论生态系统信息流动特征分析①

姚 曦 简予繁

正如马歇尔·麦克卢汉所言，“一种新的媒介一旦出现，无论它传递的是什么信息内容，这种媒介本身就会引起人类社会生活的变化，引起社会结构的变化”，互联网技术将人类传播活动推向一个前所未有的新纪元，改变了人类传统的信息传播方式。舆论作为一种传播活动，互联网为人类舆论活动创造了更快捷、迅速、互动的传播平台，并以最高效的方式将独立的个体传播活动集结成为一个相互联系、相互影响的整体系统。在网络舆论系统中，各个主体相互影响、相互作用，时刻地进行信息与能量交换，构成了一个完整的生态系统。② 网络舆论生态系统的信息流动是网络舆论生态系统的基础性研究，同时作为网络舆论生态系统运行基本机制之一，对网络舆论生态系统的调控与风险规避研究意义重大。

一、舆论生态系统的界定及构成

(一)舆论生态系统

要理解舆论生态系统首先必须弄清楚舆论的含义。法国思想家卢梭最早对舆论的一系列特征与作用进行了论证，并首次将“公众意见”引入对舆论的讨论，他认为公众意见是人们相同的意愿，以公众利益为依归。③ 我国早期研究舆论的学者刘建明在其著作中对舆论下了严格的定义，“舆论，是显示社会整体知觉和集体意识，具有权威性的多数人共同意见”④。徐向红认为“舆论是相当数量的个人、群体或组织对公共事务所发表的倾向一致的议论”，他通过对古今中外关于舆论的定义与看法进行了深刻的剖析并提出舆论有以下几个特征“舆论是多因素的复合体；社会在发展，认识在深化，舆论也在不断地变化当中”⑤；陈力丹教授认为“舆论这个词汇由‘公众+意见’构成，不论中外”，他还对构成舆论的基本条件作了明确的说明“一定范围内对某种舆论客体持某种意见的公众人数低于整体的1/3，由于无法对整体形成起码的精神压力，所以不能视为舆论……舆论的无形力量就在于它能够对舆论客体产生影响，如果这种舆论的自在社会功能几乎无法感觉到，那么所谓的‘舆论’便谈不上是一种舆论，而可能是一种想象的意见，或者只是闲话之类”⑥。以上学者对于舆论的认识，是基于舆论形成的条件与要素，即在一定时间段内，相当数量的公众对某个客体事件持有共同意见的集合。

随着舆论研究的发展，学者们意识到舆论的产生与变化是由于社会诸多因素的影响而

---

① 本文系教育部人文社会科学重点研究项目基地重大项目：“转型期我国网络舆论生态系统的风险评估与调适机制研究”(项目批准号：14JJD860007)中期研究成果之一。

② 王佳．网络舆论系统的构成与运行机制研究——基于生态学的视角[J]．新闻界，2012(5)：42-45.

③ 卢梭．社会契约论[M]．北京：商务印书馆，1963：17-21.

④ 刘建明．基础舆论学[M]．北京：北京大学出版社，1988：28-31.

⑤ 徐向红．现代舆论学[M]．北京：中国国际广播出版社，1991：33-34.

⑥ 陈力丹．关于舆论的基本理念[J]．新闻大学，2012.05：6-11.

致，越来越多的学者对于舆论的认识产生了变化，他们开始将舆论作为一个整体系统进行研究。比如徐向红提出："舆论是多因素的复合体，应该把舆论的各个因素看做是相互联系的、统一的整体，并把舆论置于更大的社会系统和意识体系中去考察。"①这是由于舆论产生与发展极大程度上受到客体事件与外部环境的影响，如同自然界生物生态系统，生物体内部之间及生物体与外部环境之间无时无刻不在进行着联系与能量的交换，生态系统生态学的系统论和整体论与舆论与其各个主体及外部环境的紧密关系完全相符。因此，我们从生态系统生态学的角度研究舆论活动是将舆论与其周围的环境视为系统与整体，只有通过系统论与整体论的角度对舆论活动进行研究才能科学地把握舆论运行的机制与规律。综上所述，舆论从本质上来说是一个生态系统，是公众诉求与公众意见在互联网中的全方位映射和多角度的重组。从生态学的角度，我们可以对舆论生态系统作如下定义：舆论生态系统是在一定的时间与空间范围内，以信息资源为核心，由信息主体各因素与环境各因素相互作用而形成的一个整体系统。

（二）舆论生态系统的构成

生态系统生态学认为，生态系统包含四大要素，即无机环境、生产者、消费者、分解者，生态系统生态学研究的是生物与其环境之间的物质循环和能量流动过程。那么，舆论生态系统就是由舆论环境与舆论主体相互作用、相互影响而构成的统一整体，其中包含三大子系统：第一是舆论客体子系统，即引发舆论的信息资源，舆论客体既可以是社会现实与社会现象也可以是社会重大变动与突发事件；第二是舆论主体子系统，舆论生态系统中的主体相对于生物生态系统更为丰富，由于舆论是人类的传播活动，任何人类传播活动都会受到规制的影响，因此网络舆论生态系统的主体除了生产者、消费者与分解者以外还应包含传播者与规制者，在舆论活动中，生产者、传播者、消费者、规制者与分解者的身份具有可互换性特征，生产舆论的人也可作为舆论的消费者与分解者；第三是舆论环境子系统，即影响舆论的存在与传播的所有条件的总和，包括技术硬环境及社会文化软环境。舆论生态系统的运行就是以上各个主体之间围绕着信息资源展开的信息流动与交换，彼此之间相互关系、相互作用、相互制约以保证系统内各项目标的实现而形成的生态系统运行机制。

二、舆论生态系统信息流动的基本含义

（一）舆论生态系统的信息流动

信息生态学认为，生态系统的运行是无机环境与生物体之间及生物体内借助物种流动、物质循环、能量流动、信息传递和价值流动等相互联系、相互制约，从而形成具有自调节功能的复合体。② 生态系统中信息的传递是生态系统的基本功能之一，也是进行生态系统调控的基础。舆论作为一个生态系统，同时作为人类的信息传播活动，信息流动是其最重要的运行机制。然而，舆论生态系统中信息流动有别于其他生物生态系统。第一，舆论生态系统中的信息概念区别于生物生态系统的信息概念，舆论生态系统中信息的含义比生物生态系统中信息的含义更为丰富与复杂，生物生态系统中的信息主要表现为"信号"，通常是生物体发生变化的表征，这样的"信号"连接生物生态系统各层级的物质流动与能量流动。而舆论是一定数量的公众意见，其外在表现就是信息，舆论生态系统中的信息，不仅作为主体与环境、主体之间相互联系以及相互作用的基本中介，还是物质与能量的外在形式。第二，舆论

① 徐向红．现代舆论学[M]．北京：中国国际广播出版社，1991：36-42.

② 牛翠娟，娄安如，孙儒泳．基础生态学(第2版)[M]．北京：高等教育出版社，2007：81-87.

生态系统的信息流动是在舆论生态系统中，舆论客体、舆论主体与舆论环境之间以及其内部，所有信息的产生、交换与流通过程。舆论生态系统的信息流动区别于生物生态系统信息流的特征是舆论生态系统的信息流动是物质流与能量流具体的外在表现形式，是舆论生态系统运行最基本以及最直观的过程，我们可以通过研究舆论生态系统中信息量的大小、信息表达的方式、各类信息流动的方向、生产及传递信息的主体及其作用、信息的特性等内容对网络舆论的形成、状态与发展规律、舆论主客体与环境之间的相互作用与关系进行准确地把握，从而使预防舆论危机的产生、调适舆论生态系统成为可能。

(二)舆论生态系统中各主体与信息流动的关系

舆论生态系统各主体对舆论生态系统的信息流动都具有一定影响。“舆论起始于社会变动，起始于新事实的出现，一旦历史出现新的转折或发生重大社会事件，同时就促成了舆论产生的前提。”(刘建明，1988)舆论生态系统中信息流动起始于舆论客体，即社会现实、社会现象、社会变动或重大突发事件，舆论生态系统的客体子系统是直接导致舆论生态系统信息流动的因素；信息生产者受到舆论客体的刺激，将来自于舆论客体的信息进行编码加工，通过媒介或传播者将加工过后的信息进行传播，在此过程中，信息的生产者与传播者对信息传播的内容与速度起关键性作用；而信息到达消费者后，经过消费者对信息的解码，信息被再传播或进入分解过程，消费者对于信息的接受程度决定了信息传播的效果，而消费者对信息的处理又决定了信息再传播的过程。信息通过消费者解码传播后，具有两种可能的流向，第一种流向是消散，信息被分解者所分解从而消散，第二种为反馈流向，即解码后的信息对信息生产者进行反馈，进入新的舆论生态系统中继续流动；而规制者的角色存在于所有信息流动的过程中，信息生产者受到客体刺激生产信息之时，规制者已在生产过程中产生作用，信息在经过传播者进行传播以及消费者接收和分解者分解信息的所有过程中，规制者都在其中扮演着引导与限制的角色，换言之，规制者对舆论生态系统的信息流动起到了非常重要的影响作用，其影响程度反过来依赖于舆论生态系统中其他主体状况。舆论生态系统受到技术硬环境与社会文化软环境所影响，这些环境对于舆论生态系统信息流动的决定性作用表现在以下两个方面。首先，技术硬环境影响舆论的形成与发展，并决定舆论生态系统中信息流动的速度、范围、方向、反馈机制的强弱。舆论必须由一定数量的公众意见构成，媒介作为公众形成、交换意见的介质与手段，其先进性就决定了信息流通速度的快慢、信息传播范围的宽窄并影响了舆论是否能够形成，以及舆论形成的速度与范围。

(三)传统舆论生态系统的信息流动

舆论归根结底是人类的一种信息传播活动，舆论的发展是遵循着人类传播发展的历程与规律并强烈地受到媒介技术因素的制约与影响。按照媒介技术的发展，人类传播可分为口语时代、文字传播时代、印刷传播时代、电子传播时代及网络传播时代。本文根据人类传播媒介每一次的进化与特点，将舆论生态系统的信息流动模式归纳为传统舆论生态系统信息流动模式，包括人际模式与大众媒介模式，以及网络舆论生态系统信息流动模式。网络媒介结合新媒介技术及传统媒介技术，在某种程度上，网络舆论生态系统的信息流动结合了传统舆论生态系统的人际模式与大众传播模式的特征，以高度互动化和强大的传播力颠覆传统舆论生态系统运行机制。因此，若要把握网络舆论生态系统信息流动的过程及特征，必须先了解在传统舆论生态系统中，信息流动的过程及特征。

1. 人际模式及特征

人际模式是大众传播媒介出现之前的舆论信息的传播模式，即依靠人与人之间的口口相传与文字书信往来，将舆论信息进行传播，具体使用的媒介是口语与文字媒介。舆论信息传播的人际模式自古有之，最常见的形式就是民歌、民谣，它反映的是公众对社会事件的评价与态度。舆论生态系统信息流动的人际模式是自然扩散的过程，绝大多数依靠的是舆论客体本身的波及力，它传播的过程如同石头落入水面时水波一圈一圈向外扩散，舆论客体事件涉关人群范围越大，信息流动的范围与影响就越大。在传统舆论生态系统信息流动的人际模式中，生产、传播、消费、分解等信息流动过程几乎同时进行，信息向外波及的过程中就包含着信息的生产、传播、消费与分解。鉴于口语与文字媒介的特点以及特定的社会环境，舆论生态系统信息流动人际模式有以下特点：第一，信息生产者、传播者与消费者界限模糊，在舆论人际传播模式中，信息的生产者往往也是信息的传播者与消费者。第二，信息流动的范围小，流动时间短、分解快，由于仅依靠口语与文字媒介进行信息的传播，信息流动的范围仅限于小群体内，当信息流动到其他群体时，客体事件已成为陈年旧事，人们对之或许已不再感兴趣。第三，规制作用弱，舆论信息只在小范围内流动，并且相当分散，规制者无法发挥规制作用。第四，反馈及时，信息的传播者与信息消费者相互之间互动性强使信息的穿透力很强。第五，舆论信息的理性程度较弱，一方面由于人际传播易产生群体极化行为，另一方面规制者很难发挥作用，导致舆论生态系统信息流动的人际模式使舆论信息的理性程度弱，较易产生信息的误传与扭曲(如图 1 所示)。

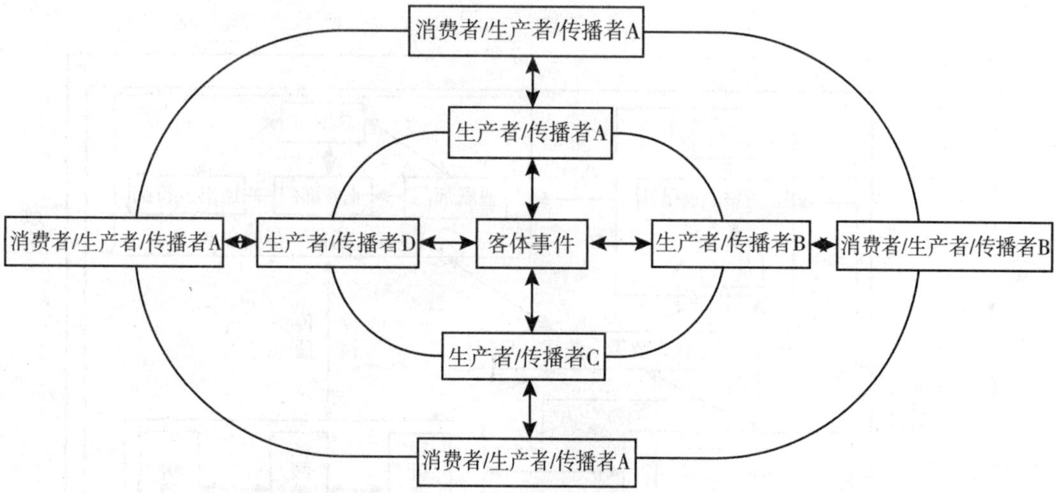

图 1　人际模式

2. 大众媒介模式及特征

我们所说的大众媒介，是指在一个国家或地区拥有大量受众、传播范围广、传播力强的传播媒介，主要是报纸、杂志、电视、电影、广播等媒介。舆论生态系统信息流动大众媒介模式就是舆论信息通过大众传播媒介在舆论生态系统的各个主体之间进行流动的模式。在生产者子系统中，主要有三种信息生产身份，即公众、记者站或通讯社以及外电，客体事件发生之后，可以由在场公众或者驻站记者或通讯社以及其他媒体采集事件信息，之后传递至信息的传播主体即大众媒体；在信息传播主体子系统中，一般的信息传播模式是由通联部门将事件信息首先进行处理，再发给业务部门进行编辑或加工，最后将信息内容刊登或播出，而总编室对子系统内部信息流动全程进行监控与把关；大众传播将加工过后的信息传达给数以万计的消费者，首先得到信息的消费者称为初级消费者，他们将信息传递给下一级的消费者即次级消费者，次级消费者又将信息不断地扩散，传播范围迅速扩大，其中意见领袖对信息内容的解读对下一级消费者接收与理解具有重要的影响作用，从而在消费者群体内部产生了不同的舆论类型；消费者子系统中的信息，一部分流入信息生产者与传播者子系统中，即对信息进行反馈，另一部分由信息的分解者即公知与媒体机构对信息进行分解，使信息不断弱化最终湮灭。在舆论生态系统信息流动大众媒介模式中，信息从产生到消亡主要存在6个流动过程，分别是刺激、生产、传播、规制、反馈与分解。这6个信息流动过程将传统舆论生态系统的客体子系统、主体子系统连接在一起，每一个信息流动过程代表两个主体之间相互作用的具体关系。大众模式的信息流动具有以下几个特征：第一，信息的"失真"。传统舆论生态系统中消费者接收到的信息具有"失真"的可能性，这是由于大众传媒议程设置作用所导致的，特别是对于某些与意识形态相关的客体事件信息，大众传媒强烈的受到方针、政策等规制的影响，对原本真实的信息进行设置与筛选，最终到达消费者的事件信息会在一定程度上失去其真实性。第二，反馈弱。由于大众媒介在传播过程中所存在的反馈速度缓慢、反馈间接，与受众互动的频率较低，使传统舆论生态系统各个主体间的信息流动单向性强，反馈机制非常弱。例如传播者与消费者之间的信息双向流动仅限于媒体机构所进行的零散的受众访谈或鉴于记者与少部分受众的接触经验或者读者、观众来信，其余的舆论主体间信息流动过程都是单向性的。第三，规制者作用强。我国的大众传媒是党宣的工具与手段，因此，在每一个信息流动的过程中，方针、政策、法律法规与自律等起到了强大的规制作用（如图2所示）。

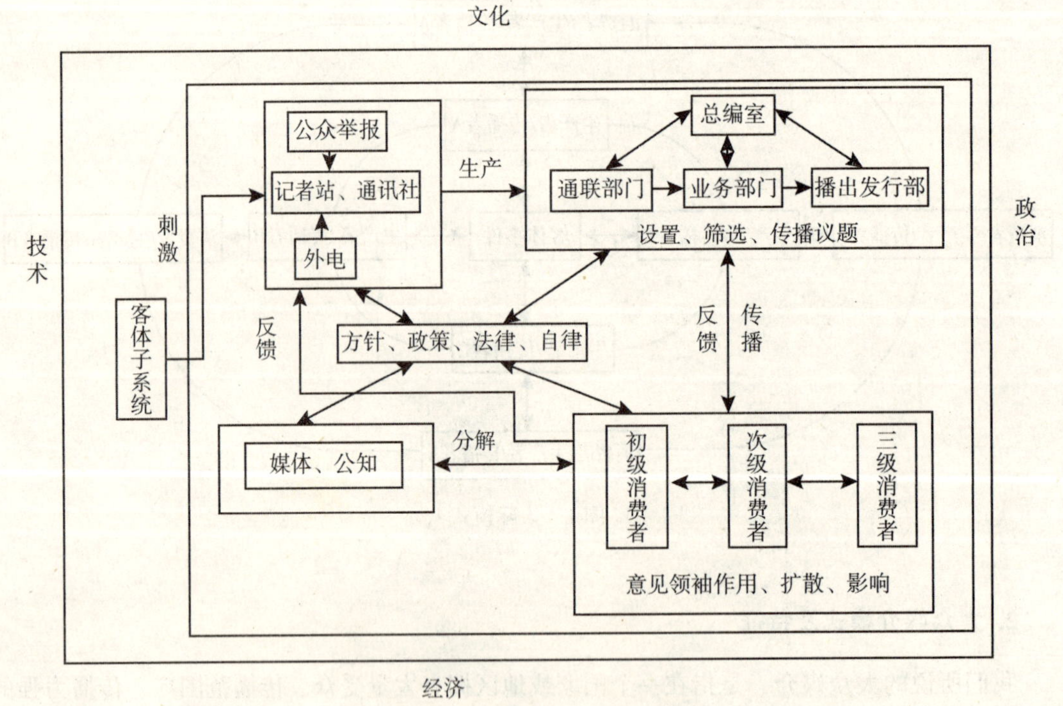

图2　大众媒介模式

三、网络舆论生态系统信息流动过程及特征

网络舆论生态系统的信息流动过程存在于网络舆论生态系统的各主体之间，受到外环境深刻的影响，其所具有的特征主要是由于网络舆论生态系统的构成要素、外环境特征以及各要素之间的相互关系、相互作用的特征而形成的。

（一）网络舆论生态系统外环境特征

网络舆论生态系统的外环境包括技术硬环境与社会文化软环境。网络舆论生态系统的技术硬环境主要是其传播媒介技术的特征。由于现代信息通信的发达以及传统媒介进行数字化改革，传统媒介已和网络媒介连为一体，因此网络舆论生态系统的信息传播媒介包含传统媒介以及网络媒介。具体来说，网络舆论传播媒介主要有网站，比如网络新闻网站、网络视频网站；社交媒体，比如微博、微信、论坛、贴吧；移动媒体，比如手机、平板电脑等；传统大众媒体，比如电视、广播、报纸以及它们在网络上的客户端、网站等。网络舆论生态系统的社会文化软环境包括网络时代舆论的社会经济文化环境的变化。

1. 网络舆论生态系统信息传播媒介的整合化

每一种网络媒体对舆论传播都有着极大的影响，网络新闻网站与视频网站不仅在第一时间将舆论客体事件信息进行传播，还提供给受众发表言论与看法的阵地；社交媒体的群体性与社交化使舆论信息大面积极速扩散，还给予有着相同意见与看法的受众聚集在一起进行讨论；移动媒体不仅使受众在任何时间、任何地点通过可视化的方式接收信息，同时可以将第一时间接触客体事件的受众将事件信息直接传播出去。传统大众媒体利用自身的网络平台与移动媒体平台，将线上线下的舆论信息相结合，让现实社会与网络虚拟社会连接为一个整体，线下舆论信息与线上信息相互影响、相互作用，使线下事件第一时间成为线上舆论热点，线上舆论常变为线下媒体新闻报道的题材，越来越难以区分传统舆论与网络舆论，例如2011年网络上曝光的“天价烟”事件与2012年陕西“表哥”事件，在成为网络舆论热点事件后，传统媒体不断跟进事件的进展，并进行深度报道，一时间成为全民皆知的舆论事件。网络媒体的传播速度快、传播范围广、传播力强、用户数量大、交互性与反馈机制强等特征，再加以最新出现的移动媒体具有的接收信息的移动化、即时化与可视化特征，并随着我国三网融合进程的加速将传统媒体与网络新媒体融合在一起，从外部环境与舆论主体构成到运行机制对传统舆论生态系统完全地颠覆。

2. 网络舆论生态系统外部环境的复杂多变

第一，网络媒体的普及极大程度满足了受众自由表达的欲望，使受众言论更加自由，为舆论的生长提供了肥沃的土壤，从而使网络舆论的环境较于传统舆论环境更为自由开放。第二，网络媒体的发展之时也是我国社会转型重要阶段，由于经济高速增长的同时拉大了贫富差距，许多网民因财富分配不均衡产生了极大的被剥削感，从而使社会整体心态严重失衡，“仇富”“仇官”心理在网络上不断蔓延，在传统舆论中不可能作为舆论客体的事件在网络舆论中成为舆论热点，例如“郭美美炫富”事件、“我爸是李刚”事件引起了全国人民的关注，在一段时间内产生舆论热潮。第三，随着我国政治体制改革的推进以及与世界文化的交流，公众的民主意识、权利意识不断提升，然而由于传统表达渠道的限制，使大多数民意表达转移到网络渠道，这就使网络舆论生态系统表现出前所未有的复杂与失调。网络媒介的特性结合网络舆论外部环境的转变使传统舆论生态系统构成主体与信息流动也发生了巨大的变化。

（二）网络舆论生态系统构成主体的特征

与传统舆论生态系统主体一样，网络舆论生态系统的主体包括生产者、传播者、消费者、规制者与分解者五个子系统。然而，与传统舆论生态系统主体的不同之处在于，网络舆论生态系统的五个主体子系统内部的构成要素更为丰富与繁杂，子系统内部构成要素的转变导致网络舆论生态系统运行机制有别于传统舆论生态系统。

1. 网络舆论生态系统生产者身份的双重性

从网络舆论生态系统信息传播角度进行研究，网络舆论生态系统的生产者是首先受到客体刺激将客体信息进行生产传播的人，其中就包括普通网民、网络媒体记者、传统媒体记者三种身份，最初直接接触舆论客体事件的网民将事件信息用自媒体进行传播，网络媒体记者与传统媒体记者在辨认信息真伪后进行下一级传播，这就使网络舆论生态系统中的生产者结合了传统舆论的人际传播与大众传播信息生产主体的双重身份，让客体信息的真实性与传播力大大提升。

2. 网络舆论生态系统的传播者身份的多元化

在网络舆论生态系统的传播者子系统中，存在着普通网民、网络舆论领袖、网络炒家或推手、网络媒体与传统媒体等多元化的传播者身份，普通网民通过移动媒体、社会化媒介与各种网络论坛对舆论信息与其他网民进行讨论与传播；而网络舆论领袖以公民立场或公共利益立场，在网络舆论事件信息传播过程当中议程设置上有极大的影响力。网络炒家或推手具有超强的操纵网络舆论能力，他们深谙网民心理与网络舆论传播规律，并结合广泛的网络资源制造出有争议或者吸引网民眼球的舆论议题，例如风靡网络的"贾君鹏，你妈喊你回家吃饭"事件就是由网络推手制造而成的舆论热点，网络炒家或推手角色的出现使网络舆论生态系统运行规律更难以掌控，容易使网络舆论生态系统陷入无序与混乱的状态。网络媒体与传统媒体遵循媒体报道规制并秉承着引导舆论的目的，对舆论信息重新编码重构再传播。

3. 网络舆论生态系统的消费者理性程度低

网络舆论生态系统的消费者即广大网民，网民与传统舆论生态系统的信息消费者对待舆论信息的心理与态度较为不同，传统舆论生态系统信息消费者极大程度上受到媒体舆论导向与议程设置的影响，接收到的舆论信息高度一致。而网络舆论生态系统中的消费者即网民，一方面网络舆论自由的环境与由于公共理性发育不成熟不相适应，另一方面由于网络推手利用自由传播来操作舆论，网民在面对这些纷复繁杂的舆论信息之时，具有极弱的辨识能力及较低的理性程度，这就使舆论信息更容易误传与失真，而网络舆论生态系统的规制者与分解者在此时扮演着极其重要的澄清谣言与引导正确的舆论信息角色。

4. 网络舆论生态系统的规制者与分解者责任重大

规制者子系统主要由相关权利组织构成，与传统舆论生态系统的规制者不同的是，其表现形式为"电子政府"。规制者对网络舆论有较强的影响力与规制力，但是在规制的同时也受到一些非理性的网民与网络炒家的抵制，而分解者在此时加强了规制者的影响力与引导舆论信息的能力，分解者主要由网络公知或者论坛管理员身份出现，他们最后将舆论信息分化或再生产，使舆论信息消散或流入至其他网络舆论生态系统中。

（三）网络舆论生态系统信息流动过程

网络舆论生态系统信息流动存在于舆论客体、信息生产者、传播者、消费者、规制者与分解者之间以及每个子系统内部。在传统生态系统中，尤其是信息流动的大众媒介传播模式，信息遵循从舆论客体子系统到生产者子系统，经过传播者子系统流向消费者流动规律。然而网络舆论生态系统中，每两个主体之间都存在直接的信息流动，舆论客体事件直接刺激舆论的传播者、消费者、规制者与分解者。并且，在每个信息主体子系统中，任何要素与子系统外的其他主体或要素之间信息流动同时存在直接的信息流动，比如在生产者子系统内部的网络媒体要素与消费者子系统直接存在信息流动。网民可以在网络媒体对于舆论事件报道中直接留言、评论，而在传统舆论生态系统中是难以实现直接信息流动的，信息生产者必须通过信息传播者才能将舆论信息传递至消费者子系统。网络舆论生态系统主体间信息的直接流向导致网络舆论生态系统信息扩散具有裂变性特征，在任何一个舆论主体发布舆论信息后，与其紧密相关的其他舆论主体对舆论信息进行再传播，以此类推，信息不断地裂变被传播。在网络舆论生态系统中，信息的生产、传播、消费、分解及反馈过程与传统舆论生态系统有较大差异。第一，网络舆论生态系统中，网络舆论生态系统的信息流动均为双向的，信息的反馈过程存在于任何两个主体之间。传统舆论生态系统由于媒体技术的局限，信息双向流动仅存在于规制者与各个主体间、传播者与消费者以及消费者与生产者之间。而随着移动媒体技术发展，信息反馈突破时间与空间的限制，并且随着社交媒体的兴盛，比如微博、微信等，提供即时性与异时性交流的双重功能，解除了受众“不在场”状态下主体之间的直接互动诸多因素的限制，使受众可近距离“触摸”舆论事件现场或者与舆论事件直接相关的主体，使网络舆论生态系统中任何主体“零距离”对话成为可能。因此，网络舆论生态系统各个主体之间的信息流动均为即时性双向流动。第二，信息的生产、传播、消费过程模糊。由于网络媒介突破时间与空间的限制，使信息消费者不必通过信息生产者与传播者，直接受到客体事件的刺激，将信息接收消化并传播。因而信息的生产、传播与消费已结为一体，同时进行(如图3所示)。

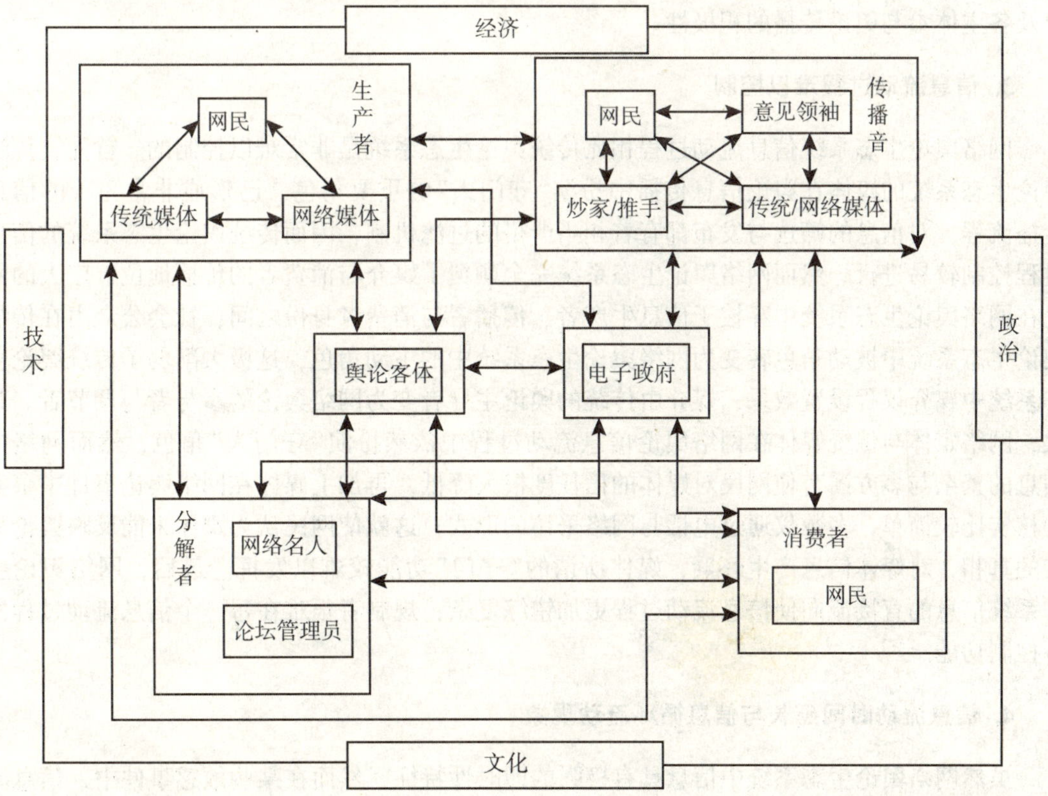

图3　网络舆论生态系统信息过程

(四)网络舆论生态系统信息流动特征

根据以上对网络舆论生态系统传播媒介、舆论环境、主体构成的分析，我们将网络舆论生态系统信息流动特征归纳为以下五点：信息流动范围广、速度快、双向性强；信息流动的即时化与可视化；信息流动过程难以控制；信息流动时间延长以及易形成信息循环流动现象；信息流动中各主体博弈关系明显。

1. 信息流动范围广、速度快、双向性强

网络媒介的高度普及加以传统媒介的网络化，使网络舆论生态系统的信息流动遍布整个社会当中，也使网络舆论生态系统相比传统舆论生态系统更为宏大，网络舆论信息传播的范

围也更加广泛。舆论信息在网络舆论生态系统主体间的直接流向就使信息流动速度极速加快，在传统舆论生态系统中，信息流至消费者少则数天，多则数年，而网络舆论生态系统的信息可在几秒钟之内传遍整个互联网，传达至数以千万计的网民。网络舆论生态系统结合了传统舆论生态系统信息传播的人际模式与大众媒介模式，信息的双向流动贯穿于整个网络舆论生态系统中，形成传统舆论生态系统难以企及的高强反馈机制，网络舆论生态系统信息流动双向性特征既有利也有弊，对于规制者而言，信息即时反馈有利于网络舆论实时监控；然而，信息双向性又容易引发群体集化行为的产生，尤其是在规制者反应过慢、应对不及时的情况之下，容易导致信息的以讹传讹，引发舆论生态系统失衡与崩溃。

2. 信息流动的即时化与可视化

移动媒体与多媒体技术使网络舆论生态系统信息流动具备即时化与可视化特征。信息流动可视化使信息的消费者对于舆论信息传播中处于任何状态，具有哪些舆论倾向都一目了然，信息声色具备特质使网络舆论传播力得以大幅度提升，并由此增加了舆论事件的关注度以及各主体参与舆论传播的积极性。

3. 信息流动过程难以控制

网络舆论生态系统信息流动过程相比传统舆论生态系统是非常难以控制的。首先，传统舆论生态系统的媒体在舆论信息传播中扮演“守门人”的重要角色，已形成非常完善的信息传播流程，对信息的筛选与发布都有着相当严格的过滤机制，因而传统舆论生态系统的信息过程控制较易进行。然而网络舆论生态系统完全颠覆了媒介与消费者的传播地位，广大的网民在网络舆论生态系统中穿梭于信息生产者、传播者与消费者身份之间，社会公众由在传统舆论生态系统中被动角色转变为网络舆论生态系统中的主动角色，这极大削弱了传统舆论生态系统中媒介议程设置效果，媒介由传统的舆论主导者变为网络舆论的参与者与调节者。其次，网络媒体与传统媒体在网络舆论信息流动过程中依然扮演“守门人”角色，然而网络中信息的繁杂与多方谣言使网民对媒体的信任度极大降低，再加上媒体在网络舆论事件中事实的核实比较简单，多数仅通过电话与网络采访的形式，这就使网民认为媒体未能反映舆论事实的真相，对媒体信息产生怀疑，媒体所谓的“守门”功能较难以发挥。最后，网络舆论生态系统信息的直接流向使信息流动过程更加错综复杂，规制者很难在每一个信息流动过程发挥控制功能。

4. 信息流动时间延长与信息循环流动现象

虽然网络舆论生态系统中信息具有极强的即时性特征，然而在某些敏感事件中，信息流动的时间较于传统舆论生态系统更长，并且会流入其他舆论事件的生态系统中，持续舆论事件的热度。例如“我爸是李刚”事件，网民将“我爸是李刚”制造成为网络流行句，在事件过后的很长一段时间内仍然穿梭于不同的舆论事件的生态系统中。网络舆论生态系统信息循环流动使不同时间段内的不同舆论事件生态系统联结为一体，形成多个舆论客体事件组成的网络舆论生态系统。

5. 信息流动中各主体博弈关系明显

传统舆论生态系统中媒体以其强势地位足以控制舆论信息消费者的行为。但由于网络舆论生态系统中主体的多元化并受到我国转型期间社会政治经济文化环境的影响，在网络舆论生态系统信息流动过程中，网民集体推动、网络舆论领袖崛起、网络舆论炒家兴风作浪、网络媒体与传统媒体联手从而导致网络舆论生态系统传播主体之间对立不断扩大，信息流动过程中产生非均衡的博弈关系。如若网络舆论生态系统中各主体的非均衡博弈关系发展到一定程度，会导致网络舆论生态系统整体失衡从而产生危机。

四、结语

网络舆论生态系统的运行机制是各子系统围绕着信息资源展开信息流动与交换，彼此之间相互交织、相互依存、相互制约以保证生态系统内各项任务得以实现的机制，因而网络舆论生态系统的信息流动研究是网络舆论生态系统运行机制的基础性研究，对此领域的研究引入了新思路与新框架，同时对网络舆论生态系统的危机预防与网络舆论生态系统调控研究提供参考依据。本研究提出网络舆论生态系统的信息流动与传统舆论生态系统有巨大区别，其特征是由于网络舆论生态系统的外环境、系统内各主体的特殊性所致，网络生态系统外环境与系统内主体对于网络舆论生态系统的信息流动起到决定性作用；这些系统内外的特殊因素使网络舆论生态系统的信息流动具有信息流动范围广、速度快、双向性强；信息流动的即时化与可视化；信息流动过程难以控制；信息流动时间延长与信息循环流动现象以及信息流动中各主体博弈关系明显五大特征。本研究对在此研究之后的关于网络舆论生态系统的相关研究具有关键性作用，研究者可参考本研究，对于网络舆论生态系统调控研究可根据外环境与各个主体对于网络生态系统运行的不同程度的作用进行衡量与测试，进行网络舆论生态系统的控制及风险规避研究。

【参考文献】

[1]卢梭. 社会契约论[M]. 北京：商务印书馆，1963：17-21.
[2]刘建明. 基础舆论学[M]北京：北京大学出版社，1988：28-31.
[3]徐向红. 现代舆论学[M]. 北京：中国国际广播出版社，1991：33-34.
[4]牛翠娟，娄安如，孙儒泳. 基础生态学(第2版)[M]. 北京：高等教育出版社，2007：81-87.
[5][美]伯纳多·A. 胡博曼著. 万维网的定律[M]. 李晓明，译. 北京：北京大学出版社，2009：15-19.
[6]金建方. 社会生态通论[M]. 天津：南开大学出版社，2011：85-92.
[7]陈力丹. 关于舆论的基本理念[J]. 新闻大学，2012(5)：6-11.
[8]王佳. 网络舆论系统的构成与运行机制研究——基于生态学的视角[J]. 新闻界，2012(5)：42-45.
[9]彭兰. 关于中国网络舆论发展中几组关系的思考[J]. 国际新闻界，2009(12)：75-79.
[10]潘祥辉. 从生态学视角解读西方政治传播的生态链[J]. 新闻界，2009，6(3)：56-58.
[11]李庆林. 网络舆情的发展阶段及其特点研究[J]. 编辑之友(传媒)，2014(11)：22-24.

【作者简介】

姚曦，武汉大学新闻与传播学院教授、博士生导师、广告系主任。

简予繁，武汉大学新闻与传播学院博士研究生。

中国网络舆论生态研究述评①

李斐飞　王　佳

一、网络舆论生态研究的价值与意义

(一)舆论学中平面化的“舆论”研究传统

西方舆论学研究始于18世纪，早期的舆论研究以让·雅克·卢梭和约翰·密尔为代表，他们高举“天赋人权”和“绝对理性”的哲学思辨的舆论观，研究目的在于推崇舆论的道德维系功能，呼吁“公众舆论”的社会立法。20世纪，西方现代舆论研究出现了理论转向，以沃尔特·李普曼为代表的美国传播学者主张实用主义的现代哲学观，在此关照下舆论研究出现了转型。在李普曼看来舆论研究的重点“不在于宣称公众自由言论的权力，而是在于研究大众传播媒介如何在舆论的形成中施加影响；不在于强调舆论崇高的社会立法和道德维系的地位，而在于通过对舆论的研究观察其日常的社会控制功能”②。因此在李普曼之后，舆论研究开始转向经验主义的研究范式，并形成了以集体行为和社会心理研究、态度和意见研究、政治行为研究与大众传播研究的多元并存的研究取向。西方舆论学的理论体系经历上百年的历史，形成了比较完备的舆论学理论体系，形成了以公共问题研究；意见、态度问题研究；媒体对舆论和决策的影响研究；舆论对媒体和决策的影响研究；决策对舆论的影响研究；意见测量研究六大部分的研究内容体系③。

我国舆论研究开始于20世纪初期，早期的新闻从业者和学者关注舆论的政治功用，1902年梁启超就在《舆论之母与舆论之仆》中将舆论界定为“寻常人的认识”，开启了中国舆论研究之先河。20世纪三四十年代，舆论研究的路径向更多元化的方向发展，借鉴社会学理论来研究舆论现象给舆论学研究开辟了新的领域，形成了社会舆论、政治舆论与新闻舆论研究并举的格局。新中国成立后，舆论一词作为宣传用语频繁使用，但舆论研究一度进入停滞状态。20世纪80年代中国社会经历了改革开放的剧烈社会转型，舆论研究重新繁荣起来。1988年中国人民大学出版社出版的《基础舆论学》，是我国第一部舆论学专著。由于我国舆论实践与西方的情况迥异，遇到的问题也有所不同，因此形成了我国舆论研究相对独立的体系和概念系统。除了舆论研究中最基本的理论关照，我国学者关注的舆论研究的目的在于舆论监督以及舆论控制。因此，提出了“舆论场”“正负向舆论”“舆论圈”“舆论波”“舆论惯性”等一系列的概念，形成了具有中国特色的“概念群”④。

虽然中西方学者的舆论研究关注的焦点有所不同，但共同点在于皆是以大众媒介环境下

---

① 本文系教育部人文社会科学重点研究基地重大项目：“转型期我国网络舆论生态系统的风险评估与调适机制研究”(项目批准号：14JJD860007)中期研究成果之一。

② 黄建新．近现代西方舆论观的嬗变[J]．复旦学报(社会科学版)，1995(3)．

③ 杜俊伟．系统舆论观：舆论研究的新思维[J]．新闻之窗，2009(2)．

④ 杜俊伟．系统舆论观：舆论研究的新思维[J]．新闻之窗，2009(2)．

的舆论现象作为研究对象。西方学者偏重对具体舆论要素的定量的测量和分析，因此也被称为“因素分析”。国内学者则更偏好舆论的功能和流程分析，着重于阐释舆论的发展过程要素，被称为“阶段分析”。但无论是要素分析还是阶段分析，传统的舆论研究皆倾向平面化、单一维度的研究视角。舆论中的要素要么被视为独立变量进行分析处理，要么被视为直线递进关系的多个变量，舆论发生的过程被处理为简单的封闭流程。这种研究对简化复杂现象，寻求纷繁复杂的舆论现象背后的内部结构具有一定的帮助。但是这种原子论的舆论观，也割裂了舆论要素以及舆论与外部环境中的共生关系，忽视了舆论发生过程中的复杂性和整体性。而正是这种传统理论视角的不足和缺失，使得舆论研究引入了生态学的研究范式。

(二)生态学视角下的舆论研究

20世纪下半叶，生态运动在世界范围内蓬勃发展推动了生态学的发展。生态学不仅仅停留在自然科学的研究领域，更渗透到人文科学领域成为一种独特的意识形态。布莱恩·巴克斯特在《生态主义导论》(*Ecologism: An Introduction*)中将生态主义比喻为人类意识形态天空中的一颗新星。生态主义作为一种意识形态，它所具有综合性和系统性的特点，能够更好地指导我们理解人类社会的复杂网络现象。20世纪60年代，北美传播学者麦克卢汉开启了媒介生态研究的先河，生态学作为一种看待世界的价值观系统，解决问题的方法论，被引进到社会传播系统和信息系统的研究领域，先后出现了媒介生态学和信息生态学两大分支。生态学作为一种新的理论框架和认识论为传播学研究、信息学研究的理论创新作出重要贡献。而作为传播学和信息科学研究中的重要领域之一——舆论学也逐步开始借鉴生态主义的思维与理论，发展出一种全新的研究路径——舆论生态研究。

我国舆论生态研究，起步于2000年以后。在CNKI数据库中，以篇名“舆论生态”，可以检索到的文献自2004年起始至2014年为止，共计119篇。从现有的文献来看，现阶段我国舆论生态研究的重点是将生态系统观引入舆论研究，以生态理论去阐释舆论系统的运行特点以及人类社会系统与舆论系统之间的共生互动关系。

1.“舆论生态”的概念演进

舆论生态研究的历史仅仅十余年，学者们对“舆论生态”研究中的核心基本概念的厘定成为目前舆论生态研究的最主要的部分。

早期学者对舆论生态的内涵界定并不明确，在研究“舆论现象”过程中，多采用打比喻的方法，将舆论比喻成人类社会中的一个环境系统。刘建明(1989)最早在《当代中国舆论形态》指出舆论生态是“各种舆论形成的人际环境和促进舆论有序发展的各种因素相互作用的状态”①。这种对舆论生态的简单描述，其边界十分模糊，并没有清晰界定出舆论生态中的基本要素和系统的构成结构，因此还不能称为舆论生态的概念。

2000年以后，一批学者开始有意识地借鉴“媒介生态学”和“信息生态学”中的理论范式，将“舆论生态”本身作为研究对象，试图建构出“舆论生态”的基础理论体系，学者就“舆论生态”的基本内涵展开了比较丰富的研究和讨论。施敏(2010)认为，“舆论生态”是“在一定的社会环境中，舆论各构成要素之间、舆论之间、舆论与外部环境之间关联互动而达到的结构状态。舆论各个构成要素因子、各类环境因子以及相互的关系都包含在舆论生态当中。”②辛飞(2010)在《舆论生态平衡论》中认为，“舆论生态是若干意见或一定群体聚集共议的意识回旋状态”，它并不是简单的意见的集合，而是公众的意见的一种有机的结合。舆论生态体系中包括各种舆论彼此之间以及舆论与社会环境之间的良性的互动。从社会生态学中

---

① 刘建明．当代中国舆论形态[M]．北京：中国人民大学出版社，1989：121-122.

② 施敏．微博对中国舆论生态的影响研究[D]．上海：上海交通大学，2010.

的平衡观来看，舆论生态是舆论彼此之间以及舆论与社会之间达到和谐的状态。

张杨璐(2007)在《网络舆论的勃兴与科学舆论生态的建构》中具体化了这种舆论生态的定义，将其界定为舆论在一定社会环境下生存和发展的状态，这种状态是信息环境和现实环境相互作用、相互协调而形成的“舆论内生态”，也就是在共时空的状态下，不同社会舆论由于配置与组合而产生的结构体系，不同的舆论形态在信息流动和物质流动中形成的互动关系，以及舆论在人类社会系统中的运动状态。这种“舆论生态”超越了简单的“舆论环境”所强调的“舆论总体”这种简单的舆论观，以及“舆论场”所强调的“时空环境”，它所包含的是各种舆论种群的舆论自系统与舆论外系统的综合，即“舆论生态系统”的整体，强调的是内系统以及外系统作为整体的相互依存的共生关系①。

由此可见，学界对舆论生态的认识是一个渐进的过程，学者们普遍认识到舆论生态是社会生态下的一个子系统，它是一个与社会生态系统之间存在着信息、物质、能量多元循环的开放的有机系统。从系统内部结构上来看，它具有独特的、动态的内部构成要素和构成结构。这样的一个有机的、动态的、开放的系统结构必然在多元互动中寻找平衡点。

2. 舆论生态系统的平衡观

生态学中重要的概念之一就是“生态平衡”。孙玉胜(2003)在《十年：从改变电视的语态开始》就提出了电视的舆论生态平衡问题。他认为电视舆论生态的平衡至少应该包括三层含义：一是“结构中的平衡”，即着眼于新闻生态场域的各个要素配置，形成一种总量的平衡，“不同选题内容在播出总量上既无不及也无过，是一种在调度中实现的控制的艺术。”二是“动态中的平衡”，基于社会生态场的宏观视野，电视生态必须与社会的变动、群众的期待以及观众接受中的心理形成动态平衡。三是“选择中的平衡”，节目是对事实的选择，这些事实与观点之间的关系体现了新闻选择的平衡。孙玉胜认为：“一个文明社会，包括发布舆论的媒体自身所需要的舆论生态环境，都应该是健康的、良性循环的、物种多样性保存良好的。这样的舆论环境才能为社会提供冷静的思考，提供思考的可能和选择的空间，而不是运用一种强权语言，罗织为自己观点服务的片段事实。”②肖怡(2006)在《传媒结构与舆论生态》中提出，中国社会结构在向着不断分化和多元化的方向发展，形成了多元化的利益群体，在政治和社会层面上的不同利益要求，也形成群体舆论的分散。而目前我国的传媒结构不同程度存在歧视，影响了舆论表达的多样性，出现了高度同质化的舆论传播。舆论传播的同质化将导致舆论传播的多样性的丧失，舆论生态的结构性失衡，舆论生态格局遭到严重破坏。③ 张扬璐(2007)认为，按舆论主体的差异，我国舆论生态中存在着政府舆论、公众舆论和媒介舆论三个大的种群，社会舆论保持平衡是社会信息流动在三个种群间，量、方向以及比重三者趋向合理的结果。信息是舆论生态中的主导性因素，信息流动受阻时，就会引发舆论生态系统的失衡。因此疏导信息流动，需要对社会舆论进行科学的管理和引导，人为地调节生态系统的结构和功能，才能实现社会效益的最大化。李平根(2007)在《从取消中医事件来看舆论的生态位现象》中借用生态学中的“生态位”(Ecological Niche)概念，来阐述舆论生态的平衡问题。李平根将“舆论的生态位现象”定义为：舆论的客体构成舆论的环境相对稳定，但在时空转换中，当舆论主体发现舆论客体的变化，并提出颠覆性的意见和看法时，因与主流的舆论存在着不同与差异，而占据了独有的舆论空间，而舆论生态系统的平衡是通过舆论生态位的互补来形成的。徐国源(2010)《构建电视舆论空间的生态平衡——兼评孙玉胜的舆论生态观》中认为社会生态平衡是“大系统”的平衡，新闻舆论是从属社会生态大系统

① 张杨璐．网络舆论的勃兴与科学舆论生态的建构[D]．广州：暨南大学，2007.

② 孙玉胜．十年：从改变电视的语态开始[M]．北京：三联出版社，2012：29-30.

③ 肖怡．传媒结构与舆论生态[J]．新闻与传播研究，2006(3).

中的子系统，新闻媒体所处“舆论中心”地位，必须维护社会生态平衡的“大局”，正确把握舆论基调，与其他社会子系统相互协调、共生互动。新闻传播在社会生态的关系，不是简单地“配合”关系，还有“舆论发动机”的职能，它必须随时关注政治、经济、文化中的“改革”因素，形成推动社会发展所需要的“舆论生态环境”。新闻传播应该积极呼应其他社会“生态场”变革，形成动态平衡，对社会发展有促进作用的建设性舆论。①

从以上学者的观点来看，舆论生态的平衡观存在着多维度、多层次的含义，舆论生态系统的平衡既包括系统内的要素间的平衡，也包括社会生态系统中舆论系统与其他子系统之间的平衡，既包括信息流、物质流、能量流的动态平衡，也包括舆论生态系统结构相对静态的平衡。舆论生态系统的平衡观是贯穿于舆论生态研究始终的一种价值取向。无论是系统间的平衡还是要素间的平衡，或动态的平衡、静态的平衡，它都由系统内要素的多样性，要素间以及系统间信息、能量、物质的自由流动以及系统的开放性和互动性来保障的。

3. 新媒体与舆论生态研究的爆发增长

“舆论生态”研究的爆发式增长的关键契机是以互联网为代表的新媒体的崛起。新的媒介形态对传统的媒体格局和舆论形态造成巨大冲击，传统舆论理论很难解释今天的舆论演化和舆论现象。学者们不约而同地选择了生态学的研究视角，试图阐释和解剖复杂的新媒介环境中的舆论现象，寻找舆论发展的新规律。

学者们普遍认为网络媒体对舆论生态系统的冲击是颠覆性的，新的媒介环境下舆论生态演化出新的结构与特征。张杨璐(2007)认为，信息技术作为舆论生态系统中的生态因子之一，对舆论生态具有重要的影响，新的信息技术改变了信息流通的方式，提升了信息流动的结构，为社会舆论提供了更广阔的发展，尤其是以网络媒体为介质的新媒体是社会舆论系统中的重要组成部分。网络信息技术的时效性、自由性、共享性，赋予网络舆论生态系统区别于传统的舆论生态系统的多元化的特征。罗忠政(2013)《多元舆论生态下的政府危机应对策略——以深圳5·26事件为例》认为传统舆论生态发生了变化，网络化为代表的传播技术催生了以多元化为特征的新型公共舆论生态，这种多元化的特点表现在传播媒介的多元化、传播主体的多元化和传播意图的多元化。而政府公共管理方式在新的舆论生态下需要把握其内在规律，在公关危机中，应该遵循主动告知、双向沟通、媒体议程设置引导的策略，增强政府与市民和媒体之间的互动互信，营造科学理性的社会氛围②。沈湘进和周园(2014)提出，新媒体信息技术的个性化特征，改变了传统的舆论生态，在网络舆论生态系统中，单一的意识形态逻辑让位于多元的草根化的公共权力逻辑。这种从一元走向多元的舆论生态变革已经对经典的传播学理论构成挑战。

网络舆论生态系统与传统舆论的区别是毋庸置疑的，但新的媒介变革带来了社会发展极大的不确定性，学者们对网络舆论生态系统的未来既充满憧憬也满怀疑虑。对于纷繁复杂的网络舆论生态现象，学者们有些持乐观的态度。他们认为网络让民众拥有了话语权，网络舆论生态系统的空前活跃和复杂多样可以给予社会各个阶层表达意见的空间，能够畅通“民意”表达的渠道，更加自由地反映公众的意见，改善传统媒体状态下的意见和信息上行受阻的舆论生态，更有利于舆论生态的平衡和健康发展(张杨璐，方雪琴)。同时，网络舆论生态系统的平等性也给政府和官方的舆论宣传提供了更为直接的方式，以前依靠媒介议程设置的舆论宣传路径变成直接在互联网平台的对话，政府的舆论引导的渠道更为丰富，也更加主动(施敏，2010；王婷，2013；梁芷铭，2014)。

---

① 徐国源．构建电视舆论空间的生态平衡——兼评孙玉胜的舆论生态观[J]．传媒，2010(4)．

② 罗忠政．多元舆论生态下的政府危机应对策略——以深圳5·26事件为例[J]．特区实践与理论，2013(5)．

当然，任何事物都具有两面性，伴随着中国社会的转型，网络舆论的勃兴也给社会舆论系统的健康发展带来新的挑战，一些不良的网络舆论现象也引起了学者们的忧虑。贾丽云(2011)在《我国舆论生态的失衡与调试——以互联网的兴起为背景》中既承认了网络舆论在舆论监督、公众意见表达和新闻真实性等方面发挥的积极作用，也对网络引发的虚假信息、有害信息、不安全信息、网络暴力以及网络舆论对司法公正性的消极影响等问题深感焦虑，并认为目前舆论生态失衡的危机呈现出新的特点，网络舆论生态问题已经威胁到整个舆论生态的平衡。在其看来，网络舆论失衡的原因包括社会利益分化、强势阶层话语垄断、民主平等意识薄弱、公众媒介素养偏低，以及法治缺失。颜陈(2013)认为，网络舆论生态深刻地改变着我国的舆论格局，但网络舆论的语言暴力、群体极化、网络围攻等不良行为，侵犯了公众的知情权，出现了大量的网络舆情危机，这些危机的集中表现为负面信息的传播过度、网络水军泛滥。网民的情绪易燃，舆情焦点多变。这些危机事件将加剧社会转型的矛盾，消解政府权威与公信力，破坏意识形态建构。张计友等人(2012)在《营造健康良性的网络舆论生态——网络公关传统与网络诚信建设》一文中也谈及非法网络公关传播对网络生态的损害。谭立鹏和刘峰(2014)在《新时期网络舆论生态构建的探索》中探讨了威胁社会和谐的网络舆论生态问题，如网络舆论的"把关人"力量的削弱；情绪型的舆论弥漫和理性公共话语空间的消失，以及操控网络舆论的危害。由此认为网络舆论生态处于失衡的状态，网络生态系统的健康受到了威胁。

4. 舆论生态研究之评析

综上所述，舆论生态研究是一种区别于传统舆论学研究的全新视角。它以生态主义的哲学观和方法论为指导，将舆论放入人类社会生态系统中去考察，不仅仅去研究舆论自系统的要素与结构，更关注舆论内系统与外系统的整体性、关联性和共生性。这种舆论研究的思维和方法给传统的舆论学发展注入了新的动力。尤其是在以网络为代表的新信息技术时代，技术变革背后更深层次的是时代精神的变革，生态主义与互联网精神的高度统一使得舆论生态研究比传统平面化的舆论研究更具有阐释力。

美国学者麦茜特认为"生态学的前提是自然界所有的东西联系在一起的。首先，生态系统强调自然界相互作用过程是第一位的。所有的部分都与其他部分及整体相互依赖相互作用。生态共同体的每一部分、每一小环境都与周围生态系统处于动态联系之中。处于任何一个特定的小环境的有机体，都影响和受影响于整个由有生命的和非生命环境组成的。作为一个自然哲学，生态学扎根于有机论——认为宇宙是有机的整体，它的生长发展在于其内部力量，它是结构和功能的统一整体。"①这与互联网技术背后所隐喻的平等的、多元的、相互联系的、整体的互联网哲学是高度统一的。其次，生态系统与网络社会在交往实践的互动性上不谋而合。生态主义与互联网哲学都体现了交往实践的互动性。交往实践的互动性是指主体之间通过接触、交往而产生的相互依赖、相互作用的关系。基于网络技术的人类社会，交往实践是一个以主体和客体为基本要素的动态的、多维的、非线性的复杂系统。人与人之间互为主客体、互为目的、互为手段的关系。主体双方都能够互相尊重、相互协调、共同行动、共同面对相应的客体世界。而生态系统中的实践主体(有机生物体)之间，实践主体与环境因素之间也是相互联系、相互作用和相互依赖的动态关系，生态系统中的各方需要共生发展，生态系统本身就是动态多元的复杂性网络。此外，网络精神与生态哲学在整体性观上的统一。在网络化的社会生活中，以往生活在各个具体社会环境中的各个主体在空间上的分离性被网络所克服，地球村的概念已经成为共识。不同地域、不同国家、不同时空的主体在网

---

① 卡洛琳·麦茜特．自然之死——妇女、生态和科学革命[M]．吴国胜，译．长春：吉林人民出版社，1999：110.

络交往实践的过程中整合成一个新的共同的秩序、新的格局。同样，在生态哲学中把世界看做是“人—社会—自然”复合生态系统。它是有机的整体，它包括人、动物、植物、微生物，以及各种环境因素。虽然，生物和生态系统有不同的组织层次，但不能割裂开来。在生态系统中，各个部分的价值在生态系统的层次表现出来，部分的性质由整体的动力决定，由于它们相互作用互补，整体大于各个部分之和。正如生态学家坦斯勒所言“我们对生态系统的基本看法是，必须从根本上认识到，有机体不能与他们的环境分开”。也就是说，生态系统概念从它的提出者开始，就是以它的整体性为特征表述的。生态系统中，没有单个独立的存在物。基于二者在哲学层面的高度统一，生态理论视角在解决网络舆论问题中具有较好的适切性。

我国学者不仅充分重视起网络化生存对舆论生态的颠覆式的变革，而且认识到了生态学理论在网络舆论研究中的重要性，因此未来网络舆论生态研究将成为舆论学发展的新的爆发点。

二、我国网络舆论生态研究述评

网络舆论生态研究是舆论研究中的新兴领域。以篇名“网络舆论生态”，或篇名“网络舆情生态”，作为搜索条件，在CNKI数据库中可获得47篇文献，最早的研究出现在2007年。这47篇文献虽然不能穷尽所有相关研究，但基本可以反映出目前我国网络舆论生态研究的基本水平和基本内容。

(一)网络舆论生态研究的现状

生态学视角下的网络舆论研究的重要发展契机是2011年。2011年10月《人民日报·新兴媒体》连续四期推出“聚焦网络舆论生态系列访谈”，这次访谈中邀请了政府官员、专家学者、业界人士和网民代表，来从不同角度剖析网络舆论的生态格局，寻找网络舆论良性发展的方法和途径。至此网络舆论的生态学研究正式进入到起步阶段(见表1)。

表1 **网络舆论生态研究的调查**

年度	2007	2008	2009	2010	2011	2012	2013	2014
发表篇数	1	0	2	7	3	7	8	20

在目前仅有的几十篇相关的文献中，绝大部分文献所定义的“网络舆论生态”仅仅停留在对网络媒体环境的比喻的层面，而非严格意义上的基于生态学理论的“网络舆论生态”。而严格采用生态学的理论或范式来进行网络舆论研究的部分文献，其关注的重点是“网络舆论生态”的基本内涵，以及“网络舆论生态系统”的构成要素分析、运行的机制分析。从研究的目的来看，对于“网络舆论生态”研究的主要出发点是基于解决在转型社会下网络舆论急速膨胀而带来的社会问题，防范网络舆论生态系统风险，“调试”和优化网络舆论生态是研究的最终目标指向。因此就目前来说，网络舆论生态研究的核心任务有四个方面：一是厘清网络舆论生态系统的基本内涵和构成要素；二是研究网络舆论生态系统的运行机制；三是建立一套完整科学的网络舆论生态系统风险评估的机制和体系；四是在此基础上，确定网络舆论生态系统的调试与优化方案。从整体状况来看，这四个亟待解决的核心问题中，网络舆论生态系统的基本内涵以及其构成的基本要素研究，是现有文献中最丰富的部分。少部分文献涉及网络舆论生态系统的运行机制和网络舆论生态系统的优化机制，但网络舆论生态系统的风险评估在现有的研究中尚未展开。

(二)网络舆论生态的基本内涵和构成要素

何为"网络舆论生态系统"？网络舆论生态系统的主要构成要素是什么？学者在回答以上问题时，其采用的理论视角具有十分多元化的特征。

第一种，是从媒介生态学的角度，将网络舆论生态系统视做大众媒介生态系统中的一部分。李勇和彭鹏(2010)在《社会转型期的中国网络舆论生态环境》中将网络舆论生态环境等同大众媒介生态环境，认为大众媒介生态环境区分为政治、经济、文化环境三个层面，认为网络媒体是在这三个环境层面共同作用下，占据了传媒竞争的优势地位。而中国网络舆论的彰显与社会转型期中国的政治环境、整体媒介环境和文化环境有很大的依存关系。中国政府的"民本位"执政理念的强化，给予公民通过网络舆论表达意见参与政治的土壤；传统媒体作为公共话语平台的功能的弱化，多元的媒介价值取向和分化促进了网络媒体公共空间的形成；文化环境中市民文化的崛起，文化冲突与人文精神缺失是网络舆论膨胀的文化因素。赵红艳(2014)在《基于生态位理论的网络舆论生成与防控机制研究》也认同网络舆论的生成与运行系统，即网络媒介系统。从这个角度出发，网络舆论生态系统，是由环境、资源、群体三个部分组成的。其中群体即主体，在网络舆论生态系统中，是热点事件中参与舆论生成与运行的媒介形态，如热点事件中的微博/博客、论坛、社交网站、及时通信和门户新闻皆为网络舆论系统中的主体。同时认为环境、资源、主体相互影响、相互渗透，构成了网络媒介生态系统的整体结构，也是网络舆论生态中的结构。

第二种，对于"网络舆论生态"的界定来自于"舆论生态"的概念。由此出发，高中建、胡玉婧(2014)将网络舆论生态的构成要素概括为舆论主体、舆论事件、舆论媒体和舆论信息。所谓舆论主体，是进行网络舆论活动的网民；舆论事件，是网络上发布的相关消息；舆论媒体，主要是指互联网领域的舆论媒体，包括网络新闻媒体也包括各种自媒体；舆论信息，是网民对某一事件的看法和意见的综合情况。他认为，网络舆论生态均衡化发展，主要是网络舆论生态系统内部各要素之间，以及各要素内部在信息传递过程中，形成一种平衡、有序的良性发展状态。这种网络舆论生态系统的构成以及生态系统平衡的条件，只考虑到舆论系统内部因子，而忽略了网络舆论系统外因子，割裂了网络舆论生态系统作为舆论子系统，以及社会子系统的共生、共进关系。

第三种，对网络舆论生态系统的解读来自信息生态学的视角，将网络舆论生态系统看做是信息生态系统的子系统。王建亚、宇文姝丽(2014)在《网络舆情生态系统的构成以及运行机制研究》中认为，网络舆论生态系统是网络环境下、特定的范围内，围绕某一个网络舆情事件，信息人、信息和信息环境组成的一种信息生态系统。其中网络舆情是公众对互联网上传播的热点和焦点所表现的具有一定影响力与倾向性的言论和观点。网络舆情的主体是参与网络热点事件开发、传播、评论、监督、管理与利用的具有主动性和自适应性的网络信息个体和组织。网络舆情环境是指对舆情主题起直接或间接影响作用的一切事物的总和，包括网络基础设施、信息技术、信息伦理、信息政策和法规等。网络舆情生态系统是由关键种群、管理种群、支持种群、寄生种群、信息传递和网络生态环境六个基本要素组成的一个有机的生态系统。网络舆情生态系统中的种群内部、种群之间以及种群和环境之间通过信息交流发生联系。关键种群是生态环境中的信息生产者和消费者，包括网络舆情事件的发起者、网络舆情事件中所涉及的个人或组织、引起参与的普通网民。管理种群，一方面他们监控和利用网络舆情为自己带来利益；另一方面他们可对其他种群提供高质量的信息。支持种群，是为其他种群提供信息发布、传播、组织、管理支持工作的种群，包括提供和传播各种网络舆情的载体平台和网络舆情监控系统。寄生种群，因为网络舆情生态系统的产生而存在，为了制造网络舆情而产生的群体，包括网络推手、网络水军、灌水公司、删帖公司、投票公司等。信息，是传递网络舆情生态系统中各要素围绕网络舆情事件发表言论和观点的符码。网络舆情生态系统环境，包括网络基础设施、信息技术、信息伦理、信息政策和法规等。它们既对生态系统中的信息主体提供支持，又对信息主体产生约束作用。

第四种，关于网络生态系统的界定来源于基础生态学的视野。杜萍(2012)在《我国网络舆论生态嬗变研究——以主体因子与环境因子的关系为视角》将网络舆论生态系统视为在结构、组成要素以及功能上与生态学上的“自然生态系统”具有较高相似性的网络社会中的子系统。网络生态系统主要由环境因子和主体因子构成，环境因子包括三个部分：第一，是以计算机等硬件设备为代表的物质基础环境；第二，是以社会冲突和摩擦带来的舆论资源环境。第三，是与网络舆论发展相关的社会环境。而主体因子是指通过网络发表意见、观点，产生舆论的舆论主体——人。王佳(2012)《网络舆论系统的构成与运行机制研究——基于生态学的视角》中认为网络舆论生态系统是一个以信息资源为核心，在一定的时间和空间范围内，由信息主体因素与环境因素构成的一个整体。信息资源与信息主体因素构成舆论微观生态；环境因素构成舆论宏观生态，是政治、经济、技术、文化等生态因子与舆论信息的相互制约与相互影响。这个整体具有相对稳定的大小和结构，信息生产者利用信息资源生产信息，传播者、消费者、分解者和规制者借助信息的传递、消耗和管制而相互联系、相互影响、相互依存，同时受到环境因素的制约，最终形成具有自我组织、调节和修复功能的复合体。

对于网络舆论生态的内涵及构成要素的相关研究，其理论的取向虽然有所差异。但是总体来看，学者们普遍认为网络舆论生态系统是人类社会生态系统的子系统，它既包括系统内因素也包括系统外的因素。网络舆论生态系统具有复杂性，但其中最重要的构成因素是网络舆论主体和网络舆论环境。

1. 网络舆论主体

网络舆论生态系统的主体是谁？高中建在《网络舆论生态失衡表现以及矫正》一文中认为“网络舆论主体就是进行网络舆论活动的网民”①。王佳(2012)认为网络舆论主体是所有的信息主体。杜萍(2012)则将其定义为所有参与网络舆论的组织或个人；赵红艳(2014)认为网络舆论的主体是热点事件中参与舆论生成与运行的媒介形态，如热点事件中的微博/博客、论坛、社交网站、及时通信和门户新闻；王军艳在《关系与冲突——论当前网络舆论的生态与功能》中综合了两种看法，认为网络舆论的主体包括两部分：第一部分是传统媒体的网站和商业网站；第二部分是普通的大众网民。

究竟谁才是网络舆论的主体呢？所谓“主体”，是实践活动的承担者。网络舆论的主体，即网络舆论活动的承担者，网络舆论主体处于网络社会关系和环境中，是不断发展变化的。在传统舆论研究中，最广泛意义上的“舆论”是指公众舆论(Public Opinion)，其主体是具有独立人格的、能动的个体，他们在社会中进行舆论表达和公共讨论。而新闻舆论或媒介舆论，是在“传播为社会之公器”的基础上，媒介报道中的“公众舆论”，其实践的主体是媒介自身。因此，对于网络舆论主体的界定中，赵红艳(2014)认为“热点事件中参与舆论生成与运行的媒介形态”为舆论主体，是基于传统的媒介舆论的概念的主体界定方法。而王军艳(2010)的网络舆论主体的两分法则综合了传统“舆论”的范畴，对网络舆论主体进行界定。

这两种舆论主体的定义在网络虚拟社会生态下是否适用呢？传统的舆论理论是否能够解释网络舆论主体的新的特征？答案显然是否定的，网络社会的出现，改变了传统的社会结构和社会生活范式。网络舆论的实践主体，与传统媒介生态下的舆论实践主体相比较来看，其范围更为广阔，行为更为复杂。大众媒介时代的媒介生态下，舆论的主体不包括政府、企业组织、非盈利组织。政府、企业、非盈利组织借助大众媒介来引导舆论走向，是舆论的引导

① 高中建. 网络舆论生态失衡表现及其矫正[J]. 公共治理，2014(5).

者而不是参与主体。这种对舆论主体的界定是基于传统大众媒介时代政治舆论中，公众与政府的二元思维，控制与反控制的逻辑出发点来设定的。在传统的大众媒介生态下，公众、组织、媒介、公众的信息流动关系如图1所示。

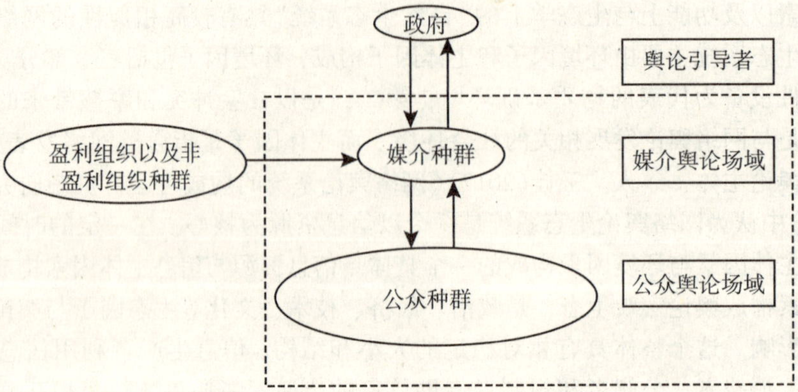

图1　传统舆论生态系统中的舆论互动结构模型

信息和意见的流动是不对等的，信息的流动有着明显的自上而下的特征，公众舆论场域的信息上行的通道并不通畅，因此无论是媒介舆论场域还是草根的民间舆论场域，都是相对封闭的自体系。

但在虚拟的网络社会中，传统的社会生态中的金字塔状的权利结构在虚拟社会呈现扁平化、网络化的特征，如图2所示。在社会意见气候形成的过程中，信息在多者之间的流动是趋向平等的复杂的博弈关系。具有独立人格的公民个体通过网络弱联结彼此作用，能量和信息通过网络传递放大，使得草根的民间舆论场域在互联网的虚拟社会系统中，有充分的流动势能。政府与公众、组织与公众、政府与媒体、组织与媒体、媒体与公众之间的关系不是传统的控制与反控制的关系，而是趋向平等的对话关系。因此在网络舆论主体不应该仅仅局限在传统的媒介组织和公众个体，网络舆论主体实际上是参与舆论的所有的人或组织。由于虚拟网络社会是一种复杂网络、动态网络，网络舆论主体之间的角色也是动态发展的，具有相互转化的特征。

网络舆论的主体就是网络舆论的所有参与者，正如王军艳(2010)所强调的，“任何人、任何组织或机构，只要上网说话，都可以视为网络舆论主体”。而舆论主体之间是互相共存的竞合关系，从生态学角色理论来看，网络舆论主体在舆论发展过程中，还扮演着不同的角色，而这种角色是互动和相互转换的。

2. 网络舆论生态环境

李勇(2010)认为，网络舆论生态系统受到政治、经济、文化环境三个层面的共同作用。王佳(2012)认为，网络舆论环境因素是舆论宏观生态，包括政治、经济、技术、文化等生态因子。网络舆论环境因素与舆论信息是互相制约、互相影响的共生关系。杜萍(2008)认为，网络舆论生态系统中的环境因子，包括物质基础环境、舆论资源环境以及社会环境三个部分。物质环境是指网络舆论生态赖以存在的硬件设备，它是网络舆论生成的物质基础；舆论资源则是指可以提供给舆论主体评说的事态、矛盾等；社会环境是与网络舆论发展有关的社会敏感因素。张杨璐(2010)提出网络舆论环境生态因子，是舆论群落(网络舆论主体)以外所有的环境要素，每一个具体的生态因子都与舆论相互作用，可以大致划分为政治、经济、科技、文化、社会心理、媒介性质等，这些外部环境要素与舆论生态系统间不是一种简单的线状结构，而是具有互动性的网状结构，外部环境为舆论的生存发展提供信息资源以及

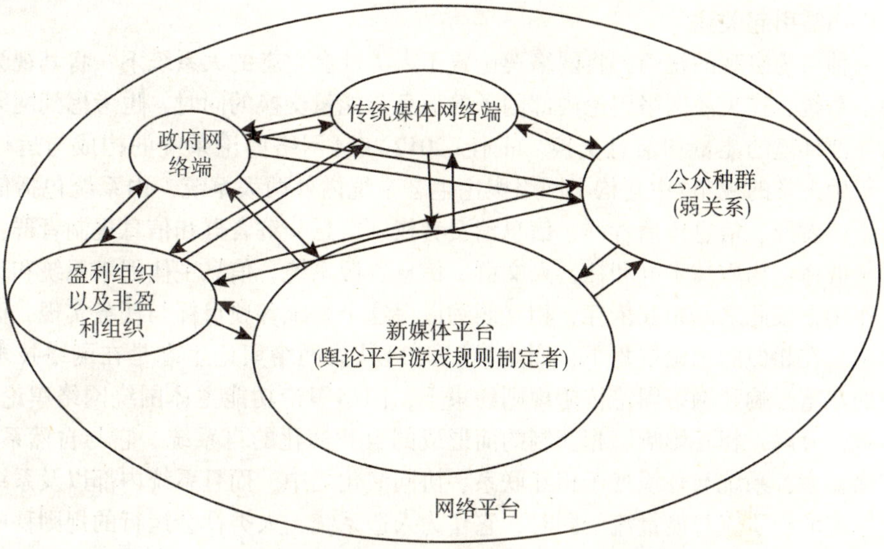

图2 虚拟网络社会中的舆论互动关系

空间；舆论又作用于环境，甚至引发社会环境的变化。

综合学者们的观点，网络舆论生态系统是人类社会生态系统中的一个环节，网络舆论生态系统的基本要素包括网络舆论主体以及网络舆论生态环境。但从现有文献来看，学者对于网络舆论生态系统的主体和环境因素的具体构成还没有达成一致的意见。这也是目前的相关研究最亟待解决的基础性问题之一。因为只有建立起比较科学的网络舆论生态系统的概念体系和要素体系，网络舆论生态系统中更加深层次的问题才有深入解决和研究的基础和依据，因此网络舆论生态系统的内涵以及其构成仍然是目前研究的首要任务之一。

3. 网络舆论生态系统运行机制

网络舆论生态系统的运行机制，是网络舆论生态研究中的重要的基础性研究，它是网络舆论生态系统主体因素与环境因素进行能量和信息交换的过程。由于学者的关注视角的差异，在解读这一问题时，有两种不同的诠释。

从微观的视角来看，网络舆论生态系统的运行机制，是考察网络舆论生态系统中主体间的信息与能量交换。王军艳(2010)认为，网络舆论是不同主体之间的竞合关系，多元主体生产出的网络言论构成了网络评论的总体景象——网络舆论的生态环境。在多元主体中，传统网站凭借权威性和公信力成为网络新闻的主要采集和发布者；商业网站，利用网络即时互动性，从时效性、深度性多方面进行新闻报道，是网络舆论的主流声音；而普通网民作为舆论主体因巨大的数量优势在社会公共事件的意见中扮演重要角色，以上三者构成了网络舆论中最重要的主体力量。赵红艳(2012)从生态位理论、种群理论出发，认为网络舆论生态运行是网络媒介系统内各个媒介形态基于各自生态位互动耦合的复杂过程。网络传播系统中各形态的媒介在生态位资源上存在着分离与互补，而网络舆论的生成资本是生态位分离与扩展。而在矛盾与冲突集中突现的热点事件中，网络媒体对有限资源的争夺会出现更为激烈的生态位重叠，竞争的结局是形成优势等级。热点事件中网络媒介形态的生态位高度重叠，各种形态种间，通过生态位互补进行互动耦合，减小生态位势，达到最小生境的相对平衡。王秋菊在《网络舆论生态系统的运行过程分析》中指出，网络舆论生态系统的运行过程受到很多因素的影响，根据新闻事件的首发位置可以分为两类：第一种是传统媒体的新闻发布是舆论的起点；第二种是网络中的自媒体成为舆论起点。两种不同的网络舆论生成模式中，搜索引擎对网络舆论的生成、发展壮大、消失都具有直接影响。因此在舆情爆发过程中，网络搜索引擎的作用需引起关注。

另外一种更为宏观的视角，将网络舆论置于人类社会生态的大系统下，将其视为人类生态系统的子系统，在关注网络舆论内部因子的信息与能量交换的同时，也考虑到网络舆论生态系统与外部环境的能量和信息交换。王佳(2012)在《网络舆论系统的构成与运行机制研究——基于生态学的视角》中建构了网络舆论生态系统内外两大系统，内系统包括信息资源群、信息生产者群、信息传播者群、信息消费者权、信息分解者群和信息规制者群；外系统包括两个子群体：物质技术群和社会人文群。信息资源系统、信息主体因素系统和环境因素系统相互作用，彼此之间相互依存、相互制约以保这个系统各项目标与任务实现，而形成生态运行机制。在相似的理论视角下，谢金林(2013)认为网络舆论生态是在网络技术环境与社会环境的双重影响和网络舆论传播规则约束下，网络舆论功能主体围绕网络舆论的生产、传播、消费、分解，相互影响、相互制约而形成的自我演化的自系统。它与自然系统一样，系统内部诸要素，系统与环境处于相互联系、协同演化之中，而且系统内部以及系统和环境之间有着稳定的物质流与能量流。同时，它作为人造系统，人类社会运行的规则秩序对其有着根本的影响。网络舆论生态系统是由网络舆论环境因子、主体因子和网络舆论规则三大部分组成的。①

从现有研究来看，此部分的研究还存在很多分歧和研究空白需要通过进一步的深入。这要求学者要确立一种立体的、多层次的、互动的网络舆论生态系统观，明确网络舆论生态系统作为人类社会子系统的有机共生关系。明确网络舆论生态系统是人类社会生态系统中的一个部分，其运行离不开其他子系统的能量和信息交换，同时也作用于人类社会生态系统中的其他子系统的运行，相互依存、相互联系。将网络舆论生态系统内部因素与人类社会生态环境相剥离，则无法全面展示其内部的信息与能量的流动和运行规律，因此在考察网络舆论生态系统的运行机制时应该选取立体的、多层次的、整体的视角。这种视角更符合生态学的整体观和互动共生观，这也是媒介生态学以及信息生态学中秉持的一贯的研究思路和方法论。

(三)网络舆论生态系统的优化和调试机制

方雪琴(2009)在《从邓玉娇免刑看我国舆论生态的优化》中提出舆论生态需要进一步优化，这亟须互联网这样的舆论平台也需要公民社会的成长和司法制度的独立。赵红艳(2014)基于网络舆论生态位理论，提出为了保持网络舆论生态系统的平衡，应对各个网络媒介形态进行优化调控，凸显其生态位优势，使其在网络舆论生态系统的舆论演变中发挥各自优势。王佳(2012)在《网络舆论系统的构成与运行机制研究——基于生态学的视角》中提出网络舆论生态系统的结构与功能优化机制，是网络舆论生态系统自身保持平衡的必要条件。优化机制来自于系统自身对舆论信息真实性、准确性与客观性的追求。而网络舆论生态系统的失衡往往是结构上不良变化造成的，网络舆论生态系统的平衡是网络舆论信息的生产、传播以及与外部环境之间的交流和联系达到稳定状态——舆论信息的消解与规制有条不紊地进行。网络舆论生态系统在确保舆论信息正常形成与传播的同时，也影响人类社会生态系统中其他子系统的健康发展，可以通过系统内部的协调与优化机制，使其促进其他子系统健康发展。在网络舆情的生产、形成、发展和消亡的四个阶段中，系统内的协调机制可以引导舆论信息的传递方向。作为信息规制者需要关注网络舆情发展，在必要的时候介入、引导或者干预舆论走向。

从现有的该领域的研究可以发现，网络舆论生态系统的优化机制的研究还非常空泛。造

① 谢金林．网络舆论生态系统内在机理以及其治理研究——以网络政治舆论为分析视角[J]．上海行政学院学报，2013(4)．

成这种状况的主要问题是网络舆论生态系统的优化和调试机制，是建立在网络舆论生态系统的风险预警机制的基础上的。目前的研究还未给予这一研究领域足够的重视，使得网络舆论生态优化机制的分析成为空中楼阁。

三、总结

从已有的文献分析来看，网络舆论生态研究，应该说还处于刚刚起步的阶段，很多冠以网络舆论生态的相关文献并非严格意义上的生态学视角的网络舆论研究。显然，在未来的研究当中，简单地将网络舆论比喻为一个生态系统的泛泛而谈已不合时宜。在这一领域中亟须学者真正将生态主义的哲学观、方法论以及生态理论引入网络舆论研究当中。学者需要确立一种整体的生态系统观，将网络舆论分析放置于人类社会生态系统的宏观视野中，将其视为人类社会生态系统有机体中的一个不可分割的部分，用全面的、系统的分析视角，考察网络舆论系统的现象和问题。而在此过程中，媒介生态学和信息生态学为其提供了一些比较成熟的经验和范式。

从现实需要出发，网络舆论生态研究的最急切的任务是建立一套科学的网络舆论生态系统理论体系。首先，网络舆论生态系统的基本概念体系和运行机制研究仍然是未来相当长时间需要深入研究取得共识的课题，它是网络舆论生态研究的基础性工作，而在运行机制研究中学者们应该认同平衡观并贯穿其中的核心。此外，网络舆论生态系统的风险评估体系的建立也是刻不容缓的，只有把握好网络舆论生态系统的风险特征，将其控制在一个可控的范围内，网络舆论才能对人类社会生态系统起到积极作用，否则网络舆论系统的风险会直接或间接作用于我们的社会生态系统，对社会的发展起破坏作用。当然，网络舆论生态系统的风险评估是一种预警机制，在发现问题后，如何调试网络舆论系统，如何优化这一生态系统，也是刻不容缓的课题之一。在此基础上，网络舆论生态研究未来的研究任重而道远。

【参考文献】

[1]李俊松，杨舟．基于网络公关视角下网络舆论生态环境的构建[J]．中外企业家，2011(7).

[2]黄建新．近现代西方舆论观的嬗变[J]．复旦大学报(社会科学版)，1995(3).

[3]杜俊伟．系统舆论观：舆论研究的新思维[J]．新闻之窗，2009(2).

[4]邵志择．传播范式与传播生态——评大卫·阿什德的《传播生态学》[J]．新闻记者，2003(12).

[5]谢金林．网络舆论生态系统内在机理以及其治理研究——以网络政治舆论为分析视角[J]．上海行政学院学报，2013(4).

[6]高中建．网络舆论生态失衡表现及其矫正[J]，公共治理，2014(5).

[7]刘远军．我国“媒介生态研究”述评[J]．长江大学学报，2007(3).

[8]邵培仁．媒介生态学研究的新视野——媒介作为绿色生态的研究[J]．徐州师范大学学报(哲学社会科学版)，2008(1).

[9]周庆山，李瀚瀛，朱建东．信息生态学研究的概况与术语界定初探[J]．图书与情报，2006(6).

[10]卡洛琳·麦茜特．自然之死——妇女、生态和科学革命[M] 吴国胜，译．长春：吉林人民出版社，1999.

[11]王佳．网络舆论系统的构成与运行机制研究——基于生态学的视角[J]．新闻界，2012(5).

[12]施敏．微博对中国舆论生态的影响研究[D]．上海：上海交通大学，2010.

[13]张杨璐．网络舆论的勃兴与科学舆论生态的建构[D]．广州：暨南大学，2007.
[14]Marshall McLuhan，Quentin Fiore. The Medium is the Massage：An Inventory of Effects[M]. Bantam Books/Random House，1967：26.
[15]Marshall McLuhan. Understanding Me：Lectures and Interviews[M]．IT Press，2004：271.

【作者简介】

李斐飞，武汉大学新闻传播学院广告与媒介经济方向博士生，华南师范大学教育信息技术学院新闻传播系讲师。

王佳，武汉大学新闻传播学院广告方向博士生，中国计量学院艺术与传播学院讲师。

下篇　中国媒体发展专题研究报告

2013—2014年中国城市社区报发展检视与反思

赵乐乐

一路摸索，一路坎坷之中，中国城市社区报实践探索已有十几个年头。2007年年初，《新民晚报·社区版》正式得到国家新闻出版总署获准出版发行之后，越来越多的报媒加入到社区报的创办行列中。2013—2014年，社区报的创办浪潮达到高峰。社区报这一报纸类型是否已顺利在本土扎根？社区报在发展中还存在什么样的问题？本文对近两年社区报发展现状与问题进行了回顾与分析，希望在对问题的反思中对社区报在本土情境下的发展有更多理性的思考。

一、我国城市社区报发展的最新进展与特点

第一，2013—2014年是我国城市社区报发展势头最猛、发展速度最快的一个时期。在短短一两年时间里，有多家传统报媒快速创办了多份社区报，颇具代表性的如《广州日报》和《北京青年报》。2013年广州日报传媒股份有限公司(粤传媒)出资480万元成立社区报有限公司。这是继上海新闻晨报社区传媒有限公司成立后的又一家专门的社区传媒公司。《广州日报》主要以中心城市之外的郊区、小城镇为目标，迅速展开社区报圈地运动，相继创办起十余份社区报。同年，北青传媒股份有限公司投资成立北青社区文化传媒(北京)有限责任公司，负责运营《北青社区报》。《北京青年报》以猛烈的势头集结资金、地域、人才、市场等优势，以北京城区的密集住宅区为目标，接连创办起二十余份社区报，速度令人瞠目。此外，已经创办有数份社区报的《珠江时报》《新闻晨报》《新民晚报》等报纸，继续以母报带子报的方式，扩大社区报版图。

第二，近两年，社区报的创办地域不再局限于少数经济发达地区，越来越多中西部省会城市和个别中等城市的报媒涉入社区报领域，并且逐步推进。济南同时有三家报业集团——大众日报报业集团、济南日报报业集团、鲁商传媒集团进军社区报市场。在武汉，湖北日报旗下《楚天都市报》在渐进开拓社区报市场，长江日报集团旗下《武汉晚报》也有所尝试。山西日报报业集团旗下《三晋都市报》分别在山西省内晋城、吕梁、大同、平遥等数个地级市创办了社区报。中等城市中，潍坊日报社旗下《潍坊晚报》积极联合城区宣传部和街道创办了系列社区报。

第三，新创社区报出资运作形式更加多元，除了传媒机构和政府机构是主要的出资方，一些商业组织如房地产商、物业公司、商业网站，以及少数非政府组织也参与出资办报。按出资情况大体可分成以下几类：第一类是传媒机构自筹资金办报，如《广州日报》系列社区报都是由广州日报传媒股份有限公司(粤传媒)出资，通过广告经营外包，广告费作为报纸运作资金的方式办报。第二类是政府机构，尤其多的是街镇层级的党政组织主要出资，比如《楚天都市报》所办的城区和街道社区报就是由相应的党政组织出资。第三类是由大型房地产开发商或有实力的物业公司参与出资办报。比如《重庆晨报·华宇社区报》就是由重庆华宇集团主要出资。《济南时报》与万怡物业公司共同出资创办了《济南时报·阳光100社区报》。第四类是社会组织参与出资办报。如《三晋都市报》与山西省社区文化促进会合作办

报。山西省社区文化促进会是山西省民政厅主管下的以促进社区文化发展为目标的自筹资金、自负盈亏的社会组织。该组织与《三晋都市报》各出一部分资金，共同创办了面向太原市居民社区的大社区报。目前社会组织参与创办社区报还比较少。第五类是多方混合出资办报，即由政府组织、商业组织、社会组织、报社等几方共同出资创办社区报。

第四，新一轮由大众传媒主导创办的社区报发展模式更多元，但多数仍采取了与政府合作的发展模式。新创社区报中，《广州日报·社区报》采取了城镇化与全市场化模式。社区报的办报地点都选择在广州市区以外的城镇，如大沥、清远、番禺、佛山等。报社通过在各地寻找实力广告商，将一定版面以固定金额售予广告商，将广告费作为维持报纸运作的主要费用，以此模式扩张社区报版图。《北青社区报》采取了人口片区化与市场化模式。社区报的办报地点在北京行政区范围内，但是并没有按照固有的行政区街的划分来办报，而是根据人口的聚集程度进行片区划分，城市发展新区如通州、顺义、大兴等单独成为一个片区；大型整体住宅社区如天通苑、回龙观、世纪城等自成一个片区；老城区的人口密集地如崇文门、什刹海、东直门等各自划分成一个片区。《郑州晚报》《三晋都市报》都是瞄准了细分市场后的空白点，《郑州晚报》重在网罗中小商家，在不同城区和所属县级市推出社区报。《三晋都市报》则选择了地市化发展道路，避开中心城市市场，开拓地方广告客户。总体上，大多数新创社区报仍沿袭了以往最常见的区街镇政府资助模式，也就是与愿意出资的区街镇进行合作，由他们提供全部或部分资金，由报社提供专业化内容、出版及发行服务，共同创办社区报。

综观国内社区报总体发展情况，从社区报拥有数量来看，上海、北京是社区报数量最多，城市覆盖范围最广，社区报最发达的城市。其次，部分省会城市如济南、合肥、武汉、郑州、南京等，以及少数经济发达的特大、大城市如深圳、佛山、温州、厦门等，拥有一定数量的社区报，其中，有的以城区社区报为主，但大多以街镇社区报为主；有的发展状态比较稳定，有的发展并不稳定，还处于萌生阶段。此外，一些报媒如《广州日报》《三晋都市报》《郑州晚报》以地县级城市为整体目标创办社区报，扩张势头渐盛。

二、近年我国城市社区报发展过程中的主要问题

(一) 受政策因素影响，社区报发展并不顺利

尽管近年来，社区报的办报呼声愈来愈高涨，办报步伐亦愈来愈快，但国家层面还未有明确的政策法规确立社区报的身份地位。2015 新年伊始就传来《广州日报》市外所办社区报普遍停刊的消息。据笔者向内部人士了解，停刊的主要原因是政策压力而非经营原因，《广州日报》是市管报纸不能跨市办报。目前报社正从上到下清理和整顿记者站，重新进行战略调整。我国报业一直实行“条块分割”，强调“归口管理”和“分级属地管理”。以往就有都市类报纸为扩大市场占有份额，在省内其他地市办报，但因地方对本地新闻资源和经济利益的保护，遭到驱逐。此次，《广州日报》以社区报之名异地办报受阻并不意外。现在各地出版发行的社区报大多没有合法身份。我国《报纸出版管理规定》第 32 条规定，一个国内统一连续出版物号只能对应出版一种报纸，不得用同一国内统一连续出版物号出版不同版本的报纸。而目前各报媒主要采用母报刊号出版系列社区子报。现在国家还未严格监管，但一旦严格要求按照第 32 条执行，社区报的发展会受到很大影响。

(二) 社区报创办仍然混乱，不少仍是有名无实

一直以来，我国都没有社区报这种报纸类型，但是经过这些年的实践探索，以及西方社区报经验的不断引入，学界和业界对社区报还是有一些简单的共识：社区报一定是面向特定

地域范围，且有别于党报和都市报的报纸类型。

虽然目前没有对社区报地域范围的科学界定，但是以整座大城市所有社区的家庭为读者目标、以任何社区的人与事为报道对象；或是以大城市较大区域社区的家庭为读者目标、较大区域居民社区的人与事为报道对象的报纸，是一种“泛社区报”的形态。“泛社区报”覆盖范围广，提供的是普遍化的新闻信息，虽然内容更为贴近，但实质上，它们是更民生化和生活化的都市报。《华西社区报》《三晋都市报·社区报》《郑州晚报·社区报》等新创社区报就是这样的报纸。另外，还有一些由报媒与区县党政部门合办的社区报，内容以政务新闻、区域建设、典型性报道为主，宣传色彩浓厚。比如《合肥晚报》与北城新区政府宣传部门合办的《北城新闻》，被定位为传播北城形象的区域报纸，其发行结构中，工厂企业占到48%，政府部门占到40%，城市居民仅占到8%。① 这样偏离社区和社区居民的报纸，变成了以宣传为主要目的的“小机关报”，它们与真正意义上的社区报有较大差异。

(三)报社与街道合作办报，权力关系不平等，新闻自主权受制

从我国实际出发，“街道”一级是比较适合容纳社区报发行范围的区域单位。现实环境决定了，在街道办报得到街道党政组织和上级宣传部门的认可与支持十分必要。目前，报社与街道党政组织合作办报是社区报发展的主流模式。通常，街道提供全部或部分办报经费，并在新闻来源、活动举办、发行等方面给予协助；报社提供刊号，负责社区报内容的生产、编辑、编排、印刷等新闻业务，以及广告经营业务。

由于报社与街道的立场不同，办报目标会存在一些差异。“报社的目的是通过社区报服务受众以赢得受众最后获得广告收益，街道办则将社区报作为创新和改进社会管理模式的新方法，视为宣传和服务街道党工委办事处中心工作的平台。”②报社希望能自主生产内容，选题、报道不受太多干涉；街道希望报纸作为宣传管理的工具最大限度地为我所用。双方对报纸定位不同，在报道主题、新闻选择等方面就会有分歧。然而在实际中，街道党政组织在社区权力结构中的地位决定了在合作关系中，街道处于主导地位，报社对街道资源的依赖决定了他们处于从属地位。协助街道做好他们需要的报道工作是报社首要的基础工作。为满足街道需要，社区报一般都留有专门的版面放置他们指定的内容。为维护合作关系，社区报上的内容都很和谐，报社会自动过滤掉负面报道和争议性话题。“因为与政府合作的‘先天性’，角色定位不是监督者而是建设者，社区报登负面新闻要慎之又慎。”③社区报缺乏深入的独立报道、缺乏舆论监督报道和公共议题讨论。

(四)社区报想要依靠广告生存依然困难重重

目前国内鲜见一家社区报能够完全依靠广告收入而生存。且不论那些依靠外部资金——政府组织、商业组织、社会组织全额资助或部分资助的报纸，他们本身就没有指望靠广告养活报纸。就完全市场化的报纸而言，可以看到，《北青社区报》是通过北青社区文化传媒有限公司的整体运营开展多种营销，比如通过成立众多社区驿站展开各种商业活动；通过报纸与微博、微信、APP的互动建立各种服务平台和广告促销平台，弥补单一报纸广告不足，维持报纸运作。《广州日报社区报》是在母报雄厚资金的支持下起步，它们走的是“小城镇报纸”路线。广东是全国第一经济大省，蝉联各省GDP排名第一多年，“小城镇”都是经济发

① 数据来源：饶伟.《合肥晚报》社区报研究［D］.合肥：安徽大学新闻传播学院，2014.

② 陈炜明.新媒体环境下我国社区报的困境与突围——以《海西晨报》社区报实践为例[J].新闻界，2014(14).

③ 王蓉，傅学德.都市社区报布局初探——以安徽省首家社区报布点规划及运作模式为例[J].新闻知识，2013(11).

达富裕之地，消费力高，广告市场发达。实践中，《广州日报社区报》是根据广告市场导向发展社区报的，然而报社高层也都意识到“广告外包保底”的模式并不稳定，一旦当地大广告商不接手，报纸就难以为继。

当前社区报想要依靠广告维持报纸运作困难重重。原因一是大多数城市社区发展水平不高，社区商业不繁荣，没有足够的广告市场。即使在社区商业比较繁荣，购买力强的北京，社区报上的社区商业广告也并不多，不足以支撑报纸运作。二是新媒体环境下，社区网站、社区论坛等各种社区网络媒体会分割走相当一部分社区广告市场，而且这个趋势还在加剧。三是根据西方国家的经验，分类广告是社区报最主要的广告类型，西方社区报普遍会刊载大量的分类广告，但是在中国尚未形成此模式。分类广告的特点是利润薄但客户众，寻找分类广告客户需要人力成本，这成为低投入社区报的拦路虎。另外，累积分类广告客户需要一个较长的过程，而大多数社区报耗不起这个时间。在广告收入难以维系社区报生存的现实情境下，中国社区报的商业模式该如何建立还需要深思。

三、中国式社区报反思

通过对近两年中国社区报现状描述与问题分析可以看到，本土社区报虽然呈现出发展之势，但实际上仍存在很多问题：“我国的社区报是理念尚未清晰、模式尚未确定、市场空间尚未操作化的‘类社区报’。”①

表面上看，本土社区报定义与西方社区报定义并无太大差别，事实上，本土定义就是根据西方的概念所做的。这些定义都把判定社区报的重要标准定为是否面向特定社区范围，是否具有服务性、增进社区归属感等社会功能。依据这样的判定标准，今天大多数城市社区报确是面向区街镇这样的特定地域范围覆盖发行，而且大多数社区报在某种程度和某些方面实现了一定的社会功能。可是，为什么我们的社区报相较西方社区报仍有很大差异呢？

社区报是立足于社区，服务于社区的报纸，然而社区不是一个简单的指称地域范围的概念，并不是面向一个一定平方公里被称为社区的地方发行的报纸就是社区报。如果忽略了对社区本质的认识，就会模糊对什么是真正社区的认识，进而对社区报该是什么样的报纸概念不清。社区的概念源自社会学，它的社会学意义就是它的本质意义。在社会学家们提出的种种社区定义中，大家形成了一些共识：①社区有一定的地域范围，但没有明确的、指定的地域边界或政治边界；②社区是一种自然的、自愿的集合，社区中的个体因为相互需求而发生互动，他们会为了某些共同利益和共同目标而自发形成集体行动，基于共同利益、社会互动和集体行动而容易形成社区认同；③社区是一个相对独立于国家的领域，国家权力虽然也对社区发展有所影响，但社区内部具有非官方的权力结构，居民对社区事务拥有发言权。②这些是对社区本质的理解，也就是对什么是真正的社区的认识。在西方，被称为社区的郊区城镇、族群居住区、小城市等，都是居民自然而居，具有高度自治的一定的地域范围。社区是社会的组成部分，它与国家相分离，具有相对的独立性。西方社区报的立场是社区的，它是为社区和社区人的利益而代言。在内容上，对社区重要的新闻，对社区人有用的信息，社区人自己的故事，才是社区报认为要刊登的。在功能上，社区报是社区的“看门狗”，是社区发展的“助推器”。

中国官方文件上城市社区是：“居住在一定地域范围内人们社会生活的共同体”，其范围被界定为：“一般是指经过社区体制改革后作了规模调整的居民委员会辖区。”③国家社区

① 王斌．中国社区报的现实需求与发展潜质[J]．新闻战线，2014(1)．

② 杨敏．中国社会转型过程中社区意涵之探讨[J]．武汉大学学报(哲学社会科学版)，2006(11)．

③ 文件来源：民政部关于在全国推进城市社区建设的意见〔2000(23)号〕．

建设主要指的是街道层级的社区的建设。大众对社区的认识主要有两种：一是行政区划范围如居委会辖区或街道辖区；二是生活空间，如封闭式小区或大型生活住宅区。当然，有的小区达到设居委会规模，它也对应为一个居委会社区；少数超大规模生活住宅区对应为一个街道层级社区。社区报创办者和研究者对社区的认识，更多是在寻找适合社区报内容覆盖和社区广告市场的范围，一座城市、一个城区、大型楼盘、街道、密集小区群，都可以被他们视为社区。上述被称做社区的地方，没有一个是能与国家相分离，具有相对独立性的自治的地理区域。相较而言，新型商品住宅社区，居民以房屋私有产权为纽带，共有和共享居住环境与设施，有相对一致的利益与需求，业主自治组织——业委会可能发挥一定的作用。这类社区具备了社区的一些本质特征，因此在这些地方，业主网络论坛、小区 QQ 群较为发达，居民自主参与比较高。

再审视中国社区报普遍创办的地方，以城市街道为例，街道是一个行政区划概念，一个街道辖区包含了若干个居委会社区，辖区内可能有高端小区，可能有危房改造区，居民构成复杂，经济社会地位差距大，利益和需求各不相同。强行把这样的行政区划范围视为一个社区，在这样不具社区实质的地域创办社区报，难免问题一箩筐。

西方社区报最重要的特征是，报纸的立场是社区的，它是社区和社区居民的代言人。就我国的实际情况，很难说我们的社区报是社区和社区居民的代言人。从办报主体来看，大众传媒是办报主体之一，记者可能更注重微观层次的社区新闻信息的挖掘，但是他们并不生活在社区，并非社区的一份子，他们“最大问题是新闻理念和模式沿袭传统媒体的运作逻辑，由媒体人员进行内容生产、编辑，对社区居民的参与性和协作性对接不够”。① 另外，因为与党政组织或商业组织合作，大众媒体会自觉维护他们的利益，避免批评性、监督性报道。在面对利益冲突，面对社区居民最关心的、最直接的、最现实的利益问题时，他们往往避而不谈，难以做到为社区和社区居民代言。区街镇党政组织也是办报主体之一，但他们是以管理者的身份和管理工作需要办报。以他们的立场，社区党务政务工作和社区建设成就是重点新闻，让居民了解社区管理者的工作，认同他们的工作，便于他们开展工作是主要目的。在这样的目的下，社区报的立场是社区管理者的而非社区居民的。房地产开发商、物业公司这样的商业组织追求的是经济效益，他们更不可能是社区和社区人的代言人。眼下，在商业住宅小区，业主委员会算是全体业主真正的权益代言人，在社区权力结构中尚可占有一席之地。但是，全国范围内，业委会的成立比例都比较低，大多数业委会在行为规范方面欠缺，力量和作用还比较小，他们也基本没有参与社区报内容生产。由于社区自治组织和社区居民的严重缺位，本土社区报缺乏立足于社区本身和社区居民需求之上的应有功能。

反思中国式社区报，我们认为社区报的创办不能盲目和随意，必须要考虑到社区的本质特征，社区不是随意的圈地。在国家推动社区建设并且进一步推动社区作为社会成长力量的背景下，社区报要立足社区，淡化小机关报、小都市报、商业广告纸的功能，更多的代表社区和社区人的利益，促进社区作为社会自我支持结构空间的发展，在推动政府与社会合作治理社区方面发挥出更大的作用。

【作者简介】

赵乐乐，太原中北大学新闻传播系教师，武汉大学新闻与传播学院 2012 级博士生，研究方向为媒介发展。

① 王斌．中国社区报的现实需求与发展潜质[J]．新闻战线，2014(1)．

我国真人秀价值链研究

刘 娜 陈 洁

随着越来越多的省级卫视制作播出真人秀节目，我国的电视屏幕上开始充斥着各种真人秀节目。这些节目不仅占据着周末的黄金时段，有的甚至还延伸到日常时段。大量真人秀节目的涌现使电视节目市场的竞争变得更加激烈。如何创造和保持竞争优势开始成为各大真人秀节目制作者思考的首要问题。运用价值链理论能够较好地研究产品的竞争优势，因此将价值链理论引入真人秀节目的研究中，对我们思考如何提高真人秀节目的竞争力具有一定意义。

一、价值链理论及其应用

1985 年，哈佛大学迈克尔·波特在他所著的《竞争优势》一书中首先提出了价值链的说法，这一理念最早是在制造业中得到广泛应用的，波特认为价值链是一系列连续完成活动，是原料向产品转化，并在转化过程中不断增值的过程①。

此后价值链理论继续发展，新的价值链观点认为，价值链是一些群体共同工作的一系列工艺过程，以某一方式不断地创新，为顾客创造价值。这一理论指出，一个企业要想长久的发展下去，不能仅仅将目光注目于增加价值，而是要重新创造价值。在这一系统中，不同的经济活动单元，如供应商、企业合作者和顾客，通过协作共同创造价值，这一价值此时也就不再受限于产品本身的物质转换了。

在企业的经济活动中，随处都可以看到价值链的存在。比如上下游关联的企业与企业之间存在行业价值链，企业内部各业务单元的联系构成了企业的价值链，企业内部各业务单元之间也存在着价值链联结。价值链上的每项活动、活动的完成程度，与一个企业最终在经济活动中能够获取多大的利益是息息相关的。因而企业间的竞争并不是经济活动中某个环节的竞争，而是整个价值链的竞争，价值链有多大的竞争力，也就意味着企业有多大的竞争力。在经济学中，产品的价值链条越长，拉动的相关产业越多，创造出的社会财富也就越多。

电视产业是一个集电视节目生产、研发、流通、传输、终端服务为一体的产业的集合，在这个过程中有许多企业相互依存、互相作用，共同构成了电视节目的产业市场，从而可以不断生产衍生品，实现节目的增值。对电视媒体来说，它是政治、经济、文化和技术综合作用的产物，其价值构成不同于一般的物质产品，但它仍有着自己的价值链，需要通过盈利使自身不断发展。电视媒体生产的是文化产品，通过传播这些文化产品来满足人们的观看需求，同时电视媒体也需要获得盈利，从而实现文化产品传播中的价值补偿。如何在运营中获得盈利价值，让盈利最大化是电视产业需要思考的问题。

真人秀节目是目前我国电视节目产业中发展劲头十足的一种节目类型。在全球资讯快速流通的大背景下，真人秀浪潮也迅速在中国掀起了波浪，不少真人秀节目已经从地方制作发展到中央制作，已经从零零星星逐渐形成燎原之势。尽管真人秀节目存在着些许不足，但毫

---

① 迈克尔. 波特. 竞争优势[M]. 李明轩，邱如美，译. 天下远见出版公司，1985.

无疑问的是它们一般都能获得较高的商业效益。

二、真人秀节目中价值链分析

从真人秀制作播出的流程来看，传统真人秀的价值链包括四个环节：创意和制作、播出、市场营销和衍生经营。目前国内电视节目的创意策划方法比较简单，主要有两种形式：第一是节目制作者根据感性的经验进行设计，第二是邀请一些行业内的专家学者进行短暂的“头脑风暴”。第一种方式大多来自实践中的经验，具有可行性高，见效快的优点，而第二种方式因为有专家学者的参与，因而会具有一定的专业性和前瞻性。但是如果仅仅采用第一种方式进行节目的创意制作，可能就会落入俗套，难以实现节目创新。仅仅采用第二种方式也会由于部分专家学者实践经验的不丰富，产生一些操作性不强，难以实践的创意。

因此在真人秀的创意和制作环节，前期需要进行一些调查，了解市场需求，从而能够策划出满足观众口味的真人秀节目。就真人秀的创意来说，也有几个基本原则，包括娱乐性、真人性、完整性和新颖性①。在节目中真实呈现人物形象，同时敢于突破传统节目模式，这样的真人秀节目才能够引起更多的关注。

在我国，真人秀的播出平台主要是中央和地方各级电视台。然而随着新媒体的发展，越来越多的视频网站也开始成为真人秀节目的播出平台。这些视频网站与电视台或者节目制作公司合作，一方面扩展了真人秀节目的播出渠道，另一方面也能够增加自己的网站影响力。除了转播电视真人秀节目之外，一些视频网站也开始自己制作播放真人秀节目。

真人秀节目的营销环节可以分成四个部分：市场推广、广告经营、版权销售及品牌的维护和延伸。

1. 市场推广

注意力是媒介经济中最大的核心价值，每天电视中播出的节目数以百计，因此真人秀节目要想在这之中被发现、被关注，就必须要进行节目推广。比如如今很多真人秀节目开通了专门运营的官方微博，及时在上面发布关于节目的各种相关消息，进行节目内容的推广。

2. 广告经营

广告销售是媒体的二次销售，对真人秀节目来说也需要进行广告经营，传统形式主要是冠名和插片两种方式。前者是在电视节目的名称前面加上广告客户或商品的名称，后者是在节目中插播商品广告。如今越来越多的真人秀节目也开始采用植入广告，如《爸爸去哪儿》节目中，对明星爸爸做饭时使用的食用油进行特写就是植入广告的一种形式。

3. 版权销售

真人秀是电视节目中少有的具有国际交易可能性的节目。通过节目版权专利的销售，将他国真人秀节目的游戏规则、模型设计进行本土化改造，借助已经成熟的节目模式制作出全新的真人秀节目。从2013年起，中国各卫视开始引进国外的节目模式，欧美排名前十的综艺节目已经全部被中国电视机构购买了版权，进行了本土化制作。

4. 品牌的维护和延伸

创建一个真人秀节目品牌后，并不意味着节目品牌经营的结束，而是一个新的开始。一个成熟的真人秀品牌能够保持节目的稳定性，节约节目成本，同时还能拥有一批忠诚度高的

---

① 尹鸿，冉儒学，陆虹．娱乐旋风——认识电视真人秀[M]．北京：中国广播电视出版社，2006.

观众，提高节目在观众、广告商和购买方的美誉度。比如最早的真人秀节目《老大哥》已经成为室内真人秀节目的经典模式。在打造出节目品牌后，还可以进行真人秀品牌的三次售卖，就是利用节目品牌资源挖掘更大的市场价值，形成无限延伸的市场价值链，带动更多的价值创造①。在电视节目中，三次售卖主要是通过受众参与节目实现的，比如通过短信与节目互动。

在真人秀节目的制作播出之外，真人秀节目的产业链还包括衍生经营，即与真人秀相关副产品的开发，主要有以下几种形式：

1. 真人秀基本衍生产品

虽然由于新闻媒体的冲击，出版业和 DVD 市场近年来的发展并不顺畅，但仍然有不少真人秀节目与其进行合作。因为它们拥有与电视市场不同的受众群体，通过将节目制作成 DVD 或是出版图书，都能够让电视节目的影响力扩大，获得更多的附加收益。

2. 真人秀参与者的明星化

真人秀节目的参与者和节目之间是一种相互依存的平衡关系，参与者的成名依托于适合自己的节目，而节目的成功又与这些富有个性的参与者密不可分。比如《爸爸去哪儿》第一季的参与者张亮，在节目播出后，情商高、厨艺佳的他很快成功许多观众心中的“男神”。《爸爸去哪儿》因为他获得了更多的关注者，而他也因为这一电视节目获得了更多的演艺机会。在节目之外，他也涉足了影视、歌曲和主持方面，都获得了不俗的成绩。

3. 真人秀相关大型活动

在真人秀节目获得成功后，很多电视台或节目制作公司就会单独设置一个活动部门来进行节目的业务拓展，从而活动冠名、广告费用、场地租用和门票都能够成为新的收入来源。节目制作方拥有节目品牌的使用权，从而能够借助这一品牌力打造活动，吸引赞助商、广告商和消费者的注意力。比如《中国好声音》在节目结束后，举办的全国巡回演唱会。

4. 真人秀的艺人经济

真人秀节目能够尽可能地拉大电视节目的产业链，这一类节目，从一开始就有着娱乐明星的基因，依托真人秀节目出来的明星艺人，能把电视节目与音乐、电视剧、电影等行业紧密结合在一起。比如 2006 年起，拥有《超级女声》这批平民偶像的天娱公司就希望走出一条电视节目的品牌之路，以节目内容的研制开发和节目品牌的使用权，换取电视台的频道资源，并通过整合营销将品牌影响力最大化。同时在品牌运营及艺人经纪业务的开发中获得收入，在艺人合约、唱片、图书、网络，甚至服装及卡通饰品等产业链各个环节都希望有所斩获。

《美国偶像》是通过电视节目产业链实现增值的一个成功例子，一共有 19 家娱乐公司对其进行运作管理。这些娱乐公司看准了真人秀衍生品这一市场，与 Fremantle 进行合作，将节目品牌的 1/3 收益划给它们，由其进行节目的制作运营。事实证明，Fremantle 在节目运营上具有极高的能力。在 2008 年赛季，《美国偶像》每分钟的广告价格高达 150 万美元，决赛时则达到了近 300 万美元。《美国偶像》所售出的版权每年能带来 2.5 亿美元左右的收入。苹果公司、可口可乐、福特和 AT&T 公司都曾先后冠名，仅这一项，《美国偶像》就获得了 8 亿美元的收入。除此之外，《美国偶像》的衍生品也获得了巨大收益。参赛选手录制的唱片

① 姜虹，陈雪冰．媒介营销中的“三次售卖理论”及应用分析[J]．商业文化（学术版），2008(12)：95.

创造了 6 亿美元的销售额，每场演唱会的收入也多达 3000 万美元。

三、我国真人秀价值链存在的问题

从上述例子可以看到，电视节目产业链越长，越能整合资源实现更大的附加值，因此对我国的真人秀节目发展来说，就要加大节目的研发和衍生品的开发，最终实现节目附加值的增值，获得最大的收益。但由于我国的大多数电视节目的制作和交易都是在广电系统内部完成的，与国际市场相比，尚且没有构成完整的电视节目产业链，因此还存在一些问题，比较难转化为具有竞争力的文化产品。

从创意制作环节上看，我国的真人秀节目模仿现象十分严重，节目缺乏创新，同质化节目多。不少真人秀节目本身就是模仿欧美的产物，而这个模仿的产物现在又被不断地复制，最后只能导致资源的浪费与观众的视觉疲倦。不少原本很真实、很生活化的东西开始变得矫揉造作。比如在《超级女声》获得成功后，广电总局批准制作的类“超女”节目达到了二十多个，面对观众对此类节目的审美疲劳，它们都没能获得如“超女”一样的成功。

在面对节目创新时，我国的真人秀节目制作者有时太盲目迷信创新，不计成本、不顾自身发展水平的进行，这样做出来的真人秀节目实施难度大，也难以取得成功。真人秀节目的创新紧靠单个研发部门的一己之力是很难起到整体效应的，应该要成为真人秀节目群的创新，在国家电视产业面对越来越多的外来强势电视内容的冲击以及开拓国外电视内容产品市场要求而采取的产品群创新，这种创新需要国内各电视内容生产企业间的竞争与合作。

从真人秀品牌建设来看，我国的真人秀品牌建设缺少长期行为。打造真人秀品牌应该是一个长期的过程，即节目生命要有一定的长度，播出时间要有固定性，这样才有利于培养稳定的观众群。在节目形式上要有统一的视觉识别系统，能够将企业的理念、文化等抽象的内容转换成具体符号，塑造出独特的企业形象。风格一致的节目包装能够产生较强的品牌显著性，提高品牌辨识度。比如《我型我 show》这一节目初衷是想要选拔歌唱或舞蹈新人，但是在后几季节目中，唱歌和舞蹈能力已经退居二线，取而代之的是各种浮夸、搞怪，想方设法夺人眼球的表演。这种表演很明显已经与节目初衷相违背了，节目的品牌意义越来越模糊，自然就无法再继续制作下去了。

电视节目产业链的延伸，用市场的话来说不过就是基于一个品牌的衍生，品牌是一个节目能否延续发展的核心。做好节目是一切的开始，制作出专业、有水准的节目，才能获得观众的认可和投资者的信任。目前，我国的许多真人秀节目已经认识到了衍生品这一市场的可开发性，他们针对不同的节目特点，推出包括唱片、电影在内的各种真人秀衍生产品。但是，这也导致了一个新的问题，即真人秀节目过多的投入衍生品行业，而忽视了其基本的传播制作活动。

真人秀衍生产品《爸爸去哪儿》大电影在 2014 年春节档横扫近 7 亿元票房后，2015 年又有《爸爸去哪儿 2》《爸爸的假期》《奔跑吧兄弟》三部综艺大电影联袂来袭。但是这些打着电影旗号的综艺节目在获得较高票房成绩的同时，也受到了很多诟病。很多人认为这种快餐式的“电影模式”并不利于我国电影产业的健康发展，这种过分迎合市场的电影必然会夺走那些追求艺术价值电影的市场。除此之外，将真人秀节目推上大屏幕并不一定就能取得成功，如《中国好声音》的《中国好声音之为你转身》和《快乐男声》的《我就是我》均在票房上遭遇了滑铁卢，这也说明发展什么样的衍生品是需要一定思考和调查的。

与将过多精力投入真人秀节目衍生品制作不同的是，制作真人秀节目本身这一环节在我国遭到了忽视。很多真人秀节目为了取得更高的收视率，过度进行娱乐化，一些节目甚至越来越热衷于暴露人们隐私，这导致的后果就是节目内涵的低俗化。中国的伦理传统、社会体制和意识形态体系都决定了我们的真人秀节目不能按照西方的模式进行，不能以娱乐至上、利益至上的原则来制作和传播真人秀节目。

总而言之，我国的真人秀价值链并不完善，不少环节需要进一步的完善发展，包括我国真人秀节目品牌的衍生环节开发最成功的《超级女声》，也只是打通了产业链条上有限的几个环节，其品牌授权运营并不顺利。因此，还需要在未来的发展中，不断完善和拓展。

四、我国真人秀价值链的扩展

一档成功的真人秀节目不仅仅是收视和内容的双赢，还应该是商业价值的多赢，通过整合营销，形成系列化、规模化、品牌化的影响力。随着西方国家越来越多的真人秀节目被我们所关注，其低成本高回报的制作优势和纪实与虚构相融合的叙事优势，对我国的真人秀节目制作来说都是值得学习的。

当我国还在过分开发真人秀衍生产品的时候，西方真人秀已经开始注重节目的版权销售，将成功节目的创意模式销售到其他国家，从而从中获益。同时，国外真人秀节目已经普遍形成了制播分离的模式，而我国的制播分离才刚刚起步。在节目制作方面，西方真人秀节目注重“创新为王”，在形式和内容上一直不断突破传统思维，不断挖掘新意，创造亮点。而我国真人秀节目过分依赖“拿来主义”，自主创新能力薄弱，往往是从国外购买版权再进行节目的制作，缺乏自己的节目模式。

但是仅仅照搬西方国家的成功经验，也可能产生强烈的“排异反应”。西方真人秀节目注重娱乐性，往往以挖掘人们的隐私为目的，对利益过分推崇，而中国的国情决定了我们的真人秀节目必须符合社会主流价值观。因此在节目的创意和制作中，不能够完全按照西方节目的思路来进行，而是要在符合中国国情的娱乐伦理的前提下，提高真人秀节目的创意能力和制作水平。如何扩展我国真人秀节目的价值链主要有以下几个方面的策略：

1. 真人秀节目要形成制播分离的方式

我国的真人秀节目生产受现有电视产业制播一体化体制制约，电视节目绝大部分属于电视台的自产自销。在生产和销售过程中，资源仅限于系统内部循环，无法达到最优化的配置资源。节目制作环节因为没有进入市场领域议价，大大削减了好节目的产出。因此真人秀产业链的打造就是要在制作播出源头上突破现有体制，将制作与播出环节实施专业分工，在“制播分离”的道路上提升产业链。

2. 创建新型营销模式

真人秀产业链的战略联盟的构建包括电视产业内部各单位的联盟，如节目内容生产商、电视内容播出平台和真人秀品牌运营商之间根据实际情况能建立跨地区的合作。还有电视传媒企业与其他媒体之间建立跨媒体的战略联盟。这个联盟不应随着节目结束而终止，应依据实际情况和合作媒体的能力建立更长效地战略联盟。真人秀产业链的战略营销联盟可以考虑与其他产业的联盟，如出版、零售、电影、唱片等。

3. 规范真人秀衍生品产业

真人秀节目产业链的打造要以多种载体为媒介，以新媒体技术为手段对真人秀节目内容加以改造，创造适合新媒体受众青睐的产品，如单机游戏、网络游戏、电子商务等。电视传媒企业先进入这些技术门槛较低的行业，通过资源互换或者是资金投入等方式，与该行业的领先者强强联合。在产品的研发过程中，将选秀节目内容与“偶像”经济资源充分地利用，分享已有的技术和市场，创造不同于传统媒体的新产品。但是在发展衍生品的同时也不能过度，真人秀节目的衍生品需要在一个特定的范围内进行，不能为了商业利益而无所顾忌。

我国的电视选秀节目发展一方面受制于国内传媒政策的不健全、金融体制的不完善、节目制作能力的不足以及创意策划方面人才的缺乏等因素的影响，另一方面，我国的电视选秀节目缺乏品牌让设的意识，知识产权保护不足。要解决这一问题，就只有从源头出发，积极推进制播分离的机制，改变电视台自产自销的制作方式，实现电视节目生产和营销的专业化、社会化。同时凭借我国广电产业升级的契机，跨行业、跨产业地进行电视选秀节目的整合，从而进入一个蓝海的时代。这一目标的实现，也必将反过来促进我国电视节目的整体发展，让我国的真人秀节目更具竞争力。

【参考文献】

[1]蒋国俊，蒋明新．产业链理论及其稳定机制研究[J]．重庆大学学报(社会科学版)，2004，10(1)：36-38.
[2]黄生晖．电视真人秀研究综述[J]．新闻大学，2010(3)：24.
[3]曾鸿，戴巧玲．泛真人秀时代的中国电视娱乐节目[J]．当代电视，2008 (1)：69-71.
[4]张甜．国内真人秀如何走向大制作，大营销，大市场[J]．传媒观察，2014(8)：4.
[5]施育华．国内真人秀节目整合营销模式研究[D]．北京：北京交通大学，2011.
[6]李金宝．开发电视产业的价值链[J]．中国广播电视学刊，2003 (6)：9-12.
[7]周燕．我国电视选秀节目产业链的现状与不足[D]．西安：陕西师范大学，2012.
[8]朱天华．我国真人秀节目的产业链分析[J]．文艺生活(中旬刊)，2013 (7)：139-139.
[9]李星儒．真人秀节目：狂欢下的冷思考[J]．中国广播电视学刊，2015(1)：17.
[10]文娉，韩笑．中国电视真人秀节目价值链的演变研究[J]．经济经纬，2012 (6)：72-76.

【作者简介】

刘娜，武汉大学新闻与传播学院副教授，英国伯明翰大学博士。

陈洁，武汉大学新闻与传播学院2014级硕士研究生。

新媒体概念辨析

周茂君　彭铁鑫

当下，从互联网到手机，从博客到微博，再到微信，新媒体已然渗透到了日常生活的方方面面，给社会带来了巨大的变化与深远的影响。然而，对于新媒体到底是什么，即如何定义新媒体的问题，学界与业界一直都各执一词，莫衷一是：有的从技术的层面定义新媒体，有的从传播的层面定义新媒体，有的从内涵方面揭示，有的从外延方面表述等。本文系统梳理了国内外新媒体概念的演进与变革，并在此基础上对于新媒体的概念与特征进行了一些探讨。

一、新媒体概念的演进阶段

早在20世纪50年代，加拿大学者麦克卢汉就曾发表过题为“电子革命：新媒体的革命影响”的演讲，较早使用“新媒体”这一概念。① 总体来说，新媒体概念的演进，经历了以互联网为代表的网络媒体、以博客为代表的自媒体、以手机为代表的移动新媒体三个阶段。

(一) 互联网：从资源有限到资源无限

互联网的出现，突破了传统的报刊、广播与电视媒体在媒介资源上的局限性，使得海量的信息资源突破时空的限制传递到受众面前。同时，互联网信息内容的多媒体属性，使得信息的形式更为丰富，受众更易于接受。而且，由于调动了受众的多种感官，因而较之报刊、广播、电视等传统媒体，受众的参与性更强。

联合国教科文组织提出过一个简洁的新媒体定义：“新媒体就是网络媒体。”后来在1998年联合国新闻委员会年会上，联合国秘书长安南提出了“第四媒体”的概念，他呼吁在加强传统的文字和声像传播手段的同时，应利用最先进的第四媒体——互联网，以加强新闻传播工作。② 国内持类似观点的有刘萍、刘茜、陈晓宁、叶平等人。我们将这种定义视为新媒体概念沿革第一个阶段。在这之前提出的新媒体概念，其“新”是新旧之“新”，是一种修辞学上的表述，因而不能被看成一种严谨的概念。例如麦克卢汉提出的新媒体概念，徐夫、慕岩、马俊、艾辅仁等人认为卡拉OK、电脑光盘杂志、电子传单、挂历等都是新媒体。

(二) 博客：从组织生产到用户生产

从1998年的德拉吉报道开始，博客开始崭露头角，到2003年的伊拉克战争时则充分显示了自身的自媒体特性。博客滥觞于1993年，到1999年定名为BLOG，典型的代表是Slashdot和德拉吉报道。它打破了大众传媒对于媒介内容的垄断，使得用户可以自行生成内容，而不再完全依赖媒介组织生产的内容。同时，大众化的信息传播被个性化的信息传播取

---

① 不过，麦克卢汉所说的“新媒体”是以时间维度为衡量标准，主要指的是他所处时代的“新媒体”，例如电报、照片和广播。

② 廖祥忠. 何为新媒体？[J]. 现代传播(中国传媒大学学报)，2008(5).

代，用户在使用这一媒体的过程中获得了更多的自主性与能动性。此外，博客使得用户可以方便地与传统媒体以及其他用户进行互动，传统的单向传播模式被打破。可以说，正是博客的出现，实现了Web1.0向Web2.0的转变，使传统的"人机对话"模式向"人人对话"模式的转变。

新媒体概念沿革的第二个阶段以博客为代表。这一阶段的新媒体概念开始强调新媒体的自主性、互动性与个性化特征。熊澄宇在2003年提出，所谓新传媒，或称数字媒体、网络媒体，是建立在计算机信息处理技术和互联网基础之上，发挥传播功能的媒介总和。它除具有报纸、电视、电台等传统媒体的功能外，还具有交互、即时、延展和融合的新特征。① 他在这里提到的新媒体指的便是博客。网络媒体只是将传统媒体的内容搬到了互联网上，而以博客为代表的新媒体真正实现了媒体形式的变革。

(三)手机：从时空固定到无处不在、无时不有

在手机媒体出现以前，用户只能在固定的时间与地点接入互联网，进行信息的传递与接收，传播活动被限制在固定的PC终端。手机媒体将人们从这一桎梏中解放出来，它使得传播活动的参与者不再局限于狭小的时间、空间范围，传播活动变得无处不在、无时不有。同时，作为信息的接收与发布平台，手机整合了报刊、广播、电视、互联网等媒体的传播特点与传播属性，通过多种媒体表现手段传播信息，是真正意义上的全媒体。此外，手机媒体具有其他所有媒体望尘莫及的迅捷性与交互性，随身携带与使用便利的特点，使得媒体用户可以"永远在线，随时互联"。

早在2003年，熊澄宇便指出新媒体不仅是互联网，手机已开始从个人通信工具向媒体终端的过渡。② 冯光华和后天也提出过类似的观点。③④ 但在那个时代背景下他们所说的手机新媒体，主要是指手机短信，而手机短信虽然改变了传统的信息接收方式，但由于媒体表现形式过于单一(文本和图片)而不能被看做新媒体。

相较而言，廖祥忠的观点更准确，他指出"新媒体"是"以数字媒体为核心的新媒体"——通过数字化、交互性的固定或移动的多媒体终端，向用户提供信息和服务的传播形态。⑤ 至此，新媒体的概念沿革迎来了第三个阶段——以手机为代表的移动新媒体。

二、新媒体概念主要观点述评

国内外学界与业界提出的新媒体概念，可分为技术派、传播派、实务派与调和派四个类别。其中技术派侧重于从技术的角度去定义新媒体，强调技术进步在新媒体发展过程中的作用；传播派则着重强调新媒体的传播特征，以及它对于传统的传播模式的影响与改变；实务派多是从实际应用的角度分析，其新媒体概念浅显直白、通俗易懂；调和派则是调和上述三个类别之间的差异，融合它们各自的特点，以概括的手法笼统地提出一个尽可能全面的新媒体概念。

(一)技术派的观点

持技术派观点的，国外有麦克卢汉和联合国教科文组织，国内有刘萍、刘茜、陈晓宁、

① 熊澄宇，廖毅文. 新媒体——伊拉克战争中的达摩克利斯之剑[J]. 中国记者，2003(5).

② 杨谷. 新媒体不只是互联网——访清华大学新闻与传播学院副院长熊澄宇[N]. 光明日报，2003-08-06.

③ 冯光华. 初露端倪的新媒体——手机[J]. 新闻记者，2003(7).

④ 后天. 新时代新媒体新手机媒体渐成新兴势力[J]. 数字通信，2004(19).

⑤ 廖祥忠. 何为新媒体？[J]. 现代传播(中国传媒大学学报)，2008(5).

叶平、崔保国、蒋亚平、匡文波、廖祥忠、蒋宏、贾文凤、宫承波等人。其中蒋宏的观点比较具有代表性。他指出，新媒体的内涵是在世界科学技术发生巨大进步的背景下，在社会信息传播领域出现的建立在数字技术基础上的能使传播信息大大扩展、传播速度大大加快、传播方式大大丰富、与传统媒体迥然相异的新型媒体，其外延包括数字广播电视、手机短信、互联网络等。① 这一观点强调了科学技术在新媒体发展过程中的作用，指出了由于新技术的引入所带来的传播活动的整体变化。同时，它从外延与内涵两个角度去界定新媒体，避免了内涵定义的抽象与外延定义的宽泛。

它的缺点在于由于时代的局限性所带来的片面性，主要体现在，首先，当今新媒体已然运用了数字技术、网络技术和移动通信技术等多种技术手段，而不仅仅是它所提到的数字技术。其次，新媒体带来了传播活动方方面面的变革，特别是互动性与个性化，而不仅仅是传播信息、传播速度与传播方式方面的变化。最后，随着技术的进步与时代的发展，新媒体衍生出了许多新的形式，不只是它的外延定义中提到的那几类，而且数字广播电视、手机短信只能说是当时一种新出现的媒体，不是严格意义上的新媒体。

(二)传播派的观点

传播派的代表人物，国外有法国学者弗兰西斯·巴尔和杰拉尔·埃梅里，美国学者凡·克劳思贝、列维·曼诺维奇和保罗·莱文森，国内有方兴东、胡泳、刘俭云、肖容、喻国明、景东、苏宝华、陈刚、杨状振、董年初、相德宝等人。喻国明认为，要从数字化、碎片化、话语权共享、全民出版四个方面解读新媒体，新媒体意味着技术的进步、传播语境的改变、传统话语权的解构和内容生产方式的转变。② 这一观点详细地指出了新媒体引发的传播领域的变化，对于新媒体的四个方面解读，基本概括了新媒体的本质。同时，它也考虑到了传播技术和传播语境因素对于新媒体的影响，而两者的进步与改变正是新媒体产生与发展的主要驱动力。

然而，这不能算是一个严格意义上的新媒体概念，只能算是对新媒体概念的描述与解读。它尽管比较全面地介绍了新媒体的主要特点，却没能以凝练的语言提出一个明确的新媒体定义。此外，它找到了新媒体同传播技术与传播语境的相关性，却没能发现它们之间的因果性，而正是后者的变革引发了前者的变迁。

(三)实务派的观点

实务派包括国外的《连线》杂志和国内的张瑞怡、蒋涛、冯光华、后天、吴征、黎瑞刚、张大钟、汤东宁等人。其中《连线》杂志将新媒体定义为，由所有人向所有人进行的传播。③ 这一观点很好地概括了新媒体的核心特征，简短而明确。在传统媒体时代，传播活动呈现出两极化趋势：我们只能被动地接收媒体传递的信息，而无法将自身的意见及时反馈给媒体；由于话语权掌握在传统媒体手中，一般大众由于无法接触到稀缺的传播资源，很难将自己的声音与观点传播出去。新媒体的出现打破了传统媒体对传播资源的垄断，使得人人都有了麦克风，人们都可以利用手中的新媒体，对传统媒体以及其他所有人传播信息；反馈也变得及时而高效，避免了由于传播的迟滞带来的一系列问题。

当然，也存在一些问题。首先，这种观点缺乏定义的严谨性。媒体是人们进行信息传播活动的工具、载体、中介或技术手段，是一种实体的存在。而《连线》的观点将新媒体视为一种“传播”，最终由于定义的随意性而沦为空泛之谈。其次，缺乏定义的全面性。对一个

---

① 蒋宏. 新媒体环境下看传统媒体的盲点及策略[J]. 新闻界，2006(4).

② 喻国明. 解读新媒体的几个关键词[J]. 广告大观（媒介版），2006(5).

③ 胡昱晖. 新媒体的泡沫经济？[J]. 广告人，2007(12).

事物进行概念定义，应在准确把握事物实质的基础上对其主要特征进行全面概括。双向互动、自主传播是新媒体的核心特征，但不是全部特征，在定义新媒体时还要将它的技术特征、平台特征考虑在内。

（四）调和派的观点

持调和派观点的主要有江宏、陈锦宣、邵庆海、熊澄宇、曹春丽等人，其中熊澄宇的观点最具有代表性。他认为，新媒体是一个相对的概念，新相对于旧而言；新媒体是一个时间的概念，在一定的时间段内有代表这个时间段的新媒体形态；新媒体是一个发展的概念，它永远不会终结在某个固定的媒体形态上。① 这个定义几乎将人类历史上出现过的媒介都囊括在内，上文提到的界定新媒体概念发展阶段的三种媒体也都与这个定义相吻合。它从时间维度去界定新媒体，解释新媒体，赋予新媒体概念与时俱进的特点。

凡事都有两面性，这种单维的概念界定也存在缺陷。首先，它从宏观的层面去把握新媒体的概念，指出了新媒体概念随着时间的推移而不断演进的特征，但未能指出新媒体的本质特征，不及他在《新媒体——伊拉克战争中的达摩克利斯之剑》一文中提出的新媒体概念具体。其次，它概括了所有已经出现和将要出现的新媒体，但面面俱到并不是面面俱全，广度的代价是深度与精度的缺失。最后，定义需要逻辑的严谨性，是一种“什么是什么”的表述，后者必须能够高度概括前者的特征。而采用这种宽泛的概念来定义新媒体，可能造成新媒体概念的浅表化。

从上述对新媒体概念的梳理中，我们不难发现新媒体的研究者们基本上是从时间维度、传播技术、具体特征三个方面去界定新媒体，一致认同的新媒体特征有数字化、互动性、个性化等。但是，大多数人对于新媒体概念的定义方式较为含糊，无法触及新媒体的本质。无非是几个核心词语的反复把玩，不妨将这些定义称为“逻辑的游戏”。

从本质上看，定义属于逻辑学的范畴，一条准确的定义需要周详而缜密的逻辑。但是，从上文可以看出，几乎所有关于新媒体定义的讨论，大多停留在逻辑的层面：对于内涵和外延或类和种差的反复考量。这样难免存在缺陷，因为定义不仅是逻辑排列，它与它所处的具体情境同样密切相关。新闻学研究中在对新闻进行定义时同样存在这样的问题，因此黄旦指出，“哪怕是其中的逻辑如何更加严密、准确的问题，如果离开其时的社会语境，撇除了定义者所处的现实状况，最终也只能是逻辑游戏。”②他的观点是，在考察一个定义时要结合该定义所处的具体语境，定义的背后还有情境意义的存在。这对于我们理解新媒体的定义同样有所帮助：时代在变化、技术在进步、社会在发展，脱离了具体的社会背景，单纯地考察新媒体的定义犹如建造一座空中楼阁，最终只能沦为一种逻辑游戏。从这个角度看，即便是本文最开始指出的将挂历视为一种新媒体的做法，也存在着一定的合理性，因为它与它所处的时代背景相吻合。因此，我们无须在新媒体概念问题上过多争论，当争论本身盖过所要争论的事物时，争论也就不再有意义。

三、新媒体的定义与特征剖析

所谓新媒体是指采用网络技术、数字技术和移动通信技术进行信息传递与接收的信息交流平台，包括固定终端与移动终端。它具备以下基本特征——以新技术为载体，以互动性为核心，以平台化为特色，以人性化为导向。

以新技术为载体，是指新媒体的应用与运营以新技术为基础。网络技术、数字技术、移

① 熊澄宇．新媒体与移动通讯[J]．广告大观（媒介版），2006(5)．
② 黄旦．中国新闻传播的历史建构——对三个新闻定义的解读[J]．新闻与传播研究，2003(10)．

动通信技术的发明与普及，不仅为新媒体的诞生提供了技术支持，同时也为新媒体的运作提供了信息载体，使得信息能以超时空、多媒体、高保真的形式传播出去。可以说，新媒体的所有特征，都是建立在新技术提供的技术可能性的基础之上。

双向互动是新媒体的本质特征。传统媒体的一个很大的弊端，在于信息的单向流动。而新媒体的出现突破了这一局限，它从根本上改变了信息传播的模式，也从根本上改变了传播者与受传者之间的关系。传播参与者在一个相对平等的地位进行信息交流，媒体以往的告知功能变成了如今的沟通功能。这种沟通不仅体现在媒体与用户之间，还体现在用户与用户之间。可以说，新媒体的这一特征，不仅对于传统媒体，而且对于整个社会都将产生深远的影响。

新媒体搭建起一个综合性信息平台，传统媒体与新媒体在这个平台之上逐渐走向融合。新媒体的出现并不会导致传统媒体的消亡，二者会相互补充、共同发展。而新媒体以其包容性的技术优势，接纳与汇聚了传统媒体的媒介属性。报刊、广播、电视等传统媒体只有在适应新媒体环境，与新媒体的新技术形式相互渗透之后，才能获得二次发展，如今数字化报纸、网络广播、手机电视等融合性媒体如雨后春笋般出现便是明证。而新媒体脱胎于旧的媒介形态的特征，为新旧媒体的相互融合提供了可能。

人性化是所有媒介的发展方向：口语媒介转瞬即逝、不易储存，于是有了文字媒介；文字媒介无法大规模复制，于是出现了印刷媒介；印刷媒介难以克服时空的障碍，电子媒介便应运而生。可以说，每一种新型媒介的出现，必然是对以前媒介的功能补充与完善。新技术是其出现的基础，而人性化导向意味着技术围绕人们的需求而展开。新媒体的出现，满足了人们渴望发声、渴望分享的需求；满足了人们渴望交流、渴望互动的需求；满足了人们渴望以一个更快更便捷的方式，获取与传播更多的个性化信息的需求。而在不远的将来，新媒体将带来真正地去中介化——人们在经历了部落社会的无中介、脱部落社会的中介化之后，正在迎来人与人之间交流的去中介化。届时，人们将欢欣鼓舞地迎接一个所有人都与其他人紧密相连的“地球村”时代。

长期以来，人们对于新媒体的概念缺乏一个统一的认识，可能是因为技术的进步带来了媒介形态的不断变化，进而带来媒介概念的变迁。同时，新媒体研究是一个新兴领域，以往在传统媒体基础上发展起来的传播理论与媒介理论不再完全适用，需要根据媒介形态的变化做出相应的调整。但是，我们必须认识到技术因素在新媒体概念变迁中的作用。随着网络技术、数字技术、移动通信技术的发展，尼葛洛庞帝提出的“个人报纸”与“互动的新媒体”等概念已然成为现实。而媒介技术的发展并不会就此停滞，它将继续向前，将我们的社会推向远方。新媒体确实是一个时间的概念，它存在于过去，也存在于现在和未来。未来的新媒体会呈现出一幅怎样的景象？莱文森在其“媒介进化理论”中给我们提供了某些指示：媒介将朝着更加人性化、更加完善化的方向发展。新媒体仍在发展，朝着更高的阶段进化。未来的新媒体与现阶段相比会呈现出怎样的差异，未来的新媒体又该如何定义？让我们拭目以待。

【参考文献】

[1]尼葛洛庞帝. 数字化生存[M]. 胡泳，范海燕，译. 海口：海南出版社，1997.

[2]罗杰·菲德勒. 媒介形态变化：认识新媒介[M]. 明安香，译. 北京：华夏出版社，2000.

[3]保罗·莱文森. 新新媒介[M]. 何道宽，译. 上海：复旦大学出版社，2011.

[4]匡文波. 新媒体概论[M]. 北京：中国人民大学出版社，2014.

[5]宫承波. 新媒体概论[M]. 北京：中国广播电视出版社，2012.

[6]蒋宏，徐剑. 新媒体导论[M]. 上海：上海交通大学出版社，2006.

[7]崔保国，李希光. 新媒体老媒体：谁主沉浮[J]. 新闻传播，2000(5)：6-10.

[8]熊澄宇，廖毅文．新媒体——伊拉克战争中的达摩克利斯之剑[J]．中国记者，2003(5)：52-53.
[9]廖祥忠．何为新媒体？[J]．现代传播(中国传媒大学学报)，2008(5)：121-125.
[10]喻国明．解读新媒体的几个关键词[J]．广告大观(媒介版)，2006(5)：12-15.
[11]曹春丽．论新媒体[J]．湖南社会科学，2007(5)：208-210.
[12]冯锐，金婧．论新媒体时代的泛在传播特征[J]．新闻界，2007(4)：27-28.
[13]景东，苏宝华．新媒体定义新论[J]．新闻界，2008(3)：57-59.
[14]蒋宏．新媒体环境下看传统媒体的盲点及策略[J]．新闻界，2006(4)：8-9.
[15]杨状振．中国新媒体理论研究发展报告[J]．现代视听，2009(5)：11-12.
[16]匡文波．“新媒体”概念辨析[J]．国际新闻界，2009(6)：66-69.
[17]相德宝．中国新媒体研究的三个阶段[J]．今传媒，2010(4)：53-56.

【作者简介】

周茂君，武汉大学新闻与传播学院教授，博士生导师，主要从事广告传播、媒介经管和新媒体研究。

彭铁鑫，武汉大学新闻与传播学院广告传播方向2013级研究生。

网络信任：从权威性向开放性的渐进

闫 岩

传播媒介古已有之。岩画绳结、纸草书、泥版画、邸报告示、传奇笔记等都属于传播媒介的范畴。麦克卢汉所谓“媒介即信息”深刻地揭示了媒体介质的不同属性对其承载的信息的影响。他认为，传播介质的变更是社会发展的结果，更是社会变革的前提。① 在媒体介质变革的过程中，媒体所连接的双方——媒体和受众之间的信任关系也发生着明显变化。早期存在于部落、村落之间，建立在口口相传基础上的媒体信任随着纸质媒介的出现而没落。纸媒的可保存性和传递性使得信息传递范围超越了个体的目力所及、耳力所及。当信息单凭一己之力已经无法验证时，人们不得不向媒体交予更多的信任，并且依靠一些相关的边缘性要素，如信息来源的权威性、信息渠道的正规性等来判断信任等级。如今，互联网的发展则带来了新的信息产生秩序，建立在权威性、垄断性基础上的媒体信任重新向开放性、稳定性转移。这或许不仅仅意味着媒体信任形态的变化，更是社会信任形态的变革。

一、信任的类型

信任是一种关系描述，是个体对他人、机构、事件、事物等与自身相对关系的一种认知和评估。Luhmann 认为，信任是一种认为他人行为符合自己预测的期待或信念。② 同常识相反，信任并不是一种确定性，而是试图将不确定性(Uncertainty)确定化的信念。在人与其他一切事物的关系中，那些确定性的部分是可以客观计算的，而唯有不确定的部分才需要信任这种主观的判断机制。③ Gambetta 由此指出，“计算基于事实证据，信任则源自于事实的缺乏”。④ 通常来说，人们往往不需要信任地球总是在周期性转动，但却需要相信明天会更好，这是因为前者是一项计算性问题，后者则更多为主观判断。正是由于明天的无法计算，人们才需要施予信任这种主观判断来对不确定性加以评估。

依据信任施受双方的关系，Thomas 将信任分为三类：托管信任(Fiduciary Trust)，指信任的施予者相对于信任对象处于弱势地位的信任关系；相互信任(Mutual Trust)，指信任施受双方在长期重复接触基础上而产生的信任；社会信任(Social Trust)，指人们对社会组织所产生的自觉信任。⑤

托管信任是指信任的施予者在没有能力监督信任对象的情况下，相信对象会履行责任，并且不会损害施信者的利益。这种信任关系常见于专业性行业。例如，在医患关系中，患者

① McLuhan, M. Understanding Media: The Extensions of Man[M]. New York: McGraw Hill, 1964.

② Luhmann, N. Trust and Power[M]. Chichester: Wiley. 1979.

③ Williamson, O. E. Calculativeness, Trust, and Economic Organization [J]. Journal of Law and Economics, 1993: 36.

④ Gambetta, D. Can We Trust Trust? [M]//Gambetta, D., Ed. Trust: Making and Breaking Cooperative Relations. New York: Blackwell, 1988: 213-237.

⑤ Thomas, C. W. Maintaining and Restoring Public Trust in Government Agencies and Their Employees[J]. Administration & Society, 1998, 30(2).

并没有能力监督医生的医术水平和职业操守，只能选择相信。这种不对等的信任是托管信任的核心。托管信任关系的特点是：①托管人没有能力去监督或控制代理人的行为；②双方的不对等关系越大，对信任对象的道德自觉的依赖越明显；③这种道德自觉尽管也是社会规范的内容，但主要受行业规范和职业道德规范的约束，因此也被称为行会专业主义（Guild Professionalism）。①

相互信任是信任施受双方在平等情况下通过多次重复接触所产生的信任。相互信任都是人际信任，建立在人际互动的基础上。相互信任与托管信任并不是排斥的。人们可以对医生群体产生托管信任，但总是会对长期给自己看病的某个医生产生相互信任。相互信任能够反过来提高对信任对象所属群体的托管信任。②

社会信任是社会资本的一种，是指人对（社会中的）他人、组织和社会所持有的信任态度的总和。它是个体微观互动日积月累的累积，是大众社会福祉的一种。③ 它提供了社会中一切活动的语境和背景。社会信任的内容包括信誉、威信、诚信、公信力等社会学概念，并且与政治信任、机构信任、公民参与、民主等息息相关，都是社会政治经济学最常使用的概念。

这三种信任类型是相互交织，互为支持的。相互信任产生于个体微观互动，继而生产和影响了社会信任；社会信任反过来强化了个体间相互信任的能力；同时提高了整个社会的道德责任，为托管信任提供了良好的氛围。因为社会信任提供了一个基本的、稳定的、具体的互相语境，因此我们可以说，人类的社会行为或多或少都包含着信任。④

二、媒体信任的类型和发展

（一）媒体信任之相互信任

原始传播活动中的媒体信任多数是相互信任。早期传播活动中，信息的传播范围与发生范围高度吻合，一条信息往往是在发生地或发生地周围以口口相传的方式进行人际传播或小规模群体传播。一条来自张三的信息可以通过李四验证，也可以通过自己亲眼所见、亲耳所闻来验证。由于早期传播活动的传者和受者之间在信息接触权限上的差距不大，因此，信息的传受双方是相对平等的。受众对传者并不具有绝对依赖关系，相应的，其对传者的媒体信任通过个体的多次重复接触逐渐累积而达成。

建立在过程基础上的相互信任依赖于接触的频率和时间。⑤ 接触的频率决定了信任累积的速度，而接触的时间则对应了信任累积的强度。传统社区中，年长者往往容易获得更多的信任，因为寿命同时暗含了频率和时间两个要素。那些能够持续提供正确信息，并能够长期经受受众检验的传者会在反复接触中累积更高程度的信任，这种判断方式对应着传者/媒体的持续性、可验证性和传受双方的平等性。

---

① Yates, D. Bureaucratic Democracy: The Search for Democracy and Efficiency in American Government [M]. Cambridge, MA: Harvard University Press, 1982.

② Thomas, C. W. Maintaining and Restoring Public Trust in Government Agencies and Their Employees[J]. Administration & Society, 1998, 30(2).

③ Putnam, R. D. Making Democracy Work: Civic Traditions in Modern Italy[M]. Princeton, NJ: Princeton University Press, 1993.

④ Gambetta, D. Can We Trust Trust? [M]// Gambetta, D., Ed. Trust: Making and Breaking Cooperative Relations. New York: Blackwell, 1988: 213-237.

⑤ Thomas, C. W. Maintaining and Restoring Public Trust in Government Agencies and Their Employees[J]. Administration & Society, 1998, 30(2).

(二)媒体信任之托管信任

当传播媒介从口头传播过渡到书面传播，纸张这一介质的特点——对信息的时间保存性和空间传递性颠覆了既有的传播格局。信息脱离了当时的时间而得以在纸面上保存下来，同时也脱离了当时的空间而得以向其广袤的远处散播。传播媒介的这种时空延展性使得受众与其所接收的信息分离开来。

大工业时代的来临加速了这一差距。Zucker 认为，19 世纪以来，移民潮打破了封闭的社区结构，空间距离的拉长使得建立在个体重复接触基础上的相互信任也受到冲击。个体威望被职业信誉取代，托管信任成为工业时代各个主要行业中的主导性信任形态。对于传媒业而言，信息总量增长和媒体对信息的垄断使得一般受众无力验证信息的真伪，只能寄希望于传媒从业者的职业道德。托管信任也因而成为大工业时代的主导性媒体信任形态。

一方面，这一时期的媒体信任主要依赖于媒体属性。媒体信任的标准本来应当是信息与事实的契合度。然而，由于个体对信息的无力验证，人们只能通过一些外围手段来推断媒体信息的可信度，从而减少不确定性。其中，最主要的手段就是媒体属性，包括媒体的政治属性、地域关系、媒体规模、所有权类型等。研究表明，人们往往信任本地报纸胜过外地报纸；信任与自己政治立场一致的媒体胜过与自己立场不一致的媒体；信任公共媒体超过商业组织和个人。这些判断方式对应着媒体的专业性、可靠性和权威性。

但另一方面，基于属性的托管信任并没有取代基于过程的相互信任。人们可能对整个媒体行业抱有托管信任，但却同时可以通过反复接触、使用和消费，对某一个或某一些媒体产生相互信任。研究表明，媒体信任与媒体使用正相关，人们对某一媒体的使用越频繁，对其信任程度就越高。例如，在线新闻使用者往往赋予互联网高于传统媒体的信度等级；长期博客使用者认为博客信息比传统媒体信息更为可信等。这表明，即使是在托管信任主导媒体信任的情况下，建立在个体接触基础上的相互信任依旧对媒体，信任的总体感知具有一定程度的影响。

(三)媒体信任之社会信任

如果从历时性的角度考察媒体信任的形成过程，可以看到媒体信任从相互信任到托管信任的转变和融合；但从现时性角度出发，对工业时代和后工业时代的个体而言，媒体信任是社会信任的组成部分。人们出生在媒体环境中，并且依赖媒体获得关于其生存和发展的信任，对媒体行业的信任因此是潜移默化的、习以为常的。媒体是意识形态的产物，同时又是意识形态的生产者和维护者，通过日复一日的媒体活动生产出与当下意识形态相一致的信息，教化和培养着广大受众，使其接受、内化乃至再生产当前意识形态和现有秩序。

媒体活动影响人们的社会信任。社会资本理论(Social Capital Theory)创始人、哈佛大学政治科学家 Robert Putnam 认为，媒体，尤其是电视媒体的出现和电视在公共生活中的普及是社会信任度大幅度下滑的重要原因。这主要是通过两种机制来实现的：首先，电视收视取代了社交行为(TV-displaces-civic-activity Hypothesis)，观看电视节目占据了人们本应用于阅读、沙龙、社区活动等社交活动的时间，人们从公共空间中退出来，退缩为独立的个体。其次，电视节目的培养效果(Cultivating Theory)塑造了人们的恶意世界感知(the mean-world perception)，电视节目对负面事件的大肆报道和对一般事件的负面阐释使得人们倾向于以一种负面的态度感知世界，由此带来社会信任的减少。

鉴于信任是个体试图对不确定性的一种确定性的控制，涉及个体对他者(人、事、物)的评估。这种评估以信息为媒介。作为信息提供者，大众媒体一方面通过如议程设置之类的行为帮助个体进行信息筛选，削弱不确定性的基数；另一方面则充当个体与外界之间的桥梁，弥补有限个体和无限世界之间的信息鸿沟，提高确定性的程度。媒体不是人们接触信息的唯一方式，但随着信息总量的爆炸式增长和媒体对其他信息渠道的替代，媒体成为现代社会的生产和运作的一个制度性的组成部分。

同信任一样，媒体信任的三种类型不是相互替代，而是相互补充的。

三、互联网中的新型信任形态

大众媒体手段中的小众媒体单位，如地下媒体、反动电台、特殊团体的报纸杂志等，都无法从本质上撼动主流媒体的主导性地位，因为它们同样通过对小众信源的控制进行传播。同主流媒体相比，尽管它们在力量对比上相对弱势，在传播手段上却基本同质。而这种依靠同质手段对主导秩序的反抗并不能从根本上实现对秩序的颠覆。

与报纸、电视、广播等由少数人控制的媒体不同，网络媒体在理论上是向一切人平等开放的。人们由此得以通过主流媒体以外的渠道来检验他们之前无法验证的信息之真伪。这意味着信息评估主动权的易手。随之而来最重大的影响首先并非媒体信任的走低，而是受众的分化——建立在标准化大生产基础上的大众媒体产业重新向小规模的、群簇性的、个性化的分众媒体的变化。这就为媒体信任的产生、维护和评估提供了新的维度。

Lankes 将互联网分为四个层次：基础设施层次(Infrastructure Layer)，包括各种硬件和协议；应用层次(Application Layer)，如，浏览器、客户端、即时通信软件等；信息提供商层次(Information Service Layer)，如新闻网站、社交网站、博客、百度等；使用层次(Use Layer)。普通用户多数停留在信息提供商层次和使用层次，无力评估他们密切依赖却无法掌握的互联网基础设施层面。这些内嵌于信道"工具"中的技术控制以不为人知的方式影响人们感知。在人们对信息做出可信度评估之前，技术已经先一步决定了某一信息是否可以被看到，以及如何被展示。

(一)信源信度

在信源信度方面，拉斯韦尔是最早提出将信息处理者(Message Handler)与信息控制者(Message Controller)分开讨论的学者。前者是指信息载体的控制者，如印刷匠、广播工、程序员，后者是指信息内容的控制者，如新闻检察官、编辑、主持人等。

人们比较容易理解信息内容控制者在信源信度评估方面的影响。传统媒体活动中，把关人控制着新闻的筛选和流动，是信息交流活动中看得见的信源。但另一类信源——作为技术的信源，便并不是十分明显。在更多的情况下，技术是以隐形信息筛选者的形式出现的。这包括搜索引擎的结果排序、相关新闻链接、定制新闻推送等一系列"技术性结果"。人们在认知评估中极少能明确地意识到作为技术的信源本身暗藏的控制性。或者说，人们往往认为技术是中立的，并因此对技术性信源不加防备。这显然过于轻易和草率。在信息总量充沛的时代，信源不再仅仅是信息的提供者，还必须包括信息的筛选者。

此外，信息的筛选者不仅仅是后台技术，还包括使用者本人。现在很多新闻网站已经可以提供"个性化定制"新闻。它们允许用户自己设定一些关键词，并且在登录该网站或者使用特定应用程序时，优先推送与用户设定的关键词最相关的内容。有的网站甚至根据用户的使用习惯和浏览历史来窃取这些信息，并在用户无意识的情况下"量体裁衣"式地推送信息。这类用户有意识或无意识设置的"标准"使得用户本身也成为信息时代的自我把关人，成为信源的一种。

新的信源——作为技术的信源和作为用户的信源——在一定程度上显示了某种悖论：即，人们以为技术的发展帮助人们脱离了传统把关人对信源的控制，从而获得更可信任的消息；但实际上，技术本身的渗透以及技术反过来对用户的制约只是使得信源控制更为隐性却也更为无处不在。人们在面对这样的隐性控制茫然无所知，反而在信度评估问题上更为轻信。

(二)信道信度

在信道信度方面，网络信息媒体隐含了人们所难以察觉的微观变量，以悄无声息的方式影响着人们的信度感知。例如，Fogg 及其同仁发现，人们对网站信息可信度的评价受网页载入时间的影响。人们通常认为网页载入比较快的网站更正规，硬件条件更好，更值得信任。但是，从技术角度而言，网页载入时间是技术可控的。一般人或许能够将网站新闻的可信任程度与网站本身联系起来，却很难与他所使用的浏览器联系起来。但实际上，浏览器是一个技术问题，其本身的载入速度、跳转方式、是否支持 flash 动画、界面友好程度等都影响人们的对网页新闻的信度感知。

再比如说，有些搜索引擎显示的链接点击后指向“该网页不存在”，用户会随即认为该网页是一个假网页或失效网页。但这一结果很可能是网络监管的结果。程序员只需要一段特定编码就能将数以千万计的信息筛选或屏蔽。而网络用户对此是茫然无知的，会想当然地认为无法打开的网页是虚假的，或者硬件不过关的，因此是不值得信任的。

但应用层次是一个非常值得讨论的中心地带。早期的互联网技术完全掌握在经过专业训练，且具有权限的精英手中。这使得早期互联网信任延续了工业时代的托管信任的属性。但技术的普及将互联网的一部分资源向用户开放。互联网在本质上是组织和个人愿意共享信息和持续对话的协议。这种共享和对话随着某些开放源软件(Open Source Software)的出现而更为名至实归。任何具有足够知识的个人都可以通过公开的源代码了解软件的开发过程，进而能够参与软件的修改、升级和再开发。

互联网基础技术向用户的开放实质上代表了一个全新的信任类型：传统信度依赖于信息持有者的品质和安全。它应当不能被轻易破解和窥探。这实际上是传统的高宅大院式的、以物体实体的安全性为核心的信任类型的衍变形态。但开放源软件则恰好相反，其信度在于公开、透明和人人参与。不是软件本身，而是软件被建构的方式决定了某一程序是否值得信任。如此，信任就不再是一个权威度(Authority)的问题，而是一个可靠性(Reliability)的问题。真正值得信任的是那些经过不同的人多次重复测试仍旧能够保持结果的一致性(Consistent)和可靠性（Dependable）东西。

(三)信息信度

同样的转换也体现在信息信度方面。传统媒体提供的信息总量在理论上是有限的。受众对媒体信度的判断实际上是在有限的可选择信息范围内对信息可信度的排序，然后根据这个位序选择“最值得信任的媒体”以获取新闻；但网络时代，信息总量的爆炸式增长使得信息可信度转化为一个选择问题：人们需要决定信息信度的评价标准，然后从浩如烟海的网络信息中筛选出符合预设标准的信息。换言之，海量信息的充斥使得网络媒体的信度本质上不再是一个可信度判断的问题，而是可信信息选择的问题。

与上文信道信度部分提及的开放源软件相似，网络媒体时代信息内容信度也同样体现为从权威性向可靠性的转移。那些用户生产的信息(Use-generated Content)，如微博、博客、社交媒体、公共论坛，和用户参与生产的信息(Use-participated Content)，如维基百科、雅虎知识堂、百度知道等，允许任何人对信息进行生产、评论、修正和公开对话。这种受众参与的信息建构形式代表了一种新的信任生产方式，即，不仅仅是信息的内容质量，而且包括信息内容的产生方式都影响着内容信度感知。这一结论为 Sundar 和 Nass 的一组实验所证实：同来自新闻编辑室的信息相比，人们认为来自网络中其他用户的信息更符合他们的喜好，也更具代表性。

互联网时代的媒体信任不再仅仅取决于媒体属性或信息属性。来自大媒体机构的第一手信息同时需要接受来自民间的、草根的、当事人的、旁观者的一手信息的印证。微博、博客、网络论坛等公共平台譬如人们延展的耳目手臂，跨越工业时代被时间和地域隔断的信息交流，重新回到即时、公开、互动的平台上。这或许意味着媒体信任重新向平等性、公开性和透明性的展开。

四、结语

技术发展带来社会变革。处于技术革新中心的大众媒体也同时经历着信任形态的变革。早期互联网产业对技术的高度依赖使得网络媒体一方面在内容层面体现出表面的开放和狂欢，另一方面在硬件层次却依旧经历着隐性的、更为严密的控制。然而，近年来开放源软件的出现和博客、微博等自媒体的发展呈现出新的传播形态和信任形态：个体能够在一定程度上通过技术手段重新验证信息的真伪，这意味着在信任施受双方的关系中，信任施予者所掌握的确定性不断增加。这对应着不确定性的减少，以及，作为对不确定性之推测的信任的减少。

由此，民众对媒体信任的一路走低或许并不仅仅是由于媒体自身的可信度属性江河日下，而只是表明，在受众和媒体的相互关系中，那些由于不确定而不得不依赖于媒体属性、规模、权威度等的主观信任判断，向着更确定性的消息真实性、准确性、严谨性、多元性方面转化。从这一意义上是说，媒体信任滑坡的表象或许只是契合了媒体信任从工业时代向互联网时代的变革进程。

【参考文献】

[1][加]哈罗德·伊尼斯. 帝国与传播[M]. 何道宽，译. 北京：中国人民大学出版社，2003.

[2]Zucker, L. G. Production of Trust: Institutional Sources of Economic Structure, 1840-1920[J]. Research in Organizational Behavior, 1986(8).

[3]Salmon, C. T., Lee, J. S. Perceptions of Newspaper Fairness: A Structural Approach[J]. Journalism & Mass Communication Quarterly, 1983, 60(4).

[4]周树华，闫岩. 敌意媒体理论：媒体偏见的主观感知研究[J]. 传播与社会学刊，2012(22).

[5] Flanagin, A. J., Metzger, M. J. Perceptions of Internet Information Credibility [J]. Journalism and Mass Communication Quarterly, 2000, 77(3).

[6]Freeman, K. S., Spyridakis, J. H. An Examination of Factors That Affect the Credibility of Online Health Information[J]. Technical Communication, 2004, 51(2).

[7]Kim, S. T., Weaver, D., Willnat, L. Media Reporting and Perceived Credibility of Online Polls[J]. Journalism & Mass Communication Quarterly, 2000, 77(4).

[8]Johnson, T. J., Kaye, B. K. Wag the Blog: How Reliance on Traditional Media and the Internet Influence Credibility Perceptions of Weblogs Among Blog Users[J]. Journalism & Mass Communication Quarterly, 2004, 81(3).

[9]Putnam, R. D. Bowling alone: America's Declining Social Capital[J]. Journal of Democracy, 1995, 6(1).

[10]Cappella, J. N., Jamieson, K. H. Spiral of Cynicism: The Press and the Public Good[M]. Oxford University Press on Demand, 1997.

[11]Coleman, J. Systems of Trust: A Rough Theoretical Framework[M]//Angewandte Sozial for Schung, 1982.

[12] Jackob, N. G. E. No Alternatives? The Relationship Between Perceived Media Dependency, Use of Alternative Information Sources, and the General Trust in Mass Media[J]. International Journal of Communication, 2010(4).

[13] Lankes, R. D. Credibility on the Internet: Shifting from Authority to Reliability[J]. Journal of Documentation, 2008, 64(5).

[14] Lasswell, H. D. The Structure and Function of Communication in Society[M]//Bryson, L. Ed. The Communication of Ideas. New York: Harper, 1948: 37-51.

[15] Sundar, S. S., Nass, C. Conceptualizing Sources in Online News[J]. Journal of Communication, 2001, 51(1).

[16] Fogg, B. J., Marshall, O. Laraki, A. Osipovich, C. Varma, N. Fang, J. Paul, A. Rangnekar, J. Shon. What Makes Web Sites Credible? A Report on a Large Quantitative Study[C]. Proceedings of ACM CHI 2001 Conference on Human Factors in Computing Systems. Seattle, WA. 2001.

【作者简介】

闫岩，阿拉巴马大学传播学博士，武汉大学新闻与传播学院博士后，讲师，主要研究方向为媒介效果、媒介心理和新媒体。

网络“吐槽”的后现代性和亚文化特征分析

刘建明　杜瑞雪

一、“吐槽”现象

根据2014年6月最近出版的《现代汉语规范词典》，“吐槽”被定义为“对认为违背常理的话语、事情等予以快速、犀利的批评”①。作为一种传播行为，“吐槽”就是为了娱乐或消遣，多指在最短时间内，对目睹发生的事件或者耳闻话语的不符合常识、逻辑、常人思维的地方，用犀利简洁的言语给予指出。从对各路明星、影视剧作、文学作品、电视新闻、综艺节目的搞怪娱乐到对日常生活、社会事件的揶揄讽刺，从在论坛、贴吧、微博等社区媒介分享“槽点”、发泄抱怨、针砭时弊到以“弹幕”的方式即时调侃，“吐槽”吸引了越来越多的眼球，成为不可小觑的一股亚文化潮流。

“吐槽”一词在我国已经得到广泛使用，但其来源仍众说纷纭，比较普遍的观点认为它源于福建闽南语方言“黜臭”(白话字：Thuh-chhàu)，后来以借用字，意为“揭人短处”，即指不给面子的反驳行为。②“黜臭”在旧时未确定汉字时常被书写为“吐槽”“吐嘈”“托臭”“thuh臭”等，后来台湾地区把“吐槽”用来取代日语的突っ込み(ツッコミ)而在汉语世界广为流传。突っ込み意为“突然遇到的事情”和“深刻地插入话语”等，用于“在谈论中对于对方所说的矛盾之处予以深刻的反驳”。突っ込み起源于漫才(日本的一种站台喜剧，类似于中国的相声)，漫才中“吐槽的”基本搞笑形式就是第一个人(“发呆役”——boke一般是傻乎乎的模样)有意无意说着荒唐不合逻辑或者痴傻的话，故意装傻、发呆和犯低级错误(比如樱木花道常说我是天才，又比如唐僧唱only you，都是boke行为)，第二个人(“吐槽役”——tsukkomi一个思路清晰的正常人)对此则马上用言语行为等来指出并纠正“发呆役”的错误，这样的一个完整过程就叫“吐槽”。而后，由于日本动漫在中国流行，所以“吐槽“也随着台湾地区的翻译散播被广泛运用各大ACG(漫画、动画、游戏)社群，如Acfun和bilibili等，并成为网络热词。③ 不过，闽南语里原本便有的“吐槽”和日文“突っ込み”本身含义并非完全一致。

“吐槽”产生的现实环境最初源自日本，多见于ACG行业，并随着ACG行业的蓬勃发展而大范围流行开来。④在新兴的动漫中，以“吐槽”为主题的动漫作品不断涌现，已经形成了“吐槽”的风气与文化。比如《银魂》中的志村新八每集都在“吐槽”。当这一词汇随日本动漫文化在我国广泛传播以后，它也开始被动漫爱好者广泛使用。

无论是词义语音的词汇结构，还是由ACG行业用语发展到现实社会中随处可见的网络

① 李行健. 现代汉语规范词典[M]. 北京：外语教学与研究出版社、语文出版社，2014：1796.

② 曹逢甫. 台湾闽南语常用词辞典网路正式版[M/OL]. 台北：台湾“教育部”出版，http：//twblg. dict. edu. tw/tw/index. htm，2011-08.

③ 佚名. 中国和日本“吐槽”用法的微妙差异[EB/OL]. http：//jp. hjenglish. com/new/p521939/，2013-08.

④ 池文汇. 吐槽语及其链接结构研究[D]. 武汉：华中师范大学，2013.

新词，由娱乐领域进入语言领域，“吐槽”都应算是一个源自日本的流行词。从现实发展来看，“吐槽”也确实充分承袭了日源“吐槽”的精髓：被动性（“吐槽”的本质是回应，即对他人的言论或行为所做出的反应）、客观性（绝大部分“吐槽”都是针对被吐槽者离谱的言行而产生）、单向性（“吐槽”不会期待对方的回应，通常都是对话的结尾，句式以反问为主，语气多为佯怒状和哭笑不得状）、简短性和易懂性。

尽管“吐槽”继承了其日源特性，但近来在中国流行的“吐槽”相对于日文，除了拆台外，还有更多的含义。从语气和态度上讲，至少存在以下“吐槽”：

一是调侃。对对方的行动或语言发出感慨或者疑问，或者不给别人面子地当面揭穿数落，表达戏谑和玩笑。比如，湖南卫视 2013 年播出《爸爸去哪儿》第一季后，收获高收视率，一时街头巷尾都在热议《爸爸去哪儿》。随着中央电视台 2014 年初曝光东莞色情业问题，网友们调侃：“（爸爸去了）东莞”，从而消解了大众媒介制造的“好爸爸”神话。同样的，在“李刚事件”发生后，网友调侃地吐槽：“桃花潭水深千尺，不及我爸是李刚”、“假如生活欺骗了你，不要悲伤，我爸是李刚”等。又如，在蛇年“春晚”中，面对主持人李咏的询问“阿姨，您退休生活还习惯吗”，蔡明毒舌调侃：“让你脸短点你习惯吗？”面对老毕的祝福“退休快乐呀，阿姨呀”，蔡明辣评：“满脸褶子还卖萌！”从而揭对方老底、拆台，极具娱乐性和喜剧性。再如，中国近几年的“神曲”层出不穷：《自由飞翔》《最炫民族风》《小苹果》……网友纷纷吐槽：“一听到这些歌曲，我的心就忽上忽下《忐忑》不安”。这些“神曲”具有强烈的节奏感，歌词内容通俗易懂，歌曲表达情感直白，甚至有“三俗”倾向，被大众吐槽调侃不足为奇。

二是指责。这类“吐槽”，是对他人的不合常理的言行或者事件本身有较强烈的反感情绪，这种情绪一般表现为抱怨、发泄不满和批评指责。相比于对“神曲”的调侃“吐槽”，大众对各类相亲节目的抨击式“吐槽”可算是来势凶猛。从《我们约会吧》到《非诚勿扰》再到《为爱向前冲》等，占据各类头版头条的，不是节目内容，而是对这些节目的批评吐槽：节目内容、形式缺乏创新；崇尚拜金主义、享乐主义，忽视情感交流，刻意制造敏感话题，盲目追求收视率；语言暴力充斥节目，贬低“真善美”的主流价值观，突破社会道德底线……对这些节目的吐槽，已经远远超出了调侃、戏谑，成为对过度张扬的拜金主义和炫富享乐主义的严厉批评指责。除了春晚节目中的吐槽桥段以外，对“春晚”本身的指责声也不绝于耳：“革新不足”“华谊年会”“歌手假唱”“魔术穿帮”“笑点欠奉”，甚至“要求问责”，各种“吐槽”火力十足，毫不留情。

三是倾诉。尽管“吐槽”给人最直观的印象是戏谑的调侃、尖刻的指责，但更深层次地，“吐槽”是一种有价值的艺术，是一种幽默深刻地表达自己观点和集体交流的方式。比如说在《最强大脑》中“中国雨人”周玮出现后，就招来正反两方面的吐槽，一种是“力挺”他、相信他能力的吐槽；另一种是否定他的吐槽，条分缕析地力证他能力造假。电视剧《楚汉传奇》在二轮播出之前，导演高希希就曾根据网友的挑刺与“吐槽”对该剧做了很重要的修改。通过发表看法、述说经历，“吐槽”本身也意味着关注：一些网站邀请网友来吐槽，凸显对网友的重视，热衷发言的网友也往往是网站追逐的对象。例如，豆瓣网通过吸引网友发言吐槽，日益成为一个重要的意见平台。

法国思想家米歇尔·福柯指出，“重要的是讲述神话的年代，而不是神话所讲述的年代”。①短短几年时间，“吐槽”从一个动漫专用词汇发展成为众口皆知的流行词汇，从单纯表示“调侃”到“指责”“倾诉”多义并存，从个人的情绪宣泄演化成全民的意见表达，其语义变化过程是由社会时代的发展决定的，符合语言自身发展规律，蕴含了深刻的社会原因：政治经济体制不断改革，消解了泛政治化的意识形态，张扬的个性和反叛的心理得到包容；社

① 转引自岳璐. 当代中国大众传媒的明星生产与消费［M］. 长沙：岳麓书社，2009：74.

会文化变迁与转型，大众文化成长成为与传统精英文化并驾齐驱的文化形态，以青年群体为主体的亚文化日益形成；网络传播技术和移动电子技术的迅猛发展为“吐槽”这种话语表达方式提供了技术支持和物质基础；同时，“吐槽”的流行也有着经济社会转型时期，生活重压之下的人们需要多元的情感宣泄方式和大众的从众心理等内在原因。

二、娱乐至死——“吐槽”的后现代精神狂欢

尽管“吐槽”的含义随使用条件和社会语境而不断变化，甚至包含了批评指责的意涵，但在我国，尤其在网络传播环境下已成为常态的“吐槽”，本质上仍不同于批判意味浓厚的新闻评论和文艺批评。“duang”“你妈喊你回家吃饭”“大家都别骂许晴的‘公主癌’了，她才46岁，还小呢！”微博里看似漫不经心的“吐槽”，实际是绵里藏针地讽刺调侃，以戏谑的方式感受生活，具有很强的随意性和娱乐性，因此，更多地应被视为一种调侃或“恶搞”意味的话语表达方式，这种对传统文化表达方式另辟蹊径的对立与解构，充分体现大众文化的后现代性。

作为20世纪60年代在西方开始兴起的一种社会理论，“后现代性指后现代社会结构的功能性转型和知识话语转向问题”。①即从强调整体和宏大叙事转向差异和解构，这种差异和解构体现在鲍德里亚“超真实、仿真、类像”的后现代解读和福柯“全景监狱”的权利系统的后现代视角里，也表现为詹姆逊对后现代的文化特性的落脚上，指出了“无深度”“去中心”和“情感无寄托”是后现代文化主要的特性。

首先，无深度感——“现代主义通过不断阐释和发掘获得审美的价值和意义，而后现代却拒绝解释，意义也不须寻找，没有隐藏在语言背后的深层含义。”②正如支付宝红包遭吐槽：“还有比春运火车票更难抢的吗？你是在说支付宝红包吗？”“手机都快戳碎屏了，一毛线都没抢着”……这种缺乏内涵的“吐槽”已经削平了文化深度，回到了浅表。其次，“精神分裂式”的语言带来了没有中心的自我。再次，情感的无寄托——后现代文化尽管会带来异常猛烈的欣喜之感，却使得感情无所寄托。人们在热议《穹顶之下》所反映的雾霾问题，赞叹柴静为此做出的努力的同时，也很快将舆论焦点转移到对宣传动因与对柴静本人的八卦、抨击和吐槽，一时间，贬损与质疑、崇拜与赞美充斥其间让人无所适从，众说纷纭的吐槽强化了乌合之众的去中心性和盲目性。

毫无疑问，“吐槽”的外在表象完全契合后现代的普遍特征，而当我们深入叩问“吐槽”的精神实质，会发现其内核在于后现代性的“精神的狂欢”。“人们沉湎于‘能指’的狂欢而放逐‘所指’的深度。文化成为没有围墙的博物馆。”③所谓“狂欢”，巴赫·金曾说：“狂欢节语言所遵循和使用的是独特的逆向、反向和颠倒的逻辑，是上下不断换位的逻辑，是各种形式的戏仿和滑稽改编、戏弄、贬低、亵渎、打诨式的加冕和废黜……民间表演中的强烈的感情表现并不是简单的否定，那里面包含了再生和更新，包含了通过诅咒置敌于死地而再生的愿望，包含了对世界和自我的共同的否定。”④

今日“吐槽”显然不能与巴赫·金笔下的节日广场、民间表演里的狂欢同日而语，而更多地植根于网络传播环境。网络媒介带来了传统传播范式的革命，以微博、微信为代表的新媒体以其开放、匿名、互动、个性、迅捷的特征为普通网民开启了吐槽狂欢的技术支持和话

① 斯图亚特·西姆著．德里达与历史的终结[M]．王昆，译．北京：北京大学出版社，2005：2.

② 潘知常，林玮．传媒批判理论[M]．北京：新华出版社，2002：356.

③ 邹怡．论恶搞：后现代的大众娱乐精神——以中国网络和影视文化为例[J]．电影评介，2011(12).

④ 转引自凌文燕．从狂欢理论的角度解读电影追星[J]．河北理工大学学报，2010(9).

语体验。然而，网络形态下的“吐槽”仍然体现了昔日节日庆典与广场中狂欢的精神特质：渴望自由表达、泛娱乐化、普遍价值规范的缺席、从众泛滥开启新的沉默螺旋。

网络媒介以其开放性、低门槛、把关人缺失等特性赋予了公众普遍的媒介接近权，“人人都有麦克风，成为总编辑”成为现实，人们得以自由表达意见，主体的意识和价值得以实现，从而开启了一场自由表达的精神狂欢。正如，以微博段子手们针对高考作文展开的一轮吐槽大战：“陕西高考作文题《给违反交规父亲一封信》，要我写肯定是这样的：老爸，请先买辆车”；“《给违反交规父亲的一封信》，他始终没有收到，因为寄的是EMS”；“辽宁高考作文题《三个人谁最有风采》，这还用说吗，肯定是手机的主人，自拍后只给自己美颜磨皮”。这些“吐槽”不仅在网民中引发热议，普通大众也兴致勃勃地参与其中，吐槽高考作文俨然已经成为每年高考期间的一道文化景观。从心理学的角度而言，在适度范围和适当时机吐槽调侃，原本就是人宣泄情绪的一种方式，偶尔为之，无伤大雅。然而，埃瑟·戴森曾经指出，“数字化的世界是一片新的疆土，可以释放出难以形容的生产能量，但它也可能成为恐怖主义和江湖巨骗的工具，或是弥天大谎和恶意中伤的大本营。”①自由的表达也强化了大众以毫无深度的文字来颠覆文化原有的定义，以恶搞视频破坏传统的道德原则，以离奇的动漫形式来满足感官的娱乐刺激，以站在道德高地贬低“吐槽”对象来获得情绪放松，以娱乐大众哗众取宠作为精神娱乐的出口。对高考作文的吐槽，带有很强非理性情绪，这种对高考作文题的过分吐槽与炒作，可能会误导高考作文命题改革，同时，也暴露出当前大众对待教育问题的理性思维缺失。人们沉浸在“吐槽”带来的精神狂欢中不能自拔，纯粹欣赏“吐槽”、享受娱乐，在从众压力下由沉默的螺旋开启了永无止境的“吐槽”的精神狂欢。可以说，“吐槽”是类似于尼尔·波茨曼笔下电视文化“娱乐至死”的又一种典型模式。

三、对抗现实——“吐槽”亚文化带来话语权革命

尽管娱乐至死的精神狂欢会造成大众理性的缺失，但通过“吐槽”这种新的亚文化形态来不断发声，开拓自己的文化领域，寻求与传统主流文化分庭抗礼的话语空间，“吐槽”也带来了新的话语权革命。

与社会中居主导地位，被社会普遍认可的主流文化相区别，亚文化是一种与主流文化处于同一共生环境的，辅助的、次要的、边缘的文化类型。一方面，从群体的角度出发，英国伯明翰学派将亚文化归纳为一个群体所接受或持有的从属性、边缘性的文化，并对英国工人阶级的青年亚文化进行了研究：青年亚文化是一种关注弱势群体的特殊文化，饱含了边缘群体对主流文化霸权的反抗。“亚文化代表着边缘群体和弱势群体如工人阶级、黑人、亚裔、女性的特殊抵抗方式，表征了一种反霸权的意识形态，惊世骇俗的风格标志着资本主义共识的破灭和瓦解。”②另一方面，在《仪式抵抗》一书中伯明翰学派认为青年亚文化是社会结构出现矛盾的产物，是为了抵抗资产阶级霸权和解决父辈文化与主导文化之间尚未解决的问题。不论是出于捍卫阶级立场，还是社会结构矛盾使然，在伯明翰学派的文化研究中，“抵抗”都是一个核心词，贯穿在青年亚文化研究始终。

反观我国现实，“吐槽”来自草根的、独立于官方与主流机构之外的声音，正代表了亚文化对主流文化主导的话语权和文化霸权的抵抗。当然，我们不能简单将“吐槽”归因为国内阶级和社会结构的矛盾激化。一方面，从网络青年自身出发，由于资历和阅历的限制不能主导话语权，但又有表达不同意见和观点的需求，仍需要一种和强势文化相抗争的渠道方式，争取自己的文化空间，所以通过“吐槽”来表达对主流文化的反叛。另一方面，自由、

---

① 转引自梁爱州. 当代中国公民网络政治参与的现状及对策研究[J]. 西北师范大学学报，2011(5).

② 周敏，杨富春. 新媒介环境与网络青年亚文化现象[J]. 新闻爱好者，2011(10).

开放、虚拟的网络媒介，为与主流文化相抗争的“吐槽”亚文化找到一个理想的“场域”，在现实社会中受限制的个人言论、主体价值观念都能够在这里得到张扬与彰显，表达出自身独特的气质风格，以这种存在来抵抗主流价值观念。网民们主动参与热点讨论、重构事件意义，消解和抗争社会主流话语所强加的意识形态，形成一股颠覆主流的亚文化。

2014年夏天，意在唤起人们对“渐冻人症”关注的“冰桶挑战”掀起了娱商两界的“大V”们的参与热潮。与此同时，网友纷纷吐槽，讽刺指责明星们更多只是忙着创意湿身、夺眼球炒作、无止境作秀：“明星冰桶玩得嗨，渐冻人依然忍受煎熬”“我爸就是渐冻人，希望不只是热闹”“冰桶挑战？不就是一场明星个人秀？！”而针对引进剧“数量限制、内容要求、先审后播、统一登记”的“限外令”，网友讽刺：“再怎么禁我都不会看国产手撕鬼子”“有时间禁海外剧怎么不想想怎样提高国产剧的竞争力！”“用外交部的话说：太天真！”吐槽直面社会“时弊”，将矛头指向主流权威，揭露主流群体对自身作为引导者的责任担当的淡忘、对普通大众文化需求的忽视，颠覆传统的话语霸权，引领大众发出反叛之声。

四、娱乐有度、适度回归——理性重塑“吐槽”

“吐槽”的对抗精神也体现了哈贝马斯公共领域研究中的“交往旨趣”：意志自由、知识民主，交往平等，信仰重塑。通过这种交往方式，解构了宏大叙事的传统文化，并通过自己的方式重新阐释出经典，体现出文化的自由与多元，从而具有一定的合理性。但由“吐槽”所引发的恶搞、无理谩骂、夸张讽刺、消极厌世，也从侧面反映出国人内心被虚无的价值观所包围，由此坠入了无信仰的精神狂欢深渊。①同时，“吐槽”之风愈演愈烈，纵观种种“吐槽”行为，“娱乐至死”的精神狂欢已成为当代社会转型过程中的一种潜在危机。正如尼尔·波茨曼所说，“有两种方法可以让文化精神枯萎，一种是奥威尔式的——文化成为一个监狱，另一种是赫胥黎式的——文化成为一场滑稽戏”。②也许，针对这种“滑稽”，理性重塑“吐槽”文化的警钟应该敲响了。

一方面，调侃、指责、倾诉的“吐槽”方式，以其易传易记、简洁精练等特点，迎合了民众对于社会万象的后现代娱乐诉求，也以其幽默诙谐的方式带领我们告别这个社会曾经有过的沉闷，使之充满生机活力。但娱乐需有度，当人们一味追求“吐槽”提供的搞笑和享受时，就会变得越来越狭隘自私和冷漠，失去对他人的关怀和同情以及对社会的责任感。

另一方面，作为亚文化的“吐槽”与主流文化的价值冲突，真实反映了当代中国青年价值观多样化、个性化的状况，而“参差多态乃是幸福之源”。如果整个社会文化系统分崩离析缺乏包容，就不能凝聚多元力量，形成有机协调的统一整体，容易造成社会的分化与不和谐。因而，“吐槽”这种亚文化应在代表边缘、弱势群体利益，站在抵抗主流霸权的立场，保持自身独立性的同时，也需要适度向社会主流文化回归，以特有的方式与其他大众文化、商业文化进行交流和对话，丰富人类文化的多元性。此外，主流文化也应采用一种平民化的视角，以一种平民化的姿态与其展开平等对话并获得“吐槽者”的集体认同。既要保护好“吐槽”的个性化的话语权，又要致力于亚文化与主流文化的整合。

弗洛姆说过，唯有当我们有能力可以有自己的思想时，表达我们思想的权力才有意义；唯有当内在的心理状况能使我们确立自己的个体性时，摆脱外在权威性控制的自由才能成为一项永恒的收获。人们通过“吐槽”，以不同的方式、不同的态度去关注社会、记录生活，是后现代娱乐和亚文化的应有之义，而能否真正收获美好的自由则在于个体能否将“吐槽”

---

① 邹怡. 论恶搞：后现代的大众娱乐精神——以中国网络和影视文化为例[J]. 电影评介，2011(12).

② 尼尔·波茨曼著. 娱乐至死[M]. 章艳，译. 桂林：广西师范大学出版社，2004：201.

的认识与行动上升到足够理性的高度。每人都有能力实现自我启蒙与救赎，在理性“吐槽”中维护个体与社会文化价值。

【作者简介】

刘建明，武汉大学新闻与传播学院教授。

杜瑞雪，武汉大学新闻与传播学院2014级研究生。

微博对政治信任的影响研究：从使用、内容和评价切入

洪杰文　庞航宇　徐开彬

一、引言

自20世纪70年代起，有关“政治信任”(Political Trust)的研究成为各学术领域的热点议题。该概念源于政治领域，通常被定义为公民对政府或政治系统将运作产出与他们的期待相一致结果的信念或信心。传媒作为现代公众获取政治信息及政治知识的重要途径，与政治信任的关系被多次探讨，其中不乏实证研究。但学者并未就此问题达成一致，传媒对政治信任的影响究竟趋于积极还是消极，不仅归因于传媒类型、接触内容、受众评价的不同，也相异于因变量的界定(政治信任的不同层次)，甚至受对象、地区、时间的影响；而作为自变量的传媒，亦被框定在报纸、广播、电视等传统媒体之中。

与之相应，人类社会已步入互联网时代，新媒体改变了原有的社会结构和交往方式，并在此基础上影响人们在政治生活中的角色和作用。而在众多新媒体平台中，微博无疑占据重要地位，据CNNIC统计，截至2014年年底，我国微博用户数为2.49亿①。从经验层面和研究层面看，作为人们获取信息的主要新媒体渠道，用户基数巨大、社交化程度极高的微博影响使用者的政治信任；但实证研究屈指可数，相关程度如何亦未确定。因此，本研究试图从微博入手，以实证研究的方法探究新媒体对政治信任的影响。

对传媒与政治信任关系的分析具有理论和实践作用：其一，以微博切入是对自变量的进一步细分和补充，新媒体与传统媒体具有不同的运作结构和媒介生态，其结论或可丰富以往研究成果；其二，互联网的出现形成了以此为依托的新的社会关系和社会运作方式，本文提出的问题是对网络时代政治形塑如何发生进行考察的构成部分；其三，在国内，微博等新媒体相异于传统媒体“宣传+市场”的媒介生态，探究此类“非政府传媒”的影响具有本土意义；其四，微博既是深具影响的舆论场，又是重要的问政平台和信息公开途径，因此本研究对政府管理和民众参与具有一定的实践启迪。

二、文献综述与研究问题

(一)传媒对政治信任的影响：积极抑或消极？

政治信任属于政治心理学的范畴，本质上是指社会大众对政治系统的合理预期以及系统回应基础之上的一种互动、合作关系。政治信任体现了政府执政的合法性或正当性，也是政

① CNNIC. 第35次中国互联网络发展状况统计报告[EB/OL]. [2015-02-03]. http://www.cnnic.cn/hlwfzyj/hlwxzbg/hlwtjbg/201502/t20150203_51634.htm.

策有效性的基础，在理论层面和现实层面都不失为一个重要问题。

学术界对政治信任予以关注起因于 20 世纪 70 年代，西方公众对政府信任程度的持续下降，以及随之而来的治理危机。这使得政治学者将研究焦点从“满意度”转向“信任度”，希望可以找寻影响政治信任下滑的因素。其中，传媒作为现代公众获取政治信息及政治知识的重要途径，被与政治信任紧密地联系起来。

1. 媒体抑郁论：传媒的消极影响

在诸多研究中，“媒体抑郁论”（Media Malaise）被认为是研究传媒与政治信任关系的最主要理论范式，强调媒体的负面报道或恶意攻击是造成公众对政府机构和政治人物不信任的关键因素。该理论最早由罗宾逊提出，他指出：公众为了解政治信息对电视产生了依赖，而电视负面、反政府的特性强化了政治冷漠，损害了民众的政治信任；其中，对电视的依赖性越大，便对政府越疏远。罗宾逊将这种由电视负面报道引发的政治疏离现象称为“电视抑郁症”。

罗宾逊的理论得到了后续学者的诸多实证验证。帕特森通过对 1960—1992 年间负面新闻的整理和解释，指出新闻工作者写作价值中含有“反政府和无政府主义”的偏见；这将进一步强化市民对政府官员和机构负面、无知、愤世嫉俗的判断。米勒等将传媒变量延展到报纸：结果表明，人们对负面报道阅读得越多，就越不会信任政府和政治人物；具有高度批判性的读者较不信任政府。卡佩拉和詹姆森用事实证明，政治新闻报道的内容激发起新闻消费者的政治冷漠和犬儒主义；媒体的使用可能造成犬儒主义的提升，造成公众对政治的冷漠与不信任。利奇特等人的研究还表明，鉴于娱乐节目中充斥着对政府、公共机构和政治人物的负面再现，依据“涵化理论”，大量收看此类娱乐节目亦会对公众的政治信任造成负面影响。

2. 相反结论的提出：无定论的相关性

随着研究的逐步深入，有学者得出了相反结论，认为传媒促进政治信任。诺里斯指出了媒体暴露有助于提升公民责任义务的观点，认为公众的媒体暴露与政治兴趣、政治知识及政治卷入感之间存在“良性循环”。

同时，研究者发现公众对媒体的认知态度和使用行为会左右对政治信任的影响。乌斯兰勒发现不同的电视节目形态对政治信任影响不同：新闻节目可协助公众参与政治，而娱乐节目、政治谈话节目降低政治信任。贝内特通过调查资料发现，公众的媒体使用和媒体认知分别影响政治信任：公民对媒体的信任程度与政治信任正相关，媒体暴露程度对政治信任无显著影响，对媒体的注意程度与政治信任呈显著正相关。国内研究者王正祥探讨了传媒对大学生政治信任的关系，其中并无发现电视存有消极影响，但阅读报刊对于大学生政治信任具有较积极的影响。

目前针对传媒与政治信任的关系，尚无定论。事实上，研究“因对象不同、地区不同、时间不同，出现了相异的结果”。在《对所有的恶意？媒体及对民主机制的公共信心》一书中，作者穆瓦和普福对媒体与公共信心的关系进行了探讨，发现不同的媒体使用分别影响政治信任的不同层次。可见，传媒与政治信任的关系或许难以得出一个普适结论；而通过引入更为细致的变量进行测量，以得出针对性与实践性兼具的结论可能更有意义。而在其中，区分传媒类型便是一个诸多研究者正在尝试的切入点。

（二）新媒体：影响政治信任的新变量

目前，世界上多数国家和地区都正在进入网络社会。以中国为例，依据 CNNIC《第 33 次中国互联网发展状况统计报告》，至 2013 年 12 月底，中国网民规模达 6.18 亿，人口普及率达 45.8%。互联网的出现改变了以往的社会关系和社会运作方式，新媒体便是社会形态重塑力量中的重要一环。

1. 新媒体：全新传播特性重塑社会形态

依靠数字技术和互联网平台，新媒体具备了相异于传统媒体的全新特性，这主要体现在传播手段、传播内容和传播效果三个方面。就传播手段，新媒体多维度传播机制区别于传统媒体的单向性；新媒体实时性的传播链条区别于传统媒体的滞后性；新媒体匿名性传播特点区别于传统媒体的公开性。就传播内容，新媒体的传播信息量繁杂于传统媒体；新媒体随意性的传播内容区别于传统媒体的目的性；新媒体综合性的传播主体区别于传统媒体的单一性。就传播效果，受众在新媒体传播中的参与程度大于传统媒体；但由于“数字鸿沟”等的影响，新媒体传播信息的曝光度和影响力不可划一而论。

从历史角度看，任何一种新媒介的广泛使用，都将在一定程度上重塑社会生态。麦克卢汉曾提出“媒介即信息”的观点，认为传播媒介的变革，本身会给人类社会带来某种信息，引起社会的某种变革。曼纽尔·卡斯特亦在《网络社会的崛起》一书中，指出网络社会改变了作为社会关系的基本结构形态，引发了社会过程的时空流动和互动多维。基于此，政治信任作为社会资本的重要组成部分，会受具有全新传播特性的新媒体的何种影响，这影响与传统媒体的作用又有何不同，值得探索。

2. 新媒体影响政治信任：既有研究的发现与空白

新媒体深刻改变了原有的社会思维方式和交往方式，并愈加成为现代公众获取政治信息及政治知识的重要途径，从而影响着民众对国家制度、政府、决策者的信任程度。梳理现有研究，新媒体可通过以下方式对政治信任产生影响：

其一，新媒体影响政治参与。新媒体在政治过程中以信息迅捷、自由和低成本的流通为基础，对公民的参与行为产生正向影响；从经验层面，政治参与过程影响认知度和效能感，从而影响政治信任。

其二，新媒体集聚群体效应。基于新媒体匿名、虚拟的特点，公民更容易聚集探讨公共话题；而“去个体化、从众、群体极化等群体心理效应促成的网络暴力与谣言中，常充斥着对政府的恶意抨击和中伤”。

其三，新媒体引发危机常态化时代。“大众传媒在风险社会中有可能成为新的风险源”；新媒体提供了非线性的信息传播路径和复杂多变的交流平台，“仅仅一个信息片段或是一个网民个体，就有可能促发一场针对政府等相关主体的、声势浩大的危机”。

最后，从本土层面，新媒体具有与传统媒体全然相异的媒介生态。新媒体与传统媒体因宣传管理和媒介特质不同而呈现出议题、内容、观点等多方面的差异性；这种“非政府传媒”充斥着公众生活又有极大地煽动性，在潜移默化中影响民众对于政府的印象。

但是，相对于传统媒体与政治信任关系的探讨，国内外对新媒体影响的实证研究屈指可数；少有研究者将新媒体纳入传媒变量，以探究新媒体与政治信任之间的关系究竟如何。在国内，仅王正祥在探究传媒对大学生政治信任和社会信任的影响时，得出“网络媒体总体使用对大学生政治信任存在消极影响”这一结果。

3. 从微博切入：探究新媒体影响

互联网发展至今，已出现了众多不同类别的新媒体。CNNIC 对新媒体进行了划分，认为目前已存在即时通信、搜索引擎、网络游戏等 17 种网络应用。在众多新媒体平台中，尤其在国内，微博客占据重要地位，其原因如下：

其一，从用户使用数量来看，微博远远领先博客、论坛等其他社会化媒体；2014 年上半年的“马航事件”和 2014 年下半年的“冰桶挑战”凸显了新浪微博作为社交媒体的快速的传播速度、深远的传播范围和积极的社会影响力①。其二，从发展趋势来看，微博的普及速度远远高于传统媒体，亦超出许多新媒体："从传播媒体的演变史看，一种传播媒体普及到5000万人，收音机用了38年，电视机用了13年，互联网用了4年，而微博只用了14个月"。其三，从传播机制来看，微博"点对点"的即时传播、叠套社会关系网络的传播和拥有关系资源"背书"的内容传播三大机制，不仅代表了新媒体传播的特点，也造就了其无处不在的影响力。

微博对政治生活产生影响，并至少在经验层面影响政治信任。周晔认为，微博为公众的意见表达开辟了新渠道，为参政议政提供了新模式，成为社会舆论监督的新平台，并形成培育公民意识的新力量。这在微博平台上不乏案例佐证：近年来的"钱云会案""抢盐风波""7·23甬温线动车事故""黄浦江死猪事件"等，皆从微博发端，且使"政府与公众信任关系破裂、互动僵滞，政府合法地位受到威胁，公信力下降"；同时，微博又是重要的问政平台和信息公开途径，"'微博问政'已成为政府发布信息、了解民意、为民服务的新载体，亦对优化政府形象、促进信息公开、提高政府公信力颇有助益"。因此通过从微博切入来探究新媒体对政治信任的影响具有一定的可行性。

(三)研究问题的提出

1. 媒介接触时间、内容及评价的影响

在以往对媒介传播效果的研究中，受众的媒介接触时间往往成为研究者最为基础、首要的测量面向；以"涵化理论"(Cultivation Theory)为例，格伯纳等学者以电视观看数量为自变量，观众认知为因变量，得出"看电视数量多的人比看电视数量少的人更倾向于按照电视叙述的方式认知世界"这一结论。这在既有的传媒与政治信任关系的实证研究中亦不例外。因循对传统媒体的相关研究，在探究新媒体对政治信任的影响时，本文提出的研究问题是：

研究问题1：微博使用时间对使用者的政治信任具有何种影响?

自20世纪70年代起，国外研究者发现，传媒造成政治信任下降的重要原因是，新闻媒体聚焦于丑闻、八卦，在报道政府机构和选举时常采取负面的、批评的、解释的报道方法，批评性报道远多于肯定性报道，从而使公众得出政治家贪污腐败以及政治过程超出公众控制的结论。由此可见，公众的媒介接触内容，亦即接触到的政治信息和政治知识，是对公众政治信任造成影响的重要因素。

影响政治信任的接触内容不仅包括与政治相关的新闻性报道，娱乐性内容同样可能产生影响。娱乐性内容的作用至少表现在两个方面：其一，尼尔·波兹曼认为，"现实社会的一切公众话语日渐以娱乐的方式出现，并成为一种文化精神，我们的政治、宗教、新闻、体育、教育和商业都心甘情愿地成为娱乐的附庸"，娱乐的内容、方式及精神正从多个角度解构包括政治在内的社会形态。其二，从微观而言，娱乐性内容中常伴随着对政治人物和政治事件的调侃取乐；娱乐性内容对政治信任的影响也已有实证验证：乌斯兰勒就发现，不同的电视节目形态对政治信任影响不同：新闻节目可协助公众参与政治，而娱乐节目、政治谈话节目降低政治信任。因此从媒介接触内容的角度，本研究提出以下研究问题：

研究问题2：微博的新闻性接触对使用者的政治信任具有何种影响?

研究问题3：微博的娱乐性接触对使用者的政治信任具有何种影响?

早在20世纪80年代，美国学者即通过经验研究发现受众的媒介信任和意识形态倾向有关。与此同时，斯蒂芬·E. 贝内特等学者发现，公众的媒体认知对政治信任有影响，公众

① CNNIC. 第35次中国互联网络发展状况统计报告[EB/OL]. [2015-02-03]. http://www.cnnic.cn/hlwfzyj/hlwxzbg/hlwtjbg/201502/t20150203_51634.htm.

对媒体的信任与对政府的信任呈正相关；戴维·A. 琼斯通过实证研究，认为公众不信任媒体的公平性，媒体自身形象较低影响了公众的政治信任。可见，受众的媒介信任和政治信任之间存在相关性。

另外，本土背景下新媒体的媒介信任更为微妙：一方面，存在大量"异质信息"的新媒体与传统媒体因宣传管理和媒介特质而呈现出议题、内容、观点等多方面的差异性，可能导致公众不同的可信度评价；另一方面，由于鼠标点击即可实现的传播速度，缺乏权威机构把关，充斥个人性的言语和偏好，微博等新媒体上出现了大量谣言，影响了用户对信息的信任程度。由此引出本文的又一个研究问题：

研究问题 4：对微博的信任评价如何影响使用者的政治信任？

2. 政治信任的不同层次

政治信任的评估与测定为政治信任研究中的重要部分且存在争议，但学者普遍认为，政治信任包含不同层次的内容。诺里斯的观点具代表性。她认为，在最高层次上，政治信任指公民对整个政治共同体即公民所属国家的态度；第二层次上，指公民对待诸如民主等政治制度的态度，也可指对待诸如议会、政府机构等国家机构的态度；最后，指公民对政治行动者即作为个体的政治家，以及具体政策的判断和态度。

在以往关于传媒与政治信任关系的研究中，尽管一些学者将政治信任同政府信任、公信力等概念混为一谈，但已经有研究细致地界定了政治信任的含义。王向民发现，当前中国政治信任呈现"U"形结构，公民在抽象的国家和具体的政策绩效方面出现信任峰值，但多不信任制度运行、官员行为和政策制定。丹尼尔·韩伦对越战时期美国媒体报道和公众政治信任进行了调查，发现公众在对政治人物、政府信心不足时，对政治制度仍持肯定态度。故有必要对政治信任进行分层次的测量。

研究问题 5：微博接触分别如何影响使用者政治信任的不同层次？

三、研究方法

(一)数据

为回答上述研究问题，本文设计了相关问卷，利用知己知彼平台进行了数据调查。调查于 2013 年 5 月 5 日至 11 日间进行，以新浪微博①的使用者为对象，通过网上邀请的方式，共得到 245 份问卷，其中有效问卷 233 份。

(二)变量测量

1. 因变量

依据既有研究，本文将政治信任具体为五个方向，即政治信任的五个层次：国家价值信任、政治制度信任、政府机构信任、官员信任和政策信任；并以这五个方向测量结果的平均值来衡量政治信任的总体情况，其计算公式如下：

$$政治信任\ T = \left\{ \sum_{i=1}^{N} \left(\sum_{j=1}^{5} T_j/5 \right) \right\} \Big/ N$$

其中，N 为样本数，$T_1 \sim T_5$ 分别代表了国家价值信任、政治制度信任、政府机构信任、

---

① 相对于其他微博客，新浪微博在用户数量、活跃程度和信息流通度上都占据优势，且具备更强的媒体属性。基于此，本文选择新浪微博的使用者作为调查对象。

官员信任和政策信任的情况。

国家价值信任(T_1)指对整个政治共同体价值的认同程度；采用3个问题进行测量：(1)我热爱自己的国家；(2)作为中国人，我为国家感到自豪；(3)我很高兴能成为国民中的一员。问题采用李克特量表，其中：非常不同意=1，不同意=2，无意见=3，同意=4，非常同意=5；T_1为几个问题得分的平均值(下同)。

政治制度信任(T_2)包括对制度本身和制度运行的信任；采用3个问题进行测量：(1)我认为人大代表对社会进步具有良性作用；(2)我希望能成为人大代表参政议政；(3)我认为中国政治体制改革进展缓慢、收效甚微。

政府机构信任(T_3)包括对政府做为的事实判断和未来预期，以及政府道义和利益维护；采用5个问题进行测量：(1)中央政府改善了国家的状况和人民的生活；(2)我所在的地方政府改善了该地区的生活状况；(3)政府有能力解决国内外遭遇的困难；(4)如果人民遇到困难，政府会想方设法帮助；(5)政府作重大决策时，会把人民利益列为第一优先考虑。

官员信任(T_4)采用4个问题进行测量：(1)政府官员守法程度高，大多是清廉的；(2)大多数官员都有足够才干处理政务；(3)政府官员能保障大多数人及弱势群体的利益；(4)政府官员善于并及时吸纳民众意见。

政策信任(T_5)包括政策的指定、执行和成效三个方面，通过6个问题进行测量：(1)近年来国民经济快速发展，家庭收入增加、生活质量提高；(2)公民的私有财产得到了较为完善的保护；(3)近年来，就业形势逐步改善，社会保障体系不断完善；(4)政府对突发事件的处理迅速有效；(5)政府在施政过程中做到了公开透明；(6)政府对舆论的批评建议能虚心采纳。

2. 控制变量

人口统计学变量。受此前研究的启发，一些人口统计学变量可在一定程度上预测媒介使用和政治信任；故本研究将受访者的年龄、性别、收入和教育程度控制起来。

3. 自变量

自变量描述的是微博的使用情况，其测量包括使用时间/频率、接触内容、媒体评价三个具体指标。

关于使用时间/频率，包括总体使用时间和使用频率两个指标。被访者首先回答“每周有几天使用微博”(S_1：0~7)，然后回答“在使用的那些天内，平均每天花多长时间”(S_2：半小时以下，半小时~1小时，1~2小时，2~3小时，3小时以上)。其中，对S_2的数据处理取范围两端值的中间值(0.25，0.45，1.50，2.50，3.50)，总体使用时间为S_1与S_2的乘积。

接触内容通过微博使用目的(记录生活，社交，获取资讯，获知观点，追星，娱乐，体验新生事物)和浏览/感兴趣博主类型(加V名人，意见领袖，媒体微博，政务微博，商业账号，热门话题，亲朋好友，其他普通人)两个多选题进行测量；若受访者选择，则该项赋值为1，否则为0；分为新闻接触、娱乐接触两个指标。

媒介评价包括重要性评价和信任度评价，通过3个问题测量：(1)微博是我获取新闻资讯的重要渠道；(2)微博已经成为我日常生活的一部分；(3)我对微博信息总体上持信任态度。

四、数据分析与研究发现

(一)政治信任程度测量

针对调查数据，本文对测量政治制度5个指标索引的共21个题项进行了信度检验，其中国家价值信任（Cronbach's α＝0.875）、政治制度信任（Cronbach's α＝0.732）、政府机构信任（Cronbach's α＝0.852）、官员信任（Cronbach's α＝0.898）、政策信任（Cronbach's α＝0.854）未剔除题项。在此基础上，通过公式1，得出了受访者的政治信任指标，以对微博用户的政治信任程度进行推断。具体发现如表1所示。

表1　　微博用户的政治信任程度

	均值	标准差	α
国家价值信任	3.814	0.835	0.875
政治制度信任	2.797	0.724	0.732
政府机构信任	3.259	0.692	0.852
官员信任	2.239	0.812	0.898
政策信任	2.834	0.698	0.854
总体政治信任	3.020	0.612	0.869

通过对上表进行分析，可推论出以下发现：

其一，微博用户的政治信任程度偏向负面。经过对某些题项的结果反转，21组题目皆为关于政治信任的正面评价，并采用了李氏五选项量表（其中非常不同意＝1，不同意＝2，无意见＝3，同意＝4，非常同意＝5）进行测量。参照上表中数值，政治制度信任、官员信任和政策信任都跌破3分值，呈现出消极、负面的政治信任；总体政治信任为3.02，仅仅表现出“无意见”的中性趋势，在一定程度上体现了政治冷漠。

其二，微博用户的政治信任呈现出“U”形的结构分布，对政治信任的不同层次表现出高低不同的信任程度。其中，用户在抽象的国家价值（M＝3.814）和政府机构（M＝3.259）方面，表现出较高的政治信任并达到两个峰值；而对政治制度（M＝2.797）和政策（M＝2.834）的信任程度较低；对官员（M＝2.239）的信任程度更是处于最低点。这也与王向民对中国政治信任结构性分布的研究发现相似。

（二）自变量与政治信任的回归分析模型

本文以受访者的政治信任指标为因变量，以微博使用、接触内容和微博评价为自变量，并控制住了人口统计学变量，建立多元线性回归模型，以探讨微博对使用者政治信任的影响。具体发现如表2所示。

表2　　微博使用、接触内容、媒介评价与政治信任关系的回归分析

	总体政治信任	国家价值信任	政治制度信任	政府机构信任	官员信任	政策信任
微博使用						
使用时间	-.068	.077	-.079	-.040	-.130*	-.118
使用频率	-.236**	-.239**	-.199**	-.177**	-.150*	-.191*
微博接触内容						
新闻性接触	-.034	.005	-.017	-.021	-.023*	-.130*
娱乐性接触	.097	.037	.028	.080	.131**	.121*
社交化接触	-.089	.013	-.054	-.100	-.148**	-.078

续表

	总体政治信任	国家价值信任	政治制度信任	政府机构信任	官员信任	政策信任
微博评价						
重要性评价	-.062	-.077	-.084	-.044	-.034	-.007
信任度评价	.057	.027	.041	-.008	.092	.075
人口学变量						
性别	.117*	.089	.076	.109*	.081	.125*
年龄	.051	.001	.020	.104	.052	.037
学历	.132**	.123*	.146**	.147**	.070	.049
收入	-.298**	-.268***	-.314***	-.247***	-.181**	-.176*
R^2	.245	.144	.219	.162	.179	.204

注：(1)表格内为标准化回归系数；(2) $P^{***}<0.01$，$P^{**}<0.05$，$P^{*}<0.1$.

多元线性回归模型显示，人口学变量当中多个选项较为显著地预测政治信任程度。其中，收入水平对政治信任以及政治信任的五个层次皆具有显著的负面影响，收入越高的人政治信任程度越低。学历也是较为显著的预测因素，对总体政治信任以及国家价值信任、政治制度信任、政府机构信任具有正面影响，即学历越高的人政治信任程度也越高。性别不是具备高显著性的预测变量，对总体政治信任、政府机构信任和政策信任的影响相对显著($P<0.1$)，男性倾向于对政治的不信任。年龄对政治信任及各个层面的影响不显著。

对微博的总体使用方面，相对于微博的总体使用时间，使用频率是政治信任的显著性预测变量。参照回归分析结果，微博使用频率对总体政治信任、国家价值信任、政治制度信任、政府机构信任和政策信任皆具有显著的负面影响($P<0.05$)，对官员信任的负面影响较为显著($P<0.1$)；用户的微博使用频率越高，越倾向于更低的政治信任，任何一个层面皆是如此。微博的总体使用时间对各因变量的影响不显著，仅对官员信任具有负面影响($P<0.1$)。

微博接触内容对官员信任和政策信任具有显著影响，对政治信任的其他层面影响不显著。其中，新闻性接触对两个因变量具有负面影响，在微博中接触越多，新闻资讯及意见观点的用户越倾向于对政府官员和政策抱有不信任；娱乐性接触具有正面影响，接触娱乐信息越多、抱有娱乐目的越大的用户具有更高的信任度。同时，综观整个回归分析模型可发现，尽管未必具备显著性影响，但新闻性接触对政治信任及其大部分层次(除却国家价值信任)负相关，娱乐性接触对政治信任及其诸多层次普遍呈现正面影响。

与既有研究不同，在本研究的回归分析模型中，媒介评价并非一组具备显著性的预测变量。尽管对微博重要性给予较高评价的用户具备较低的政治信任程度，但相关性并不显著；对微博的信任程度分别不同影响政治信任的各层次，但也不具备显著性。

五、结论与讨论

(一)本文的主要结论

1. 政治信任的测量与微博使用者的信任状况

围绕政治信任的研究主要集中在政治信任的评估与测定、政治信任的起源两个方面。本文因循诺里斯的观点，将政治信任划分为国家价值信任、政治制度信任、政府机构信任、官员信任和政策信任五个层面，并由此对微博接触者的政治信任进行了测量。

本文发现：一方面，微博接触者的政治信任呈现出消极、负面和冷漠的偏向，总体信任及多个层面的信任状况皆不乐观；另一方面，微博接触者的政治信任呈现出"U"形的结构分布，针对不同层次表现出高低不同的信任程度。

2. 人口学变量为政治信任的显著预测因素

在多元回归分析的基础上，本文探究了微博使用、接触内容和媒介评价对政治信任的相关性影响。作为控制变量的人口学变量对政治信任具有较为显著的预测作用。收入与政治信任呈显著负相关；高学历者的政治信任较高，在抽象层面(国家价值、政治制度)更为明显；男性相较女性表现出更低的政治信任。

3. 微博使用、接触内容和媒介评价的不同影响

本文的研究问题都获得了有价值的答案。自"媒体抑郁论"这一重要理论范式提出以来，关于媒体对政治信任的影响效果一直争论不休。作为将新媒体引入研究框架的实证研究，本文发现微博的总体使用对政治信任具有负面影响。同时，相对于总体使用时间，接触频率对政治信任的影响更为显著：用户的微博使用频率越高，越倾向于更低的政治信任；于任何一个信任层面皆是如此。

微博接触内容的影响或许不如总体使用显著，但仍得到了有趣的结果：与政治信息和知识关联紧密的新闻性接触对政治信任具有消极影响，尤其作用于官员信任和政策信任两个层面；与娱乐化解构和"准社会交往"相关的娱乐性接触则与政治信任呈现正相关，验证了乌斯兰勒提出的内容因素的不同影响。

与本文预测相反，媒介评价并非影响政治信任的显著性指标。可能原因是：一方面，相对国内"宣传+市场"的传统媒体生态，微博是为数不多的异质信息提供媒介(对重要性指标的李氏五选项测量中，$M>3.77$)，"使用与满足"效应弱化；另一方面，尽管公众对内容真实度存疑，但高频率接触仍会产生潜移默化的影响。

4. 微博对政治信任的影响是多层次的

除却政治信任的多层次结构现状，微博使用、接触内容和媒介评价对政治信任具有多层次的影响：对不同层次的政治信任，影响力(P)和相关关系(β)皆存在差异。政治信任呈现出的"U"形结构或恰是微博的影响效果之一。这种分层次的影响不仅是对过往研究的验证，在实践层面亦具有借鉴意义。

5. 面对微博影响的政府应对

微博是重要的舆论场和问政平台，微博平台上的消极政治信任具有警示意义。微博总体使用和新闻性接触的负面影响都在一定程度上表明，相对政务微博传播的信息公开与宣传努力，异质信息的影响力或许更强。对政府而言，应在厘清微博影响的基础上，调校微博监测和管理思路、拓宽政务微博传播内容及路径、平衡传统媒体与新媒体关系，以期趋利避害，改善政治信任的状况。

(二)研究的不足与展望

作为探索性将新媒体纳入研究框架的实证研究，本文在变量测量方面可能存在偏差；同时，由于样本数量和抽样方法的限制，本研究的回归方程解释力偏弱，发现和结论可能有失精准。

在以后的研究中，政治信任的不同层面都可以深入探索(如政治制度信任与意识形态、社会思潮相关)；微博接触者的不同行为(如评论、转发等)影响信息的传播路径和效果；微信等移动媒体也是探究新媒体的切入角度。这些都可在以后拓展完善。

【参考文献】

[1] Easton David. A Systems Analysis of Political Life[M]. Chicago: University of Chicago Press, 1965.

[2] Robinson Michael J. Public Affairs Television and the Growth of Political Malaise: The Case of the Selling of the Pentagon[J]. American Political Science Review, 1976.

[3] Patterson Thomas E. Out of Order[M]. New York: Vintage Books, 1994.

[4] Miller Arthru. Type-set Politics: Impact of Newspaper on Public Confidence[J]. The American Political Science Review, 1979: 67-84.

[5] Norris Pippa. The Virtuous Circle: Political Communications in Postindustrial Societies[M]. New York: Cambridge University Press, 2000.

[6] 陈力丹. 新媒体对社会交往模式的影响[J]. 新闻前哨, 2012(6): 8.

[7] 张明新. 互联网时代中国公众的政治参与：检验政治知识的影响[J]. 中国地质大学学报, 2011 (11): 49-57.

[8] 喻国明. 微博影响力发生的技术关键与社会机理[J]. 新闻与写作, 2011 (10): 64-66.

[9] 周晔. 微博的政治功能分析——基于政治参与的视角[J]. 唯实, 2011 (5): 47-50.

[10] 曼纽尔·卡斯特. 网络社会的崛起[M]. 夏铸久, 等译. 北京: 社会科学文献出版社, 2006.

[11] Zhao Yuezhi. Media, Market, and Democracy in China: Between the Party Line and the Bottom Line[M]. Urbana: University of Illinois Press, 1991.

[12] 程竹汝. 政治信任研究：三个基础性问题[J]. 中国浦东干部学院学报, 2009 (7): 51-53.

[13] 马德勇. 政治信任及其起源——对亚洲8个国家和地区的比较研究[J]. 经济社会体制比较, 2007 (5): 79-86.

[14] Hibbing John R., Elizabeth. Theiss-Morse, Congress as Public Enemy: Public Attitudes toward American Political Institutions[M]. New York: Cambridge University Press, 1995.

[15] Hetherington Marc J. Why Trust Matters: Declining Political Trust and the Demise of American Liberalism[M]. Princeton: Princeton University Press, 2005.

[16] Delli Carpini Michael X. Mediating Democratic Engagement: The Impact of Communications on Citizens' Involvement in Political and Civic Life[J]. Handbook of Political Communication Research, 2004.

[17] Cappella Joseph N., Jamieson H. Kathleen. Spiral of Cynicism—The Press and the Public Good[M]. Oxford: Oxford University Press, 1997.

[18] Lichter S., Amundson D. Images of Government in TV Entertainment[M]. Washington, DC: Center for Media and Public Affairs, 1999.

[19] Patrical Moy, Michael Pfau. With Malice toward All? The Media and Public Confidence in Democratic Institutions[M]. Westport: Connecticut, Praeger, 2000.

[20] Bennett Stephen E. Video-Malaise Revisited—Public Trust in the Media and Government[J]. The Harvard International Journal of Press/Politics, 1999(3): 8-23.

[21] 王正祥. 传媒对大学生政治信任和社会信任的影响研究[J]. 青年研究, 2009 (2): 64-73.

[22]牛静. 传媒与政治信任之关系的研究现状及展望[J]. 国际新闻界, 2012 (1): 54-59.
[23]冯思婧. 新媒体与传统媒体比较研究[J]. 忻州师范学院学报, 2012 (8): 117-119.
[24]马歇尔·麦克卢汉. 理解媒介: 论人的延伸[M]. 何道宽, 译. 北京: 译林出版社, 2011.
[25]罗伯特·帕特南. 使民主运转起来[M]. 王列, 赖海榕, 译. 南昌: 江西人民出版社, 2001.
[26]黄河. 政府新媒体传播——直面新媒体带来的挑战与机遇[M]. 北京: 光明日报出版社, 2012.
[27]姜红. 风险社会的公共安全与媒体责任[J]. 新闻战线, 2007 (3): 16-18.
[28]陆晔. 媒介使用、媒介评价、社会交往与中国社会思潮的三种意见趋势[J]. 新闻大学, 2012 (6): 63-72.
[29]陈家鞠. 对政治信任相关问题的探索与思考[J]. 东南大学学报, 2012 (6): 40-44.
[30]刘晓亮. 近年国内网络舆论危机研究综述[J]. 中国公共安全, 2012 (3): 83-87.
[31]韩红星. 政务微博影响力的消解——基于传播噪音的研究[J]. 东南传播, 2012 (7): 29-33.
[32]石长顺. 新媒体语境下涵化理论的模式转变[J]. 国际新闻界, 2008 (6): 56-59.
[33]Sabato Larry. Feeding Frenzy, How Attack Journalism has Transformed American Politics[M]. New York: Free Press, 1991.
[34]尼尔·波兹曼. 娱乐至死[M]. 章艳, 译. 桂林: 广西师范大学出版社, 2004.
[35]Gunther A. Attitude Extremity and Trust in Media[J]. Journalism Quarterly, 1988: 279-287.
[36]Jones David A. Why American don't Trust the Media: A Preliminary Analysis[J]. The Harvard International Journal of Press/Politics, 2004(2): 60-75.
[37]肖珺, 庞航宇. 微博自净功能与辟谣模式选择研究[J]. 现代传播, 2012 (8): 138-139.
[38]Norris Pippa. Critical Citizens: Global Support for Democratic Governance[M]. Oxford, Oxford University Press, 1999.
[39]王向民. U形分布: 当前中国政治信任的结构性分布[J]. 中国浦东干部学院学报, 2009 (4): 69-72.
[40]Hallin Daniel. The Media, the War in Vietnam, and Political Support: A Critique of the Thesis of an Oppositional Media[J]. Journal of Politics, 1984(1): 2-24.

【作者简介】

洪杰文, 武汉大学新闻与传播学院副教授。

庞航宇, 中国人民大学新闻学院2013级硕士研究生。

徐开彬, 武汉大学新闻与传播学院教授。

“二分法”政治与网络中的冲突性事件传播①

乔同舟

随着 Web2.0 时代的到来，网络公共领域之说在学界开始流行②，一些学者认为，分权、开放和便捷的互联网促进了信息传播的民主化，创造了公民对政治和社会问题展开对话的公共领域。但“韩寒代笔”事件等经验事实却在提示，网络传播似乎没有消解社会冲突，反而加剧了视异见者为异端的“二分法”政治。那么，对“网络公共领域”的乐观是否有些过度？社会化媒体营造的网络环境，究竟是各群体民主参与、理性协商的公共领域？还是充满着对立、割裂和敌视的“二分法”政治的舞台？本文试图通过对冲突性事件在网络上的传播过程及相关讨论的研究，回应上述问题。

一、“二分法”政治与“他者化”建构

萨义德在《报道伊斯兰》中揭示：西方记者和专家对伊斯兰世界的报道和理解，存在着严重的东/西二元对立(Binary Opposition)和过分简化行为，将原本多元、异质、繁复的伊斯兰，加以扁平化、同质化，甚至浅薄化、标签化和妖魔化。报道中的伊斯兰和世界其他地方，被“他者化”，西方记者无视历史与现实的复杂性，以刻板印象的方式来勾勒他者，据以形成政策或对策，并采取具体的行动，展示出“武断的自信”。普拉桑·桑沃卡也认为，在民主、多元文化和民族主义的规范话语之下，存在着一个物化于“我们—他们”关系中的二分法(Dichotomization)话语网络，它以物质和心理因素为基础。借由辨识差异进而建构“差异”，某些人或团体被设定为“他者”，他们被以某种公约的、评价的形式加以标签或命名。“他者”(other)主要由占据优势地位或者掌握主流话语的机构界定——主要是媒体。某种意义上，“二分法”是拥有话语权和再现工具的一方对另一方的“歧视”。因为这些差异被突出的同时，也预设了正常与异常、主与从、可接受与不可接受的区分，一旦这种二元对立形成，就被约定俗成且不易改变。这种刻板印象化的操作同时也是封闭而排他的，所有无法归类的或是介于中间的都会被刻意忽略或排除。这种二分法的话语模式，在政治哲学上典型的理论模型就是施米特的“敌/友”模型。

以上对于“二分法”政治和他者建构的研究，主要以大众媒体为对象。作为现实世界投射的网络空间又是如何呢？华莱士和桑斯坦的研究表明，网上群体的聚合是基于一种趣缘关系，当志趣相投的人在一起讨论政治议题的时候，会出现“向边缘移动”的现象，即同类观点的相互加持和从众心理的作祟，可以加速讨论向某一极端分化，是为“群体极化现象”。在此氛围中，有节制的声音往往被淹没。另一关于网络讨论的著名观点是“戈德温法则”(Godwin's Law)：当一场在线讨论不断延展时，参与者把异见者或其言行与纳粹主义类比的

---

① 本研究系中央高校基本科研业务费专项资金资助项目“网络环境下的社会冲突事件传播研究”(项目编号：2014RW010)阶段性成果。

② 作者以“社会化媒体 & 网络公共领域”为主题在知网上搜索(截至 2015 年 3 月 20 日)，获得 154 篇研究论文，其中基础研究 93 篇，大多数研究对网络公共领域持积极乐观态度。

概率会趋于100%①。胡泳的研究也发现，由于大量潜水者——沉默的大多数的存在，网络讨论的态度，往往只是嗓门较大的少数人的态度。按以上观点，网络讨论既缺乏理性，对立倾向明显，也不能反映网民合意，协商的、理性的公共领域是否可能？社会冲突事件和话题，本身既有利益冲突和立场对立特征，这是否进一步强化了"二分法"的政治？

普拉桑·桑沃卡认为，"二分法"是探究与辨别群体观念和群体意识的关键工具，它反过来有助于理解新闻业，并为为何社会中的"他者"被报道或者不被报道提供解释。那么作为一种研究视角和工具，"二分法"是否也有助于我们理解社会化媒体空间里，为什么本该是严肃的公共讨论会演变成情感宣泄、集体声讨甚至相互谩骂？

二、研究方法

本文使用的研究方法为话语分析(Discourse Analysis)。作为方法的"话语分析"，强调话语实践与社会语境的关系，旨在通过对话语及其结构进行分析，以探究其背后的意识形态，以及两者之间的互动关系。本文将以近年来影响较大的"临武瓜农与城管冲突中死亡"事件为典型案例，做深入的文本细读，剖析冲突性事件在网络传播中的话语方式，借以考察网络公共讨论的特征与问题，以及话语实践背后的社会语境。

由于新浪微博是推进该事件发展演变的舆论主场，本文以新浪微博文本为主要考察对象。另外，意见领袖在微博舆论演变中起着主导作用，鉴于此，本文将以筛选的精英"大V"的热门微博(高转发率和高评论率)，作为分析的主要文本，同时结合网友的转发评论和相关媒体报道进行综合分析。文本收集时间截至2013年8月5日。

三、案例分析

2013年7月17日上午，湖南临武县瓜农邓正加和妻子黄细细在县城文昌路桥头卖西瓜，其间遭受城管局工作人员盘查，双方发生冲突，邓正加死亡。此事经网友在微博披露后，遂成舆论焦点；18日凌晨又发"抢尸"风波，导致事件升级，引发网络舆论近一月的关注。舆论压力之下，事件得以解决，家属获赔89.7万元，尸检证明邓正加系外力作用诱发脑部畸形血管破裂出血死亡，四名涉案城管被判刑。回顾该事件的网络传播过程，其中的"二分法"政治值得思量。

1. 情感动员："我们"的集结

事件发生后，有网友发微博并配图片称，邓正加被临武城管在暴力执法中用秤砣打死，老婆被打住院；事件遂在网上发酵，微博被广泛转载，"秤砣死"之说流传。当天下午，临武县政府网站通稿称，邓正加系与城管发生争执中"突然倒地死亡"，属意外。官方通稿与网上说法和家属采访的大相径庭，瓜农倒地惨死的震撼图片，被曝光城管证照的特写，进一步点燃了网友的激愤与同情，有关事件的消息和图片迅速成为热门微博，媒体纷纷跟进。而随后的抢尸事件进一步激化了矛盾，"抢尸"的微博报道(配有群众受伤图片，但并无一张抢尸照片)在网上传出之后，群情激奋，纷纷要求"县五套班子撤职"，"县长和书记下台"，很多"大V"也加入声讨或声援行列。

从事件的传播轨迹来看，"秤砣死"和"抢尸"成为引爆网友情绪的两个关键点，而有关瓜农被打致死和抢尸的图片则成为网友传递愤怒和同情的介质，事件迅速由个人事件演化为

① 胡泳. 中国式辩论中的"文革法则"[N/OL]. 经济观察报，2012-03-02，http：//www.eeo.com.cn/2012/0302/221863.shtml.

公共事件，以往有关平民离奇死亡的事件如“躲猫猫死”“喝凉水死”等以及城管殴打平民的事件如“天门城管打死魏文华”等公众记忆被调出，因为同情而站在受害者一方的“我们”开始集结。下面就几则热门微博做具体分析。

在“瓜农事件”传播中，被转发转载最多的微博是LCP在18日发的《瓜农的中国梦》——“这个叫邓正加的瓜农，住在临武的山上。他不过是想把瓜种得甜一些，收获多一些，快快地把西瓜卖完了，好赶回家吃饭。这是他的中国梦。……你最好先保护好一个瓜农的梦，我们才坐下来谈谈什么是中国梦。”①这篇长微博中，作者把中国梦的宏大叙事和瓜农卑微的生活嫁接，把城管的凶恶残暴，和日本鬼子、黑社会等类比并对比，矛头直指城管制度的荒谬。该文引起网友强烈反响和应和。随后LCP因此遭新浪删文禁言，更加刺激了网友的反抗，接力传播该文，持续舆论施压。

另一获得高转发率的是MF在19日的微博——“看到在路边卖瓜的，方便的话就买个瓜吧，让他们早点卖完回家，或许就能，多活一日。”这短短的有些无奈、心酸而温暖的一段话，加上羊驼配图隐喻，十分形象地传达出很多人对瓜农遭遇的愤怒和无力感，唤起大众的共鸣。

再看一条广为传播的微博——“【儿子在保家卫国父亲却被城管打死】据人民论坛网河南频道：临武县被城管打死的瓜农二儿子在部队当兵，现在还没能赶得回来。PS：如此鲜明的反差，不知道身为军人的儿子回来后作何感想？儿子献身祖国，保卫边疆，却保不住自己老父亲的生命，甚至连尸体都保不住！天理何在？@袁裕来律师@章立凡”。这条微博在事发第三天发出，把父子做了鲜明的对比，配图是父亲死亡，家属受伤和一张军人扛枪英姿的对比。强烈的反差所暗含的讽刺与悲情，又引发了新一轮的舆论热潮。

通过这些饱含共同情绪的情感话语的动员，网民们的集体认同感开始形成。情感汹涌之下，立场变得似乎越来越重要，站在瓜农这边和“我们”一起声讨政府成了大多数人的选择，对事件中的一些关键细节却缺少追问。比如，瓜农女儿邓艳玲微博话语的真假问题。邓在19日晚即在新浪开通微博并加V，且传了身份证照。当晚发的第一条微博，就因为“感谢政府”而引起轩然大波，很多网友怀疑家属被警方胁迫。对此，邓艳玲在接受成都电视台采访时曾声称“‘感谢政府’微博是我发的”。但20日晚，她给《法制晚报》记者打电话又称“感谢政府”微博是被人操纵。到底是邓家为推动事件进展而无奈撒谎，还是政府对家属施压并操纵微博？无疑是个重要问题，但很少有人和媒体关心。

林育沁研究发现，媒体大众形成了一种批判性的畅所欲言的实体存在——公众同情。公众同情作为一种新的影响深刻的道德和政治权威，会影响司法判决。这在瓜农事件的网络传播中也得到了部分印证，情绪、意见远多于事实分析，呼吁、煽情比说理更能影响民意、施压政府。正是基于“我们”的同情和不断施压，促使着政府尽快作出反应——调查真相、赔偿家属、惩罚凶手、安抚民心。不同的是，这一场情感舆论的推动者，不是大众媒体，而是微博精英和广大网民的合力。某种意义上，这种同情源于公众在日常生活中耳闻目睹或亲身经历的各种不公或者利益受损的积压，是现实中官民矛盾的情感投射，而这种冲突性事件提供了一个释放的机会。

2. 成见与标签：不透明与不可信的“他们”

在“瓜农事件”的传播中，最耐人寻味的是，很少有政府方面或当事城管的声音。几名打人城管，自从事件发生之后就从公众视野消失，为什么要动手打人？是否用秤砣击打头部？是否叫嚣过“要打就打死”？没有来自打人者本人的采访和说法。政府声音主要通过通

① 本研究提到的文本均来自作者在线参与式观察的截图，按照惯例对微博作者姓名做了适当处理，下文不再说明。

稿、发布会、发言人等官方形式发布，缺少互动性或低姿态的亲民沟通形式。在媒体和微博上，政府展现更多的是不为民众理解的行动——从记者和大V的描述中，我们看到的是：城管蓄意杀人；警察200人全副武装抢尸，殴打手无寸铁的村民；政府威逼利诱家属尽早埋葬瓜农；家属微博被操纵，政府删帖；政府主导尸检，结论有猫腻。只采取各种方式息事宁人，不积极主动沟通，不事先解释官方的行动和措施，其结果是，让事件过程变得更加不透明，强化了民众对政府的成见，待到舆论蜂起之后再穷于应付，为时已晚。以抢尸事件为例，"抢尸"发生在18日深夜，在网络疯传警察抢尸打人10多个小时之后，县长才在当日下午的发布会上做出回应，称警方是"协助运尸"，因为尸体在原地停放久了会"影响群众正常生产生活"，也是"对死者的不敬"，而且这是"征得家属同意"的。这个解释也有一定合理性，因为如果真的要抢尸，尸检就更难让人相信——当然官方的真正用意是担心尸体留在原地事态扩大，防止家属藉尸抗争。回应随即遭到了强烈反击，网友们认为"协助运尸"之说荒谬，在愤怒之下，有黑客攻击临武县政府网站并留言："多行不义必自毙!"县长简历被改为"维稳学硕士学位"。更有网友挖出临武县级领导28名，8名副县长严重超标的丑闻。

于是，一种怪象诞生了——现实中强势的政府，在网上却失去了话语权。按照网民的"二分法"，政府被他者化为"欺压良民、包庇凶手"的敌人，对他们所说的任何话，也一概不信，因为他们"一贯如此"——既有的对政府的成见开始发挥作用。而成见的特点是，先于理性被投入应用，在我们所意识到的信息尚未经过我们思考之前就把某种性质强加给这些信息，在获取证据时，它会给证据打上自己的烙印。对政府的这种成见根植于民众日常经验的累积。拿城管冲突案例来说，据《南方周末》统计，自2000年以来媒体广泛报道的16起公民在城管执法中死亡的案例，仅5起追究刑责，其中4起以故意伤害罪起诉，无案例以故意杀人罪起诉；而尸检报告中有"因外力诱发××病发作而死亡"判断的，城管承担的刑责往往较轻①。而另外一面则是，小贩杀死城管，基本上判处了死刑。网友不相信政府，并近乎偏激地借助舆论向政府施加压力，正是基于这种经验和担心。

在愤怒的情绪和既有的成见支持下，政府及其相关方都开始变得不可信。7月31日，最终的法医鉴定结果"邓正加系外力作用诱发脑部畸形血管破裂出血死亡"出来后，公众同样选择了不信任，认为政府在继续包庇糊弄，玩文字游戏，中山大学医院的医生则没有良知——"官方推卸责任的手法炉火纯青，新词层出不穷"，"尸检报告中'诱发'一词，透出一股无耻气"；"很明显，法医的结论是为了把人绕晕而商量了很久的结论"；"编编编，继续编，真动听，真好听~去你X的法医，公信，公平，公正，真心对你们失望透顶了，对政府也是"。但为什么结论错误不可靠？为什么有假？却很少有人去深入分析。理性话语稀少的同时，是标签性话语的流行。在本次事件中，网友主要采用了两种贴标签的方式。一种是给对方贴上负面标签，塑造成"我们"共同的敌人。临武政府被贴上了"官官相护"和"黑暗"的标签；而替政府说话的，一律被贴上"五毛党"的标签。甚至，"感谢政府"微博风波后，知名评论人认为事有蹊跷，家属有消费舆论之嫌时，迅即遭到多人围攻，被冠以"五毛"。而第三方机构的法医，也被贴上了"砖家"和"无良医生"的标签。另一种是与官方争夺事件的命名权和解释权。针对官方的"突然倒地死亡"，提出"秤砣死"，以"抢尸"对抗官方的"协助运尸"，"感谢政府"微博也被赋予特殊含义，即暗示被挟持和封口。贴标签体现了一种单向"命名"的权力关系，通过把负面的标签加诸他者身上，或者赋予特定标签以负面含义并不断传播，可引致典型的"污名"效应，降低他者的话语效力。立场分明的标签简化了事实的复杂性，同时放大了事件的冲突性和话题性，易于吸引舆论关注，在这个意义上，它是底层民众进行抗争的有效手段，但却是以牺牲理性和加剧偏见为代价的。

---

① 刘俊."因公"犯罪的刑罚尺度 城管致人死亡案怎么判[N/OL].南方周末，2013-10-17，http://www.infzm.com/content/95113.

值得关注的是，被“他者化”的临武政府，虽然在网络舆论中缺少声音，显得被动，但在现实中却积极调动资源，强力维稳。一方面，迅速表态承诺处理，成立调查组，免职主管领导，查办涉事人员；另一方面高额赔额，处理遗体，安抚并施压家属。息事宁人、让舆论迅速降温成为首要目的，至于程序是否合理，究竟孰是孰非，都不重要。比如，家属被赔偿89.7万之后，有网友质疑，这么多钱，由纳税人买单，是否合理？赔这么多，标准是什么？是否等于承认了责在城管？没有积极回应。网友追问的最能澄清问题的事发现场录像，到底没有公布。整个事件过程中，始终没有建立起和民众有效沟通的渠道。既惧怕和民众交流，又常常被民意绑架，事件的解决和赔偿的多少都根据舆论声势大小而定，也就成了当前基层政府的惯常做法。基层政府这种维稳思路，被学者称为“议价的威权主义”，其中，“抗争行为后的讨价还价”是其核心机制。用金钱或其他物质好处平息群体性事件，政府通过物质好处换取了民众的服从，从而避免了更大的政治危机。民众通过发起群体性事件或制造“社会不稳定”，为自身赢得了争取物质好处的筹码。在这样一种近似于买卖的交换关系中，政府与民众各取所需，从而形成了一种非零和博弈，但实际上，它加剧了事件过程的不透明性，“会破坏全社会的是非观、公正观等价值理念，在道德正义上削弱了政府形象，非但不能促进社会公平，反而加速了社会秩序和价值的失范”。而这，势必进一步固化了民众对政府的成见，加深了双方的裂痕，也让维稳成本变得更高。

四、结论与讨论

通过对“瓜农事件”网络传播中微博讨论的话语分析，本文研究发现：

冲突性事件的解决，依赖的是网络上“二分法”政治的舆论压力，而非公共领域的对话协商。通过情感动员、成见固化、贴标签等策略，“二分法”政治放大了事件的冲突性和话题性，从而获得了强大的舆论关注，有效推动了事件在线上的传播及在线下的解决。

如福柯所言，话语是社会实践和社会结构的反映，网络讨论中的“二分法”政治实则是转型以来的利益分化、阶层对立和官民矛盾在网络舆论中的投射。不同的是，传统媒体新闻报道中的“二分法”话语，主要是代表主流社会对弱势群体的一种再现和建构；网络讨论中的“二分法”，则演变成了不同群体争夺话语权的主要策略，尤其是弱势群体，得以借助网络平台，对主流权力进行反向命名。这个意义上，“二分法”政治也逐渐成为底层民众进行网络抗争的有效手段，把个人的利益受损内嵌在阶层对立的社会心理结构和“仇官”、“仇富”的社会情感结构中，借助情感动员，激活人们心中的成见，通过对事件和相关主体进行标签化，可迅速地让个体事件公共化，从而引起公众的广泛关注，促进维权的实现。这可以看成是弱势群体对中国转型期社会矛盾的一种特殊回应。

研究也发现，网络空间尤其是社会化媒体弥补了传统媒体利益表达不足的局限，使得普通网民有了话语表达和情感宣泄的空间和机会，但它并没有促成理性和宽容的交流，反而助长了“二分法”政治。“二分法”政治解决的是个案，虽然在依靠舆论压力倒逼真相上有一定作用，但并没有推进类似议题的深化，反而因其敌我思维对公共讨论有一定破坏。在此层面上，本文和朱顺慈的研究结论有些接近——互联网是一个让人们表达个人意见、讨论公共话题、抒发集体情感甚至催生集体行为的公共空间，但仍非真正意义上支持理性话语的公共领域。显然，我们对互联网的估计过于乐观，技术的进化本身并不能促进理性对话，消除社会冲突。要构建真正的网络公共领域，就必须突破“二分法”政治及其背后的社会结构。

【参考文献】

[1]爱德华·萨义德．报道伊斯兰[M]．上海：上海译文出版社，2009：49-88.
[2]斯图尔特·艾伦主编．新闻业：批判的议题[C]．纪莉，石义彬，译．武汉：武汉大学

出版社，2011.
[3]倪炎元．再现的政治：台湾报纸媒体对“他者”建构的论述分析[M]．台北：韦伯文化出版公司，2003.
[4]卡尔·施米特：政治的概念[M]．刘宗坤，译．上海：上海世纪出版集团，2003：106-108.
[5]华莱士．互联网心理学[M]．谢影、苟建新，译．北京：中国轻工业出版社，2001.
[6]桑斯坦．网络共和国——网络社会中的民主问题[M]．黄维明，译．上海：上海人民出版社，2003.
[7]胡泳．众声喧哗：网络时代的个人表达与公共讨论[M]．桂林：广西师范大学出版社，2007：201.
[8]约翰·费斯克．关键概念：传播与文化研究词典[M]．北京：新华出版社，2004：85.
[9]复旦大学舆情与传播研究实验室．中国微博意见领袖研究报告[R]．2012-03-09.
[10]林育沁．施剑翘复仇案[M]．南京：江苏人民出版社，2011：223.
[11]尤陈俊．尸体危险的法外生成——以当代中国的藉尸抗争事例为中心的分析[J]．华东政法大学学报，2013(1).
[12]沃尔特·李普曼．公众舆论[M]．上海：上海译文出版社，2006.
[13]Lee, C., Zhang, Y. The Power of Instability: Unraveling the Micro-foundations of Bargained Authoritarianism in China [J]. American Journal of Sociology, Vol. 118, 2013 (6): 1475-1508.
[14]清华课题组．以利益表达制度化实现社会的长治久安[R]．领导者，2010(33).
[15]朱顺慈．YouTube与集体行为：网络视频巴士阿叔个案研究[C]//邱林川，陈韬文主编．新媒体事件研究，2011：19-29.

【作者简介】

乔同舟，华中农业大学广告与传播学系讲师，武汉大学新闻与传播学院博士生，研究方向为媒介与社会、广告传播。

网络自制剧《万万没想到》的视觉文化传播

郭传红

网络视觉文化是视觉文化在网络上的延伸，是一种日益成熟的文化现象。视觉文化这个已被遗忘的古老话题，从未如网络时代这样被重视。网络时代的视觉狂欢得益于巴赫金的“狂欢化”、巴特的“身体快感”，是从发展快速的后现代主义中独立出来的，与网络时代的极速变迁的影像相结合，呈现出网民狂欢的视觉盛宴。互联网为视觉艺术提供了最为有利的条件，网络中的各类作品，因其超媒体性而使一切语言都添加了图片、音效等艺术语言。视觉的巨大冲击、享受与追求快感成为网络时代的基本标语。这一场视觉狂欢盛宴下的文化冲击源于当下的网络时代。

一、网络时代下的“视觉狂欢”——从理性到感性

网络的产生标志一个新的时代的到来。网络以其传播速度快、信息量大且内容丰富、易检索等优势为大众所使用。21 世纪便被称为“真正的网络时代”。网络上的信息融合了文字、图片、音效多种形式，打破了传统文字媒介难以逾越的鸿沟，实现了多种意义上的媒介融合。网络媒体极大地扩宽了人类的视野，使人类的视听器官再一次得到延伸，影像洪流不断地冲击人们的生活，追求视觉快感成为人们的基本生活需求。视觉体验由最初的理性审视逐渐演变成对“视觉快感”的不断追逐，在公众的喧闹和追赶中，这一场赤裸裸的视觉盛宴便在网络时代拉开了帷幕。通过在网络中游戏的视觉狂欢、自我认同的狂欢从理性追逐走向了感性的沉沦。

(一) 网络中游戏的视觉狂欢

现实生活中，图片只能静止地立在我们面前，我们只能发挥极大的想象力去感受它。在网络中，图片却是以动态的方式呈现在网民面前，更具有动感的传播效应，极易获取网民的心。网络时代中，最直观最具有冲击的莫过于被称为“电子海洛因”的网络游戏。游戏的场景，身份的转换，把真实与假象混合起来，形成了网络媒介的视觉幻想世界。

网络游戏对于视觉效果的过分强调和叙述难度的降低使游戏参与者进入的门槛变低了，游戏也更大众化和休闲化。网络游戏以其刺激的感官体验和角色的轻松转换赢得了网民的心。这样简单的视觉传播因其海量的内容和网络技术支持，缩短了与现实世界的距离，网民在其中的喜怒哀乐尽可展现。虚拟的影像介入到人们的现实生活空间，大众通过影像仿若再现真实世界，在虚拟世界里挥洒来自游戏的视觉狂欢。大众通过复杂的游戏体验看到了自身可望而并不可及的视域，也同时造成了对人的认知的阻碍与蒙蔽，人们沉入游戏的大海，无从分辨真实的世界，使当代社会变成了一种以形象为主要构成因素的视觉社会。

(二) 网络中“自我认同”的视觉狂欢

视觉文化“与以往的传统文化形态相比，更具有主体性与参与性”。波斯特就认为，当代电子媒介是一种高度自我指涉与高度自我迷恋的媒介。网络技术为网民提供了一个虚拟的

梦幻世界，网民可以以任何自己想要的形象出现，人人都可以根据自己的喜好、需要创造出现实生活中自己所没有的自我形象，这便是对“自我认同”的建构。

视觉狂欢中，网民所追求的便是这种自我认同的快感。无论是在游戏中还是在影像中，网民都以“符号化”的面目示人，这种符号化便是来自于对本我的自我认同。从网民昵称到形象都可以按照自己的想象设置，这虚拟世界中的自我，便是在网络时代中个人对自我想象的重新再塑造。网络视频上出现的这些强烈的视觉冲击力，唤起了网民的极大兴趣，成为网民绝妙的生活乐趣，追求感官刺激，满足身心快感。

互联网最初目的为扩宽人类的事业，极大地满足人类对于知识的追逐。最初是以理性的视角去审视互联网，在获取知识之外惊叹于技术的日益精进。网络时代下，对于影像的复杂处理，使网民沉迷于网络视觉冲击中，难以区别现实与幻想，走向了感性的追逐之路。在感性的追逐下，网络视觉文化席卷了文化地域，网络自制剧《万万没想到》的成功证明了网络视觉文化的潜在价值，在感性的视觉狂欢中却凸显着视觉文化的多重价值。

二、网络视觉文化传播的成功实践——《万万没想到》“屌丝”的异军突起

网络作为一种视觉化媒体，不仅仅有摄影，还有图像、影像等数字化的操作。在网络时代，公众不仅可以随时随地与别人保持联系，更可以选择形式多样的视频，丰富了大众的文化生活，也促进了网络视觉文化的传播。互联网不仅强势整合了人际传播与大众传播，更极大地扩展了视觉文化发展空间。网络视觉文化是一种全新的视觉信息文化，是一种具有信息时代特征的新的文化模式。它不但标志着一种文化形态的转变和形成，而且意味着人类思维范式的新塑造。2013 年，网络自制剧《万万没想到》受到网民的疯狂追捧，其折射出来的网络视觉文化的力量是不容小觑的。

(一)《万万没想到》——“屌丝”文化的传播内容分析

1.《万万没想到》内容简介

《万万没想到》是由视频网站优酷与新媒体影像公司万合天宜联合出品的网络自制剧，是由新锐导演“叫兽易小星”执导，一线演员白客、小爱、葛布等人联合出演。该剧以“屌丝男”王大锤富有现实色彩的人生际遇为主线，融合职场、娱乐、穿越等多种元素。剧情搞笑、无厘头，片尾总会以主人公“王大锤”“万万没想到”的荒谬结局引爆笑点。该剧自 2013 年 8 月 6 日上线，第一季于 2013 年 10 月 5 日完结，截至 2013 年 11 月，网络累计播放量突破 2. 3 亿，被网友誉为“网络第一神剧”。

聚焦到《万万没想到》的视频文本，我们不难发现，其中的语言不乏黑色幽默，主人公“王大锤”总是以自嘲来对待现实生活中种种不公的人生际遇。“自黑”“吐槽”是该剧的主要路线，在荒谬的背后折射的是真实的社会现实，不经意之间将社会底层的现实表现得淋漓尽致。该剧将“娱乐至死”的精神发挥到了极致，结合流行的网络语言，把社会的生活坎坷演变成了黑色幽默，展现了“屌丝”阶层在社会挫折打击后的努力向上，瞬间拉近了与观众的距离。

2.《万万没想到》成功传播的内容分析

《万万没想到》每集都有独立的架构，主人公的身份从学生、演员、歌手不等，穿越古今中外，跨越艺农工商，但始终未脱离其“屌丝”性。作为大众文化在网络上的演变，网络视觉文化将“审美现实化”“形式娱乐化”演绎得淋漓尽致。荒诞而写实的剧情，一改传统电

视剧的“教条”风格，正式不足，幽默有余，拉近与观众的距离之外，更可以形成受众群体内互享，稳固受众群。

网络自制剧《万万没想到》以“屌丝”替代“精英”。透过社会现实，不难发现，“屌丝”与“精英”的距离似乎总是难以跨越。“精英”总是受人膜拜，收获美女与鲜花，而“屌丝”却总是孤芳自赏，无人识。“屌丝”如同是社会中低层社会群体的标志，是不被公众鼓励的群体，但是，现实世界里“屌丝”却远远多于“精英”。甚至在网络时代，任何被奉为“精英”的个体，都是值得尊重与发掘的。传统媒体与新媒体在内容选择上也倾向于选择“精英”作为题材，这种鸿沟在短时间内很难消除，而《万万没想到》脱离传统题材，大胆以“屌丝”立场讲述“屌丝”的故事，这种“不登大雅之堂”的作品得到观众的喜爱，是对传统影视市场的颠覆。

《万万没想到》以风格的诙谐化重塑社会现实。自广电总局相继出台了《关于加强互联网视听节目内容管理的通知》和《广播影视知识产权战略实施意见》，许多具有挑战传统意义的题材都被封杀，余下的不过是重复再重复。在深刻的社会现实背后，需要的是诙谐的社会文化。《万万没想到》以其风格的诙谐化以应对庄重的社会题材，其狂欢化特征最明显的就是风格上的大胆创新。这种浓重诙谐的“屌丝”性，在剧情的设置上深入体现。在《员工的愤怒》中，分别描述了王大锤在面试和高考的场景，在对社会现实进行深刻的讽刺后，以诙谐化引爆了笑点，展示了社会百态，解释了人性的本质。

(二)网络时代的文化延伸——网络视觉文化传播

网络自制剧《万万没想到》所取得的成功，归根结底在于其所代表的网络新文化迎合了时代潮流，巧妙应用大众媒介，将视觉文化带入大众视野，将“虚拟影像”所代表的网络视觉文化塑造成为网络时代的文化标志。

网络视觉传播凭借着其海量的尖端的网络技术支持，使精英生活表现得大众化，缩短了“精英”与“大众”的距离，造就了虚拟现实，也成功塑造了视觉文化。“视觉文化”最初是在20世纪初提出，以诠释人类文化符号表述对社会所造成的影响，在艺术领域应用广泛。在80年代后期，由于计算机技术所具备的可检索、可保存等传统媒体所不具备的特性，利用文字、图像、色彩视频效果，具有更强的表现力与张力，能够最大限度地运用技术手段，创造出生动活泼、可视性强的网络世界，给观众以强烈的视觉冲击。以视觉为主要传播符号的传播内容，通过网络进行传播，不断满足受众的视觉需要，网络视觉文化便开始形成，运用至今。

视觉文化在网络时代的传播呈现出大众化、个性化、虚拟化、数字化特征。大众传播是视觉文化生产的一个必备条件。正如尼古拉·米尔佐夫所言，“视觉文化最重要的特征之一是把本身非视觉化的东西视像化”而大众媒介以及网络技术便是其视像化的基石。① 在互联网技术的支持下，实现了对视觉文化的大量复制，跨越范围广，使每个人都成为视觉文化的传播者和接受者。《万万没想到》的成功传播得益于大众媒介，在成为传播者之后，扩大范围进而在公众中进行传播，便有了其不可超越的视频播放量，文化在不知不觉中进行交流与传播。

正是由于网络视觉文化呈现出全球化、大众化等特征，在快速发展的网络时代，其价值才真正彰显。文化的相互融合，彼此的文化借鉴，文化形态之间的相互影响，产生了文化的共生状态，而网络视觉文化更是推进了这一进程。互联网时代，如何正确的认识网络视觉文化的价值和如何趋利避害则是我们应着重探讨的问题。

---

① 王志永. 对网络视觉传播的批判性思考[J]. 传媒观察，2009(7).

三、网络视觉文化的价值分析——多种价值共存

(一)文化传播的全球化——构建和谐文化生态

互联网几乎把所有的文化形态都收归囊中，将其融进视觉文化。视觉文化与网络中的传播相比文字传播得更快速、更直观、更有吸引力，能够促使来自不同地域的人都欣赏和理解各国的文化。全球文化融合的结果就是文化氛围的再构建，和谐文化生态的不断重塑。"文化生态是指特定时期，社会文化系统中各种形态之间相互影响、相互制约、相互促进的关系"。① 视觉文化在互联网技术的不断重构中，给大众文化注入了新的内容，更适用于全球化的文化生态。

在当代网络化、虚拟化的技术条件下，图像、影像可以在原数据、原图像不变的条件下无限复制和无限扩大，将文化传递得更远、更广。就如近年来颇受欢迎的韩剧，同步、不配音、原文翻译基本上是网络韩剧的基本特征，通过网络能够及时获取最新的剧集动态。不同文化形态的相互交融，把传统文化的各种形态嫁接于视觉文化中，在继承中发展，直观而高雅，让网络视觉文化更好地服务于大众、服务于生活。

网络时代的今天，视觉文化的疯狂传播已经成为一个不争的事实，文化融合问题是关系到大众的文化环境，甚至关系到民族的文化传承。但是，不可抹杀的是网络视觉文化的传播为文化的多元化献出了力量，而以此抗衡的文化霸权也成为培育良好的文化生态的基石。良好的文化生态系统中，各种文化形态都可以相互融通，既能有文化的话语空间，又不失对其他文化的尊重，从而稳定有序地推动文化前进。

网络视觉文化将文化视觉因素与大众媒介紧密结合，将民族文化凭借着传播的优势传播到世界上的任何一个国家。大众文化的强盛与视觉文化的深入合力将文化的全球化向前推得更远，而与此同时良好的文化生态也在网络视觉文化的不断支撑下走向新的阶段。

(二)审美理念的新体系——美学观念的转变

网络的出现，不仅通过图像、视频虚拟技术等把现实非直观化，同时也模糊了现实与幻想的界限，缩小了艺术与生活的距离，让艺术在生活中得以实现。当今，精英文化所面临的挑战，是与大众文化相融合形成平等有效的互动，而不是走向极端。精英文化与大众文化的融合，也通过网络技术给予其新的现实意义。图像、视频通过虚拟技术被赋予了文化概念，使人类社会的生产方式及审美观念发生了巨大的变化。从"欣赏精英"到"接受屌丝"，从"崇拜艺术"到"重塑现实"，网络视觉文化通过视觉符号的不断调整适应于大众生活，让大众的美学观念在网络时代有了新的使命感。

网络技术赋予了视觉文化无限的生命力，从图标到图像，从微电影到自制剧，网络数据库将所有视觉性的、复杂的画面集合，再通过超文本技术的应用，更是让网络视觉信息层出不穷。网络视觉文化使得多种美学形态交织，不仅局限于艺术作品的本身美欣赏，更是深入到审美的创作过程中。网络的开放性和可交互性，使人们更执迷于感官的愉悦而摒弃相对沉重坎坷的理性理想现实。

传统美学艺术的唯一性、权威性在网络视觉文化时代遭到了巨大的冲击。网络对现实生活的重新建构和再加工，塑造不同于沉重现实的虚拟社会，为大众提供了数字化生存的新空间。网络视觉文化为公众提供了一个崭新的文化平台，现实不足，虚幻有余，却更好地将现实空间传递出新的态势。网络视听合一的新功能构建出新的文化体验，而视觉文化中特有的

---

① 吴姗姗. 网络视觉文化传播引发的危机与文化生态培育[J]. 远程教育，2011(8).

视觉元素成为美学最直接、最便捷、最有感召力的传播方式。网络技术与视觉文化的紧密结合给予大众“娱乐化”的心态，在追求视觉快感的同时，塑造出审美新体系。

（三）身份认同的新解读——自我和社会认同的满足

身份认同主要是指个体在社会中自我身份的一种认定，它包括主观上意识到的认同和体现并显示社会认同的某些客观特征，主要是在从个人和社会这两个层面进行展开。自我认同主要是“个人自我经验基础上的内在性认同”，社会认同则是“作为社会群体成员对于一定观念和情感的共享”①。身份认同本质上为个体对自身的认同感。网络视觉文化为公众提供了一种新的视觉体验，在读文化的感官旅程中融入的是对社会和自我的认同感。视觉文化体验是一种感官上的体验，它通过直观体现来呈现物质的形态，虚拟化的社会形态为公众对社会和自身的认可提供了一个平台。

在传统的大众传播中，公众往往被认为是被动的一方，但在网络中，公众拥有了绝对的主动权。在网络视觉文化中，被动地成为大幅度下降，更多的是受众基于自己的意愿主动接受文化“熏陶”，并借助网络技术深入到网络视觉文化的创造过程中，参与讨论，将自己的见解充分表达出来。而受众往往倾向于选择与自己身份相接近或相似的文化，选择性的去阅读或者倾听，在享受文化的过程中得到对自我的认同，得到心理上的满足。

网络视觉文化文本的建构中，区别于传统的文化，在对社会现象进行虚拟化的过程中，更多的是对文本的选择性接受，以显示出文化的多元性。受众在解读视觉文化的过程中也同时收获了意义与快感。视觉文化对社会现实的“再造”，不仅能够获得受众的认可，还能延伸至社会生活，足以说明受众对文化的高度认同。

四、结语

网络视觉文化凭借其海量的视频信息以及多远的文化形态，引起了受众的强烈认同，主宰了网络时代。网络视觉文化的生成，体现了受众文化个性发展的文化需求，迎合了受众的审美需要，对社会和自我的认同也起到了极大的促进作用。但是，在视觉狂欢的背后，应慎重审视网络视觉文化在带来了巨大价值的同时所起到的消极作用。

在网络传播技术的作用下，现代文化正在逐渐脱离以语言为中心的理性主义形态，日益呈现出以视觉为中心的感性主义形态。视觉文化给受众带来满足感和认同感的同时，也同样造成了受众对网络虚拟社会的过分依赖，沉迷于虚拟的网络世界而不自知。网络视觉文化由于其视觉形象的表面化、直观性和简单性，受众很容易过分沉迷于图像，而削弱了想象力，甚至抛弃沉重的现实。网络视觉文化所呈现的“娱乐至死”的态势，在娱乐化的表象下，受众越发依赖先进的技术手段所造成的视觉文化，甚至有了更高的视觉期待心理。沉迷于视觉狂欢的盛宴而不能自拔，忘却真实世界，极易造成受众对现实社会的排斥。

在网络时代的今天，网络对文化的塑造力度已远远超出想象，在正确接受网络视觉文化所带来的视觉快感时，更应以理性的态度去认识网络视觉文化。理性地认识现实，合理想象，回复和保留现实与网络的关系，赋予现实自由。“读图时代”已经来临，网络视觉文化已成为了解文化和认识文化的重要通道，在习惯于网络所构建的视觉文化的同时，应本着“真我”的精神去探索其精髓。

---

① 郑春欣. 从《万万没想到》看网络自制剧中的身份认同[J]. 传媒个案，2013(10).

【参考文献】

[1]冯奕竞．视觉文化研究新领域——网络视觉文化[J]．电化教育研究，2003(2)：13-15.
[2]钟晓媚．网络文化的特征及影响[J]．探求，2001(4).
[3]周宪．反思视觉文化[J]．江苏社会科学，2001(5).
[4]张品良．视觉文化语境下的网络狂欢[J]．江西财经大学学报，2008(6)：73-77.
[5]段晓蓉．网络传播文化：历史与未来[M]．北京：清华大学出版社，1984：122.
[6]米哈伊尔·巴赫金，陀思妥耶夫斯基．讨论中的问题[M]．曼彻斯特：曼彻斯特大学出版社，1984：122.
[7]特里·伊格尔顿．美学意识形态[M]．桂林：广西师范大学出版社，1997：1.
[8]罗钢．消费文化读本[M]．北京：中国出版社，2003：359.
[9]南帆．双重视域——当代电子分析[M]．南京：江苏人民出版社，2001：191.
[10]周敏，何谦．视觉生产的狂欢与吊诡——论网络时代的视觉文化传播的价值与挑战[J]．浙江传媒学院学报，2003(5)：41-43.
[11]吴琼．视觉文化的奇观[M]．北京：中国人民大学出版社，2005：28.
[12]海德格尔．海德格(下卷)[M]．孙国兴，译．上海：上海三联书店，1996：899.
[13]李普曼．舆论学[M]．上海：人民出版社，2002：4-13.

【作者简介】

郭传红，安徽大学新闻传播学院新闻学学术硕士。

互联网时代中国纸媒与商业网站的网络版权问题研究

刘友芝　刘　铮

一、问题的提出

1994年4月20日，通过一条64K的国际专线，中国全功能接入国际互联网，刻下了进入互联网时代的起始点，伴随中国互联网20年的快速普及，截至2014年12月底，中国网民规模达6.49亿，互联网普及率为47.49%；手机网民达5.57亿，手机上网人群已达85.8%①。网络媒体已发展成为互联网时代中国网民获取各类新闻信息的主要信息传播载体，包括纸媒在内传统媒体则逐步下滑为互联网传播时代新闻信息的次要传播媒体载体，以受众周接触时间来看，商业新闻网站的用户周接触时间由2010年的600分钟上升到2012年的800分钟，而传统纸媒的受众周接触时间则进一步下滑到2012年不足200分钟②，不仅如此，随着信息技术的不断进步，互联网传播时代中国商业新闻网站与传统纸媒的媒体发展生态也呈现出此长彼消的最终媒体失衡趋势，互联网、移动互联网、大数据等数字领域的广告营销，将逐步占广告市场70%左右的份额，而传统的报纸、广播和电视的广告份额逐渐减少至30%。其中，报纸广告份额持续下降，报纸广告占比从2009年的8.22%降低到2013年的5.71%③。商业新闻网站与传统纸媒的媒体发展生态呈现出“剪刀差”态势，彰显了互联网时代传统纸媒与商业网站的媒体生态发展失衡趋势。

究其原因，从世界范围看，主要内在原因是各类商业新闻网站具有传统纸媒所不具有的互联网时代的新媒体市场生存基因外，从中国大陆来看，商业网站对纸媒的大肆网络侵权也是导致两类媒体生态失衡的重要原因。

在国家大力推进互联网信息产业的2014年夏天，一款名为“今日头条”的App软件，成功地跻身各大媒体的“头条”：因为版权纠纷，“今日头条”被众多媒体追究，甚至被告上法庭④：《广州日报》起诉“今日头条”打响了反对“剽窃者”的第一枪；两天后，《新京报》发表社论认为“今日头条”的行为侵权，并要求其停止链接跳转其网站的内容；随后搜狐起诉“今日头条”并索赔1100万元；6月20日，地方新闻网站也加入到了版权之争中，湖南星辰在线网络传播有限公司，正式发出公开声明，要求“今日头条”停止侵权行为，并赔偿损失。一时间内，这个号称“无内容客户端”的“新闻搬运工”，创办仅两年就一举拿下1亿美元融资和5亿美元的估值的新闻聚合类App，引起了新一轮版权之争⑤。

如果不解决互联网时代纸媒新闻作品的网络版权问题，任由网络媒体肆意侵权，传统纸

---

① 数据来源：中国互联网络信息中心. CNNIC，2015-02-04.

② 数据来源：CNRS. 2010-2012.

③ 数据来源：CTR 艾瑞中天. 2009-2013.

④ 王重浪，谭子夜. 原创类媒体如何维权？[J]. 网络传播，2014(8).

⑤ 马冉冉.“今日头条”引发的网络版权之争[J]. 网络传播，2014(8).

媒向新媒体转型就会缺乏基本的制度保证；与此同时，对于网络媒体而言，一方面，互联网的发展有赖于自由竞争和创新，另一方面，互联网从来都不是法外空间。2014 年 6 月 12 日，国家版权局、国家互联网信息办公室、工业和信息化部、公安部等四部门在京正式联合启动第十次打击网络侵权盗版专项治理“剑网”行动（简称“剑网 2014”专项行动），旨在努力营造一个风清气正、生机勃勃的网络发展环境。

本文将从历史和现实相结合的视角，探析互联网时代中国纸媒与网络媒体的版权问题产生的历史和现实的形成根源，以期探寻现实有效解决之道。

二、历史呈现：互联网时代中国纸媒与商业网站的网站版权问题

互联网时代中国纸媒与商业网站的网络版权问题这一业界老大难问题，在我国由来已久，它是在我国特殊国情下，伴随互联网的诞生、初兴、发展和壮大等不同阶段，而逐步呈现和凸显的。

在中国大陆，由于传媒事关国家舆论导向安全，相当长时间国家对传媒一直实行严格的全民所有制下的新闻管理体制，因而由民营资本发起并控股的中国大陆商业新闻网站，一方面，由于不能享有新闻原始采访权，客观上促使这些商业新闻网站通过技术创新以大量转载、快速抓取、深度链接纸媒网站原始新闻内容、快速进行分类与聚合的二次新闻深加工为商业生存模式。另一方面，在我国特殊国情下伴随互联网的诞生、初兴等早期阶段，纸媒、商业网站和普通网民网络版权意识的普遍缺失共同造就了商业新闻网站以大肆侵权传统纸媒网络版权为前提的寄生式商业生存模式。

在我国互联网诞生、初兴的早期阶段，从纸媒自身来看，传统纸媒唯我独尊的姿态和网络版权保护意识的缺失，让传统纸媒失去了最容易遏制商业新闻网站侵权行为的黄金时期。由于传统纸媒长期享有来自国家层面的市场准入的特许经营权和业已积累的新闻生产的权威性优势，在商业新闻网站初兴的早期纸媒养成了唯我独尊的姿态，对于商业新闻网站的网络侵权行为（未经许可的免费转载）不仅视而不见，反而以新闻门户网站免费转载其网络版的新闻作品并扩大其网络传播的品牌影响力为荣。正如新浪网全球资深副总裁、总编辑陈彤曾指出，主动找上门要求上网的“太多了”①，以此希望扩大其纸媒的知名度和影响力。大量纸媒的网络版权缺失行为，无疑助长了商业新闻网站大肆侵权传统纸媒网络版权的寄生式商业生存文化；从商业新闻网站来看，有别于传统纸媒长期以来的事业身份，其天然的企业身份，自负盈亏的市场生存法则，为谋取利润的最大化，发挥自己信息海量、快速的优势，也无暇考证稿件的刊登是否合法，是否征求纸媒原稿件人的同意，加之早期纸媒网络版权意识的缺失，更是纵容了商业新闻网站大量免费转载、免费快速抓取、免费深度链接纸媒网站原始新闻内容、免费快速进行分类与聚合二次新闻深加工的寄生式商业生存模式形成与固化。

对于网民而言，在新媒体时代接收信息的过程中更加重视新闻的及时性，至于稿件的版权权属关系，在正常情况下无暇去深究；也助长了商业新闻网站对于纸媒新闻稿件网络版权侵权行为的滋生。

由此看来，在我国互联网发展的早期，由于传统纸媒版权保护的缺失与无力，商业新闻网站依靠对纸媒原生新闻内容的寄生商业生存模式，形成了“网络新闻超市”，作为“网络新闻超市”的供货来源，传统媒体的运营成本越来越高，《解放日报》倡导的《发起全国报业内容联盟的倡议书》说：“每年办一张综合性日报采编成本数以千万元计算，但当我们把优质新闻信息交给网络媒体时，得到的却只是象征性的区区几万元。付出与回报，何等悬殊！”②

---

① 成功，苏永通. 新京报诉 TOM. COM 案背后传媒格局[N]. 南方周末，2006-12-21.

② 成功，苏永通. 新京报诉 TOM. COM 案背后传媒格局[N]. 南方周末，2006-12-21.

在我国互联网发展和壮大阶段，伴随中国商业新闻网站的迅速崛起并逐步对传统纸媒产生替代性影响，一些主流传统纸媒或市场知名报刊网络版权保护意识得以觉醒，纸媒开始了一系列的维权行动，一方面，来自单个纸媒的自觉维权行动，如以深度经济报道见长的《财经》杂志，从2006年开始，开始专辟“维权”栏目，“执著”地曝光各种网站等媒体对其权益侵害的信息；2006年10月16日，新京报报社向北京市一中院提起诉讼，状告TOM网站未经授权使用其“25000余篇稿件和图片”，要求“公开赔礼道歉”，并“赔偿372万元”；2014年6月4日《广州日报》向北京市海淀法院提起诉讼，状告《今日头条》偷搬头条请求法院判令被告立即在其所经营的移动客户端删除涉案文章，并在其App首页刊登一个月的道歉声明，同时要求被告支付相应的经济赔偿金。然而，由于我国相关法律细则的不完善，单个纸媒的自觉维权行动面临举证成本高、赔偿少的现实尴尬。另一方面，来自传统纸媒的集体自觉维权行为。为了捍卫纸媒的知识产权，让新闻内容回归应有的传播价值，1999—2006年，中国报业曾三次结盟，1999年4月15日，人民日报社牵头传统媒体23家网络代表签订的《中国新闻界网络媒体公约》；2005年11月1日，中国都市报研究会总编辑年会在南京召开，发表了著名的《南京宣言》；2006年1月12日，由解放日报报业集团首倡，全国39家报业集团聚集广州，发起《全国报业内容联盟的倡议书》，然而，报业三次结盟行动中的宣言、公约和倡议内容，都未付诸实践①，没有阻挡住纸媒新闻内容被商业网站大量无偿或廉价使用侵权态势，更没能扭转商业新闻网站对传统纸媒大肆网络版侵权现实格局。

在我国商业新闻网站与传统纸媒在新闻内容事实上产生了成本—收益的不对称机制，商业新闻网站的网络内容生产成本大部分外化于传统纸媒，而其网络内容传播的收益则大部分甚至全部内化于商业新闻网站自身，以网络用户为导向的广告客户也开始随之快速转移到了商业新闻网站。其结果是互联网传播时代传统纸媒原生新闻内容的投入成本大而网络收益小，而商业新闻网站的新闻再生内容的投入成本小而网络收益大。《现代快报》常务副总编赵磊指出：“现在大陆的报纸大多是无偿或廉价给门户网站打工。”②

大部分纸媒只能无奈地看着自己辛辛苦苦做起来的新闻原生内容被商业门户网站大量无偿使用、少量廉价使用，纸媒已处于整个网络传播链条最低端的分散内容提供商，而商业新闻门户网站、新兴垂直新闻网站及其移动新闻客户端因此进一步巩固了在新生代网民中的网络品牌传播影响力和网络市场影响力，而此时的传统纸媒自办的网站也因体制机制、人才、技术、资本等战略因素的制约影响而远远滞后于各类商业新闻网站。由此更加剧了网络时代纸媒与商业新闻网站发展生态失衡的态势。

三、现实呈现：互联网时代中国纸媒与商业网站的网站版权问题

伴随中国互联网的不断发展发展和壮大，商业新闻网站对纸媒网络侵权愈演愈烈，纸媒的网络版权保护意识觉醒，并发起了一系列的网络维权行动，如单个纸媒的法律维权行动和纸媒的集体版权保护协议，但大多不了了之，未改甚至还加剧了纸媒与商业新闻网站的媒体生态的失衡态势，主要源于中国版权保护薄弱的现实国情和传统纸媒与商业互联网媒体之间的现实差异性的具体影响。

1. 纸媒单向度的网络版权法律维权遭遇现实困难

第一，我国相关著作权法的法律精神在于平衡著作权人的私人权利和社会公众的公共利益，不是单纯地保护著作权人的私人权利。

---

① 高健.《广州日报》告《今日头条》偷搬头条[N]. 北京日报，2014-06-09.

② 成功，苏永通. 新京报诉TOM.COM案背后传媒格局[N]. 南方周末，2006-12-21.

我国著作权法不仅明确了著作权人的私人权利，如署名权、许可(使用)权、有偿付费(使用)权；同样，也明确了社会公众的公共利益(在尊重著作权人私人权利基础上的信息公共传播权)。“我国著作权法的根本功能在于平衡著作权人的私人权利和社会公众的公共利益，网络环境下也不例外。如果仅注重保护著作权人的个人权利，就会限制信息流动(传播)，损害公众获取信息的权利；如果只侧重保护信息网络传播权，必然损害创作者的积极性，最终影响整个社会文化的发展。法官的判决就是要寻找其中的平衡点。”①

我国《信息网络传播权保护条例》第 26 条指出，“信息网络传播权，是指以有线或者无线方式向公众提供作品、表演或者录音录像制品，使公众可以在其个人选定的时间和地点获得作品、表演或者录音录像制品的权利”。而与网络著作权相关的著作权实施细则《关于审理涉及计算机网络著作权纠纷案件适用法律若干问题的解释》指出“已在报刊上刊登或者网络上传播的作品，除著作权人声明或者上载该作品的网络服务提供者受著作权人的委托声明不得转载、摘编的以外，网站予以转载、摘编并按有关规定支付报酬、注明出处的，不构成侵权。但网站转载、摘编作品超过有关报刊转载作品范围的，应当认定为侵权”，也体现了保护网络著作权人的私人权利与保护信息的网络传播权这一社会公共利益之间权利平衡的法律精神。这意味着，在互联网传播时代，我国相关版权法律法规，体现了保护版权业利益主体(如纸媒)的经济利益最大化与保护互联网产业利益主体(商业新闻网站)的信息网络传播效率的最大化之间权利的法律平衡精神。

在互联网传播时代，保护纸媒原生新闻作品的网络版权(有偿许可使用权)与商业新闻网站对纸媒新闻作品的网络传播权(包括直接转载的一次网络传播权和对纸媒原生新闻作品再次加工后的二次网络传播权)同样受到我国著作权法的保护。法官的判决就是要寻找其中的平衡点，这个数额应该既能起到保护著作权人利益，又能有效限制侵权人今后继续侵权。真正达到公私利益的平衡。同时，为了快速提升传统纸媒的网络传播影响力，即便对商业网站提请网络侵权诉讼请求，最终也希望通过作品的网络传播获得的经济回报(网络版权授权许可使用费)与网络传播效率(网络传播范围及其影响力)之间达成一定的平衡，这种平衡就意味着纸媒索求经济赔偿额的较大让度。《新京报》代理律师张岩指出，“其维权行动不是简单地要求侵权赔偿，我们想通过这次诉讼来促进网络媒体与传统媒体规范化合作，让传统媒体在合作中赢得一个合理地位”②。因此，相比国外经常出现的天价赔偿，我国著作权案件赔偿数额往往少得可怜③，如《新京报》状告 TOM 网站，在对方基本满足了几项要求后撤诉，双方协议和解，其实际补助费“比诉讼请求中的 372 万要少得多”。④

第二，我国缺乏具体的新闻作品网络版权保护条例及其执行标准。迄今为止，我国还没有专门的有关新闻作品网络版权保护条例及其执行标准。传统媒体与新媒体之间的新闻作品网络版权纠纷问题只能参考《著作权法》、《信息网络传播权保护条例》、《刑法》和《反不正当竞争法》等，而这些法律及其条例毕竟不是专门针对纸媒新闻作品版权保护的实施细则，对于传统纸媒与新媒体之间的网络侵权案例的指导性相对较弱。

第三，传统纸媒面临网络侵权取证的现实困难。一是互联网传播时代，信息更新换代的周期极短，涉嫌侵权的新闻作品所在网页也是根据现实情况而不断变化，取证调查时可能因为网页更改或者不存在而难以找到证据；二是新闻作品主要由文字构成，但是文字具有鲜明的特殊性，涉嫌侵权稿件若对纸媒原新闻稿件的一些词句改头换面，确定新闻作品是否侵权转载变得异常困难。

---

① 高健.《广州日报》告《今日头条》偷搬头条[N]. 北京日报，2014-06-09.

② 成功，苏永通. 新京报诉 TOM. COM 案背后传媒格局[N]. 南方周末，2006-12-21.

③ 高健.《广州日报》告《今日头条》偷搬头条[N]. 北京日报，2014-06-09.

④ 成功. 新京报获赔——“新京报社状告 TOM. COM”后续[N]. 南方周末，2007-04-18.

此外，商业新闻网站使用纸媒新闻作品的分散性与数量庞大性，也使得证据搜集的成本变得昂贵。《新京报》在 2006 年诉 TOM 网站网络侵权案中，《新京报》搜集了自 2003 年到 2006 年，TOM 网站未经授权使用其 25000 余篇稿件和图片，费时费力。

2. 纸媒单向度的集体版权保护协议落空

互联网时代媒体市场经济是以版权认同和尊重为前提的法治媒体经济，但由于国家宏观和行业中观层面的数字版权管理措施不到位，缺乏对商业新闻网站的强大的法律威慑力，造成在互联网新媒体市场领域处于强势方的商业新闻网站完全无视纸媒基于网络版权保护的版权合作诉求，造成报业单方面集体结盟都未产生实际效果。1999—2006 年的中国报业的三次集体网络版权保护结盟，均是纸媒单方面要求商业新闻网站网络版权保护的集体协商自律公约，缺乏现实的执行约束力都未落到实处。

第一，由于纸媒与商业互联网媒体发展态势的不平衡性，大多数纸媒自身存在着内在现实生存的诉求：借全国性新闻网站免费扩大其全国性影响力。签订集体版权保护协议的各方传统纸媒集团，其主要收入来源是旗下市场化的区域性纸媒或专业性纸媒，而商业新闻网站具有替代区域性纸媒或专业性纸媒的“新闻超市”性质，正如网易副总裁、总编辑李甬指出，按照现有政策管理体制，现有地方上市场化综合性报纸都是区域性的，而商业门户网站正好填补空白，成了一份“全国性的市场化综合日报”的替代品”，《华夏时报》社长崔恩卿更是坦言：“现在我恨不得新浪、搜狐天天用我的新闻，唯一的期望就是注明出处。”①这相当于给其纸媒做路牌广告，从这个意义上说不算“无偿”。

第二，由于纸媒与商业新闻网站的媒体发展生态的不平衡性，加之国家数字版权管理措施不到位，使得商业新闻网站无视纸媒基于网络版权保护的版权合作诉求，对报业单方面集体结盟的回应是缺席、沉默甚至市场制裁。网易和新浪的副总裁、总编辑分别指出，“由于纸媒同质竞争非常激烈，使得报纸没有能力和门户网站进行议价”，“找上门要求上新浪网的“太多了”，没有一家媒体的信息值得我们不顾一切地去获得”；更有甚者，纸媒单方面的网络维权者还招致商业新闻网站的强势市场反击《现代快报》，这家位于南京的都市报因首先倡议《南京宣言》，而遭到三大商业门户网站的迁怒，外界盛传其新闻稿曾一度被“封杀”，不再出现在几大门户网站新闻频道中②。

第三，我国当下互联网传播时代，缺乏涵盖传统媒体和新媒体的统一媒体行业协会的认定与监督执行。商业新闻网站对于传统纸媒网络侵权问题的认定、取证以及裁决，在我国报业版权联盟集团与商业新闻网站之间至今缺乏网络版权纠纷公正调解的第三方仲裁机构。

此外，我国社会公众网络版权意识的淡薄。伴随我国互联网 20 年的发展，商业新闻网站以其新闻内容免费浏览方式吸纳用户流量换取网络广告的商业生存模式已成为基本商业生存模式，新闻内容免费使用的意识在我国网民中深入人心，导致社会公众对网络版权(无形财产)的私权性质认识不足，造成与之相联的问题，网民对于商业新闻网站使用传统纸媒原生新闻作品的“免费午餐”观念同样习以为常，或认为无可厚非，或漠不关心，也使传统纸媒单方面的网络维权缺乏良好的社会环境基础。

四、结论与展望

2014 年是中国互联网诞生 20 年之际，中国人在享受互联网技术快速发展带来便利的同时，也不得不忍受这个技术给人们带来的痛苦。互联网时代商业网站对纸媒的网络侵权问题

① 成功，苏永通. 新京报诉 TOM. COM 案背后传媒格局[N]. 南方周末，2006-12-21.

② 成功，苏永通. 新京报诉 TOM. COM 案背后传媒格局[N]. 南方周末，2006-12-21.

就是其中一个积重难返的互联网之殇。

伴随中国互联网的诞生、初兴、发展和壮大，在版权保护薄弱的我国现实国情以及纸媒与商业新闻网站的媒体发展生态的不平衡性态势下，滋生了作为网络版权使用方的商业新闻网站对传统纸媒网络版权大肆侵权的外部不良版权使用环境：商业新闻网站缺乏对传统纸媒网络版权必要的认同和尊重意识，以及主动与传统纸媒寻求网络版权合作的外在压力和内在动力，致使纸媒自发的单向度的网络版权保护措施，缺少商业新闻网站网络版权合作的主动配合，而成为单方面的初级而低效的纸媒网络版权保护机制。

当前中国互联网已逐步由 PC 互联网向移动互联网快速挺进，作为新闻原创类媒体，传统纸媒，一方面，将迎来“弯道超车”的发展机遇，另一方面，也将面临来自互联网新媒体的强力挑战，其中最大的底线威胁便是各类商业网站的网络版权的侵权问题。移动互联网的出现给版权经营和保护带来了许多新的情况、新的问题和新的挑战，它具有盗版行为更加隐秘、版权归属更加复杂、有效维权更加困难等特点，但同时版权运营也迎来了新的机遇①。

传统纸媒要真想实现自身有效的网络版权保护机制，重构互联网传播时代纸媒与商业新闻网站和谐生态，必须改变现行纸媒单向度的版权保护观和版权保护机制，寻求与商业新闻网站的双向度的网络版权合作机制。传统纸媒要改变以往“单枪匹马”的网络版权保护机制，首先要探索切实可行的与商业网站双向度的利益均沾网络版权合作机制和合作模式：在国家宏观层面，推进国家相关网络版权法规的进一步完善，促进国家依法网络版权高效监管机制的建立健全；在行业中观层面，致力于促进与商业网站的双向度网络版权集体管理制度，以增强商业新闻网站对纸媒网络版权的认同和尊重意识，促进商业网站与纸媒主动的网络版权合作意识，形成对商业网站有力的外在网络版权合作压力，与商业网站共同探索双向度的利益均沾的网络版权合作机制和合作模式。其次，进一步推动互联网传播时代基于双方优势互补的版权合作意识，探索纸媒和商业新闻网站互惠互利的融合发展模式，构建内在动力下的双向度网络版权合作机制；通过纸媒和商业新闻网站外在和内在的网络版权合作机制，最终统一建构起符合我国现实国情的双向度网络版权合作机制，才能有效重构网络传播时我国传统纸媒与商业新闻网站的和谐媒体发展生态。

【作者简介】

刘友芝，武汉大学新闻与传播学院、武汉大学媒体发展研究中心教授，博士，研究方向为媒介经营管理(文化传媒资本运营、新媒体数字化运营)。

刘铮，武汉大学新闻与传播学院 2014 级硕士研究生。

① 赖名芳. 聚焦移动互联网时代版权运营与保护[EB/OL]. http://media.china.com.cn，2013-12-02.

两岸女性经济数字营销模式的比较研究

王　晔　廖佳如

数字媒体在现代社会人的生活中起到很大的作用，国内外的营销者也都十分重视新媒体营销的影响，脍炙人口的数字营销案例比比皆是。在欧美，已经开始流行盛事与数字媒体结合的营销策略。2014年奥斯卡群星合影照片的转发量创下Twitter历史新的最高纪录，使得民众与巨星盛宴奥斯卡有了平等的互动，博得了民众的眼球。在亚洲，韩国一些一线歌手开始使用数字媒体与全球粉丝做互动交流。由此可见，数字营销模式已经深刻影响着现代人的生活习惯及市场行为，影响消费者与品牌的关系。所以，研究数字营销模式对于现今广告人和营销者有深重的意义。

两岸数字营销模式是现今华语社会主要数字营销模式的体现，但两岸因为网络文化不同、女性经济市场环境不同、使用的新媒体应用不同等多种原因，两岸的数字营销模式也存在异同点。因此，两岸针对女性经济所使用的数字营销模式就存在着不同之处。

美国未来学家约翰·奈斯比特认为21世纪将是“她”的世纪，之后，“她”世纪的说法便流传开来。其中，“她”世纪最重要的体现就是女性社会地位的提高和女性经济的应运而生。

女性经济是著名经济学者史清淇提出的概念：随着女性经济和社会地位的提高，围绕着女性理财、消费而形成了特有的经济圈和经济现象。由于女性对消费的推崇，使得女性经济在现代人的社会经济消费中占有主导地位，其推动经济的效果也很明显。在如今的信息时代，女性经济也为E时代带来了巨大商机。女性经济的强大市场生命力注定了针对女性经济的数字营销模式的诞生与多样纷呈，并且成为在不同地域市场上独有的经济现象。

在《女人为什么购买》一书中，笔者写道：“以我的经验，女人是很会传播的。”在数字媒体语境下，女性的传播本能可以被发挥到极致！她们交流分享，八卦聊天，几乎所有的信息都有被女性谈论的可能。无论是新浪微博的“微文化”，微信的朋友圈，美丽说和蘑菇街的素人街拍，女性论坛的万千大军，都证明了女性在传播中所起到的作用和传播能力。

女性经济凭着独有的经济现象，使针对女性经济的数字营销模式诞生和发展。数字营销影响着女性经济，女性经济也影响着不同地区数字营销模式的形成与变化。不同地域的女性经济有不同的特色，所以两岸的数字营销模式也因其不同。

一、两岸女性经济的数字营销模式的差异

总的来说，两岸女性经济的数字营销模式还是存在较多相似之处，比如数字营销者都注重与消费者互动的形式，都注重创造品牌好感度，形成口碑营销等。但是两岸女性经济的数字营销同样存在差异点，不同的地区环境与发展差异造就了各自独具特色的数字营销模式。总体来看，两岸女性经济数字营销模式的差异点主要体现在传播平台、主流形态、平台经营推送模式、推送内容及推广效果等几大方面。

（一）传播平台不同

两岸女性经济数字营销模式的传播平台不同。中国内地主要以移动性平台为主，同时呈

现多样化的特点；而台湾地区则以三种平台构成，以社交性和关联性为主要特点。

中国内地女性经济数字营销模式的构成形式主要有微博、微信、女性论坛、豆瓣、网络红人五种。平台的不同特性决定了营销方式的多样化。比如，微博与微信都是高频率、互动性高、信息碎片化的平台，以移动性和传播性为主；而女性论坛、豆瓣则是社交性为主；网络红人则是意见领袖效应、创造社交性与病毒话题实现营销传播。结合以上特点，可以看出中国内地的数字营销模式的构成形式是十分丰富多样的，并且仍有变动和发展的可能性。

相反，台湾地区的女性经济数字营销模式的表现形态则是经历长期竞争生存下的三角式的营销方式——脸书、部落格、网络红人。脸书、部落格与网络红人是台湾地区目前最受女性消费者欢迎以及融入消费者网络习惯的三种表现形态。由于三者关联性极强，网络红人使用脸书与部落格，而部落格的最新推文可以用脸书做链接推广，所以这三种新媒体覆盖的女性粉丝基本重合度较高，但精度较深，互动可以更为紧密。

（二）主流形态不同

两岸女性经济数字营销模式构成的主流形态也不同，台湾地区以部落格营销（也称博客营销）为主，中国内地则为微博营销为主。在台湾地区，部落格营销是最受女性消费者欢迎的一种表现形态；中国内地的博客营销则没那么红火，并有逐渐衰落的趋势，相反微博营销在中国内地成为女性品牌必定选择渠道。

台湾地区的部落格营销生机勃勃，不仅有许多普通的女性消费者自主分享自己的购物经验、品牌服务体验，更有许多小有名气的网络红人分享她们具有个人特色的服饰穿搭、保养美妆的资讯。而中国内地的主流形态则是以精简、传播迅速、推送频率高为特点的微博营销。微博营销的女性经济市场竞争十分激烈，不论是国外的奢侈品如香奈儿、卡地亚、宝格丽等、美妆保养品如雅诗兰黛、迪奥、娇兰等；还是中国内地本土的服装设计品牌江南布衣、EIN（言）、素然等都入驻新浪微博。可以说，不论是国外品牌的进军中国内地女性市场，还是国内品牌要获得中国内地的女性市场的青睐，品牌入驻新浪微博做数字营销是一定要实行的战略。

（三）多平台经营和单平台经营

两岸女性经济数字营销模式在平台的推送方面也有显著区别。中国内地的女性品牌通常会采取多平台经营策略，而台湾地区的女性品牌则因为女性市场和新媒体市场的小众化，通常在单一平台经营。

中国内地女性经济的数字营销趋向多平台经营，例如香港本土时装品牌 initial，它们采取多平台经营策略，分别在新浪微博、微信、Instagram 和脸书 4 个平台经营，推送相同或是不同的内容，也有像法国自然护肤品 Fresh 在新浪微博、豆瓣小站和品牌官网进行数字营销。从上述两个例子可以看出，中国内地的女性品牌普遍采取多平台营销策略，使更多女性消费者接收到品牌的推送内容，使忠诚消费者与品牌的黏度更深，转变更多的忠诚消费者。

台湾地区的女性品牌则大多只在单一平台上进行品牌推广，比如优衣库台湾站，就在脸书上专做自己品牌的商品内容推广，进行集赞活动等，深受女性粉丝的喜欢。而较著名的彩妆品牌如巴黎欧莱雅、植村秀、圣罗兰等，则很少经营专属台湾站的脸书粉丝主页，反而与网络红人合作，进行邀稿博文撰写。不同档次的品牌选择不同的平台做营销推广，单一性较高，使得台湾的女性经济的数字营销模式显得比较单一化。

（四）推送内容的频率不同

两岸女性经济的数字营销模式在内容推送的频率上面有显著差异。中国内地女性经济的数字营销每天都有众多不同的品牌推送不同的内容，而台湾地区的内容推送频率则相对较少。

中国内地女性经济的数字营销者对于商品和品牌内容的推送有事前的策划与准备，每天推广的内容与数量和推广时间都有一定的规划。品牌必须在每天推送一定数量的内容，防止推送的内容被女性粉丝关注的其他用户的信息淹没，保证品牌内容推送的频率，可以有效使推送信息出现在女性消费者的视野中，以达到数字营销的目的。由于中国内地的女性市场品牌众多、竞争激烈，数字营销者必须保证一定的推送内容的频率，使信息有效传达给女性消费者。

台湾地区女性经济的数字营销内容的推广频率却相对较少。通常来说，一个品牌脸书内容的更新频率基本上是每月 2~3 条内容。部落格的邀稿博文频率则相对更少，基本是品牌有活动如新品推广、限量品发售预热等时候才会有，而且基本上是单一博主进行精致和详细商品博文的撰写和推广。所以，台湾地区女性经济数字营销的内容推广频率相比中国内地要少得多。

（五）推送内容的丰富度不同

两岸女性经济数字营销模式在推送内容的丰富度上也存在差异。总的来说，中国内地女性经济数字营销模式的特点是呈现多样化的内容营销，而台湾地区女性经济的数字营销模式由于推送内容较为单一化，偏向于注重与粉丝的互动，构建粉丝与品牌的和谐关系，促进粉丝进行线下的宣传与购买。

举例来说，两岸在微博营销的方式上，中国内地的营销方式较之台湾地区更为丰富，其中起决定性作用的便是多样化的内容推送。

中国内地的微博营销有多种方式与消费者互动，例如转发粉丝买家秀，软性内容的推广，奖品活动多，甚至还有与名人合作的现场直播活动等。中国内地的微博营销方式从各个层面的内容调动女性消费者的兴趣与关注，引导她们与品牌互动。而台湾地区在脸书的品牌经营上相对简单许多，大部分为硬性内容的推广，有时候有活动但很少。同理，中国内地女性品牌的多平台营销，可以在不同的平台上推广不一样的内容。例如微信，可以区别于微博，做像杂志一般的软性和硬性内容的专题推广，以此加强消费者对于品牌理念和品牌形象的构建。相比之，台湾地区女性经济的数字营销模式由于平台的单一化，推广的内容也呈现单一化。

（六）推广效果不同

两岸女性经济的数字营销模式在推广效果上也有不同。中国内地数字营销的推广效果主要是增加品牌曝光度、调动女性消费者的购买欲望并进行线上购买。而台湾地区的数字营销推广效果则在于促进品牌与粉丝的互动，构建粉丝与品牌的和谐关系，从而影响粉丝进行线下的宣传与购买。

中国内地的电子商务系统较为完善，用户购买平台众多、信息碎片化和以移动性为主的构成形式，使得女性消费者可以从不同平台接收到品牌信息的轰炸。所以中国内地女性经济的数字营销模式的内容多样化所引起的推广效果非常容易促成女性消费者的冲动型购物和情感化购物，加上电子商务的完善，能够极大地促成用户直接实现线上购买。

而台湾地区女性经济的数字营销的推广效果则影响线下的购买，由于台湾地区的电子商务发展不够完善，线下购买仍然占据台湾地区女性消费者经济生活的大部分。因此，台湾地区数字营销模式的构成形式以长图文式的部落格文为主，详细介绍网络红人的展示使用可以充分展示产品的质感与功效，调动女性消费者进行线下购买的决心与勇气。所以两岸的女性经济的数字营销模式在推广效果上存在差异。

二、两岸女性经济的数字营销模式的差异原因

两岸女性经济的数字营销模式存在许多的差异点，分析这些差异的原因，可以使我们更加全面而深入地分析两岸女性经济的数字营销模式，更好地推动两岸女性经济数字营销模式的发展。总体来看，产生差异的原因，主要包括新媒体市场环境、网络文化的融合、女性市场环境以及电子商务的发展程度等。

（一）新媒体市场环境

新媒体市场环境的差异使两岸女性经济的数字营销模式的构成形式有差异。

两岸的新媒体市场环境的差异主要指两岸人民使用的新媒体应用平台的差异及人民的上网行为习惯的差异。中国内地的新媒体市场环境有广大的市场、有本土应用平台支持、市场细分多，在这种复杂的市场环境中，移动与信息碎片化是环境使然。女性经济的数字营销模式以“移动”为主，微博、微信这样的高移动性、高信息碎片化、高信息聚合度的移动形态有着巨大潜力。

台湾地区的女性经济的数字营销模式则是部落格营销，长篇图文博文且对商品描述细腻，这主要是由于台湾地区的新媒体市场环境已趋于稳定，在一个竞争相对较小，市场细分已基本确定的环境中，部落格营销已经发展成为主流的营销形态并独占鳌头，成为台湾地区女性习惯并且喜欢的营销模式主流形态。

（二）网络舶来文化的融合和“made in China”

两岸女性经济的数字营销模式存在主流形态的差异，与网络文化的差异也密不可分。台湾地区的网络文化更易受到舶来文化如美国、日本等国家的影响，而中国内地则是使用“中国制造”，拥有自己特色的网络文化环境。

中国内地女性经济的数字营销所使用的平台都是中国内地企业自主研发的产品，例如新浪微博、腾讯的微信、豆瓣、女性论坛。中国内地的女性消费者平时使用的电子商务网站如京东、亚马逊、淘宝网等，都是中国内地独有的平台。因此，中国内地的女性经济的数字营销模式也有了自己的“中国制造”的色彩。中国内地以移动性为主的营销模式使得数字营销者在各个受女性欢迎的平台推送各种内容，这些“中国制造”平台如微信、BBS、蘑菇街、美丽说等 App 的上市，真正实现了这些营销模式都是具有移动特性和中国特色的。营销者在各个可移动平台做不同内容的推送，使女性消费者接受到不同的品牌内容的推广，更加了解品牌的个性化与差异化。因此，中国内地的女性经济的数字营销模式的特色是符合中国网络文化的，有着独一无二“中国制造”的色彩。

台湾地区的网络文化则受到了美国与日本的舶来文化的影响。比如脸书的普及与使用，就是融合了美国网络文化的使用习惯。而长图文式的博文则是受到了日本网络文化的影响。因为台湾地区文化与日本文化融合牵连很密切，博客文化在日本兴起时，台湾地区也受到了影响。台湾地区网络使用者开始一个个玩起部落格，掀起并构筑了台湾部落格文化的潮流。一个个部落格网络红人从草根到知名并流行于网络，使得台湾地区的女性经济的数字营销模式以部落格营销和网红为主。

（三）女性经济市场环境

女性经济的环境差异主要体现在中国内地的女性经济市场具有旺盛的生命力，而台湾地区的女性经济市场则相对稳定，需求变动不大。

中国内地的女性经济市场有诸多细分市场，同时也有着旺盛的需求。在这种环境下，许

多小众或大众的本土女性渐渐发展壮大，受到女性消费者或是中国时尚达人的追捧。例如本土护肤品牌阿芙精油、本土时装品牌EIN、江南布衣等，更有国外女性品牌相继入驻中国内地市场。女性品牌众多与旺盛的市场需求铸就了中国内地女性经济的数字营销模式需要注重推广内容的丰富性和推广内容的高频率，才能利用多平台对目标用户进行有效的沟通，把握住忠诚消费者，吸引其他女性消费者的眼球，增加品牌好感与创造差异化。

而台湾地区女性经济市场需求较小，品牌较少，使得数字营销模式的推送内容和推送平台趋于单一化，推送内容的频率相对较少。所以两岸女性经济环境的差异，造就了中国内地女性经济数字营销模式表现形态的多样性。

(四)电子商务的发展程度

两岸女性经济的数字营销模式在推广效果上存在差异，主要与两岸电子商务系统的发展程度有关。

中国内地电子商务的发展程度较为成熟，第三方支付宝、网上银行建设较为完善，网上购物环境相当安全且快捷。随着电子商务的深入发展，女性消费者的网络购物习惯也已经形成，线上推广—购买欲望—线上购买的模式已经深入人心。同时，在国内电商平台的多次促销(如双十一购物节、京东618)的刺激下，女性消费者极易形成冲动型消费和情感化消费。所以，中国内地女性经济的数字营销模式以移动性平台为主，呈现出信息碎片化、内容多样化、多平台经营、高频率推送的特点，也是适应国内电子商务环境使然。

相反，台湾地区电子商务的发展程度和构建还不够普及与完善，线上支付方式不统一，线上购买流程较为复杂。因此绝大多数的消费者还是会选择在线下进行购买，而在实体店购买比电子购物的消费者心理状态更加复杂。因此，台湾地区以长图文式博文为主的社区性数字营销模式使得女性消费者能在网上提前详细了解商品，消除消费者心防，促使她们进行线下的购买。所以，两岸电子商务发展和构建的程度影响了两岸的女性经济的数字营销模式的构成形式与主流形态。

三、完善两岸女性经济的数字营销模式的方法

归纳了两岸女性经济的数字营销模式的差异原因，使得我们更清晰地看到两岸女性经济数字营销模式的优缺点，甚至可以猜想和推断未来发展的道路。如何构建及完善两岸女性经济数字营销模式以及对未来的展望，也是我们探索的重点。

总体来看，两岸在构建及完善女性经济数字营销模式的核心点有所不同，中国内地的重点要放在建构良性自觉的广告内容推送，塑造数字营销者及品牌的自律性；而台湾地区侧重点在于着重发展移动性的营销，使数字营销内容的推送更有广度与时代潮流度。

(一)中国内地完善核心：人文性、系统化、品质感

中国内地女性经济的数字营销模式丰富多样，呈现了数字营销表现形态的新高度。多平台的信息推送融合，使消费者能更加了解品牌个性，增加品牌曝光度。但是，中国内地这样以移动性为主的营销模式更容易造成垃圾广告信息泛滥，使得微博、微信与女性论坛充斥着太多无用且重复的广告信息内容的推送。而网络红人的隐形营销方式，使得网红推广产品不需担负责任。简单寥寥几字的描述，一条商品推广微博便发送出去，曝光在消费者眼球中。至于产品效果是否真的名副其实，社会效果是否正面都很难得以保证。这样高频率、高碎片化的营销模式更需要数字营销者更强的人文观念，保证信息传播的人文效果，例如营销者选择网络红人做推广时，需要考察网红的真诚度，营销者做品牌推广时应注重内容质量，以加强与消费者的互动，营销者做产品推广时文字应翔实真诚，不可夸大事实等。

除了营销内容的人文性，营销手段及平台推广的系统化也必不可少。整合营销传播理论告诉我们，企业进行市场营销有关的一切传播活动是一个一元化的过程。一方面要把广告、促销、公关、直销、CI、包装、新闻媒体等一切传播活动都涵盖于营销活动的范围之内，另一方面需要企业能够将统一的传播资讯传达给顾客。这里有一个整合的概念极为重要，我们今天已处于信息时代，传播手段越来越多，传播本身开始分化和组合。这就要求企业在营销传播过程中，注意整合使用各种载体，达到最有效的传播影响力。中国内地的网络环境是一个极其复杂而又深度碎片的环境，在这样的环境中，要想让消费者记住你的品牌，了解你的诉求甚至产生购买行为，必须要有一个系统化、标准化的诉求。不同平台，不同频次的内容推送，都需要有一个系统化的定制。从营销手段的发展历程上来说，整合各种渠道、平台或者 App 进行统一性、系统化传播的思路也是必然。

品质感是中国内地女性数字营销模式另一个非常重要的话题。很明显，随着中国内地经济的飞速发展，人们的需求已经从过去的衣食住行转而向更深层次的阶段发展。马斯洛理论告诉我们，人的需求是一个渐进的过程。生理需求（Physiological Needs）、安全需求（Safety Needs）、爱和归属感（Love and Belonging）、尊重（Esteem）和自我实现（Self-actualization）是一个渐进的过程，一般来说，某一层次的需要相对满足了，就会向高一层次发展，追求更高层次的需要就成为驱使行为的动力。相应地，获得基本满足的需要就不再是一股激励力量。中国的经济发展至今，女性消费者的消费品位和消费能力都得到了极大的增长，数字营销尽管在信息的传达上满足了女性消费者的需求，但是在品质感的满足上还有很长一段距离。尤其在目前数字信息分散而嘈杂的现状下，富有品质感的，能满足女性消费者更高层级需求的信息少之又少。因此大陆地区女性经济数字营销模式，未来在传播模式和传播内容上，朝着品质感的方向前进将是一个必经的方向。

（二）台湾地区完善核心：移动化、多样性与互动

台湾地区的女性经济的数字营销模式是部落格营销模式为主，主要集中在 PC 平台，但移动性营销方式还太弱，跟不上数字时代的潮流。在最近几年里，移动通信和互联网已经成为当今世界发展最快、市场潜力最大、前景最诱人的方向。迄今，全球移动用户已超过 15 亿，互联网用户也已逾 7 亿。这一历史上从来没有过的高速增长现象反映了随着时代与技术的进步，人类对移动性和信息的需求急剧上升。越来越多的人希望在移动的过程中高速地接入互联网，获取急需的信息，完成想做的事情。移动互联网正逐渐渗透到人们生活、工作的各个领域，短信、铃音下载、移动音乐、手机游戏、视频应用、手机支付、位置服务等丰富多彩的移动互联网应用迅猛发展，正在深刻改变信息时代的社会生活。尽管台湾地区目前的移动互联网发展与大陆相比暂时还有一定差距，但是未来数字营销模式向移动端转型的趋势是不可避免的。要建构与完善台湾的女性经济的数字营销模式，就要完善移动性营销。例如开发各个平台的手机 App，并在用户群中进行个性化深入化的咨询和服务，培养女性消费者移动消费习惯，将是必不可少的一环。

另外，台湾地区女性经济数字营销的多样性与互动，也将是未来数字营销的一个重要方向，这种多样性包括传播内容和渠道的多样性。台湾地区女性经济的数字营销模式是以长图文式为主流的营销模式，图文精彩，文字真诚，是很好的优点，但这与移动互联网时代信息碎片化、多样性以及互动性的特点有较大差异。从全球电子商务的发展来看，未来的移动互联网将采用更先进的移动信息技术，将各类网站及企业的大量信息及各种各样的业务引入到移动互联网之中，为企业搭建了一个适合业务和管理需要的移动信息化应用平台，提供全方位、标准化、一站式的企业移动商务服务和电子商务解决方案。移动互联网系列产品引导移动通信技术发展，能够满足用户需要，并能够提供有竞争力的服务。这样，一方面对数字营销模式中的信息传播渠道的内容提供了更多选择，另一方面也提出了更高要求。未来，随着

台湾地区移动互联网的发展，更多的渠道平台更多的内容服务会出现在大众的生活中，这就需要在数字营销模式中，对这些渠道加以更好地利用，突破目前以部落格为主的数字营销传播渠道，同时尝试更多图文形式以外的内容(例如声音、视频甚至是场景互动)，并且在这种渠道和内容的传播中，加强与女性用户的线上互动，将传播的线下购买模式逐渐向线上迁移，转移和改变目前用户的行为习惯，必将使台湾地区的女性经济数字营销模式得到更好的发展和完善。

四、结语

总之，受新媒体市场环境、网络文化的融合、女性市场环境以及电子商务的发展程度等诸多因素的影响，两岸女性经济的数字营销模式存在较大的差异，主要差异点体现在传播平台、主流形态、平台经营推送模式、推送内容及推广效果上。总体来看，两岸女性经济的数字营销模式各有优劣，同时也尚有广阔的改善空间。大陆地区需要在传播的人文性、系统化与品质感上做出较大的突破与创新，而台湾地区则需要在传播渠道的移动化、多样性和与消费群体的互动上更为关注。中国内地为了抵制广告信息的泛滥，需要增强人文观念以及自律心，同时注重信息的整合传播与品质感。而台湾地区为了跟上时代潮流，必须重视移动性的数字营销，两岸的女性经济的数字营销才能更好地发展，共同带动华语社会的数字营销环境的进步。

【参考文献】

[1]赵爱萍．“她时代”中的“她经济”“她消费”[J]．鸡西大学学报(综合版)，2013，13(2)：137-138.

[2][美]帕科．昂德希尔．女人为什么购买——女性驱动的新商业思维[M]．北京：中信出版社，2011：38.

[3][美]肯特·沃泰姆，[美]伊恩·芬威克．奥美的数字营销观点[M]．北京：中信出版社，2009：43.

[4][美]Darren Rowse/Chris Garrett．博客秘诀——超人气的博客是怎样炼成的[M]．北京：北京邮电出版社，2010：25-43.

[5]舒咏平．新媒体广告[M]．北京：高等教育出版社，2010：10-58.

[6]新奇 e 族．微博营销——技巧、策略、案例[M]．北京：化学工业出版社，2013：5-192.

[7]鞠明君．微信：社会化媒体营销的革命[M]．北京：清华大学出版社，2013：30-195.

[8]萧秋水．名博是怎样炼成的：个人品牌博客全攻略[M]．北京：机械工业出版社，2009：12-59.

【作者简介】

王晔，武汉大学新闻与传播学院讲师，主要从事广告设计研究。

廖佳如，武汉大学新闻与传播学院 2010 级本科生。

符号消费式广告：层级图式系统的初步探讨

张 微

西方符号交换和消费社会理论的主要代表人物让·波德里亚指出："要成为消费品，物品必须变成符号，即它必须用某种方式外在于这种和生活的联系，以便它仅仅用于指意：一种强制性的指意和断裂；它的连续性和意义反而要从与所有其他物类符号的抽象而系统的联系中来取得。正是以此方式，它变成了'个性化'(Personalized)，并进入了一个系列等，它被消费，但不是它的物质性，而是它的差异性。"①这表明，在消费社会里要把商品销售出去，必须将它符号化，而要做到这点，又主要依靠广告来实现。由于此种类型迥异于传统的产品消费式广告——它主要为产品附加一种与其功能没有内在联系的社会意义、社会思想或观念，而不重视产品使用价值的消费，故称为符号消费式广告。它作为一种独特的文化符号系统，也体现出表层结构、意义结构和深层结构的统一，那么，其每一层次本身的特征以及层次与层次之间的关系又是怎样的呢？

一、表层结构：非功能性、非单一性的外部系统

在符号消费式广告层级图式的结构系统中，表层结构无疑居于其最外边的一层。它是一个主要由非功能性能指(载体要素——如语言、文字之类)组合建构而成，并能被消费者直接感知到的感性外观形态系统。它主要包括两个层面：

层面Ⅰ：载体要素(能指)。与产品消费式广告相比较，符号消费式广告载体要素有着明显的特征。首先，非产品功能性。产品消费式广告(如 usp 广告)的载体要素——所选用的能指，一般是与产品功能密切相关的语词，如"洁白牙齿""清新口气""有点甜"等就是明证。而符号消费式广告则与此迥然相异，其所选用的主要是与产品物理功能没有内在联系、指称社会现象和事物的语汇，即使是指涉自然界事物也体现出"自然的人化"性，如"泡沫经济""女人的地盘""西湖""碧潭"之类。之所以如此，主要在于符号消费式广告旨在传播一种与产品功能没有内在联系的社会思想，以此打动消费者并付诸购买，故一般选用非产品功能性语汇；而产品消费式广告则重在传播产品独特功能以促进销售，因而主要选用表达产品功能的语词。

其次，非抽象性，这是指符号消费式广告以选用形象性较强的语词符号为主，而较少选择抽象的语汇。如意大利狄塞尔公司广告《西部小镇篇》中，就大量选择"英俊的牛仔""龌龊丑陋的男子""棒棒糖"之类具象性较强的语词，而抽象的概念性能指则很少出现。

层面Ⅱ：感性外观。上述载体要素通过广告创作主体精心的组合，就营造出独特的符号消费式广告形象系统。这种独特性主要表现在两个方面：其一为非单一性，即肯定性形象与否定性形象的统一。有学者指出："销售人员在向顾客推销产品时，如果恰当地对顾客和产品作一些赞美，使顾客对产品和销售人员形成正面的态度和好感，销售可能容易得多。"②这

① 张天勇. 社会符号化[M]. 北京：人民出版社，2008：31.

② 符国群. 消费者行为学[M]. 北京：高等教育出版社，2001：204.

就启示我们，不仅销售人员要对产品进行赞美，而且广告人更应如此——这主要是因为产品消费式广告重在传播产品独特优异的物理功能，以说服消费者进行购买，故必须塑造正面、肯定的形象对其功能进行大力赞美，否则就难以达到促进销售额增长的目的。

至于符号消费式广告则与上不同，其本质决定了它主要是给产品附加一种与其功能没有内在联系的社会思想，而表现这种社会观念并非只有一种赞美性方式，它还完全可以采用与此相反的另一种方式即社会批判来进行——前者创造的是一种肯定性形象，而后者则无疑属于否定性形象(如贝纳通广告中所表现的美国霸权主义行径)。这表明，符号消费式广告所创造的形象，既有肯定性的也有否定性的，体现出明显的非单一性特征——而产品消费式广告则基本上呈现出单一性的赞美和肯定。

其二，先锋性突出，即符号消费式广告中所出现的形象较多地体现出现代主义、后现代主义的特有性质，如扭曲、变形、荒诞、质疑元叙事、反秩序的碎片化拼贴等反传统、非理性的特征，如日本本田摩托车广告中句子间的语无伦次就体现出强烈的非逻辑性，而非逻辑性正是马丁·埃夫林所指出的现代主义典型特性即荒诞的突出表现。① 再如台湾地区中兴百货广告，它们极力突出女性每天花五个小时打扮自已也不为过，并且颠覆道德主义对欲望的统治，实质上就是对元叙事即宏大叙事或崇高叙事的结构，而这正是后现代广告最根本的特质。正如让-弗朗索瓦·利奥塔所说："我认为后现代就是元叙事的质疑。"②

二、意义结构：迎合受众、解构常态的观念系统

上述表层结构的再下一层，就是符号消费式广告的第二层级即意义结构。它是表层结构(能指系统)所蕴含的社会意义即所指系统，它不是产品客观物理功能的诉求，而是一种由广告所附加的与产品功能没有内在联系的社会观念，主要包括政治思想、伦理规范、宗教信仰、情感倾向以及主体身份的显示或炫耀等。

符号消费式广告为产品所附加的社会思想，从形式上看似乎是武断的和任意的，但在内容上却体现出某种规律性。这种规律性同符号消费式广告的基本类型即"同化型"和"顺应型"密切相关。

(一)同化型：刺激心理图式发生量变的迎合式观念

世界著名的日内瓦学派的主要代表人物让·皮亚杰指出："刺激输入的过滤或改变叫做同化。"③高觉敷先生对此解释说："在认识过程中，同化是环境因素纳入机体已有的图式或结构之中，以加强和丰富机体的动作，引起图式的量的变化。"④由此看来，所谓同化型符号消费式广告，实质上是指广告所传达的社会思想虽然不乏某些新的东西，但却能被消费者既有的心理图式接纳，并使之产生了量的改变而非质变。之所以如此，主要是因为广告为产品所附加的社会思想虽有某种新意，但却流于常态，流于刻意迎合当前消费者的某些价值观念，故新异性相对不足。例如，同化型符号消费式广告经常传播下列社会思想就是如此：其一是精神需要的满足。美国著名人本主义心理学家马斯洛曾经提出人的需要的一个层级模式，如果去掉其中最底层的生理需要——生理需要具有客观物理性，与我们此处所论社会精神无关——那么，归属和爱的需要，尊重的需要和自我实现的需要，就成为此类广告经常表现的主题了。"劳力士金表，贵族的选择"，就力图唤起人们身份认同的需要，似乎只要购

① 张金海主编. 世界经典广告案例评析[M]. 武汉：武汉大学出版社，2000：274.

② 刘象愚等主编. 从现代主义到后现代主义[M]. 北京：高等教育出版社，2000：264.

③ 高觉敷主编. 西方近代心理学史[M]. 北京：人民教育出版社，1982：437-438.

④ 高觉敷主编. 西方近代心理学史[M]. 北京：人民教育出版社，1982：437-438.

买了劳力士金表，就会将自己归属于社会高等阶层，从而实现显示或炫耀高贵身份的需要。正如弗里德曼所说："在最一般的意义上，消费是创造认同的特定方式，一种在时空的物质重组中的实现方式。就此而言，它是自我建构的一种工具，自我构造本身依赖于将切实可得的物品引导入与个人或人们相联系的特定关系中的更高等级的样式。"①其二，是在广告中大力传播一种为绝大多数人所肯定的传统伦理规范，如爱国精神、社会正义、纯洁的爱情，美好的亲情等。其三则是在广告中传播民主政治、平等自由、反对侵略与爱好和平……当然，还有不可或缺的时尚、流行、快乐、幸福和审美愉悦等。上述同化型符号消费式广告对产品所附加的社会意义，不能说没有一点新的因素，但在整体上的新异性不足却也是明显的——因为它不以突破并重建消费者的心理图式为目标，而是以迎合消费者既有的价值观念为旨归，这就必然导致消费者的认知结构只能是量的增加而非重构式的质变。

以上表明，同化型符号消费式广告为产品所附加的社会意义，实质上是一种迎合消费者的价值观念，仅仅引起其心理图式量变的新异性不足的社会思想。

(二)顺应型：解构传统思想引起质变的新异型观念

让·皮亚杰曾经说过："内部图式的改变，以适应现实，叫做顺应。"这就启示我们，所谓顺应型符号消费式广告，是指主体为产品所附加的社会意义，由于极具新异性，致使消费者原有的心理图式不能容纳和解释它，不得不对它进行颠覆性的重构，以适应新的强大刺激。此类广告的代表就是后现代符号消费式广告，其中以台湾地区意识形态广告公司为中兴百货所做广告最为典型：如影响很大的《小红帽篇》就这样写道："正因为大灰狼，小红帽必须更妖娆"，"盛装的女人，令狼群失去威胁性"——由于小红帽不惜"花五个钟头，穿着打扮"，竟使得凶残无比的狼群拜倒在她的石榴裙下，成为手下败将。不难看出，小红帽与大灰狼的传统关系被彻底解构，特别是其象征意义——女性应该统治男性这种极端女权主义思想，简直令消费者瞠目结舌，从而与其既有的心理图式产生了极其尖锐的对立和冲突，经过一番激烈的交锋，终于以其强大的摧毁力颠覆了消费者的认知结构，迫使其不得不改变它以适应这一新异的社会思想——皮亚杰所说的"顺应"就此产生。

以上分析表明，顺应型符号消费式广告为产品所附加的社会意义，无疑是一种与前述同化型大为不同的新异观念。类似的还有很多，如彻底否定女性美的"三围"标准，全面颠覆新教伦理的节俭刻苦、先劳后享的资本主义精神，鼓吹享乐至上的消费主义文化，反权威，非理性，去中心，日益严重的宗教渎神，在解放人类思想的同时，又不可避免地存在着严重的负面倾向。正如伊哈布·哈桑所说，后现代主义大力倡导的正是"反创造、分解、解构，消解中心，移置，差异，间断性，分裂，消解定义，非神话化，零散化，反正统化——还不用说反讽、断裂、无言这些专门术语。"在一般消费者看来，上述观念无异于石破天惊，在极度震撼之余，一方面提高了精神境界，心理图式也得到升华式的重构，另一方面也会情不自禁地去购买广告产品，从而使销售额获得快速增长。

从上我们不难看出，符号消费式广告对产品所附加的社会意义在内容上是有一定规律性的：同化型所表现的是一种迎合消费者价值观念、新异性相对不足的社会思想，而顺应型所附加的则是一种足以颠覆消费者原有心理图式并引起质变的极具新异性的社会观念。

说到这里，我们不禁要问，符号消费式广告中的意义为什么会呈现出一定的规律性呢？这主要决定于此时广告人头脑中所产生的一种重要创作理念，即投消费者之所好——"迎合型"自不必说，"新异型"实质上也是"投"社会上那些醉心于追逐新潮与先锋的少数消费者之所好("迎合型"对象则为大多数)。美国著名公共关系学者爱德华·伯纳斯(Edward Bernays)指出，"投公众之所好"正是公关活动获得成功的关键。公关如此，广告亦然，即是说，"投

① 伍庆. 消费社会与消费认同[M]. 北京：社会科学文献出版社，2009：106.

公众之所好”不仅能够有力地刺激起消费者对广告产品的强烈兴趣和高度关注，而且还可以有效地促进产品销售额的大幅度增长。

上面所论，不管是同化型还是顺应型，都是就意义附加是何内容而言的，那么在形式上又是如何呢？我们认为这也同样存在着某种规律性：

其一为完全武断型。它是指符号消费式广告中有一部分广告为产品所附加的社会意义与产品功能没有任何关系。马克·波斯特指出：“符号因媒介新技术而成为可能，而媒介中的能指匆匆掠过潜在的消费者。一旦以这种方式将能指分离并抽出，亦可说，当能指自由漂浮于交流空间中，它们便能被广告商凭兴致任意地附着于特定商品，于是，一个新的意义结构就建成了，它与发达资本主义的要求不谋而合。”①以此考察符号消费式广告，我们发现意大利贝纳通公司的系列广告如《心脏篇》《血衣篇》等，其所传播的反对种族歧视的思想，就与其产品——服装，没有任何关联。只是广告商完全武断地强加于产品之上的典型文本。

其二为不完全武断型。它是指此类广告中所附加的意义，在主导方面与产品没有内在联系，但却在某些不重要的方面与产品存在着一种弱相关。如雷蒙·威廉斯所说的某啤酒广告，其主导意义是说喝了它就会使人变得和蔼可亲，但又略微提及它会使消费者精神焕发，从而与酒精的作用存在着某些联系，虽然这在整个广告中是微不足道的。

大量广告实践表明，在符号消费式广告中，不完全武断型居于多数地位，而完全武断型则相对较少。

三、深层结构：指令意义、控引能指的原型系统

我们在前面已经指出，在符号消费式广告的表层结构中，其能指的构成要素及外部形态、形象体系，可以说是充满了个性化特征的，然而在其最深层面即深层结构中，却存在着一个抽象的、相同或相近的结构模式，具体表现在下列两种情形之中：

情形1：产品出现在广告中。

与情形2相比，此种类型在符号消费式广告中居于多数地位。其深层结构即对表层结构的支配性原则表现为下列模式：典型情境→产品→社会性满足。在这里，“典型情境”是指广告中的人物、产品所处的体现出具体独特的个性化环境，它既可制约人物或产品，又能对人物或产品产生反作用。一般说来，“典型情境”存在着两种类型：一是和谐情境，另一是不和谐情境。前者如孔府家酒广告的开头部分，在一个充满爱意的黄昏里，长期漂泊在外的王姬终于回到久别的家乡，在古色古香的豪华客厅中，一位白发苍苍的老人写下了一个斗大的“家”字。这无疑是一种爱意盎然而又充满温暖的美好环境，并为下文的家国之情作了有利的铺垫和渲染；后者如西方某品牌牙膏广告中，汤咪的爸爸与一个女性偷偷约会，表明其婚姻面临着破裂的危机，而环境则充满了紧张和沉重。接下来，两者都出现了广告“产品”——孔府家酒与西方一名牌牙膏；结尾则两者都出现了社会性满足：孔府家酒广告中人物的爱国爱家之情得到了快乐的满足，而西方牙膏广告中则是汤咪的爸妈早晨用某品牌牙膏洗口之后，互相搂抱着翩翩起舞，并准备亲吻，一场婚姻危机被某品牌牙膏就此化解得无影无踪。

以上表明，两个广告的后两种要素即“产品”和“社会性满足”是一样的。之所以称为“社会性满足”，是因为这种符号消费式广告的满足完全不同于产品消费式广告：后者主要是一种产品功能性或使用价值的满足，而前者则主要是社会意义（社会思想观念）的消费带来的精神上的提升和愉快——这种社会思想观念（孔府家酒＝家国之情，或西方某品牌牙膏＝婚姻和谐）不是产品自身具备而是由广告人所附加的、与产品没有内在联系的社会性内容。至

① ［美］马克·波斯特. 第二媒介时代［M］. 范静晔，译. 南京：南京大学出版社，2001：148.

于两个广告开头部分所出现的具体环境虽然不同，但在抽象的层面则是相同的，因为两者都属于“典型情境”，正如好学生、差学生都是“学生”一样。由此可见，上述两个广告的深层结构都体现出一种相同的模式即典型情境→产品→社会性满足。类似这样的广告还有很多。

当然，也可以反过来说，正是广告人在大脑深处预存着一种此类广告的深层结构即典型情境→产品→社会性满足的支配性原则，它们作为指令系统和控制中枢，导引并制约着意义结构能指系统(表层结构)的具体运作框架，使之成为深层结构的外化或形象化产物，从而体现出深层结构与表层结构的一致性对应关系。

情形 2：产品不出现在广告中。

此种类型在符号消费式广告中所占数量较小，而且以社会批判式广告为主，故其深层结构表现为下列模式：有价值→侵害→灾难。如意大利贝纳通公司的《血衣》广告，其“有价值”体现在主人公是一位临近毕业的农科学院大学生，他已经同恋爱多年的女友进行了结婚登记，筹备婚礼的日子过得紧张而又幸福；“侵害”则是一场非正义的波黑战争突然发生；“灾难”则是主人公在此战争中不幸牺牲，并使其妻子和家人陷入永久的伤痛之中。像这样的广告还有不少，如《浑身油污的鸟》《科索沃》等，其深层结构皆与此相似。

此类广告还有一种变体，即无价值→反抗→欢乐，其主旨也是社会批判。如法国珂凯依时装广告，首先以“小屎人”作为男权社会的象征，表明它的无价值和不公平，第二部分则引起女权主义者(女性)的“反抗”，将“小屎人”扔进马桶；随着按钮的响声，“小屎人”被冲进下水道去了，这无疑意味着女权主义者的初步胜利和满心的“欢乐”。

无论是正体还是变体，上述两个广告都体现出一种控制表层结构、能指系统的抽象结构模式。如果我们换一个视角，也可以说广告人正是按照头脑中的预存图式，即有价值→侵害→灾难等进行创作，以此图式控引意义结构表层能指系统的具体运作，并最终形成一个与深层结构即支配性原则相符合、相一致的形象世界。

四、层级间性：两级转化、多重互动的关系系统

关于符号消费式广告结构的层级模式，我们已经对每一层级的内部关系及特征等作出了初步探讨。如果要把问题再深入向前推进一步，就必须对每一具体广告系统的层级与层级之间的关系作出科学的分析。而要实现这点，又必须牢牢抓住下列关系：

意义消费式广告的表层结构与意义结构的关系。黑格尔指出：“在艺术中，感性的东西是经过心灵化了，而心灵的东西也借情感而显示出来了。”①以此观照广告艺术，我们认为“感性的东西”是指广告主体在社会生活中所获得的某种生活体验，这种体验并没有被抽象掉，它还与形象紧密相连。随后广告人又对那些体验进行加工改造，由此而上升到本质性认识的高度——生产出某种社会观念和思想，而这不正是黑格尔所说的感性的东西心灵化吗？这种心灵化实际上已成为主体创作广告时的主旨或主题，正是它形成了广告的意义结构，它是主体思维从具象到抽象的转化的产物——这是思维行程中的第一步。

至于第二步，则是第一步的逆向运行，即从抽象返回到具象，虽然这里的具象与第一步的具象迥然相异——第一步中的具象是第一性的社会生活，而第二步中的具象则是第二性的，属于观念形态的精神产品，亦即黑格尔所说的心灵的东西感性化——主体将广告主旨形成过程中所接受到的感性材料，通过联想、想象对其进行创造性的改造，然后选用它们将已形成的广告主题具体化和形象化，并最终形成一个个性化的表层结构(广告形象体系)。

以上分析表明，符号消费式广告的意义结构实质上是表层结构的抽象性表现，它体现为一种渗透在表层结构中的社会思想观念而非产品的客观物理功能，这种社会思想观念在本质

① [德]黑格尔. 美学(第一卷)[M]. 朱光潜，译. 北京：人民文学出版社，1964.

上就是此种广告的主旨或主题；而表层结构则是意义结构的外化或感性显现，具体表现为广告作品的大致完成和形象体系的初步建立。

符号消费式广告的意义结构与深层结构的关系。深层结构位于意义结构的下边，是每一具体广告系统的最深层次——它类似于柏拉图的“理式”和黑格尔所说的“理念”，虽然看不见、摸不着，却又无处不在：但却可以通过理性的分析而见出，因而其内涵比意义结构更抽象，也更具原初性或原型性——它以一种指令系统的资格，导引着广告人在创意时构想出某种与其支配原则相应的较为具体的社会思想观念。由此可以见出，意义结构正是深层结构的派生性产物，而深层结构则是意义结构的“原型”“母结构”或支配性原则。我们完全可以说，没有深层结构就没有意义结构，而没有意义结构，深层结构就无所附丽，也就没有社会价值。

符号消费式广告的表层结构与深层结构的关系。加拿大著名学者诺思罗普·弗莱曾经指出，人类各民族的文学虽然气象万千，其形式也无比繁复，但其深层逻辑却是最一般、最普遍的东西，正是凭着它们对艺术家运作能指的指引，才演化出如此异彩纷呈的艺术奇葩。法国杰出的结构主义大师列维—施特劳斯也认为人类的神话虽然表层情态各异，但其深层逻辑即“母结构”却惊人地相似，即都反映出原始人特有的思维逻辑。我们认为，上述理论也同样适合于对符号消费式广告深层结构的分析。

与前面所述意义结构可以直接转化(外化)为表层结构不同的是，深层结构不能直接转化为表层结构——由于深层结构是一种如列维—施特劳斯所说的“母结构”，这种“母结构”太抽象，不能直接指引能指的具体运作，因而必须依托一种中介系统才能达此目的，而这个中介系统就是意义结构。这就是说，深层结构必须首先转化为意义结构，这是第一级转化，然后才能实现第二级转化，即驱动、支配某一具体的社会思想观念这一广告主题，并将主题外化为广告形象体系(表层结构)。

以上表明，符号消费式广告的深层结构对表层结构的支配是间接的，而意义结构对表层结构、深层结构对意义结构的支配则是直接的——因为后者无需中介系统，而前者却必须依赖意义结构这一中介，才能实现其对表层结构的控制、支配或转化；还可看出，表层结构是深层结构第二级转化的产物，而第一级转化则是深层结构衍生出意义结构。

然而，我们如果仅仅停留在以上的认识还是不完全的和片面的，因为深层结构虽然在一般情况下可以支配意义结构，并通过意义结构这一中介去支配表层结构，意义结构自身也可以控引表层结构。但在一定条件下，不仅意义结构可以反作用于深层结构，而且表层结构也可通过中介(意义结构)反作用于深层结构。

这表明，符号消费式广告的表层结构，意义结构和深层结构之间的真正关系不是单向的和静态的，而是双向、互动的关系。

五、结语

符号消费式广告作为一种特殊的广告符号系统，其内在结构呈现出一种逐层深入的层递模式，它们由浅入深地依次体现为表层结构、意义结构和深层结构。与产品消费式广告迥然相异的是，符号消费式广告的表层结构呈现出鲜明的非功能性、非单一性和先锋性特征，意义结构中所附加的则是与产品功能没有内在联系的迎合受众、极具新异性的社会观念。这两者又受制于诺思罗普·弗莱的“原型”和列维—施特劳斯所说的神话“母结构”式的广告深层结构。然而，它们之间又绝非纯粹的决定性关系，而是处于一种永远的互动关系之中。

【参考文献】

[1]张天勇. 社会符号化[M]. 北京：人民出版社，2008.

[2]符国群. 消费者行为学[M]. 北京：高等教育出版社，2001.
[3]张金海主编. 世界经典广告案例评析[M]. 武汉：武汉大学出版社，2000.
[4]刘象愚等主编. 从现代主义到后现代主义[M]. 北京：高等教育出版社，2000.
[5]高觉敷主编. 西方近代心理学史[M]. 北京：人民教育出版社，1982.
[6]伍庆. 消费社会与消费认同[M]. 北京：社会科学文献出版社，2009.
[7][美]马克·波斯特. 第二媒介时代[M]. 范静哗，译. 南京：南京大学出版社，2001.
[8][德]黑格尔. 美学(第一卷)[M]. 朱光潜，译. 北京：人民文学出版社，1964.

【作者简介】

张微，武汉大学新闻与传播学院副教授，主要从事广告理论研究。

广告的大数据生存：形态、价值与产业①

谭辉煌

一、形态：从数字化生存到大数据生存

数字化和大数据是两个本质不同的概念。数字化指的是将复杂不同的信息转换成用0和1表示的二进制代码并纳入计算机内部进行统一处理的过程。尼葛洛庞帝将数字化生存的基本单位称为比特，以区别于物质世界的原子，并指出两者遵循不同的生存法则，“比特没有重量，易于传播，可以以极快的速度传播。在它传播时，时空障碍完全消失。原子只能由有限的人使用，使用的人越多，其价值越低；比特可以由无限的人使用，使用的人越多，其价值越高”②。数字化生存背景下，广告的生存形态较之传统广告而言，发生了以下变革：其一是由于语言、文字、声音、图像等不同形态的信息都可以转换为统一的数字形式，因此广告实现了多媒体形态的融合。其二是由于比特信息可以实现海量存储与传输，带来广告的超文本呈现以及广告的数据库生存。其三是由于比特传播的超时空特性，广告形态在时空传播范围上实现了根本性的突破和空前的超越。

与数字化生存强调比特作为“信息的DNA”不同，大数据强调量化，正如《大数据时代》的作者舍恩伯格指出的那样，大数据是将现象运用制表分析的方式进行量化的过程。也就是说，数字化告诉我们的是在网络时代信息生存与传播的巨大改变，它提示我们人类进入到一个与原子时代迥异的社会。而大数据则带来我们如何认清世界本质的问题——即可以通过量化的方式发现复杂现象背后的内在规律和本质。在舍恩伯格看来，谷歌在图书领域的发展正好经历了从数字化到大数据的转变：早在2004年谷歌就开始计划对所有版权允许的书本内容进行数字化，为此，谷歌与世界上最大的图书馆合作并且还发明了自动翻页的扫描仪，上百万的纸质书籍变成了网络数字文本，身处各地的人们从此可以很方便地进行查阅了。然而，由于这些数字文本只是一些图像，而并没有被数据化，所以它们不能被检索和分析。谷歌很快意识到这一点，因此使用了能识别数字图像的光学字符识别软件来识别文本的字、词、句和段，由此实现了数字化图像到数据化文本的转变。这种转变带来的好处是“通过检索和查询，我们可以对它进行无穷无尽的文本分析；也可以揭示一个词以及词组第一次出现的时间及其成为流行词的时间，据此发现几百年来人类思维发展和思想传播的轨迹”③。

关于大数据，IBM公司最初概括为三大特性，即大量化（Volume）、多样化（Variety）、快速化（Velocity）。大量化，指数据体积量大，一般在10TB或跃升到PB级别的规模；多样化，指数据类型繁多，既包括结构性数据也包括非结构性数据；快速化，指数据处理速度快，基本可以实现对数据的实时处理。基于大数据的以上基本特性，广告的形态将发生以下

① 本文是2015年度湖北科技学院博士启动科研项目“数字传播与广告形态变迁研究”成果之一。

② [美]尼葛洛庞帝著．数字化生存[M]．胡泳、范海燕，译．海口：海南出版社，1997：3.

③ [英]维克托·迈尔-舍恩伯格，肯尼思·库克耶著．大数据时代：生活、工作与思维的大变革[M]．盛杨燕，周涛，译．杭州：浙江人民出版社，2013：110.

变迁：

其一是进一步朝着泛形态化生存的方向发展。在数字化背景下，广告打破了不同形态之间的区隔，不同形态的广告可以在同一种媒介上自由传播，形式之间逐渐走向消融。大数据时代，这种趋势将进一步发展。由于所有形态的信息，包括文字、声音、图像、音乐和视频等统一划归为数据进行处理，信息的个性特征尤其是形态特征在某种程度上并不凸显。

其二是资讯化的趋势更加明显。所谓资讯，是指用户因为及时地获得并利用它而能够在相对短的时间内给自己带来价值的信息，及时性、便捷性和有用性是其主要特征。笔者曾经指出，数字传播背景下广告生存形态的资讯化发展趋势①，简单而言，即是数字传播背景下广告信息流可以做到及时、便捷和有用。而所谓的大数据，本身就是指“经过对数据处理和分析，如何在合理时间和空间内达到撷取、管理、处理并整理成为帮助信息获取者或决策者对目标达成新的认识和理解的信息”②。大规模化和多样化信息的占有及其筛选使得广告信息的有用性更加有保证，而快速化的实时处理将进一步提高广告信息的及时性和便捷性，这也是为什么有些研究者经常将大数据和精准广告联系起来的重要原因。

其三是广告的运作形态走向数据化。数字传播背景下，我们说广告是在以互联网为代表的交互式性信息平台上进行的运作，也称为平台化运作。大数据的快速发展，使得平台化这一概念已经不足以概括广告运作的特征。由于大数据是全样本采集和分析，物联网、云端、移动互联网、PC、平板电脑、可穿戴设备等各种终端以及传感器都是大数据的来源，形式可以包含书籍、相册、电子邮件、社交媒体、电话、视频、电子游戏、导航应用、地理位置等。这些终端以及应用所产生的数据不仅都是广告信息的来源，同时也是广告信息发布和推送的目的地。这样一种特点摒弃了广告使用市场调查的传统方式，代之以人类“镜像式”投射到网络上的各种形态因而也是大规模的数据为广告的依据。也许人们在社交媒体上不经意间的一句话就足以构成一则广告的投放，也许需要汇集很长一段时间以来不同地点的消费行为数据才能做出某个预测。换句话说，大数据背景下的广告就是以各种数字设备和数字应用为基础的数据化运作。

二、价值：潜在、预测与推荐

广告的大数据生存所要思考的一个不可回避的重要问题就是对于广告而言，大数据的价值在哪里。目前的研究大多指向大数据之于广告的投放价值、传播价值以及商业价值等，这是有必要研究的。但笔者认为，大数据在广告面前所体现出的价值必须基于大数据自身所具备的价值，由此，我们可以从三个不同层面来进行分析：

第一，从价值显隐的角度看，大数据之于广告的价值主要在其潜在价值。关于大数据的价值，从广告层面而言目前论述最多的是精准，这其实指出的是大数据的显在价值。按照舍恩伯格的理解，他更加强调大数据的潜在价值。在他看来，数字时代的数据和大数据时代的数据各自扮演着不同的功能，前者主要是发挥基本用途，而后者主要发挥潜在用途。所谓的潜在价值，是指数据“所有可能用途的总和”。也就是说，大数据的价值不应该仅仅考虑其眼前的特定用途，而更应该考虑到未来它可能被使用的各种方式。他认为当前对于数据基本用途的使用只是看到了数据海洋的冰山一角，而大部分价值则隐藏在表面之下。因此，数据的潜在价值需要被两次甚至是多次利用才能激发出来。他指出有六种方式可以达到释放潜在价值的目的：基本再利用、数据集整合、寻找“一分钱两分货”、数据折旧值、数据废气和开放数据。

---

① 谭辉煌．数字传播背景下广告生存形态的资讯化发展及其路径[J]．电视研究，2014(3)：70-72.

② 倪宁．大数据时代的传播观念变革[J]．西北大学学报(哲学社会科学版)，2014(1)：139.

就广告而言，大数据的潜在价值主要可以通过以下方式得以激发和释放：首先是数据的再利用。这对于那些已经掌握大规模基础数据的企业和公司而言尤为重要。如果只是初步使用这些海量数据然后置之不理，或者根本没有意识到它潜在的价值而将之拱手让与他人，都是不明智的。目前，搜索引擎和移动运营商在这方面占据着优势。例如，移动运营商占有大量用户的位置信息，如果只是用来传输电话信号，那么很显然只发挥了这些信息的基本用途，但是当它们被一些基于地理位置的个性化服务和促销的公司再次利用时，其价值就变得更大。其次是数据重组。即通过不同性质的数据集之间的混合从而产生比单个数据集更大的价值。企业和公司在业务上的差异，使得他们占有的数据在性质上也不同，这很可能在功能上构成互补。比如以百度为代表的搜索引擎所占有的网络搜索数据，以淘宝为代表的电商平台所占有的网络交易数据，和以腾讯为代表的即时通信工具所占有的网络通信数据，如能进行合理的组合和搭配，相信一定可以产生惊人的效果。在美国，房地产网站 Zillow. com 将房地产信息和价格添加在美国的社区地图上，同时还聚合了其他信息以此来预测区域内具体每套住房的价值。最后是“数据废气”。这个概念是用来形容人们在网上留下的数字轨迹，包括用户浏览了哪些网页、停留了多久、鼠标光标停留的位置、输入了什么信息等。对数据废气的占有非常有助于了解用户的网上行为，通过分析和利用，即可改善广告投放或者重新提供服务。谷歌认识到用户交互的碎片化行为蕴含的重要价值，将每个离散交互当做一个“信号”，作为网站个性化、提高服务或创建全新数字化产品的反馈。如谷歌对人们搜索某个关键词及其相关词之后点击进入却没有找到想要的信息，于是又返回到搜索页面继续搜索这种现象做了密切关注和洞察，从这些大的“噪音”数据中学习并改善服务——如果许多用户都点击搜索结果页面底端的链接，谷歌的排名算法就会自动地在随后的搜索结果中将之放置靠前的位置(广告也是如此)。

第二，从价值的重要程度上说，大数据之于广告的核心价值在于预测。传统媒体时代，广告的核心主要是围绕媒体价值而展开，“但因为缺乏细致的数据收集和系统的数据支撑，传统广告所看重的媒体价值，无论是‘注意力’还是‘影响力’价值，都缺乏真正的标准的量化评估”①。值得强调的是，大数据的预测功能主要依靠的是相关关系。大数据思维的本质即在于量化，正如舍恩伯格所言，“建立在相关关系分析法基础上的预测是大数据的核心”②，而相关关系的核心就是量化两个数据值之间的数理关系。相关关系有强有弱，因此它所代表的是可能性，而不是绝对性，也正是从这个意义上说，大数据的核心价值是预测，而不是精确，是“透过多维度、多层次的数据，以及历时态的关联数据，找到问题的症结，直抵事实的真相”③。认识到这一点很重要，因为在某种程度上我们可以说，相关关系的发现正好是对大数据潜在价值的揭示。

第三，从价值的实现途径上说，大数据之于广告的价值主要在于推荐。因为在现实生活中影响一个人的购买因素是多元而又复杂的，有的是可以通过大数据挖掘得到，而另外一些随机性、偶然性因素则不太容易预知，同时，大数据本身也允许非精确性，所以，无论是沃尔玛每当在季节性飓风来临之前会把蛋挞和飓风用品摆在一起从而提高销售额，还是美国折扣零售商塔吉特在父母不知情的情况下预测到女儿怀孕并寄送婴儿用品和优惠券，都是通过大数据寻找到关联物并得出相关关系从而进行广告营销，这样一种通过相关关系预测事情发生的可能性从而做出的广告决策，与其说是精准营销还不如说是个性推荐。亚马逊的个性化推荐系统就是一个绝好的例证，该网站从首页推广到各类商品展示，再到点击某个商品详

① 倪宁，金韶．大数据时代的精准广告及其传播策略[J]．现代传播，2014(2)：102-103.

② [英]维克托·迈尔-舍恩伯格，肯尼思·库克耶著．大数据时代：生活、工作与思维的大变革[M]．盛杨燕，周涛，译．杭州：浙江人民出版社，2013：75.

③ 喻国明．大数据方法与新闻传播创新：从理论定义到操作路线[J]．江淮论坛，2014(4)：5.

情，最后到加入购物车、下单结算，整个在线购买流程的各个环节，都嵌入其针对特定用户的商品推荐。其销售转化率高达60%，据说其销售额的1/3都是来自于这一推荐系统。

三、产业：转型与重构

受营销和传播环境改变的影响，广告史上有过两次重大的产业转型：第一次是19世纪中后期，广告产业确立了以策划和创意为核心的专业化转型，第二次是20世纪八九十年代，广告公司的业务向整合营销传播迈进，开始了广告产业的战略化转型。大数据时代，广告无论是生存形态、传播形态，还是运作形态，都发生了并将继续发生急剧的改变，仅从代理业务的层面上说，可以确定的是，广告的业务核心不仅不是以策划和创意为重心，而是很可能要让位于数据和技术驱动，也将不是整合一切传播和营销手段向受众传达一个统一的声音，而是更加注重精准化传播和个性化推荐。因此，笔者认为，广告产业将迎来第三次重大转型，即向数据化转型。

本质上说，广告产业的前两次转型无非是确立广告业的专业地位和扩张其业务领域，这在广告产业发展史上具有重要的价值和意义，然而，受数字技术尤其是当前大数据技术的冲击，广告业如果仍然坚守以创意和策划为核心，又或者仰望着形而上的整合营销传播却久久难以落地，是不足以支撑起新态势下广告产业的发展的。由于一方面大数据可以做到“空间维度上的多角度、多层次信息的交叉复现；时间维度上的与人或社会有机体的活动相关的信息的持续呈现”①，这对于洞察和还原消费者的时空情境以及进一步准确地捕捉住营销的“关键时刻”，具有重大的价值——“从过去抽取有限样本了解消费者的部分信息，到现在以总体代替样本的‘全数据’模式即时获取消费者的全部信息，这种消费者信息获取方式的改变正推动着广告业发生前所未有的变革”②。如果从广告业务的层面上说，这种变革意味着广告业将从传统的注重艺术性传达来激发目标消费者的情感共鸣转向运用大数据技术追踪、还原和捕捉网络用户的行为甚至心理从而进行针对性和个性化的广告投放，这也意味着广告思维由艺术的因而也是感性的向量化的因而也是科学的转变。另一方面，广告公司泛专业化的现实和整合营销传播理论自身存在的缺陷，使得真正可以做到全面延展并且有能力掌控多元业务的广告公司实际上很少。同时，数字化互动媒体时代，用户是否会被不同手段的统一声音征服也是一个大问题。因而广告业的转型也是行业发展的内在要求。而大数据的价值正好在于可以收集、整合与分析网络用户的多种数据，包括地理位置、人际关系、情绪情感、通信记录、搜索和交易行为等，只要是网络上留下的痕迹，都可以进行全面和深度的还原，就广告而言，其意义则在于能够做到精准投放。在这一背景下，精准的数据分析将成为广告企业的核心竞争力。

广告产业的数据化转型有一个重要的现实情境是需要重点注意的，那就是以网络交互式信息平台为核心所形成和发展起来的大数据产业链。舍恩伯格对此做了关注并根据所提供价值的不同来源，将大数据公司分成基于数据本身的公司、基于技能的公司和基于思维的公司三种。就国内而言，笔者认为主要有以下几种值得特别重视：其一是以百度为代表的搜索引擎，它掌握着网络用户的搜索行为数据；其二是以淘宝为代表的电商平台，它掌握着网络用户的交易购买数据；其三是以腾讯为代表的即时通信工具，它掌握着网民的社交通信数据；其四是移动通信运营商所掌握的通信数据。其五是各种网站和数字媒体终端上产生的数据。这些新媒体公司并非严格意义上的广告公司，但是由于它们掌握着大规模的网络用户数据，

---

① 喻国明．大数据方法与新闻传播创新：从理论定义到操作路线[J]．江淮论坛，2014(4)：5.

② 张辉锋，金韶．投放精准及理念转型——大数据时代互联网广告的传播逻辑重构[J]．当代传播，2013(6)：41.

使得在利用大数据进行广告服务上已经或者将会走在前列。“当网络广告媒体既是基于用户兴趣、社交、搜索、购买等行为的海量数据供应商，又是能够实时监控广告传播效果的评测机构，从而有能力为品牌商提供基于广告制作、发布、评估优化的‘一站式’互联网营销解决方案时，也就意味着广告主对广告公司的依赖大大削弱，传统广告公司所具有的渠道价值、创意能力、议价能力都将受到威胁”①，这对于广告公司来说无疑是一个重要的警示——它们必须在业务上快速实现调整和转型，这种转型不仅仅是业务范围上的扩张，更是业务方式上的根本改变，与传统广告公司不同，新型的广告公司首先必须有意识地提高大数据的收集、整理、分析和存储的水平与能力。大数据时代，广告业的需要和焦点都发生了重大变化：数据驱动发展，数据决定成败。广告公司的策划、投放、效果监测等一系列流程都将基于大规模全样本的采集与使用，并通过搜索引擎、GPS 定位、地理位置服务甚至物联网等技术来精准地锁定目标用户。其次，与大数据供应商和大数据技术服务商密切合作，利用他们的各自优势为我所用，既要善于整合分析来自不同渠道的多种数据从而提炼出有营销和传播价值的新信息，也要善于吸纳新技术创新大数据营销。最后，加强广告公司之间的大数据分享与合作，甚至可以通过兼并、重组等方式实现强强联合，从而加强大数据的分析与使用能力。以 BAT 为典型代表的新媒体公司在大数据的占有和使用水平上是国内一般广告公司所无法企及的，只有抱团取暖才能壮大自身。2013 年全球第二大广告公司宏盟集团与第三大广告公司阳狮集团的合并就是意在于此。

伴随着广告产业的数据化转型，新的广告产业生态格局正在初步形成，从对大数据的使用水平和能力的角度上说，主要有以下三种构成：一是新媒体的大数据机构。它们由于先天的优势在海量数据的占有和使用上处于领先地位，它们要么是扮演大数据服务商的角色，要么是提供大数据技术支持和服务的机构，还有的本身就是大数据的来源机构。正是主要通过以上方式这些新媒体机构正逐步在向广告产业进行强有力的渗透。比如百度、谷歌、腾讯等公司。二是能使用大数据技术进行营销传播的数字广告公司。这些公司较早地意识到大数据的冲击，主动地吸纳和采用大数据技术进行广告服务。它们既是广告公司数据化转型的先锋，也是转型的中坚力量。比如国内的“悠易互通”“易传媒”等。三是尚不具备大数据技术和服务能力的广告公司。主要以中小广告公司为代表，这在国内占据着数量上的绝大部分。大数据背景下，广告产业生态格局的重构，对于广告公司而言，必定迎来新的机遇和挑战。只有在数据大潮中不断摸索和构筑起成熟的商业摸索，才能立于不败之地。

【作者简介】

谭辉煌，博士，湖北科技学院人文与传媒学院教师，主要研究方向为广告学。

---

① 李亦宁，杨琳．大数据背景下广告产业生态的嬗变与重构［J］．当代传播，2014(2)：88.

韩国广告产业发展的经验与启示
——数字时代的再思考①

廖秉宜

20世纪60年代以来，欧美广告集团开始全球扩张的历程，作为后发展的韩国广告公司，却有效地保护了本国广告产业，并诞生一批世界级的广告集团，很大程度归因于In-house广告公司的独特发展模式。其成功经验对于全面开放市场的中国广告产业而言，无疑具有重要的借鉴意义和价值。

一、韩国In-house广告公司兴起的动因及现状

(一)韩国In-house广告公司出现的经济动因

In-house广告公司，区别于独立形态广告公司，指的是企业集团投资开办或控股的广告公司。20世纪70年代，韩国政府制定的产业政策对财阀企业和企业集团广告公司的成长起到重要促进作用。1973年，韩国政府提出工业化宣言成为财阀企业成长的有利契机，财阀企业可以依托政府出口政策得到财政金融上的支持，从而加速成长，随即韩国出现了一批实力雄厚的财阀企业，如三星、现代、LG、乐天集团等。由于韩国本土广告业起步比较晚，当时市场上基本上没有能够提供专业代理服务的广告公司，财阀企业凭借雄厚的资金实力和专业的营销传播团队纷纷组建In-house广告公司。例如，第一企划(Cheil Worldwide)成立于1973年，隶属于三星集团，是韩国最早的企业集团广告公司。在韩国，第一企划一直是广告市场的领头羊。

20世纪80年代，韩国政府颁布《韩国放送广告公社法》和《关于广告公司代理广播电视广告的规则》，大大刺激了企业集团广告公司的发展。1981年，根据《韩国放送广告公社法》，韩国放送广告公社正式成立，并于同年颁布了《关于广告公司代理广播电视广告的规则》，规定所有广告代理公司必须经韩国放送广告公社认证，才能代理投放广播电视广告，并要求注册资金2亿韩元以上，拥有30个以上的广告主，年广告营业额达100亿韩元(其中电波广告营业额50亿韩元)以上的广告公司才能得到认证。这种有利于企业集团广告公司成长的产业政策，极大地推动了In-house广告公司的发展。1982年，乐天集团在公共关系部门的基础上成立大弘企划；1983年，现代集团成立金刚企划(现更名为伊诺盛)；1984年，乐喜金星(LG集团的前身)成立LG Ad，等等。

(二)In-house广告公司主导韩国广告产业

1984年，美国看到韩国广告市场的潜力，开始要求韩国开放广告市场。1990年，韩国

① 本文为武汉大学人文社会科学“70后”学者学术团队发展计划“发展广告学与中国案例研究”，武汉大学哲学社会科学优势和特色学术领域建设计划“广告与媒介经济研究”，武汉大学“351人才计划”的成果之一。

广告市场完全对外资开放。截至 1997 年，在韩国成立的外国广告公司 9 家，其营业额占全年广告营业额的比重仅为 4.95%。“1998 年韩国发生金融危机时，很多企业财团出于结构调整的需要，将 In-house 广告公司卖给跨国广告公司，但在 2004 年之后，In-house 广告公司又有一个新的增长高峰，2005 年成立了五家 In-house 广告公司。”①韩国 In-house 广告公司由原来的 12 家迅速增加到 17 家，依托大型财团支持，In-house 广告公司迅速发展。近年来，在跨国广告公司全球扩张的背景下，韩国本土广告公司虽受到一定程度的冲击，但是第一企划一直是韩国广告市场的领头羊，2013 年其全球营业收入达到 27119 亿韩元。2011 年，韩国广告公司经营额排名前十位公司中六家为韩国本土的 In-house 公司，分别是排在前五的三星集团所属的第一企划(Cheil World)、现代集团所属的伊诺盛(Innocean)、LG 集团所属的 HS Ad、乐天集团所属的大弘企划(Daehong Communications)、SK 集团所属的 SK 营销公司(SK Marketing)，排在第七位的 LG 集团所属的 LBest，国际广告公司占四家，可见，In-house 广告公司主导着韩国广告市场。

二、韩国 In-house 广告公司的竞争优势及局限

(一) In-house 广告公司的优势

In-house 广告公司从成立之初，就备受争议，认为是对广告代理制的背离。事实上，“广告代理制是一种市场运作机制，而非行政管理制度”。② 广告代理制是基于各方利益的市场选择，企业可以选择独立型广告公司代理其广告业务，也可以选择由 In-house 广告公司代理其广告业务。相比较独立型广告公司，In-house 广告公司有其独特优势，主要表现在以下方面：

纵向一体化节省交易成本。企业选择独立型广告公司代理其广告业务，一般需要支付媒介代理费和策划创意费，支付形式可以是代理费制、月费制、年费制或项目费制等。在广告公司媒介专业代理能力有限，而媒介代理费用高昂的情况下，企业基于“成本—效益”的考虑，选择直接与媒体接触，或通过 In-house 广告公司代理其媒体业务，自然无可厚非。

对本集团企业有更深入洞察。In-house 广告公司由于脱胎于企业集团，对企业历史及品牌内涵有更深入的理解，能够传递统一的品牌形象。对于一些专业性比较强的行业(如电子行业、汽车行业、家居行业等)，独立型广告公司很难在短期内对该行业或企业有深入了解，In-house 广告公司能够分析市场趋势迅速做出反应。

防止企业的商业机密外泄。欧美广告行业通常遵循“业务不冲突原则”，即一个广告公司不同时代理同一行业的多个品牌广告业务，这一方面是保证广告公司专心为企业服务，另一方面也是出于保守商业机密的考虑。然而，由于广告公司与企业合作时间的缩短，企业面临商业机密外泄风险更大。In-house 广告公司隶属于企业集团，并保持长期合作关系，商业机密外泄风险比较小。

更好地服务企业全球战略。欧美广告业发展的历程证明，伴随欧美企业的跨国经营，欧美广告公司逐渐走向国际化。欧美广告公司将本国的企业和品牌带到第三世界国家，而鲜见他们将第三世界国家企业和品牌带到欧美发达国家。In-house 广告公司可以更好地服务企业全球战略，韩国三星集团与第一企划，现代集团与伊诺盛的共同成长壮大，提供了最好的证明。

In-house 广告公司有稳定经济来源。由于依托三星集团，韩国第一企划在广告客户方面

① 陈刚．最好的游戏规则[J]．广告大观(综合版)，2006(7)：5.
② 张金海，廖秉宜．广告代理制的历史检视与重新解读[J]．广告研究，2007(2)：27.

有了很大保证。例如，2003 年第一企划广告经营额增长很大程度上归功于三星集团，因为在 2003 年全球经济大环境不乐观的前提下，许多公司都削减其广告投入，而三星电子则一如既往地加大在国内外市场的投入。2003 年韩国第一企划在本国广告营业额中，三星集团的广告投入 11591 亿韩元，份额高达 72.7%。2008 年三星广告投入也占第一企划广告营业收入 55%的比重。

(二) In-house 广告公司的局限

In-house 广告公司尽管存在诸多优势，但其发展局限也不容忽视。发展 In-house 广告公司，一是明确什么样的企业适合选择 In-house 广告公司代理其业务，二是要趋利避害，扬长避短。相比较独立型广告公司而言，In-house 广告公司的局限主要表现在以下方面：

由于依托企业集团，存在内部竞争力不足问题。In-house 广告公司隶属于企业集团，一方面可以获得稳定的经济来源，另一方面也会使得内部缺乏竞争活力。企业集团的广告业务全部委托 In-house 广告公司代理，导致广告公司缺乏内部竞争压力，不利于其专业水平的提升。

跨行业、跨品牌专业代理能力遭受质疑。企业集团广告公司隶属于不同行业的企业集团，缺乏对其他行业的研究和跨行业、跨品牌代理经验。In-house 广告公司如果只是局限于本企业集团和行业领域的代理，既不利于自身成长壮大，同时由于视野狭窄，也无法为企业提供更专业的营销传播服务。

涉及营销传播多领域，人力资源有限。20 世纪 90 年代兴起的整合营销传播热，刺激了 In-house 广告公司的发展。企业单纯依靠广告已经无法成功执行营销，而传统的广告公司局限在广告代理领域，无法提供整合营销传播代理，在企业市场部基础上组建的 In-house 广告公司，从某种程度上满足了企业整合营销传播代理的需求。然而，由于整合营销传播各领域都是高度专业化作业，In-house 广告公司的人力资源有限，必然要寻求与专业营销传播公司间的合作。

三、韩国 In-house 广告公司的经营策略及趋势

韩国的 In-house 广告公司经营十分出色，成功的关键在于，通过多元化的产业经营、竞争性的激励机制、全球性的市场拓展、开放性的人才战略等经营策略，充分发挥 In-house 广告公司优势，规避其不利因素。

(一) 多元化的产业经营

韩国企业集团所属的广告公司在完成本集团的广告宣传任务之余，还积极承揽其他企业的广告业务，因而能够激发公司内部活力。同时，在广告公司进行多元化经营的尝试中，大弘企划成立了新媒介事业部，并向出版、事件营销、经营战略及市场营销咨询领域拓展业务；LG Ad 向事件营销、公共关系、出版、户外广告方面拓展业务；Korea Ad 向影像事业、直接营销、公共关系等领域拓展业务；金刚企划向节目制作、市场营销咨询、直接营销、户外广告等领域拓展业务；第一企划向节目制作、经营战略及市场营销咨询、体育行销等领域发展，为了适应数字时代的营销传播新趋势，第一企划集团成立了数字营销咨询服务公司三星鹏泰，提升其在数字营销代理方面的实力。

(二) 竞争性的激励机制

In-house 广告公司的局限之一就是由于依托企业集团，有稳定的经济来源，存在内部竞争压力不足的问题，进而影响其专业代理能力提升。因而有必要在广告公司内部建立竞争性

的激励机制，可以通过以下两种途径：

引入“鲶鱼效应”，提升内部竞争活力。在企业集团成立广告公司之初，通常是将企业所有广告业务交给In-house广告公司，为激发广告公司活力，提升其专业代理能力，集团广告主开始运用多种形式，如比稿，尝试与其他广告公司合作等。2009年12月，三星集团将媒体企划和采购任务继续留给第一企划负责，而将其PAVV高清电视品牌的创意代理从第一企划转到现代集团的内部机构伊诺盛。2012年9月，三星电子邀请一些代理商参加比稿，寻找负责B2B业务的广告公司，最终WPP击败了包括杰尔思行和李奥贝纳这两家现任代理，获得该项代理业务。

积极参与比稿，争取集团外新客户。2009年，在中国发展了近十年的三星广告更名为杰尔思行(Cheil China)，并搬离三星电子所在的办公楼，随后收购同属三星电子的互动营销公司鹏泰互动，致力于调整公司客户结构，计划到2015年争取40%~50%的中国本土客户。目前在杰尔思行的客户名单上，除三星、好丽友、韩泰、Skin Food外，中国移动、中国电信、中国工商银行、百度和燕京啤酒等也进入其客户名单。

(三)全球性的市场拓展

伴随韩国企业集团走向国际化，韩国企业集团所属的广告公司也开始了全球化扩张进程。韩国第一企划在将重心放在国内市场的同时，积极向海外拓展市场。《韩国第一企划2013年度财务报告》显示，2013年，韩国第一企划营业额27119亿韩元，毛利润6978亿韩元，其中海外市场毛利润4221亿韩元，占整个集团毛利润比重高达60.5%。2013年，韩国第一企划全球营业额排名第15位，海外市场成为其营业额重要增长点。在海外的客户构成中，三星集团以及韩国广告主成为重点，并积极开发对象国本土客户。在中国市场，杰尔思行目前的营业额贡献有80%~85%来自三星集团和在华发展的韩国广告主，从2008年开始公司将目光转移到发展中国本土客户。

(四)开放性的人才战略

作为智力服务型的In-house广告公司，高层次专业人才是其制胜的关键。随着In-house广告公司的国际化发展，尤其需要确立开放性的人才战略，韩国第一企划的成功也证明了这一点，其人才战略表现为两个方面：

重视高层次、国际性人才的聘请。2008年，第一企划正式聘请了原李奥贝纳公司总裁的Bruce Haines负责第一企划全球业务的COO，通过引进全球经营方式，对业务进行重组，制定全球营销战略，加强首尔总部与海外分部及当地分公司之间的协作。

重视延揽本地专业人才。例如，为更好地融入中国市场，了解本土客户的需求，杰尔思行不但专门设置了广告策划部，负责市场调研工作，还扩大中国员工的比例，目前服务于杰尔思行公司的中国员工比重超过90%。

四、中国In-house广告公司发展的现状及路径创新

(一)中国In-house广告公司发展的现状审视

中国长期沿袭欧美独立产业发展模式，主推独立型广告公司，限制In-house广告公司和媒介广告公司发展，是导致中国广告产业目前仍然高度分散、高度弱小的重要因素之一。①

① 陈永，张金海等．中国广告产业将走向何方？——中国广告产业现状与发展模式研究报告[J]．现代广告，2006(7)：37.

2012 年，中国前十大广告公司中国际广告公司占据六席，本土广告公司仅占四席，即昌荣传播集团、广东省广告股份有限公司、上海分众德峰广告传播有限公司、中视金桥国际传媒集团有限公司，分别排在第五、七、九、十位，中国广告产业面临外资主导的威胁。当前，创新广告产业发展的模式与路径，提升本土广告公司竞争力，已经成为广告学界和业界的共识。

近年来，随着韩国广告产业发展模式得到越来越多的认可，In-house 广告公司备受学界和业界关注。“集团公司直接参与广告业，可能起点较高。因为，比较充足的资金保证，能使广告公司引进先进的设备和高级的专门人才。并且至少能保证集团内的广告主，从而使广告公司稳步发展。”①美国广告主协会(ANA)2009 年上半年公布的一份调查统计报告显示，42%的协会理事单位都有自己的广告公司或相当于广告公司职能的业务部门。在全球化背景下，中国是否要大力发展 In-house 广告公司？什么样的企业集团适合组建 In-house 广告公司？这些问题成为当前学界和业界关注的热点话题。2009 年 9 月，宝洁(中国)有限公司正式实施一项广告新政：宝洁内部采购部直接与中国内地的媒体进行谈判，在其代理机构购买媒体之前和媒体拟定购买价格。② 这一事件让更多广告主重新思考 In-house 广告公司的价值。

中国目前还没有一家像韩国第一企划、伊诺盛等著名的 In-house 广告公司，但很多企业集团都已有自己的 In-house 广告公司，或计划组建、收购一家广告公司。行上行品牌整合传播机构就是福田汽车于 2003 年组建的 In-house 广告公司；娃哈哈集团投资收购之前服务于自己的广告公司，等等。由于传统广告公司无法满足大型企业集团整合营销传播代理、数字营销代理需求，将会有越来越多广告主组建庞大的市场营销部门，最终剥离出来成为企业集团的 In-house 广告公司。尽管 In-house 广告公司在中国已经发展有一段时间，但其规模却十分有限，关键原因在于企业将 In-house 广告公司长期作为企业部门而非独立产业来发展，因而缺乏内部竞争活力，也没有向外拓展新客户的动力。

(二)中国 In-house 广告公司发展的路径创新

中国广告产业不可能完全照搬韩国 In-house 广告公司发展模式，但其成功经验无疑值得借鉴。在当前市场环境下，发展 In-house 广告公司，鼓励大型企业集团资本进入广告产业，可以迅速提升广告产业规模实力和专业代理能力，这是基于中国广告市场现实的战略思考。

1. 鼓励企业集团内广告公司独立运作，积极布局数字营销和移动营销领域，提升其专业代理能力

独立化运作与专业化代理，是 In-house 广告公司基于生存与竞争战略的必然选择。企业集团首先必须将 In-house 广告公司作为独立产业来经营，并赋予充分的经营自主权，充分释放 In-house 广告公司内部的潜力和活力，有实力的企业集团甚至可以考虑广告公司上市运作。In-house 广告公司在保证集团广告主营销传播代理业务的同时，可以通过比稿积极开发新客户，引进高层次国际人才和专门化人才，提高 In-house 广告公司的专业代理能力，增强与独立型广告公司的竞争能力。此外，通过独立组建、资本并购等方式，成立企业集团所属的独立数字营销传播公司，提升其在数字营销传播代理方面的能力，是数字时代 In-house 广告公司发展的战略选择。在大数据背景下，企业集团广告公司一方面要积极拓展数字营销代理业务，另一方面也需要适应大数据营销传播的需要，提升在大数据挖掘、大数据分析和大数据营销传播等方面的能力。如组建第一方的 DMP(数据管理平台)公司，将企业集团内部

① 李东进．韩国本土广告公司的发展及其启示[J]．外国经济与管理，1999(9)：35.
② 陈燕妮．In-house 公司回光返照还是一种趋势[J]．广告主市场观察，2010(5)：38.

大数据与外部获取大数据进行深度开发利用，并与专业的DSP(需求方平台)公司合作，提高精准营销的效率。

2. 与国内大型媒体集团和互联网企业建立战略联盟，通过对优势媒体资源的占有吸引广告客户

韩国In-house广告公司早期的迅猛发展有两个重要的因素，一是20世纪70年代韩国产生一大批财阀企业，需要开拓国内和国际市场，而当时韩国市场上的广告公司大多实力比较弱小，In-house广告公司应运而生；二是80年代的《韩国放送广告公社法》和《关于广告公司代理广播电视广告的规则》，对从事广播电视广告代理业务的广告公司资格进行了严格的限制，使得In-house广告公司通过其对广播电视广告资源的代理资格，获得更多广告客户，从而推动其规模化发展。韩国广告业发展的经验为中国广告业发展提供了重要的借鉴，即通过对优势媒体资源的占有吸引更多广告客户，从而提升In-house广告公司的竞争力。中央电视台的广告授权代理模式值得借鉴和推广。In-house广告公司可以通过成为国内优势媒体集团的广告授权代理商，提升竞争优势，吸引广告客户。此外，在互联网日益普及的时代，In-house广告公司需要及时调整经营战略，通过与国内大型互联网企业构建战略联盟等方式，利用大数据分析技术，不断提升在数字营销和移动营销等领域的专业代理能力。

3. 通过全球化的市场运作，在服务本企业集团全球战略的同时，代理中国企业在全球的广告与营销传播业务

"去In-house化"是企业广告公司发展到一定阶段的必然趋势。在企业集团广告公司发展的初期，广告公司借助企业集团资源可以迅速实现规模化发展。然而，当企业集团广告公司进入国际化发展阶段后，"去In-house化"就成为一种战略必需。In-house广告公司的发展壮大，不可能仅仅依靠本企业集团的广告业务，还必须积极开发新客户。在中国企业集团走向国际化的同时，In-house广告公司必然也要开展全球广告经营业务。当前，中国很多企业集团都在全球拓展市场，而由于中西方文化的差异，导致企业集团与跨国广告公司的合作往往并不成功，因此，从事国际广告代理，具有专业代理能力的中国In-house广告公司必然成为其首选。例如，韩国第一企划在依托三星集团的基础上，积极在开发新的广告客户，一方面实现广告经营额的持续增长，另一方面降低了广告公司对本集团的过度依赖。目前韩国第一企划代理的客户已涉及IT、电器及电子产品、分销、金融/证券/保险、食品饮料、家庭用品、工程/建筑、制药/生物工程、化妆品、服装、交通运输、教育、能源/化工、企业公关、政府组织等众多行业和领域，三星集团外代理客户业务量已占韩国第一企划的45%。

4. 通过并购、联合等资本运作方式，加强In-house广告公司的数字营销代理能力，发展全球性的营销传播网络

发展全球性的营销传播网络，是In-house广告公司提升整合营销传播代理能力和国际服务能力的战略选择。为了更好地服务本企业集团和中国其他企业集团的海外市场拓展的需要，In-house广告公司有必要发展为能够为企业提供整合营销传播代理的公司，尤其需要加强在数字营销方面的代理能力，因而有必要进行组织再造。相比较自建营销传播公司而言，并购、联合对象国或全球性的优秀营销传播机构，经营风险更小，进入壁垒更低，而且能够迅速熟悉市场。例如，2008年12月，韩国第一企划就曾收购位于英国伦敦的Beattie McGuinness Bungay公司后，将其业务延伸到美国纽约；2009年12月，韩国第一企划又收购了美国波士顿Barbarian集团，该集团是美国一家著名的数字新媒体广告公司，使得公司迅速进入数字新媒体广告领域；2012年8月，收购中国公司邦库，2014年3月，又与中国本土广告公司引力传媒组建合资公司，加快在中国市场的业务拓展。

【参考文献】

[1]陈刚，单丽晶等．对中国广告代理制目前存在问题及其原因的思考[J]．广告研究，2006(1)．
[2]廖秉宜，付丹．广告产业经济学理论与实践研究[M]．北京：学习出版社，2012.
[3]张金海，廖秉宜．广告代理制的历史检视与重新解读[J]．广告研究，2007(2)．

【作者简介】

廖秉宜，武汉大学新闻与传播学院副教授，主要从事广告与媒介经济研究。

图书在版编目(CIP)数据

中国媒体发展研究报告.2014年.媒体卷/武汉大学媒体发展研究中心,武汉大学新闻与传播学院,武汉大学“社会转型与中国大众传媒改革”创新基地主办.—武汉:武汉大学出版社,2016.3

ISBN 978-7-307-17586-0

Ⅰ.中… Ⅱ.①武… ②武… ③武… Ⅲ.传播媒介—发展—研究报告—中国—2014 Ⅳ.G219.2

中国版本图书馆CIP数据核字(2016)第030910号

责任编辑:詹 蜜　　责任校对:李孟潇　　版式设计:支 笛

出版发行:**武汉大学出版社** (430072 武昌 珞珈山)

(电子邮件:cbs22@whu.edu.cn 网址:www.wdp.com.cn)

印刷:湖北金海印务有限公司

开本:880×1230 1/16 印张:19.5 字数:551千字 插页:3

版次:2016年3月第1版 2016年3月第1次印刷

ISBN 978-7-307-17586-0 定价:45.00元